W0326055

Friedrich Ohly

Die Perle des Wortes

Zur Geschichte
eines Bildes für Dichtung

Insel Verlag

Erste Auflage 2002
© Insel Verlag Frankfurt am Main und Leipzig 2001
Alle Rechte vorbehalten,
insbesondere das des öffentlichen Vortrags
sowie der Übertragung durch Rundfunk und Fernsehen,
auch einzelner Teile.
Kein Teil des Werkes darf in irgendeiner Form
(durch Fotografie, Mikrofilm oder andere Verfahren)
ohne schriftliche Genehmigung des Verlages reproduziert
oder unter Verwendung elektronischer Systeme
verarbeitet, vervielfältigt oder verbreitet werden.
Satz und Druck: Memminger MedienCentrum AG
Printed in Germany

1 2 3 4 5 6 – 07 06 05 04 03 02

Inhalt

1. Das Wort aus Edelstein

Wie die Perle stehen auch Edelsteine, unter die sie in der Geschichte der Lithologie oft eingereiht wurde, für Worte von gewichtiger Bedeutung. Ehe die Perle als Metapher für das Wort und die Dichtung vorzuführen ist, seien einige Beispiele für die Edelsteinmetapher beigebracht, die sich von dem im Zusammenhang mit der Perle Möglichen dadurch unterscheiden, daß, anders als bei dieser, eine Schrift in Edelstein gegraben werden kann, wie es auf Halbedelstein die Gemmen zeigen. Steht das Wort in einen Edelstein gegraben, ist der höchste Grad von Annäherung des zu Vergleichenden bis hin zu seinem Zusammenfall gegeben. Bei der Schrift in Edelstein sind Wort und Stein identisch, so wie das aus Edelsteinen, Perlen und purem Gold erbaute Himmlische Jerusalem die Namen der zwölf Stämme Israels auf den zwölf Toren und die Namen der zwölf Apostel auf den zwölf Edelsteinfundamenten eingeschrieben trägt (Apc. 21,12-14). Man mag in Derartigem die weitest mögliche Steigerung einer metaphorischen Aussage bis zum totalen Wegfall jeden Vergleichsmoments gegeben finden, wenn die Edelsteinmetapher für das Wort oder Gedicht als gang und gäbe befunden, die Identität von Wort und Edelstein aber Aussagen von höchstem Rang, vor allem der Offenbarung Gottes, vorbehalten wird.

Als auf einer Smaragdtafel aufgezeichnet hat man sich die Offenbarung Gottes im Koran gedacht. Nach älteren Vorstellungen von Ibn Abbas († 687) erklärte der Sufi-Mystiker Sahl At-Tustari († 896) den Koran als ein zu einem Zeitpunkt und im Ganzen von Gott auf den Himmel der Welt herabgegebenes Buch, dessen Offenbarung Mohammed, seinem Propheten, nur in Abschnitten und über zwanzig Jahre hin zuteil geworden sei. Die auf einer Tafel von Smaragd bewahrte Himmlische Schrift bewachten Engel, ihre erhabenen Schreiber, vor denen der Thronengel den Anblick Gottes auf seinem Thron verhüllte.

Wollte aber Gott etwas bewirken, heftete er seinen Blick auf die Tafel von Smaragd und winkte er den Engeln um sie und schickte er sie als seine Boten zu dem Engel der Offenbarung, der Gottes Botschaft Mohammed, seinem Propheten, mitteilte, fünfundzwanzig Verse jedesmal.[1] Das als Grundurkunde der Alchemie des Mittelalters und der neueren Zeit im Rang der Offenbarung über die letzten Geheimnisse der Natur gestandene Buch des Hermes Trismegistos, das lateinisch seit dem 13. Jahrhundert als ›Tabula Smaragdina‹ umlief, war ein Hieros Logos, über dessen Alter und Ursprung es Legenden gab. Der von der Auffassung des Korans als einer Smaragdtafel vielleicht inspirierte Titel war keine Metapher aufgrund der Legende von der Auffindung der Schrift, nach der sie als smaragdene Tafel in den Händen des Hermes auf einem goldnen Thron in der Höhle seiner Grabstätte gefunden wurde.[2]

1 Gerhard Böwering, The Mystical Vision of Existence in Classical Islam. The Qur'anic Hermeneutics of the Sufi Sahl At-Tustari (d. 283/896), Berlin und New York 1980 (Studien zur Sprache, Geschichte und Kultur des islamischen Orients NF 9), S. 137f. Von den jeweils fünf mal fünf offenbarten Versen waren fünf sich selbst erklärende, fünf metaphorische, fünf gesetzhafte, fünf ungesetzhafte und fünf parabolische Verse (S. 138). In seinem Korankommentar unterscheidet Tustari durchgehend einen vierfachen Schriftsinn, den buchstäblichen des Vortrags, den verborgenen seines Verständnisses, einen das Gesetzhafte und das Ungesetzhafte unterscheidenden und einen das Herz ansprechenden Sinn des Transzendierens. Die Anwendung des vierfachen Schriftsinns der christlichen Patristik auf den Koran geschah durch Tustari nicht zum ersten Mal (S. 139f.).

2 Julius Ruska, Tabula Smaragdina. Ein Beitrag zur Geschichte der hermetischen Literatur, Heidelberg 1926, S. 113 aus dem Beginn des arabischen Originals: »Als ich die Kammer betreten hatte, über welcher der Talisman angebracht war, gelangte ich zu einem Greis, auf einem Thron von Gold sitzend, in seiner Hand eine Tafel von Smaragd«; vgl. S. 139, 156, 158, 164, 178.

Im zweiten Jahrzehnt des 12. Jahrhunderts hing im Zimmer des chinesischen Dichters Yüan-wu ein Schriftbild mit den beiden Zeichen Bi-yän ›Smaragdene Felswand‹. In diesem Zimmer schrieb Yüan-wu sein großes Buch ›Von der smaragdenen Felswand‹, ohne den Titel zu erklären. Das Wort Bi ›smaragden‹ bezeichnet weniger eine bestimmte Farbe (auch Meergrün und Himmelblau) als eine am Licht der Natur gewonnene Gestimmtheit der bewundernden Begeisterung, aus der im Schein der Sinn

Das Mittelalter bringt die Vorstellung hinzu, daß die von Moses auf dem Berg aus Gottes Hand empfangenen Gesetzestafeln aus Saphir gewesen seien. Die Anregung hierzu dürfte daher stammen, daß Moses, ehe er zum Empfang der Tafeln auf den Berg stieg (Ex. 24,12), Gott mit seinen Begleitern schaute *sub pedibus eius quasi opus lapidis sapphirini et quasi caelum cum serenum est* (Ex. 24,10).[3] Im 13. Jahrhundert läßt Albrecht von Scharfenberg im ›Jüngeren Titurel‹ Gott die Gesetzestafeln *in einem saphire [. . .] mit schrift* (350) Moses übergeben.[4] Die Gesetzestafeln aus Edelstein kennt auch die jüdische Überlieferung.[5]

---

sich offenbart. Das Buch ›Von der smaragdenen Felswand‹ gehört zu unseren Zeugnissen also nur insofern, als ›smaragden‹ auch hier einen hohen Wert meint wie in einem Wort des Dichters Hsüä-dou: »Ferne Berge ohne Ende, eine Welt Smaragd«; nach Gundert im Vorwort zu: Bi-yän-lu. Meister Yüan-wu's Niederschrift von der smaragdenen Felswand, verfaßt auf dem Djia-schan bei Li in Hunan zwischen 1111 und 1115, im Druck erschienen in Sïtschuan um 1300, verdeutscht und erläutert von W. Gundert, Bd. 1, München 1960, S. 23 f.

3 Zur Auslegungsgeschichte der Himmelsfarbe des Saphirs nach Ex. 24,10 Christel Meier, Gemma Spiritalis. Methode und Gebrauch der Edelsteinallegorese vom frühen Christentum bis ins 18. Jahrhundert, T. 1, München 1977 (Münstersche Mittelalter-Schriften 34,1), S. 157-161; zu T. 2 der ›Gemma Spiritalis‹ wird die Deutungsgeschichte der Edelsteine des Himmelsbaus in der Literatur und in der bildenden Kunst gehören. Zum Saphir im Mittelalter Ulrich Engelen, Die Edelsteine in der deutschen Dichtung des 12. und 13. Jahrhunderts, München 1978 (Münstersche Mittelalter-Schriften 27), S. 357-365.

4 Zu Edelsteintafeln mit Inschriften in deutschen Dichtungen des Mittelalters Engelen (ebd.), S. 172-175, mit allen Nachweisen.

5 Des Moses Gesetzestafeln aus Edelstein leben im Jiddischen noch fort in dieser prächtigen Geschichte:

»Warum erlauben sich die Reichen, die Gebote der Thora zu übertreten, während die Armen jede Vorschrift sehr genau nehmen müssen? Die Armen sind, nebbich, immer Schlemihle. Als Moses nämlich die Gesetzestafeln zerschlug, die nach der Überlieferung aus Edelstein waren, eilten die Juden weg vom Tanz ums Goldene Kalb und rauften sich um die kostbaren Bruchstücke. Die glücklichen Reichen erhaschten die Stücke mit den Worten ›Stehlen‹, ›Ehebrechen‹, ›Gelüsten‹ und so weiter. Den Armen aber fielen bloß die Stücke zu mit den Worten: ›Du sollst nicht . . .‹, ›Du sollst

In Wolframs von Eschenbach ›Parzival‹ ist der Gral ein Edelstein, auf dem eine Schrift den Namen des zum Gralkönigtum Berufenen zeigt. In Reinbots von Durne Legende des hl. Georg schickt Gott auf einer Tafel aus Rubin dem Heiligen eine Botschaft. Edelsteine am Graltempel des ›Jüngeren Titurel‹ tragen die Schrift der Verkündigung von Gottes Willen. Gahmurets Helm aus Diamant in Wolframs ›Parzival‹ trägt seine Grabschrift.[6]

An die Edelsteintafeln der zehn Gebote erinnert noch der Fürstenspiegel in Friedrich Rückerts ›Weisheit des Brahmanen‹, wo auf dem Wappenschild des Prinzen zu den Tieren aus Gold und Silber, Erz und Stahl auch vier Gebote mit Edelstein geschrieben stehen:

Die Schrift von Diamant: die Götter fürchte du [. . .]
Die Inschrift von Rubin: die Eltern ehre du [. . .]
Die Schrift von Karneol: dein Haus bestelle du [. . .]
Die Schrift von Perlensaat: den Freunden diene du.[7]

Schon das Mittelalter kennt Inschriften, die nicht in Edelstein gegraben, sondern in Gestalt von Edelsteinen auf einen Gegenstand gesetzt sind. Das berühmte ›Brackenseil‹ der Titureldichtungen trägt als einen Katechismus rechter Lebensführung seine ihm aufgesetzte *schrift der edeln steine* (1225).[8] In Wolframs von Eschenbach ›Willehalm‹ tragen goldene Tafeln an den

---

nicht‹«; Chelmer Geschichten und andere, in: Jiddische Geschichten aus aller Welt, hg. v. H. Hakel, Tübingen und Basel 1967, S. 37.

6 Zu diesem Helm Friedrich Ohly, Diamant und Bocksblut. Zur Traditions- und Auslegungsgeschichte eines Naturvorgangs von der Antike bis in die Moderne, Berlin 1976, S. 50-59.

7 Im 30. Abschnitt des ›Fürstenspiegel‹; Friedrich Rückert, Gesammelte Poetische Werke, Bd. 1-12, hg. v. Heinrich Rückert, Frankfurt am Main 1867-1869, Bd. 8, S. 145 f.

8 Zur Inschrift auf dem Brackenseil Friedrich Ohly, Die Suche in Dichtungen des Mittelalters, Zeitschrift für deutsches Altertum und deutsche Literatur 94 (1965), S. 171-184, hier S. 178 f.; Engelen, Die Edelsteine, 1978 (wie Anm. 3), S. 386 f.

dreiundzwanzig Bahren der gefallenen Heidenkönige in Buchstaben aus Edelsteinen ihre Grabschrift.

In der Legende des 11. Jahrhunderts von Barlaam und Josaphat[9] meint der kostbare Edelstein, den der als Händler verkleidete Einsiedler Barlaam dem Prinzen von Indien Josaphat anbietet, seine Gleichnisreden und die Verkündigung der Wahrheit über Gott, über die Heilsgeschichte und über Christus, mit der Barlaam Josaphat erleuchtet.[10] Der Edelstein ist die gebrachte Offenbarung. Der halb als unerkanntes Gleichnis, halb als konkretisierte Metapher in die Handlung eingegangene und darum zunächst ›weltlich verstandene‹ Edelstein wird durch Rudolf von Ems auf *der bezeichenunge hort* hin ausgelegt.[11] Allein die griechische Legende läßt den Gedanken aufkommen, der nirgends sonst näher bestimmte Edelstein könnte als Perle zu verstehen sein. Barlaam will den Samen seiner Lehre bei Josaphat nicht auf steinigen Boden fallen lassen, das heißt »ihn den Vögeln und Tieren preiszugeben, denen ich, wie mir anbefohlen ist, niemals die Perlen vorwerfen darf«.[12] Da das Gleichnis vom Edelsteinhändler durch das Gleichnis vom Sämann ausgelegt wird, der den Samen des

9 Die Legende von Barlaam und Josaphat. Zugeschrieben dem heiligen Johannes von Damaskus, aus dem Griechischen übersetzt von L. Burchard, München o. J. (1924). Zur Zuschreibung und Datierung der griechischen Baarlam- und Josaphatlegende H. Bacht, Reallexikon für Antike und Christentum 1 (1950), Sp. 1197.

10 Die Legende von Barlaam und Josaphat (wie Anm. 9), S. 27-34 und 43 f.

11 Rudolf von Ems, Barlaam und Josaphat, hg. v. F. Pfeiffer, Nachwort von H. Rupp, Berlin 1965; die Edelsteinerzählung 1455-1584, 3125-3170, hier 1545-48, dazu 1628 f., 3136 ff. Zur Edelsteinmetapher in ›Barlaam und Josaphat‹ Uwe Ruberg, ›Wörtlich verstandene‹ und ›realisierte‹ Metaphern in deutscher erzählender Dichtung von Veldeke bis Wickram, in: »Sagen mit sinne«. Festschrift für Marie-Luise Dittrich, hg. v. H. Rücker und K. O. Seidel, Göppingen 1976 (Göppinger Arbeiten zur Germanistik 180), S. 205-220, hier S. 208 ff.

12 Die Legende von Barlaam und Josaphat (wie Anm. 9), S. 30. Rudolf von Ems bringt das Gleichnis vom Sämann ohne Erwähnung der Perle (1585-1650).

Wortes nicht auf Steine fallen lassen darf, liegt es freilich nahe, in der Perle eine Analoges assoziierende Anspielung auf Mt. 7,6 zu hören.[13]

Hochkarätig bleibend Gültiges von Wert schreibt man in Edelstein oder mit Edelsteinen. Das Material und die Gestalt der Aufzeichnung von Texten bezeugen ihre Schätzung. Edelsteine, das Elfenbein, Gold und Silber ›schmücken‹ nicht nur die Einbände der dem Mittelalter heiligen Bücher. Über ihre allegorische Aussage hinaus verkünden sie den Offenbarungswert der Schrift, die sie umschließen. Kostbarkeiten des sinnträchtigen Wortes erhalten mit Elfenbein, Edelmetall und Edelsteinen auf dem Einband die ihren Wert und Sinn anzeigende Umkleidung. Die Versvorrede zum Psalmenkommentar des Smaragdus von Saint-Mihiel (um 800) stellt zu dem Bucheinband aus goldüberzogenem Elfenbein den Inhalt des Werkes in Beziehung. Nachdem die Väter auf den verborgenen Sinn des Psalters durch allegorische Auslegung viel Licht geworfen, will Smaragdus auf die Seiten seines Buches ausgewählte, lichtverbreitende Edelsteine (Allegorien) setzen.

In psalterio auriculato

Aurea formose componit capsa libellum
Ditis et hunc nostrum, dogmata sancta patrum,
Auro diffulvo nitidum circumdat eburnum,
Ut foris ornatum possit habere librum.
Iste foris simplex perpenditur esse libellus,
Sed typice interius mistica verba vehit.
Mistica tum liricans cantabat carmina David
Tegmine littereo semper operta modo.
Iam veterum nobis sancta preconia vatum
Lucidius patres exposuere novi.

13 Dazu Kap. 4: ›Ihr sollt die Perlen nicht vor die Schweine werfen‹. Auch der griechische Text unterscheidet den ›lithos timios‹ oder ›polytimos‹ (PG 96,896D, 897C, 900A, 900C) von den ›margaritai‹ (900C), zu denen der Herausgeber auf Mt. 7,6 verweist.

Unde Smaragdus ego volui discerpere gemmas,
Istius unde libri pagina clara foret.[14]

Das Äußere des Buches (Elfenbein und Gold) wird vom Inneren, den Edelsteinen, überstrahlt. Die kostbare Ausstattung der heiligen Bücher nicht zuletzt mit Edelsteinen hat einen viel tieferen Sinn als den einer Schatzhortung der Kirchen.[15] Der Bedeutung der Edelsteine und des Elfenbeins der Bucheinbände kann die Goldschrift auf dem Pergament entsprechen. Der zu den Chrysographen der Trier-Echternacher Malerschule des 11. Jahrhunderts gehörende und als Evangeliar für den Speyerer Kaiserdom bestimmte Codex Aureus Heinrichs III., den das zweite Widmungsgedicht ein *diadema librorum* nennt, erklärt die Goldschrift mit dem Wort der Weisheit – und ›sapientia‹ ist des Goldes allegorische Hauptbedeutung –: *omnia transibunt / numquam mea verba peribunt.* Der Sinn der goldenen Schrift ist so die Unvergänglichkeit des darum auch mit unvergänglichem Edelmetall geschriebenen Wortes Gottes.[16]

Im Schatzhaus der Kirche wird nach Anastasius Sinaita († nach 700) das verborgene und spirituelle Gold und Silber des Worts der Schrift zusammen mit den Perlen der göttlichen Ge-

14 Das Präfationsgedicht nach Fidel Rädle, Studien zu Smaragd von Saint-Mihiel, München 1974 (Medium Aevum 29), S. 100.

15 Es geht nicht an, die spirituelle Bedeutung der kostbaren Materialien außer Betracht zu lassen. Jeweils vieldutzendfach bezeugt sind die Bedeutungen ›Weisheit (Gottes)‹ für Gold, ›belehrende Rede (über Gott)‹ für Silber und ›höchste Reinheit‹ für das Elfenbein. Noch Salutati († 1406) ergeht sich bei der Allegorese der Herkulesmythen zum goldenen Zweig, der Äneas in die Unterwelt führte, mit Berufungen auf die Bibel, Gregor den Großen und Beda in extenso über das Gold der Weisheit und der Wahrheit. Colucius Salutati, De laboribus Herculis, hg. v. B.L. Ullmann, Zürich 1951, S. 573 f.

16 Walter Berschin, Drei griechische Majestas-Tituli in der Trier-Echternacher Buchmalerei, Frühmittelalterliche Studien 14 (1980), S. 299-309, hier S. 306. Vgl. Johannes Rathofer, Structura codicis – ordo salutis. Zum Goldenen Evangelienbuch Heinrichs III., in: Mensura. Mass, Zahl, Zahlensymbolik im Mittelalter, hg. v. A. Zimmermann, Berlin und New York 1984, S. 342, 344 f., 355.

heimnisse, die vor den Schweinen verborgen zu halten sind, behütet und verwahrt.[17] Als der Augustinerchorherr Gottfried von St. Viktor in einer Hoheliedpredigt (zwischen 1185 und 1194) ein großes Lob der in den Werken Augustins der ganzen Welt geschenkten Schätze sprach, rühmte er das Gold ihrer Weisheit, das Silber ihrer Rede, ihre Legierung von Gold und Silber und ›eine derartige Fülle an Edelsteinen, daß sie unermeßlich ist‹, Schmuckstücke zur Zierde aller Orden und Personen.[18] Eine Schatzkammer sind die Werke Augustins als geistige Werte für das religiöse Leben. Auch der Titel eines Buchs kann seinen Inhalt als einen hohen Wert anzeigen. Smaragdus (er trägt den Namen eines Edelsteins) nennt seine Sammlung von hundert

17 Die Scheidung von Land und Wasser bei der Schöpfung führt Anastasius Sinaita bei Heranziehung von Joh. 4,11 ›*Congregans tanquam utrem aquas maris, ponens in thesaurum abyssos*‹ zur Deutung des Schatzes auf die Kirche. Anastasius Sinaita, Anagogicarum contemplationum in hexaemeron III; PG 89,880D: *Thesauros Dei dicens Ecclesias, ubi aurum et argentum verbi Scripturae reponitur absconsum et spirituale, ubi custodiuntur margaritae divinorum sacramentorum, quas jubemur abscondere porcis; nam illi, sicut et Judas, eas non capiunt.* Hinweis bei Hugo Rahner, Symbole der Kirche. Die Ekklesiologie der Väter, Salzburg 1964, S. 157, Anm. 105. Vgl. Anastasius Sinaita, In hexaemeron V, PG 89,917A, zur regenerierenden Kraft des Wassers: *Prima resurrectio ex eis* [aquis] *facta est per Jonam: in eis est absconsa margarita paterni fulgoris.*

18 Die Predigt über Cant. 4,7 ediert Helmut Riedlinger, Die Makellosigkeit der Kirche in den lateinischen Hoheliedkommentaren des Mittelalters, Münster 1958 (Beiträge zur Geschichte der Philosophie und Theologie des Mittelalters 38,3), S. 188-193, hier S. 192f.: *Intra in thesauros eius et videbis divitias eius. Et qui sunt hi thesauri eius? Utique bibliotheca, i. e. infinitas librorum eius. Intra et perambula thesauros istos, si potes, quia ampli sunt nimis. Et cum eos bene perambulaveris, mirum erit, si non divitias eius miraberis. In his thesauris invenitur aurum sapientiae, argentum eloquentiae, electrum ex utroque mixtum, lapides pretiosi in tanta copia, ut aestimari non possit. Hic inaures, torques, armillae, murenulae, monilia, omnium denique ornamenta ordinum et personarum. [...]*

Si qua est in vobis delicata in ornamentis anima, utatur inauribus et monilibus eius, murenulis, perichelidis et ceteris ornamentis, ut sponso suo placere possit. Andere Funktionen der Werke Augustins werden mit Hilfe der Speise-, der Arznei- und der Waffenmetapher dargestellt.

meist Vätertexten für die monastischen Lesungen ›Diadema monachorum‹.[19] Ulrich Boner nennt seine um 1350 herausgegebene Sammlung von hundert Exempelerzählungen, die zum größten Teil aus der Tier- und Pflanzenwelt gewählt waren, ›Der Edelstein‹, womit er auf den aus der Fabel zu erhebenden Sinn abzielt.[20] Honorius Augustodunensis gibt seinem Werk über die Liturgie den Namen ›Gemma animae‹, *quia videlicet veluti aurum gemma ornatur, sic anima divino officio decoratur.*[21] ›Gemma crucifixi‹ heißt in der Handschrift der pseudobernhardische Traktat über das dreifache Sichschenken Christi in der Passion, in der Eucharistie und im Himmel.[22] Des Pseudo-Ildefons von Toledo (12. Jh.) ›Corona aurea beatae Mariae virginis‹ ist ein großes Marienlob aus hymnischen Preistexten, Gedichten und Gebeten, das der Dichter aus Gold und in vierundzwanzig Kapiteln aus je einem von zwölf Edelsteinen, sechs Gestirnen und sechs Blumen, die alle Marias Eigenschaften in ihrer Krone

---

19 Zum Diadema monachorum Rädle (wie Anm. 14), S. 68-75.

20 Ulrich Boner, Der Edelstein, hg. v. F. Pfeiffer, Leipzig 1844 (Dichtungen des deutschen Mittelalters 4), S. 2:

64 *Diz büechlîn mag der edelstein*
Wol heizen; wan ez in im treit
Bîschaft manger kluogkeit,
Und gebirt ouch sinne guot,
Alsam der dorn die rôse tuot.
Wer niht erkennet wol den stein
Und sîne kraft, des nutz ist klein.
Wer oben hin diu bîschaft sicht
Und inwendig erkennet nicht,
Vil kleinen nutz er dâ von hât,
Als wol hie nâch geschriben stât.
Daz merkent vrouwen unde man!
Alsus vâchet daz büechlîn an.

Der Edelstein ohne Auslegung wäre so viel wie eine Beispielgeschichte, deren exemplarischer Sinn nicht als Moral ausdrücklich herausgezogen würde. Der Edelstein mit seinem geistigen Sinn ist wie eine Fabel, deren Moralisierung sie erst sinnvoll macht.

21 PL 172,543 f.

22 PL 184,771-791.

repräsentieren, schuf.[23] Wie Konrad von Würzburg mit tausend Reimpaaren im ›Goldenen Geschmeide‹ einen Marienpreis aus zahllosen Metaphern für Maria schmiedete, schuf Konrad von Haimburg († 1360) mit zwölf Edelsteindoppelstrophen einen mit Edelsteinen besetzten Ring – auch die *recte evangelica / margarita coelica* ist in ihn eingelegt –, den ›Annulus beatae Mariae virginis‹, um ihn am Ende zu überreichen:

Ex quo praesens parvulus
Fit gemmatus annulus.
Quem oblatum hodie
Per me, sponsa gloriae,
Suscipe clementer.[24]

Gerald von Wales († 1223) erklärt den Titel seiner ›Gemma ecclesiastica‹, eines Werks zur Unterweisung der Geistlichen in den Sakramenten, in dem kirchlichen und moralischen Gesetz, in der Vorrede mit dem Vorhaben, aus dem unzähligen Sand am Strand die Edelsteine mühsam auszulesen, aus weiten Gärten nur die Heilkräuter zu sammeln oder Rosen und Lilien aus dem Unkraut zu gewinnen.[25]

---

23 PL 96,283-318.

24 Konrads von Haimburg und seiner Nachahmer Reimgebete, hg. v. G. M. Dreves, Leipzig 1888 (Analecta hymnica Medii Aevi 3; Neudruck Frankfurt am Main 1961), S. 26f.

In der Zeit des französischen Symbolismus zeigt das Werk des Romanautors J. K. Huysmans ›La cathédrale‹ von 1898, das die Kathedrale von Chartres symbolisch auslegt, eine literarisch-gelehrte Hinwendung zur mittelalterlichen ›Symbolik‹ der Architektur, der Zahlen, der Farben und so auch der Edelsteine. Ein längeres Gespräch über die Farbensymbolik des Mittelalters geht über in eine Erörterung des ›Symbolismus der Steine‹. Wie über andere Werke der mittelalterlichen und noch barocken Edelsteinexegese wird hier auch über Konrad von Haimburg gründlich referiert. Das Gespräch über die Edelsteine am Ende des 7. Kapitels: Joris-Karl Huysmans, Die Kathedrale. Aus dem Französischen übertragen von Hedda Eulenberg, Bd. 1, Berlin 1928, S. 171-179.

25 Giraldi Cambrensis Opera, Bd. 2, hg. v. J. S. Brewer, London 1862. Gottfried Benn belebt das alte Bild mit einer neuen Wendung. Im Brief an Oelze vom 12. Juni 1950 spricht er von der Notwendigkeit, auch mittelmä-

Der Glaube an die Kräfte und Wirkungen der Edelsteine ist bis in die Neuzeit so herrschend, daß eine Kritik daran im hohen Mittelalter als Unikum ganz isoliert steht. Gegen die Mitte des 13. Jahrhunderts schrieb der als der Stricker bekannte mhd. Dichter ein 220 Verse langes Gedicht ›Von Edelsteinen‹, das aller Tradition ins Gesicht schlägt.[26]

ßige Gedichte zu verfassen: *es wirkt innerlich in einem als Sprungbrett für Besseres. Man steckt die Krallen in den Sand, wo man gerade liegt, u es ist nicht immer Rubin drin, nicht mal Bernstein*; Gottfried Benn, Briefe an F. W. Oelze 1950-1956 (Gottfried Benn, Briefe, hg. von H. Steinhagen und J. Schröder, Bd. 2,2, Wiesbaden und München 1980, S. 40).

26 Die Kleindichtung des Strickers, hg. v. W. W. Moelleken, G. Agler-Beck und R. E. Lewis, Bd. 4, Göppingen 1977 (Göppinger Arbeiten zur Germanistik 107 IV), Nr. 127, S. 206-214. Der neben seiner geistlichen Dichtung die Schwankdichtung zu Ehren bringende Stricker, der die allegorische Dichtung als theologisch Gebildeter kannte und selbst übte, offenbart sich als Skeptiker ohne Schonung, wenn er den Glauben an Kräfte und Wirkungen der Edelsteine mit kühler Rationalität dem Spott preisgibt als reine Lügenerfindung von Leuten, die wertloses Zeug für teures Geld verkaufen wollten. Wertvoll seien Schleif- und Mühlsteine, Wetz- und Bausteine, keineswegs die Edelsteine; 26 *ein glas der selben varwe, / daz tuot den ougen also wol*, sodaß ein Narr ist, der für einen Edelstein mehr bezahlt als für ein buntes Glas, wie es die Händler wünschen. In der an Edelsteinen reichsten Stadt Konstantinopel muß man arm werden und sterben wie anderswo. Die hervorragendsten Edelsteine der Welt hat man in die Kaiserkrone gesetzt, was nicht hinderte, daß König Philipp ermordet wurde und auch Kaiser Otto mit den Edelsteinen der Krone zu Schaden kam. Edelsteine sind so trügerisch wie Frauen. Mit ihnen fängt man Narren. Wenn man für einen Edelstein einen hohen Preis zahlt, weil er einen Halm aufzuheben vermag, – 115 *waz gwinnet man dar an, / daz er den halm uf haben chan?* Ist ein Edelstein gut gegen das wallende Wasser zur Beruhigung, so macht es ein Schuß kalten Wassers noch besser. Wenn der Rubin in der Nacht leuchtet, so tut es auch das feuchte Holz, nur daß man kein Aufhebens davon macht. Herzog Heinrich habe in Venedig dem Glauben an die Heilkraft des Smaragdes auf die Augen so vertraut, daß er blind geworden. Gegen allen Augenschein und alle praktische Erfahrung, die von keiner Hilfe durch die Edelsteine wisse, an ihren hohen Geldwert glauben, sei nur Torheit. Des Strickers Skepsis richtet sich nicht gegen den spirituellen Sinn der Edelsteine, sondern gegen die antiken Überlieferungen von ihren magischen und medizinischen Kräften.

An Aussehen ähnelt der Perle das Manna und der kleine weiße Stein, der in der Apokalypse dem verheißen wird, der überwand.[27] Jan van Ruusbroec wählte diesen Stein zum Namen seiner Schrift über die mystische Vollkommenheit der von Gott Erwählten mit dem Titel ›Van den blinckenden Steen‹ (nach 1330).[28] Rund und glatt und licht – die Eigenschaften werden auf die Vollkommenheit des Gott schauenden Menschen ausgelegt – ist der Stein das ewige Himmelsbrot und steht auf ihm ›der neue Name geschrieben, den niemand weiß, als der ihn empfängt‹. Auch der Gralstein spendet Nahrung und trägt den Namen des zum Gralkönigtum Erwählten auf ihm geschrieben. Der Auslegungsgeschichte von Apc. 2,17 wäre unter diesem Gesichtspunkt nachzugehen.

Anders als bei der Identität von Wort und Edelstein im Falle der Gesetzestafeln oder der ›Tabula Smaragdina‹ vermögen Buchtitel wie ›Edelstein‹ und ›Goldenes Geschmeide‹, ›Ring‹ oder ›Krone‹ nicht eine so weit gehende Identität zu suggerieren, daß ihre Bildkraft das Bewußtsein von ihrer metaphorischen Funktion vollends auslöschte. Es gibt viele Grade von Intensität der Suggestion, mit der das Bild die Stelle des Ge-

---

27 *Vincenti dabo ei manna absconditum et dabo illi calculum candidum et in calculo nomen novum scriptum quod nemo scit nisi qui accipit*; Apc. 2,17. – Johannes Gerson, De illuminatione cordis; Opera omnia, hg. v. L. E. Du Pin, Bd. 3, Antwerpen 1706, Sp. 479B, identifiziert die Perle von Mt. 13,45 mit dem *calculus candidus* von Apc. 2,17; vorher schon Radbert von Corbie, unten S. 65.

28 Jan van Ruusbroec, Werke, Bd. 3, hg. v. L. Reypens und M. Schurmans, Köln [2]1950, S. 1-41; die Auslegung des Steins nach seinen Eigenschaften S. 9-11, 35 f.; die handschriftliche Überlieferung kennt auch den Titel ›Der Fingerring‹ wie Konrads von Haimburg ›Annulus‹. Wolfgang Eichler, Jan van Ruusbroecs ›Van den blinckenden Steen‹ in oberdeutscher Überlieferung, in: Würzburger Prosastudien 1. Festschrift für Kurt Ruh, hg. v. der Forschungsstelle für deutsche Prosa des Mittelalters am Seminar für deutsche Philologie der Universität Würzburg, München 1968 (Medium Aevum 13), S. 199-214. Zu Ruusbroecs Zusammenhang mit der franziskanischen Mystik Kurt Ruh, Zur Grundlegung einer Geschichte der franziskanischen Mystik, in: Altdeutsche und altniederländische Mystik, hg. v. K. R., Darmstadt 1964 (Wege der Forschung 33), S. 240-274, hier S. 264 f.

meinten einnimmt, in Abstufungen von der magischen Gleichsetzung über gelöstere bis zu den lockersten Formen der sprachlichen Inbezugsetzung des aneinander Aufzuhellenden. Das rechte Maß der Auslegung des einen durch das andere liegt in der angemessenen Schwebe des sprachlichen Sichaufwiegens der Werte. Geschieht es doch wechselseitig: der Saphir ist ein anderer, wenn Moses ihn empfing, die Offenbarung sich ihn wählte; die Perle hat eine neue Qualität, wenn ich weiß, daß sie das Wort ist; die Krone lebt von dem, was sie bedeutet; der Ring ist arm, wo er nur schmückt.

Eine die Illusion der dinglichen Konkretisierung weniger als bei dem bisher Genannten anstrebende, das heißt die Bindung der Vergleichsbeziehung lockerer handhabende Edelsteinmetaphorik für Dichterisches scheint im Orient älter und verbreiteter gewesen zu sein als im Westen, wenngleich auch dort im Buchtitelgebrauch Verdichtungen im Sinne einer Verdinglichung nicht fehlen. Im alten Indien wurden Leser, wenn sie schöne oder tiefe Worte nicht als Edelsteine erkannten, als Esel und Toren verspottet. *Wer alle möglichen Schriftwerke liest und Nichts davon versteht, gleicht einem Esel, der beständig eine Last Juwelen trägt und diese, wie man weiß, nie genießt.*[29] *Drei Juwelen giebt es auf Erden: Wasser, Reis und schöne Sprüche; Thoren aber zählen die Juwelen an Steinchen her.*[30] Auch dem Alten Testament sind Edelsteine für die Ohrenkunst nicht fremd.[31]

Von dem in Kairo lebenden syrischen Dichter Ebu Temmam

---

29 Indische Sprüche. Sanskrit und Deutsch, hg. v. O. Böhtlingk, Bd. 1-3, St. Petersburg ²1870-1873 (Neudruck Osnabrück 1966), Bd. 2, Nr. 4053.

30 Ebd., Nr. 4186. Vgl. Bd. 3, Nr. 6452:

Wenn berühmte Dichter, die eine schöne Sprache mit Ausdrücken im Schmucke der Gelehrsamkeit führen und im Besitze von Lehren sind, die Schülern überliefert zu werden verdienen, im Lande eines Fürsten in Armuth leben, so zeugt dieses von der Stumpfheit des Herrschers, da gelehrte Männer auch ohne Geld große Herren sind: zu tadeln sind ja die Abschätzer, durch deren Schuld Edelsteine im Preise sanken.

31 Sir. 32,4-8.

(†840) erzählte man die Anekdote, der Wesir, dem er in einem Lobgedicht gesagt hatte,

> [Er ist] *Ein stäter Regen von Freigebigkeit,*
> *Nach welchem lechzt die ausgedorrte Erde;*
> *Wenn Länder könnten ein's zum andern wandern,*
> *Sie sammelten sich all' an seinem Herde*

habe geantwortet: ›*O Ebu Temmam! dein Gedicht ist mit Juwelen des Wortes und der Gedanken geschmückt, welche die am Nacken der Schönen bei weitem übertreffen, so dass jede Belohnung derselben weit unter dem Werthe blieb*‹.[32]

Zum Schmuck verstreute Edelsteine des Wortes, der Gedanken und des Formspiels findet man auch sonst genannt. In der arabisch-spanischen Dichtung des 11. Jahrhunderts stehen einmal die Edelsteine anstelle der üblichen gereihten Perlen[33] bei der Aussage über die Bindekraft der Dichtung, in der Sprache zerstreut Bereitgelegenes durch die Form zu ordnen: »Reime sind verstreute Edelsteine, die erst durch die Poesie zum Halsband werden«.[34] Da der Orient den Beruf des Perlenbohrers kennt und die Metapher vom Durchbohren der Versperlen zu ihrer Aufreihung auf dem Faden des Gedichts dort wohlvertraut ist,[35] mag an undurchbohrt in Fassungen zu reihende Edelsteine auch gedacht sein bei der spanisch-arabischen Aussage über das Dichten: »Wie seltsam, daß man zur Kette ordnet, was nicht durchbohrt werden kann!«[36] Der Unterstaatssekretär des Auswärtigen Schihab schrieb 1835 ein Gedicht auf die Geburt des Prinzen Nisameddin und stellte fest:

---

32 Hammer-Purgstall, Literaturgeschichte der Araber 3, S. 727. Im Lobgedicht auf einen Sekretär, von dem er ein Empfehlungsschreiben begehrte, schmeichelte ihm Ebu Temmam (S. 735):

> *In dem Papier dem glatten schliesst du ein,*
> *Als Eingeweid des Wortes Edelstein.*

33 Dazu Kap. 8: ›Gereihte Perlen‹.

34 Hoenerbach, S. 107.

35 Dazu Kap. 7: ›Die durchbohrte Perle‹.

36 Hoenerbach, S. 107.

Schihab versteht zu reimen und zu zählen,
In Reimen, die gleich einzigen Juwelen.[37]

Einen Ring zum Lobe Alipaschas dichtete der türkische Lyriker Baki († 1599) mit dem über fünfzigmal wiederkehrenden Wort ›Ring‹ im Reim. Der gedichtete Ring ist besetzt mit Perlen und vielen Edelsteinen.[38] Der persische Dichter Molla Wahschi (16. Jh.) sagt einmal: *Pros' und Vers, Juwelenkenner sagt, / Wo Juwelen wie die Verse, wo?*[39] Der Dichter Aarifdede, gestorben 1725 als Scheich des Mewleweklosters auf Zypern, schrieb mit dem Selbstbewußtsein orientalischer Dichter:

Geschätzt sind meines Wort's Juwelen,
Seit Gottes Gnaden mir nicht fehlen,
Mein Sinn bezaubert alle Seelen,
Die Gold aus meinem Schatze wählen,
Im Reiche der Beredsamkeit ich als Darius Herrscher bin.[40]

Ein Metaphern für die Dichtung reihendes Ghasel des Ghalibdede aus Konstantinopel († 1795) zum Lob des Worts beginnt:

Das Wort ist Edelstein der höher'n Geisterwelt,
Das zwischen Aug' und Ohr im Gleichgewicht sich hält.[41]

---

37 Hammer-Purgstall, Geschichte der Osmanischen Dichtkunst 4, S. 496.

38 Baki's Diwan, S. 19-23. Es heißt im Gedichtschluß:
Es bringt Dir Baki hier zahllose Ringe;
Werth den Tribut von Ruhm ist jeder Ring.
Wirf diesen schön gefaßten Vers nicht weg,
Steck' ihn an Deine Hand, Aßaf! als Ring.

39 Hammer, Geschichte der schönen Redekünste, S. 389. – Der osmanische Derwisch und Dichter Tewelli (16./17. Jh.) schreibt:
Zu reimen fing ich an des Worts Juwelen,
Die dürfen auf Beherzter Haupt nicht fehlen.
Und der türkische Dichter Nescheet (sein Diwan 1785) sagt in einer Klage auf den Tod Suleikas: *Den Zahlreim fand ich als Juwele in dem Kies: / Für Suleicha ist Aufenthalt das Paradies*; Hammer-Purgstall, Geschichte der Osmanischen Dichtkunst 2, S. 392 (Tewelli); 4, S. 546 (Nescheet).

40 Ebd. 4, S. 139.

41 Ebd., S. 370.

Ein Distichon in Bakis Diwan lautet:

Durch Dichterkraft bist, Baki! du ein Edelstein,
Trotz ein Paar Opiumfressern bleibt er immer rein![42]

Es nimmt einen nicht Wunder, daß die abendländischen Orientalisten die Redeweisen des Ostens in ihre Sprache übernehmen. Joseph von Hammer sagt von den fünf großen Werken des Nizami, die als die ›fünf Schätze‹ Späteren als Muster dienten, *Der schönste Edelstein dieses fünffach strahlenden Dichterkronschmucks ist* Chosru und Schirin.[43]

Als Goethe eine Eigenschaft der orientalischen Poesie in ihrer Lust am Aufgeben und Auflösen von Rätseln wahrnahm und mit Beispielen eines Zeichenwechsels durch die Blumensprache dies belegte, bemerkte er, daß bei einer solchen stummen Unterhaltung alles Sichtbare mit gleichem Rechte angewendet werden könne.[44] Das geschah denn auch mit Edelsteinen und gerade bei Nizami. Die wechselseitige Zusendung von in ihrer Bedeutungshaltigkeit beredten Perlen und Edelsteinen ist als ›Briefwechsel‹ eine rätselartig des anderen Verstehenskraft prüfende Form des Gesprächs zwischen Getrennten schon im 12. Jahrhundert im ›Haft Paikar‹-Epos des Nizami,[45] und sie überdauerte als Turandocht-Motiv. In Nizamis Geschichten von den sieben Prinzessinnen gebrauchen die Liebenden der vierten Geschichte eine solche Sprache durch Edelsteine.[46]

In Nizamis Liebesroman ›Chosrou und Schirin‹ (1180) heißt der Sassanidenkönig Chosrou den ihm im Wege stehenden Far-

42 Baki's Diwan, S. 142.

43 Hammer, Geschichte der schönen Redekünste, S. 105.

44 In den ›Noten und Abhandlungen zu besserem Verständnis des west-östlichen Divans‹ im Kapitel ›Blumen- und Zeichenwechsel‹; HA 2, S. 190-193; vgl. die Blumenstrophen in ›Vier Gnaden‹ (ebd., S. 11).

45 Der Passus aus Nizami in: Friedrich Rückert 1788-1866. Übersetzungen persischer Poesie, hg. v. Annemarie Schimmel, Wiesbaden 1966, S. 30 ff.

46 Nizami, Die sieben Geschichten der sieben Prinzessinnen. Aus dem Persischen verdeutscht und herausgegeben von Rudolf Gelpke, Zürich 1959, S. 151-155.

had, um sich seiner, der die armenische Prinzessin Schirin ohne Maßen liebt, zu entledigen, zur Bahnung einer Gebirgsstraße einen Berg für ihn spalten. Er glaubt, den in der Liebe einem Felsen gleich Unerschütterlichen allein mit diesem unerfüllbaren Auftrag aus dem Weg räumen zu können. Farhads Scheitern am Felsen soll ihn selbst, den Felsen, sprengen. Situationsgerecht leitet der Erzähler das Befehlswort Chosrous ein: »Und dann zückte er seine Zunge wie ein stählernes Schwert und schleuderte den Diamanten ins Felsgestein, indem er sagte: ›Wir haben eine Straße, die durch einen Berg versperrt wird‹«.[47] Farhad meißelt Bilder Schirins in die Felswand, ehe er sich ans Werk macht. Er stürzt die Felsen, spricht aber in ihrem Angesicht auch den großen Monolog seiner Klage über sich und Schirin. Dem Diamant des Königsworts setzt Farhad seinen Klagediamant entgegen: »Mit jedem Hieb, den er dem Felsen versetzte, stürzte er einen Turm aus seiner Festung. Mit jedem Schlag stieß er einen fürchterlich großen Berggrat vom Sockel, und mit dem Diamant seiner Rede durchbohrte er den Rubin seiner Lippen, indem er dem Berg sein Leid erzählte: ›O Berg, ist dein Gebein auch felsenhart, sei edel und zerfall in Stücke!‹«[48] Der Diamant des Liebeswortes antwortet dem Diamant des Machtworts.

Einige Edelstein-Buchtitel aus dem Osten seien hier noch gereiht. Über die Art der Beziehung zwischen dem Werk und seinem Titel ist auf den ersten Blick noch nichts gesagt, da ding-

47 Nizami, Chosrou und Schirin. Übertragung aus dem Persischen, Nachwort und Erläuterungen von J. Christoph Bürgel, Zürich 1980, S. 165.

48 Ebd., S. 167. Es ist darauf hinzuweisen, daß genau zur gleichen Zeit (bald nach 1180) Hartmann von Aue in seinem Artusroman ›Erec‹ die Diamantmetapher für Erecs Herz in seiner Beständigkeit zwischen Bergen selbst von Stahl gebraucht. Erecs Herz war bei der tapfer-zähen Verfolgung seines Vorhabens – des höchsten Abenteuers zu seiner Rechtfertigung vor Enite – noch härter als der Diamant, von dem doch gelte, zwischen zwei Berge von Stahl gelegt, zermahle er diese stählernen Berge, ohne selbst – *wie möhtez wunder groezer sîn?* – eine Einwirkung des Stahls zu zeigen (Erec 8424-34). Zur Interpretation im Zusammenhang Ohly, Diamant und Bocksblut (wie Anm. 6), S. 51 f.

hafte Buchtitel bloß schmückend werben, aber auch Wesenszüge des Werks aufschließen können.[49]

Der große arabische Geschichtsschreiber al-Mas'udi (†956) schrieb 943-947 eine zweitausend Seiten umfassende Kurzfassung seines enzyklopädischen Werkes ›Die Nachrichten der Zeit‹ und gab ihm den Titel ›Buch der Goldwäschen und Edelsteinfundstätten‹.[50]

Die Anthologie ›Der Juwelenknoten‹ des Ibn Abd Rebbihi hatte fünfundzwanzig Teile, deren jeder einen Edelstein wie Saphir, Rubin, Smaragd, Topas oder Perle als seinen Titel führte.[51]

Eine Anthologie und zugleich Literatur- und Geistesgeschichte des westlichen arabischen Kulturbereichs von Ali ibn Musa ibn Muhammad Ibn Said (1214-1274 oder 1286) trägt den Titel ›Die besonders schönen Stücke vom Schmuck des Westens‹. Das als Ganzes nicht erhaltene Gesamtwerk hieß ›Die Sternbahn des Wunsches, die sich zieht um den Schmuck der arabischen Sprache, enthaltend die beiden Bücher *Das Leuchtende unter dem Schmuck des Ostens* und *Die besonders schönen Stücke vom Schmuck des Westens*‹.[52]

Das japanische Shasekishu ›Sammlung von Sand und Steinen‹ des Muju (1226-1312), eine Sammlung lehrreicher buddhistisch orientierter Erzählungen, verdankt seinen Titel dem Gleichnis: »Wer Gold begehrt, sammelt Sandkörner und gewinnt jenes; wer an edlem Gestein seine Freude hat, liest Steine auf und schleift sie«. Das Rohmaterial der Geschichten enthält den edlen Kern ihrer Moral.[53]

Ein Kompendium des Buddhismus ist die 1417 fertiggestellte ›Edelsteinmine des guten Dharma‹ von Vimalakirti, der im 13. Jahrhundert ›Die Edelsteinreihe des guten Dharma‹ von Dharmasena vorangegangen war.[54]

---

49 Friedrich Ohly, Einleitung zur ›Silva Allegoriarum‹, in: F. O., Schriften zur mittelalterlichen Bedeutungsforschung, Darmstadt 1977, hier S. 161 f.

50 Er erklärte den Titel in der Einleitung: »Wegen seines kostbaren Inhalts und weil es die bedeutendsten und wichtigsten Elemente meiner früheren Werke zu diesem Themenkreis enthält, habe ich diesem meinem Buch den Titel gegeben«; Al-Mas'udi, Bis zu den Grenzen der Erde. Auszüge aus dem ›Buch der Goldwäschen‹. Aus dem Arabischen übertragen und bearbeitet von Gernot Rotter, Tübingen und Basel, 1978 (Bibliothek arabischer Klassiker 3), S. 10.

51 Hammer-Purgstall, Literaturgeschichte der Araber 5, S. 21.

52 KLL 15, S. 6503 f.

53 KLL 20, S. 8673.

54 KLL 19, S. 8358.

Die ›Kette aus Wunschedelsteinen‹ heißt die mongolische Biographie des lamaistischen, aus der Westmongolei stammenden Missionars der Ostmongolen Neyici toyin († 1653), die 1739 von Prajnasagara geschrieben wurde.[55]

Von dem osmanischen Dichter Tewelli (16./17. Jh.) gibt es ein Mesnewi mit dem Titel ›Die Juwelen der Erkenntnis‹.[56]

Bei Herders und Goethes intensivem Umgang mit dem Osten kann es nicht überraschen, bei ihnen wieder Edelsteine für Gedichtetes zu finden, ja bei Goethe sie in einer höchst orientalischen Manier verwandt zu sehen. Des von ihm bewunderten Johann Valentin Andreae Parabeln in dessen ›Christlicher Mythologie‹ vom Jahr 1618 würdigend, stellt Herder Überlegungen an, ob diese etwas größeren Gedankenbilder noch eine epigrammatische Verdichtung finden könnten: *Wie faßt man diesen Edelstein simpler?*[57] Der dichterische Wert eines hochkarätigen Gedankens ruft nach einer Konzentration der Form, wie sie eine Umsetzung der barocken Gleichnisrede ins klassische Epigramm erzielen würde. Herders Gedanken über ›Spruch und Bild, insonderheit bei den Morgenländern‹ fassen den Preis der moralischen Poesie des persischen Lyrikers Saadi in zwei Distichen zusammen: *und fast jedes Wort, jede artige Wendung seines Vortrages ist, nach dem beliebten Ausdruck der Morgenländer, eine Perle.*

Schöne Gesinnungen gleichen den Perlen und Edelgesteinen;
Lose dahingestreut, glänzen sie köstlich und schön.
Aber verband sie die Kunst; so werden in Königes Krone
Oder im Armband sie Männern und Frauen zum Schmuck.[58]

---

55 KLL 5, S. 1570.
56 Hammer-Purgstall, Geschichte der Osmanischen Dichtkunst 2, S. 391.
57 Zerstreute Blätter, 5. Sammlung (1793); Herder, SW 16, S. 163.
58 SW 16, S. 17. – Herder will die Kirchengeschichte als lebendigen Kommentar des Wortes und der Regierung Gottes angesehen, nicht als eine leere Reihe von Begebnissen gelesen wissen. *Nicht der ist der beste Leser der Kirchengeschichte, der alle diese Sachen auf der Schnur hat; (auch Spielzeug und Glasperlen kann man auf der Schnur haben) sondern der Kleinode besitzt, (falls er sie auch nicht immer bei der Hand hätte), der sie uns zu zeigen nicht vorenthält, aber auch das Beste mit ihnen, den Geist der Ge-*

Schon ungefaßt sind Saadis Worte Kostbarkeiten durch ihre Gesinnungen. Daß der ästhetische Wert von Werken vor aller Formkunst in ihrem Geist, ihren Weisheiten und sittlichen Wahrheiten aufscheine, war ein in früheren Epochen derart elementarer Grundsatz – und nicht nur für die Lehrdichtung –, daß die Poetik ein unnötig Übriges tat, wenn sie im Mittelalter aussprach, eine erzählende Dichtung habe mit einer allgemeingültigen Wahrheit einzusetzen und zu schließen oder die Fiktion habe die Funktion, eine Wahrheit zu vermitteln. Schon bloß ausgesprochene Gesinnungen haben ihre Schönheit: *Schöne Gesinnungen gleichen den Perlen und Edelgesteinen.* Ohne den Grundsatz, daß die Kunst mit Kostbarem umgehe, hätte die Goldschmiedemetapher keinen Boden. Das hohe Wort als loser Edelstein oder rollende Perle bedarf der Steigerung seines Seins durch Einbildung in ein Ganzes, wie die Kunst sie leistet, wenn das Gold der Form das Leuchten des Steines und der Perle hebt. Seine edlen Bestandteile finden ihre Sinnerfüllung erst im Schmuck als Kunstwerk.

Die Anwendung der Edelsteinmetapher auf das geistig Wahre dichterischer Rede zeigt die literarästhetisch hohe Einschätzung des Geistigen im Kunstgebilde an, dessen Formkunst erst der in sie gefaßte Gedankenwert legitimiert. Unter der Überschrift ›Segenspfänder‹ gruppiert Goethe im Buch des Sängers des ›West-östlichen Divan‹ einige Strophen, die den antiken und mittelalterlichen, im Osten überlebenden Gedanken des in Edelstein gegrabenen Worts derart erneuern, daß die ihm eigene Aura des Numinosen nicht verloren geht. Freilich, Gottes Smaragdtafel-Koran und die Gesetzestafeln aus Saphir oder die Tabula Smaragdina waren als höchste Offenbarungen geschrieben von dem Finger Gottes, seiner Engel oder des Urphilosophen – den Hermes Trismegistos setzte man einst vor Platon an –, während im Talisman aus Edelstein mit Inschrift als von Menschenhand Gefertigtem auch ein Moment Magie mit einschwingt:

---

schichte, Regeln ihres Gebrauchs uns mitschenket. Briefe, das Studium der Theologie betreffend; sw 11, S. 83.

Talisman in Karneol,
Gläubigen bringt er Glück und Wohl;
Steht er gar auf Onyx' Grunde,
Küß ihn mit geweihtem Munde!
Alles Übel treibt er fort,
Schützet dich und schützt den Ort,
Wenn das eingegrabne Wort
Allahs Namen rein verkündet,
Dich zu Lieb' und Tat entzündet.
Und besonders werden Frauen
Sich am Talisman erbauen.

Gläubige Männer tragen auf Papier geschriebene Amulette, denn auf ihnen hat das Wort ein wenig Raum:

Doch man ist nicht im Gedränge
Wie auf edlen Steines Enge,
Und vergönnt ist frommen Seelen
Längre Verse hier zu wählen.

Soll im Abraxas fratzenhaft Absurdes, düstrer Wahnsinn *Für das Allerhöchste gelten*, gilt für die Inschrift auf dem Siegelring das Maxima in minimis, kaum Auszudenkendes auf kleinstem Platz:

Ein Siegelring ist schwer zu zeichnen,
Den höchsten Sinn auf engstem Raum;
Doch weißt du hier ein Echtes anzueignen,
Gegraben steht das Wort, du denkst es kaum.

Im Talisman und auf dem Siegelring steht das erhabene Wort in Edelstein gegraben, unauslöschbar. Nicht an ein spezifisches Material gebunden ist im Orient mit seiner oft bilderlosen Inschriftenkultur die Inschrift, in der Goethe etwas wie frei Schwebendes empfand:

Die Inschrift aber hat nichts hinter sich,
Sie ist sie selbst und muß dir alles sagen,
Was hinterdrein mit redlichem Behagen
Du gerne sagst: Ich sag' es! Ich! .[59]

---

59 HA 2, S. 8f.

Wenn im Talisman *das eingegrabne Wort / Allahs Namen rein verkündet* und der Mensch im Siegelring etwas ihm Echtes, ihn in seine Möglichkeit Rufendes, als sein Maximum sich zu eigen macht, liest er Moralia aus der Inschrift, Lebensregeln, die er gerne wie ein selbst Gefundenes nachspricht. Auf des ›Divans‹ ersten Seiten stehend, haben Goethes ›Segenspfänder‹ etwas poetologisch-programmatisch Klassifizierendes. Man möchte versuchen, die Sprüche und Betrachtungen, die Parabeln und die Parsenworte im Divan unter die Talismane und Amulette, die Siegelringe und die Inschriften wie unter Goethesche Schriftsinne zu gruppieren, der Erinnerung folgend: *Sag' ich euch absurde Dinge, / Denkt, daß ich Abraxas bringe.* Goethe setzt nur einen der fünf Segenspfand-Dingbegriffe als Überschrift über eine Strophengruppe. Wenn er sie ›Talismane‹ überschreibt, haben wir zu wissen, diese Worte sind in Edelstein gegraben, nicht zwar eine Offenbarung Gottes, aber eines Dichters Offenbarungen über Gott bis hin in das Gebet, das letzte Dichtergebet um Hilfe beim Werk vielleicht, das ein deutscher Dichter schrieb (im Jahr 1815; das erste war Otfrieds von Weißenburg Invocatio scriptoris ad Deum, um 870).[60] Wie immer man angesichts der Üppigkeit des Dichtergebets im Orient beim Goetheschen die Divandichterrolle mit in Anschlag bringen möchte, – mehr als eine atmosphärisch sublime Verfremdung des Goethe Höchsteigenen wird man seinem Gebet und den übrigen vom Orient angehauchten Talismanen nicht zuschreiben dürfen. Goethes ›Talismane‹, das Letzte auch dichterisch in Edelstein Gegrabene, sind ein Gott an die Menschen vermittelndes Vermächtnis. Für seine Wirkung hat Goethe das Wort ›Segenspfand‹ gefunden.

60 Dazu Christian Thelen, Das Dichtergebet in der deutschen Literatur des Mittelalters, Berlin und New York 1989 (Arbeiten zur Frühmittelalterforschung 18).

TALISMANE

Gottes ist der Orient!
Gottes ist der Okzident!
Nord- und südliches Gelände
Ruht im Frieden seiner Hände.

Er der einzige Gerechte,
Will für jedermann das Rechte.
Sei von seinen hundert Namen
Dieser hochgelobet! Amen.

Mich verwirren will das Irren;
Doch du weißt mich zu entwirren.
Wenn ich handle, wenn ich dichte,
Gib du meinem Weg die Richte.

Ob ich Ird'sches denk' und sinne,
Das gereicht zu höherem Gewinne.
Mit dem Staube nicht der Geist zerstoben,
Dringet, in sich selbst gedrängt, nach oben.

Im Atemholen sind zweierlei Gnaden:
Die Luft einziehn, sich ihrer entladen.
Jenes bedrängt, dieses erfrischt;
So wunderbar ist das Leben gemischt.
Du danke Gott, wenn er dich preßt,
Und dank' ihm, wenn er dich wieder entläßt.[61]

Kommt man aus dem ›Divan‹, berührt einen anderes als scheinfromm flach. Wie die Alten ihre Weihe von den Musen und die Späteren ihre Inspiration vom Heiligen Geist empfingen, so weiß von einer Dichterweihe aus dem Edelstein als innerst Irdischem erst der romantische Karfunkelkult. In der Romantik wurde der Karfunkel derart zu einem Symbol des Dichterischen, daß schon 1809 Jens Baggesen seine Literatursatire auf die Sonettenwut der Tage unter dem Titel ›Der Karfunkel oder Klingklingel-Almanach‹ herausgab und dabei im Vorwort pro-

61 HA 2, S. 12.

klamierte: ›*Freund! ich besitze den Karfunkel, den Stein der Weisen (der Liederweisen nehmlich) das Arcanum der Sonette, mit einem Wort: das ganze Geheimniß der einzig möglichen und einzig wirklichen ächtpoetischen Poesie*‹.[62] Er ist das Geheimnis einer Sonettenfabrik mit einem Wochenausstoß von 700 Stück, wovon nur eine Tagesproduktion im Almanach als Beispiel abgedruckt wird. Eine Literatursatire ist auch ›Die Karfunkel-Weihe. Romantisches Trauerspiel‹ von Till Ballistarius (für J. L. Caspar). Der Prolog erläutert:

Was soll das seltsam närr'sche Ganze sagen?
Lieb Publikum, das ist Allegorie,
Romant'sche Mystik, ja, verstehst Du die?
[...]
– Wir sind hier nun im Land der Poesie:
[...]
Und durch das lieblich wunderschöne Dunkel
Erglänzt der Wände leuchtender Karfunkel.
Von Perlen, Gold, Rubinen und Saphiren
Sind, wie Du siehst, die Säulen und die Thüren,
Und hier das schöne Bild des Hierophanten
Strahlt blitzend von den reinsten Diamanten
[...]
Als ich es so zum erstenmal gesehn,
Da blieb mir mein Verstand fast stille stehn;
Ich sah und hört' dergleichen früher nie –
Und der Direktor sagt: das wäre Poesie![63]

62 Der Karfunkel oder Klingklingel-Almanach. Ein Taschenbuch für vollendete Romantiker und angehende Mystiker. Auf das Jahr der Gnade 1810. Herausgegeben von Baggesen. Der Neudruck nach der Ausgabe von 1809 mit Einleitung hg. v. Gerhard Schulz, Bern 1978 (Seltene Texte aus der deutschen Romantik 4), S. IV. Die »literarische Karfunkelinflation« der Zeit belegt Schulz S. 28 f.

63 Ohne Ortsangabe 1818, S. 2 ff. Das Drama wimmelt von Romantikerzitaten, die durch Anmerkungen aufgeschlüsselt sind. Zum Karfunkel vgl. S. 10, 37 ff., 56-62 (die Dichterweihe durch den Trank aus der Karfunkelkelle), 78, 107, hier spricht der Hierophant:
Ihr blinden Maulwürf', die noch nicht erleuchtet
Von der Romantik einzig wahrem Licht,
Ihr armen Sünder, die noch immer nicht

Durch Initiationsriten empfangen die Adepten aus dem Karfunkel ihre dichterische Inspiration. In Hebbels Lustspiel ›Der Diamant‹ weiht im Versprolog die Muse ihren Dichter. Sie legt dem Knieenden die Hand auf mit den Worten: *Nimm hin das Bild vom Diamanten / Und fass' es ein in goldne Kanten.* Die künstlerische Behandlung der von der Muse eingegebenen Fabel ist dem Dichter anvertraut. Die Fabel wird im Prolog vorauserzählt und damit das Interesse daran geweckt, wie der Dichter seine Künste daran wende.[64]

Wird die Makrokosmoswelt als Gottes Buch gesehen und der Mikrokosmos Mensch als Edelstein in ihm bezeichnet, hat dieser Stein als Quintessenz des Weltbuchs eine literarische Qualität. Ein Aphorismus Samuel von Butschkys vom Jahr 1829 fängt so an: *Kein größeres Buch weiß die Welt als sich selbst; dessen fürnehmstes Theil aber ist der Mensch, welchem Gott anstatt eines schönen Titulbildes sein unvergleichliches Ebenbild hat vorgedruckt, überdas ihn zu einem Auszuge, Kern und Edelgesteine der übrigen Theile solches großen Weltbuches*

Am myst'schen Urfaß rein euch abgebeichtet:
Eilt hin, daß der Karfunkel Euch befeuchtet,
Und wie der Gluthstrahl, der durch Wolken bricht,
Entströmen Euch die göttlichsten Gedicht',
Und Mitwelt staunt, daß Ihr die Werk' erzeugtet!

Vgl. Jean Pauls Kritik an dem *mystischen Karfunkel* der Romantik in der ›Vorschule der Ästhetik‹, SW 5, S. 403, 1244.

64 Friedrich Hebbel, Sämmtliche Werke. Historisch-kritische Ausgabe, besorgt von Richard M. Werner, Abt. 1, Bd. 1, Berlin 1911, S. 306:

Der Dichter (allein).
Nun ist sie fort, eh' ich's geglaubt,
Mir aber zuckt's durch Brust und Haupt,
Und eine Fabel, reich und bunt,
Wird mir im tiefsten Innern kund,
Ich seh' an einem Edelstein
Des ird'schen Lebens leeren Schein
Und alle Nichtigkeit der Welt
Phantastisch-lustig dargestellt.

gemacht.[65] Auf Jean Pauls Edelstein- und Mineralnamen-Kapitelüberschriften in den ›Flegeljahren‹ und die von ihnen wohl angeregten ›Bunten Steine‹ Adalbert Stifters[66] sei hier nicht weiter eingegangen. Paul Claudels Essay ›Die Mystik der Edelsteine‹ (1938) sieht diese nach Art des Mittelalters auf das durch sie Vermittelte hin an, um mit geistigem Auge ihre Natur in Sprache zu verwandeln.[67]

Roland Barthes spricht über die Gesamtheit der japanischen Haiku als einen Staub von Ereignissen, der jeder systematisierenden Ordnung sich entzieht. »Nach einem Bild, das die Hua-Yen-Lehre vorschlägt, könnte man sagen, der kollektive Körper der Haiku sei ein Geschmeide, in dem jedes Juwel alle übrigen reflektierte und so weiter bis ins Unendliche, ohne daß sich jemals ein Zentrum, ein Kern allererster Ausstrahlung ausmachen ließe (für uns ist das beste Bild für diese beständige Bewegung ohne Motor noch Lager, für dieses Lichterspiel ohne Ursprung das Wörterbuch, in dem das Wort nur durch andere Wörter definiert ist)«.[68]

---

65 Zitiert bei Walter Benjamin, Ursprung des deutschen Trauerspiels, Frankfurt am Main 1972 (suhrkamp taschenbuch 69), S. 152.

66 Dazu Martin Selge, Adalbert Stifter. Poesie aus dem Geist der Naturwissenschaft, Stuttgart, Berlin, Köln und Mainz 1976 (Studien zur Poetik und Geschichte der Literatur 45), S. 49-63, hier S. 55 zum ›Turmalin‹ als einer »poetologischen Metapher [...] für die spezifisch dichterische Leistung, normalerweise nicht wahrnehmbare Phänomene, Ansichten, Zusammenhänge ins Licht zu rücken, in diesem Falle die dichotomische Struktur des erzählten Lebens transparent zu machen«.

67 Paul Claudel, Kritische Schriften. Mit einem Nachwort von Kurt Hohoff (Gesammelte Werke, Bd. 5), Heidelberg, Einsiedeln, Zürich und Köln 1958, S. 350-362. Vgl. unten S. 380-382 zum anschließenden Essay ›Die Perle‹ (S. 362-365).

68 Roland Barthes, Das Reich der Zeichen. Aus dem Französischen von M. Bischoff, Frankfurt am Main 1981, S. 108 f.

2. *Die Geburt der Perle aus dem Blitz*

Der Ursprung des Vollkommenen ist ein Geheimnis. Die Kunst und die Natur überraschen mit Möglichkeiten des Gelingens von Vollkommenem, die der Mensch wie Wunder annimmt. Vollkommene Gebilde der Natur wie Edelsteine und Perlen haben die Völker aller Zeiten für des höchsten Preises wert gehalten. Goldene Kronen und Kultgeräte tragen Perlen und Edelsteine, die ihnen Teil am Numinosen geben. Im Geschmeide tragen Frauen der Steine und Perlen geheimnisvolles Licht. Mit ihnen schmückt sich das lebendig Schöne mit Vollkommenem von Dauer. Edelmetalle und Steine sind ein dauernd Schönes neben dem sich durch Geburt erneuernd Schönen in Mensch und Tier und Pflanze. Das Dauernde und das sich Erneuernde bedürfen des Lichtes, um als Schönes zu erscheinen. Irdisches und Himmlisches müssen sich verbinden. – Metalle und Steine haben Dauer und bilden sich in langen Zeiten. Pflanzen, Tiere und Menschen entstehen und leben in Tagen und Jahren. Den Menschen überdauern Gebilde des Geistes und seiner Hände: Bauten und Bücher, die Werke der Künste. Im Falle der Vollkommenheit nimmt man auch sie wie Wunder hin als durch die Musen oder den Heiligen Geist von oben eingegeben. Von Homer bis Hölderlin haben die Dichter um Eingebung gebetet und den Himmlischen gedankt für ein Gelingen. Himmlisches und Irdisches erkannte man in ihrem Werk verbunden. – Die Perle steht zwischen dem Dauernden und dem sich Erneuernden in der Mitte. Sie kommt nicht wie die Edelsteine aus der Erde, sondern entstammt dem Meere, bildet als ein bleibend Schönes sich im unscheinbar Vergänglichen eines niederen Tieres. Den Ursprung der vollkommenen Perle aus der Muschel des Meeresgrundes ohne eine Beteiligung des Himmels haben die Völker fast zwei Jahrtausende sich nicht denken mögen. Des Plinius Wort, die Perle habe mehr vom Himmel als vom Meere, beruht auf seinem Bericht von der Entstehung der Perle aus einem

Tropfen Taus, den die auf der Meeresfläche schwimmende offene Muschel empfange aus der Höhe, um ihn, hinabgetaucht, in die Perle zu verwandeln. Die Perle stammt aus des Himmels Hochzeit mit der Erde und legt, in der Muschel empfangen und gebildet, Zeugnis ab vom Ursprung des Vollkommenen aus der Vereinigung der Höhe mit der Tiefe.

Die natürliche Mythe von Tau und Perle fand den Glauben des Orients und des Okzidents, die ihn beide weitergaben von der Antike bis in die Moderne.[1] Die naturgeschichtliche Tradition von Tau und Perle hat als Metapher für den Ursprung des Vollkommenen in der Theologie und Philosophie, in der Dichtung vieler Völker und in bildenden Künsten ihre Aufnahme gefunden. Das Wissen von der Perle Ursprung aus einer Vereinigung des Himmels und der Erde dient so zum Sprechen von der Inkarnation, der unbefleckten Empfängnis oder der Hostie als einer Perle. Ihre Herkunft dient als Beispiel der zum Hohen berufenen Demut in der Ethik vom alten Persien bis zu Goethe. Am Ursprung der Perle veranschaulichte sich für Dichter das Zustandekommen des Gedichts.

Neben der reichen Tradition von Tau und Perle steht eine seltener und weniger weit verbreitete, doch von der Antike bis in die Barockzeit reichende Überlieferung von der Entstehung der Perle aus einer Vereinigung der Muschel mit dem Blitz. Auch das Wissen von Blitz und Perle bezeugt den Glauben an der Perle Ursprung aus einer Eingebung der Höhe in die Tiefe, in der das empfangene Himmlische zu seiner irdischen Gestalt gelangt. Das Wissen von Blitz und Perle kann ebenso wie das von Tau und Perle als anschauliche Beglaubigung geheimnisvoller Wunder aus dem religiösen Glauben dienen. Seiner Überlieferung aus der Antike bis in das Mittelalter sei hier nachgegangen.

Aufgrund der antiken Überlieferung sind zwei einander widersprechende und gleichzeitige Aussagen über die Wirkungen von Blitz und Gewitter auf die Perlengenese deutlich zu unter-

1 Hierzu Kap. 13: ›Tau und Perle‹.

scheiden, die beide weitreichende Wirkung hatten. Plinius, Origenes, Solinus und Ammianus Marcellinus stimmen darin überein, daß ein bei der Zeugung drohender Himmel die Helle der Perle mindere und ein Gewitter mit Blitz und Donner die aus dem Tau empfangenden Muscheln so erschrecke, daß die Perlen durch Fehlgeburt nicht zur Ausbildung oder zu Mißbildungen gelangten. Dem widerspricht eine Tradition, die den Ursprung der Perle nicht dem Tau, sondern nur dem in die Muschel zeugenden Blitz verdankt weiß.

Die Naturmythe von Tau und Perle und die seltener bezeugte, aber vielleicht nicht minder alte Mythe von Blitz und Perle verbinden den Himmel und die Muschel durch einen zeugenden Einfall von oben, hier des Taues, dort des Blitzes, die beide den Ursprung der Perle bewirken. Offenbar Varianten einer Naturmythe von der Heiligen Hochzeit zwischen Himmel und Erde, begegnen sie in späteren Zeiten auch verbunden.

Wenn die Überlieferung von Tau und Perle eine reichere heidnisch-antike Überlieferung aufzuweisen hat, so sind unter den frühesten Belegen für Blitz und Perle schon christliche zu buchen. Sie setzen ein mit der 2. Hälfte des 2. Jahrhunderts. Der älteste Beleg scheint Clemens von Alexandrien (geb. um 150) zu gehören, der in der Niketas-Katene zum Gleichnis von der Perle (Mt. 13,45 f.) so zitiert wird:[2]

> Aus Clemens: Eine Perle ist auch der durchleuchtende und reinste Jesus, den die Jungfrau aus dem göttlichen Blitze geboren hat. Denn wie

2 Hinweis bei Friedrich Lauchert, Geschichte des Physiologus, Straßburg 1889, S. 70; Zitat bei Odo Casel, Die Perle als religiöses Symbol, Benediktinische Monatsschrift 6 (1924), S. 321-327, hier S. 325; der die mandäische, manichäische, gnostische und christliche Lehre von der Perle behandelnde Aufsatz fußt auf R. Reitzenstein, Das iranische Erlösungsmysterium, Bonn 1921 und Hermann Usener, Die Perle. Aus der Geschichte eines Bildes (1892), in: H. U., Vorträge und Aufsätze, Leipzig und Berlin, S. 219-231. Der Text des Clemens (Paedagogus II 12) und des Katenenzitats in: Clemens Alexandrinus, hg. v. Otto Stählin und Ursula Treu, Bd. 1, Berlin 1972 (GCS 12), S. 228,5 f. Die übrigen Perlen-Belege bei Clemens nachgewiesen in Bd. 4, Leipzig 1936 (GCS 39), S. 554.

die Perle, in Fleisch und Muschel und Feuchtigkeit geboren, ein Körper ist, feucht und durchscheinend von Licht und voll von Pneuma, so ist auch der fleischgewordene Gott-Logos geistiges Licht, hindurchscheinend durch (Licht und)[3] feuchten Körper.

Schon Clemens, einer der ersten, der die Perle als Christus versteht,[4] sieht auch im wunderbaren Ursprung der Perle als erster ein Bild für die Inkarnation. Die leuchtende Logos-Perle im Fleisch der Muschel[5] wird hier durch »die Jungfrau aus dem göttlichen Blitz geboren«. Eine Blitzgeburt in der Jungfrau-Muschel – freilich nur in dem Katenenzitat – kurz erwähnend, bezieht Clemens sich auf ein offenbar geläufiges Wissen vom perlenzeugenden Blitz,[6] das auch für das Heidentum erst von griechischen Zeitgenossen des Clemens, Aelian und Athenaios, bezeugt ist.

Der griechisch schreibende Römer Aelian (um 170-235) geht in seiner ›Tierkunde‹ über eine Fabelei (τερατολογοῦσιν) vom Ursprung der Perle im Roten Meer aus dem Einschlag des Blitzes in die geöffnete Muschel mit einer kurzen Erwähnung hin-

3 Die beiden Wörter »Licht und« möchte Casel, Die Perle, S. 325, tilgen.

4 Belege für Perle ›Christus‹ bei Usener, Die Perle, S. 219f.; Casel, Die Perle, S. 324-326; Carl-Martin Edsmann, Le baptême de feu, Leipzig und Uppsala 1940 (Acta seminarii neotestamentici Upsaliensis 9), S. 191f.

5 Weitere Belege aus Clemens bei Casel, Die Perle, S. 325. – Das Clemenszeugnis über die Blitzgeburt der Perle fehlt bei Vona, der 119f. aus dem ›Paidagogos‹ (II 12) und den ›Stromateis‹ (I 12) des Clemens Perlenstellen vorführt, die nicht ihren Ursprung betreffen. Des Clemens Vergleich der Perlengröße mit der eines großen Fischauges findet sich später wieder und mag beim Glauben an die Perlenentstehung aus den vom Blitz getroffenen Augen der Perlmuschel (s. u. S. 44f.) Pate gestanden haben. Das der Perle gleich schauende Auge im Leib ist der Logos, der ihn erleuchtet und ihm seinen Wert gibt.

6 Casel, Die Perle, S. 325, nennt es ohne Begründung eine „orientalische Anschauung«, vielleicht nach Usener, Die Perle, der keine gelehrte, sondern eine volkstümliche Tradition über den Ursprung der Perle aus dem Blitz annimmt, die »in Syrien zu Hause« gewesen sei (S. 223). Dies beruht jedoch nur auf der falschen Zuschreibung der Blitzgeburt an Ephraem (s. u. S. 37f.).

weg,[7] um gründlich von ihrer Natur zu handeln,[8] und gibt so zu verstehen, daß er Volksglauben und Wissenschaft zu unterscheiden imstande sei. Athenaios von Naukratis zitiert in den ›Deipnosophistai‹, einem Lexikon in Form von Tischgesprächen (um 200),[9] neben anderen Autoren über die Perle (Theophrast, Androsthenes und Chares von Mytilene) auch des um 200 Jahre früheren Isidor von Charax Beschreibung des parthischen Reiches. Dieser berichtet vom Persischen Golf, daß die Muscheln die meisten und größten Perlen in der Zeit von Gewittern und Regengüssen hervorbrächten. Da Isidor von Charax sicher vor Plinius anzusetzen ist, könnte man vermuten, daß ein Naturwissen von der Begünstigung der Perlenentstehung durch Gewitter und Regen einer jüngeren Mythisierung zur Perlenzeugung durch Blitz oder Tropfen Vorschub geleistet habe. Die Förderung durch Gewitter und Regen ist jedenfalls früher bezeugt als die Mythen von der Entstehung der Perle aus Tau oder Blitz.[10]

Nach Ephraem dem Syrer bietet den größten christlichen Perlentext der Frühzeit eine unter Ephraems Namen überlieferte, ihm jedoch abgesprochene große Predigt gegen die Häretiker über die Jungfrauengeburt Marias,[11] die schon im 5. und

---

7 Aelian, De natura animalium x 13, hg. v. A. F. Scholfield, London und Cambridge Mass. 1959: καὶ τίκτεσθαι γε αὐτὸν τερατολογοῦσιν ὅταν ταῖς κόγχαις ἀνεῳγμέναις ἐπιλάμψωσιν αἱ ἀστραπαί.

8 Bis zu 20 Perlen trägt die Muschel; Zutritt von Feuchte verhindert die Versteinerung; eine Muschel kann nacheinander neue Perlen erzeugen, u. a. Das Kapitel über die Perlen Indiens (xv 8) folgt zwar einem Bericht über den indischen Frühlingsregen von Honigtau (xv 7), beschreibt aber nur den Perlenfang der Stadt Perimula. Beim Fang gilt es, der Führerin des Schwarms habhaft zu werden; die Perlen Indiens und des Roten Meeres werden mit denen von Britannien und dem Bosporus verglichen, über welche Juba schrieb.

9 III 93 e; Athenaios von Naukratis, Deipnosophistai, hg. v. Ch. B. Gulich, London und New York 1927, Bd. 1, S. 403.

10 Diese freilich wissen oft zu berichten von der Schädlichkeit des Blitzes für die Reifung der Perle aus dem Tau.

11 Sancti Ephraem Syri opera omnia in sex tomos distributa, Bd. II (graece et latine), Rom 1743, S. 259-279: Sermo adversus haereticos. Zu Echtheit,

6. Jahrhundert unter Ephraems Namen umlief. Sie ist das bedeutendste Zeugnis für die Überlieferung von Blitz und Perle in der gesamten Tradition. Darum sei auf sie näher eingegangen.[12] Die in ihr angegriffenen Gegner sind die Manichäer und die Markioniten als die Vertreter der doketischen Lehre, daß Christus zwar Gott sei, aber Menschengestalt nur als Scheinform (σχῆμα) getragen habe. Sie geht aus vom Perlengleichnis bei Matthäus, um das Lob der Perle zu singen, die bei Kleinheit Großes wirke, so, wie Gottes Wort bei knapper Kürze große Geheimnisse enthalte für die an Erkenntnis Reichen. Im Streit mit den Ketzern über die Natur des Gottessohnes ruft der Prediger die Perle auf zu ihrem wahren Zeugnis:

> Ich schweige also, ihr Ketzer, denn ich habe einen, der euch statt meiner antwortet. Ich bleibe still, denn die Perle wird für mich zu euch sprechen. Gib also Kunde von deiner Entstehung. Erkläre deine Natur und mache die Ketzer zunichte; zeige deine Substanz und bringe die eitlen und frevelhaften Phantasien zu Fall. Die Muscheln sollen sprechen von der Perle Abkunft, sollen ihre Empfängnis klären. Die Schnecken, die im Wasser leben, sollen den Menschen, die im Himmel zu leben wähnen, zum Lehrer werden. Von Vernunftlosen, sogar Leblosen sollen sich belehren lassen, die vermessen sich der Erforschung und Erkenntnis der Naturen des Himmels brüsten; von de-

---

Überlieferung, Ausgaben und Platz in der Theologiegeschichte im gleichen Band S. XXXIII-XXXVI. Hier werden noch sieben syrische Predigten Ephraems über die Perle genannt, die Petrus Benedictus Maronita vor 1742 lateinisch herausgegeben habe (XXXIII f.). Die schon im 18. Jahrhundert in ihrer Echtheit umstrittene Predigt gegen die Ketzer wird Ephraem abgesprochen von Edmund Beck, Die Mariologie der echten Schriften Ephraems, Oriens Christianus 40 (1956), S. 22-39, hier S. 22. Als echt behandelt die Predigt Vona, S. 140-145, ohne Kenntnis seiner Vorgänger.

12 Sie wird herangezogen und zitiert von Usener, Die Perle (wie Anm. 2), S. 220 f.; nach Usener auch Casel, Die Perle (wie Anm. 2), S. 326. Beide betrachten den griechisch überlieferten Text als Werk Ephraems. So auch H. Leclercq, Perle, Dictionnaire d'archéologie chrétienne et de liturgie XIV 1, Paris 1939, Sp. 379; hier auch: »Cette fable sur l'origine des perles devait avoir cours dans le peuple et provient du mythe d'Aphrodite. Ce sont les gnostiques qui, les premiers, en ont fait l'application à Jésus-Christ«.

nen, die nicht nach Gesetz und Bindung leben, sollen, die für andere Gesetze machen, ihr Gesetz empfangen.[13]

Dem Streben der Ketzer, das göttliche Geheimnis der hypostatischen Union durch Vernunftanwendung aufzulösen, stellt der Prediger die Perle als Beispiel der Verbindung zweier Naturen auch in Christus entgegen:

> Die Perle ist ein Stein aus Fleisch geboren, denn aus dem Schaltier kommt sie hervor. Wer kann da länger der Tatsache Glauben versagen, daß auch Gott aus einem Leibe als Mensch geboren worden? Jene entsteht nicht durch Begattung der Schnecken, sondern durch eine Mischung des Blitzes und des Wassers: also ist auch Christus empfangen in der Jungfrau ohne Fleischeslust, indem der Heilige Geist aus dem gemischten Stoffe der Jungfrau für Gott die körperliche Ergänzung herstellte. Die Perle wird weder als Schnecke geboren, noch tritt sie wie ein Geist in Scheindasein hervor [...], sie wird vielmehr in wesenhafter Existenz (Hypostasis) geboren, ohne darum selbst einen anderen Stein zu zeugen[14] [...] So ist auch der Sohn Gottes in wesenhafter Existenz und nicht in der Scheinform geboren. Dieser Edelstein hat an zwei Naturen teil, um auf Christus zu weisen, der als Wort Gottes aus Maria als Mensch geboren wurde [...] Er hatte eine vollkommene Doppelnatur, um nicht beide zu verlieren [...] Das Fleisch ist von der Gottheit ungeschieden, und die menschliche Natur hat nicht die göttliche Natur belastet [...] Kein Leib wurde einem anderen Leib verbunden, sondern der Mensch mit der Gottheit vereint.[15]

Die Verbindung von Blitz und Wasser in der Muschel bei der Entstehung der Perle ist für den Prediger ein Gleichnis nicht allein der hypostatischen Union in Christus, sondern auch der jungfräulichen Geburt aus Maria. Das Geheimnis der weder durch Empfängnis noch durch Geburt verletzten Jungfräulichkeit wird beglaubigt durch die wunderbare Entstehung der Perle.

---

13 Ephraem (wie Anm. 11), 262F-263A.

14 Dieser Passus nach Usener, Die Perle (wie Anm. 2), S. 221, der dort Anm. 1 auch den griechischen Text bringt.

15 Ephraem (wie Anm. 11), 263-264A.

Das eine ist die Gewähr des anderen. Wenn der Blitzstrahl ins Meer schlägt, dringt die Mischung von Feuer und Wasser in die Muschel ein; diese schließt die geöffneten Schalen, und in dem Schaltier entwickelt sich allmählich die Perle zu Schönheit und Wert; sie löst sich von dem Tiere ab, ohne dessen Wesen irgendwie zu verändern oder zu schädigen.[16]

Betrachte die Bestimmung des Blitzes und des Wassers, um Christi Gleichnisse zu bewundern. Bedenke den Dienst des unvollkommenen Fleisches an der Perle, und du wirst wahrlich glauben, daß Christus aus dem Weib geboren wurde. Die keinen Heller werte Schnecke bringt den Stein hervor, der mehr als viele Talente Goldes wert ist. So hat auch Maria die keiner Natur vergleichbare Gottheit geboren. Die Muschel erleidet keinen Schmerz, wenn sie die Perle empfängt, sondern fühlt nur die Wahrnehmung eines Zugangs. So hat auch Maria Christus zustimmend empfangen mit Wahrnehmung der ihr zuwachsenden Natur. Die Schnecke wird nicht verletzt, wenn sie empfängt, und nicht, wenn sie gebiert. Den vollkommenen Stein gebiert sie ohne Schmerz. Auch die Jungfrau empfing ohne Verletzung und gebar ohne Schmerz. Die Perle wird nicht allein empfangen, sondern beim Wachsen auch gehärtet. Auch außerhalb der Muschel kann sie ihre wesenhafte Existenz offenbaren. Des Fleisches bedurfte sie zur Hypostase; die nährende Natur hat sie gebraucht zur Hypostase. Sie liegt als in einem Mutterschoß im Schoß der Muschel und ist wie von Natur ihm zur Vollendung ihres Daseins eingelegt [...] Auch der Sohn ist ohne Samen aus dem Fleisch geboren, und die Natur hat ihn als Frucht getragen ohne Mitwirkung des Mannes zur Zeugung. O große Mysterien, o Zeugnisse des Himmels.[17]

Die Geheimnisse der Gottesgeburt aus der Natur der Jungfrau als Paradoxa weiter verfolgend, betrachtet der Prediger den Grundgedanken mit immer neuen Fragen, Wendungen und Bildern, die hier außer Betracht bleiben dürfen. Er kehrt dabei mehrmals zurück zu der Perle. Wie die Jungfrau ohne Schmerz und unverletzt blieb, schließt die Muschel sich nach Abgabe

16 Usener, Die Perle, S. 221.

17 Ephraem (wie Anm. 11), 264B-E. Wie Maria empfängt die Muschel nicht in einem Schoß, sondern mit dem ganzen Leib. Sie spürt das in ihr verborgene Gewicht ohne Verlangen und Gefühl der Lust (S. 270A-C).

der Perle wieder fest wie unter unversehrtem Siegel.[18] Wie die Perle unteilbar ist, läßt sich die Gottheit nicht ablösen, nachdem Entgegengesetztes sich verbunden hat, als Feuer und Wasser, als Blitz und Muschel zusammenschossen, ohne sich zu zerstören. Als klarste Erklärerin der Inkarnation offenbart die Perle, wie Blitz und Wasser in der Muschel sich verbanden, um sich mit der Zeit in ihrem Schoß zur Perle auszubilden. Die Natur der Jungfrau diente dem über sie gekommenen Blitz des Heiligen Geistes. Gott wäre schneller der ganzen Welt erschienen, hätte er nicht durch wahre Annahme der Menschennatur unter den Menschen leben wollen.[19] Die Schönheit der Perle weist auf die Gottheit, der helle Glanz auf deren körperliche Ergänzung hin. Vom Menschlichen hat sie Härte, vom Himmlischen das Leichte. Als Spiegel aus der Natur lehrt sie die Verbindung des Entgegengesetzten, freilich nur die besten Perlen, die nicht im Schlamm oder bei Sturm entstanden.[20]

Mit dieser mariologischen Deutung der Perle eine mehr als tausendjährige Tradition begründend, preist der Prediger rückblickend die Perle:

> Ich liebe den Stein des Evangeliums, weil er zur Speise meiner Seele wurde. Ich bewundere die Perle, weil sie erzählend mir von Christus spricht. Ich griff zum Gleichnis, weil es mir eine zweifache Erkenntnis brachte. Ich erkannte in ihm die Mischung der Natur und die Kraft der Gottheit. Ich erkannte die Übereinstimmung des Entgegengesetzten und die Verwandlung des Gegebenen der Natur. Ich sehe den Himmel und die Erde verbunden. Ich sehe zwei Weltalter zu einem Band verbunden[21] [. . .] Das Gesetz enthält das Irdische, das Himmlische das Evangelium. Siehe die Muschel und die Perle, die Christus verbunden hat[22] [. . .] Die Perle ist das Evangelium, weil es in einfachen Buchstaben der Mysterien Kraft enthält, auf elendem Papyrus die Erkenntnisse des Himmels.[23]

18 Ebd., 266CD, 267A.
19 Ebd., 268A-269A.
20 Ebd., 269B-F.
21 Ebd., 271A.
22 Ebd., 271D.
23 Ebd., 274C.

Über die Herkunft der Mythe vom Perlenursprung aus dem Blitz ist schwer etwas zu sagen. Es fällt in die Augen, daß der lateinische Westen sie nicht kennt. Über zwölfhundert Jahre hin finden wir die Mythe von Blitz und Perle ausschließlich in griechischer Sprache überliefert. Der einzige Römer unter den griechisch schreibenden Autoren, Aelian, hat sie abgetan als Fabel. Der Raum ihrer Bezeugung bis ins hohe Mittelalter ist in einem Gebiet mit Alexandrien und Byzanz gelegen. Erst in der Barockzeit weiß man von ihr auch im Westen. Ihre Zeugen im griechischen Christentum sind vornehmlich Theologen bei christologischen und mariologischen Zusammenhängen.[24]

Der jungfräulichen Geburt aus Maria gilt eine unter dem Namen des durch Origenes zum Christentum geführten Bischofs von Neocaesarea in Pontus, des Gregorius Thaumaturgus (um 213 bis um 270), gehende, heute jedoch »einer viel späteren Zeit« zugesprochene Predigt über Mariae Verkündigung.[25] Ein Wissen von der himmlischen Herkunft der Perle setzt ihre Bildsprache schon voraus. Maria fragt den Engel nach dem Ursprung seiner Botschaft: »Aus welchem Schatze ist des Wortes Perle an uns gesandt [...] Aus dem Himmel kamst du, schreitest aber auf der Erde; du zeigst eine menschliche Gestalt und strahlst vom Glanz des Lichts«.[26] Was den Patriarchen und Propheten verborgen geblieben, soll Maria, die Erwählte, als Gnade aus Gottes Schatz empfangen. Das Geheimnis der Ver-

---

24 Die Mythe von der Blitzgeburt der Perle im Wasser mag dazu beigetragen haben, daß die Perle neben dem Reich Gottes, Christus und der Seele auch den aus der Taufe mit Feuer und Wasser geborenen neuen Menschen bezeichnen konnte. Die hierfür von Edsman, Le baptême de feu (wie Anm. 4), S. 190-199 (›La perle‹) beigebrachten Belege sprechen jedoch nicht alle eindeutig für seine These.

25 Homilia I in Annuntiatione sanctae Virginis Mariae, PG 10,1145-1156. – Zur Datierung W. Böhm, Johannes Philoponos, Grammatikos von Alexandrien (6. Jh. n. Chr.). Christliche Naturwissenschaft im Ausgang der Antike. Vorläufer der modernen Physik. Wissenschaft und Bibel. Ausgewählte Schriften, eingeleitet und kommentiert, München, Paderborn und Wien 1967, S. 61.

26 PG 10,1149-1150A.

bindung von Natur und Übernatur im Schoß Marias wird verdeutlicht an der Perle:

> Denn wie die Perle aus zwei Naturen, aus Blitz und Wasser und des Meeres verborgenen Zeichen hervorgeht, so geht auch unser Herr Jesus Christus unvermischt und unverwandelt aus der keuschen und reinen, der unbefleckten und reinen Jungfrau Maria hervor, als Gott vollkommen und als Mensch vollkommen, in allem gleich dem Vater und uns in allem gleich von Wesen und ohne Sünde.[27]

Unverhüllt, im klaren Licht kam Gabriel zu Maria mit den Worten der Verkündigung: »Und so nahm sie das Wort auf, und in der Stunde der leiblichen Erfüllung brachte sie die kostbare Perle an den Tag«.[28] Die Muschel ist nicht mitgenannt, der Gedanke der Verwandlung aus dem Tau zur Perle fehlt. Die Perle wird empfangen als Wort, um als der Inkarnierte aus Maria hervorzugehen. Die Perle als Logos-Christus bindet die Vorstellungen dieser Predigt, ohne daß die Verbindung von Blitz und Wasser anschaulich oder näher gedeutet würde. Die Predigt spielt auf sie als auf Bekanntes an. Die dichterisch eindrucksvolle Verkündigungsszene einer pseudoaugustinischen Weihnachtspredigt berichtet, die Perle als das Wort und als den Inkarnierten verstehend, von Maria bei des Engels Ankunft: »Sie aber, ohne Furcht vor des Engels Anblick, schluckte von seinem Mund die höchsterlesene Perle, und im Paradies des Leibes erblühte der Edelstein der Tugend [. . .] Und siehe, vom Samen des heiteren Himmels schwellen die geschlossenen Lenden«.[29] Hier mag, wie meist im Zusammenhang der Aufnahme der Perle von oben bei der Verkündigung an Maria, eher an die Empfängnis aus dem Tau als aus dem Blitz gedacht sein.

---

27 Ebd., 1151-1152BC.

28 Ebd., 1151-1152D. Die zweite Verkündigungspredigt nimmt den Gedanken auf: »Durch deinen heiligen und keuschen, reinen und unbefleckten Leib geht die leuchtende Perle zum Heil der ganzen Welt hervor; denn auch du Heilige bist über alle menschliche Natur herrlicher und reiner und gottnäher geworden« (1157-1158D).

29 H. Barré, Sermons marials inédits ›in natali Domini‹, Marianum 25

Von der jungfräulichen Geburt aus Maria handelt auch eine unter den Schriften des Zeitgenossen Ephraems und Patriarchen von Alexandrien Athanasius (um 295-373) stehende, jedoch unechte Quaestio,[30] deren Beantwortung nach dem breit erklärten Beispiel von des Lichtes wunderbarem Durchgang durch das Glas als zweites Gleichnis der Unverletztheit Mariens ante partum, in partu und post partum das Bild von der Geburt der Perle im Roten Meer bringt: An den seichten und trockenen Enden des Roten Meeres stehen die πίνναι heißenden Muscheln immer vor Verlangen nach Nahrung offen. Wenn ein Gewitter aufzieht und die Blitze niedergehen, naht sich ein Blitz der Muschel, um, da er sie offen findet, in sie einzuschlagen. Die Muschel zieht sich sofort fest zusammen, um den Blitz in ihrem Inneren einzuschließen. »Der Blitz aber, in den Höhlen der Augen der Muschel sich verhärtend, erleuchtet sie und macht daraus Perlen«.[31] Die Muschel verlassend, fallen die Perlen aufs Gestade, wo sie die Fischer finden.

Die Auslegung sagt: Das Meer ist die Welt und die Muschel Maria, die, im Tempel stehend, das Brot des Himmels, Christus, in sich aufnahm, das in sie einging wie der Blitz, der, aufgenommen im Inneren der Jungfrau, den heiligen Leib erleuchtete, den der Inkarnierte annahm. So ist aus ihr Gottes Wort geboren ohne männliche Verbindung wie die reine und höchst kostbare Perle.

(1963), S. 64-70; vgl. Wolfgang Haubrichs, Otfrieds Verkündigungsszene, Zeitschrift für deutsches Altertum und deutsche Literatur 97 (1968), S. 179.

30 PG 28,789-792; danach in: Physiologus, hg. v. F. Sbordone, Mailand, Genua, Rom und Neapel 1936, S. 137f.

Ob die Nennung der Häresie der Theopaschiten, die ein Leiden der göttlichen Natur am Kreuz vertraten, eine Datierung erleichtert, überlasse ich den Theologen.

31 PG 28,792A: Ἡ δὲ ἀστραπή τυλισσομένη εἰς τοὺς φορβείους τῶν ὀφθαλμῶν τῆς πίννης καταλαμπρύνει αὐτοὺς καὶ ποιεῖ αὐτοὺς μαργαρίτας. Den Gedanken an eine Entstehung aus den Augen könnte angeregt haben die Aussage im Steinbuch des Theophrast, daß an Größe die Perlen großen Augen der Fische glichen; J.H. Krause, Pyrgoteles oder die edlen Steine der Alten, Halle 1856, S. 18. Auch nach Clemens von Alexandrien (paed. 12) hat die

Und wie die Perle himmlisch ist und irdisch, himmlisch von dem Blitz her, irdisch aus der Verbindung mit den Muschelaugen, so himmlisch und irdisch ist auch Christus, himmlisch nach seiner Gottheit, irdisch nach seiner Menschheit. Und wie die Perle entsteht, ohne daß sich Männliches und Weibliches verbinden, aus Blitz und Muschel, so ist Christus auch geboren ohne Verbindung von Männlichem und Weiblichem, aus der Gottheit und dem Fleisch der Jungfrau. Und wie, wenn die Perle zerstoßen wird, der Stoff der Muschelaugen zerstoßen und aufgelöst wird, während des Blitzes Glanz nicht leidet und unversehrt bleibt [...], so ist dieses auch von Christus zu verstehen. Denn als unser Erlöser von den ungläubigen Juden gegeißelt wurde und litt am Kreuz gekreuzigt, hat allein der Stoff des Fleisches, das heißt seiner Menschheit gelitten, ist seine Gottheit aber unversehrt geblieben. Und indem du dieses aussprichst, widerstehst du den Theopaschiten und lehrst du die Inkarnation des Heilsplans (ἔνσαρκον οἰκονομίαν). Damit wird dir, Geliebter, durch Christi Gnade der Zweifel genommen.[32]

Auch die von Johannes von Damaskus (um 680-750) in Jerusalem zum Fest der Geburt Mariae gehaltene Predigt spricht von Mariae Empfängnis Christi durch den Blitz: »Es freue sich der Himmel in der Höhe, und es frohlocke unter ihm die Erde, und es bewege sich das Meer der Welt. Denn in ihm wird eine Muschel geboren, die vom Himmel aus dem Blitz der Gottheit in ihrem Schoß empfangen und gebären wird die unschätzbare Perle Christus«.[33] Ohne mariologische Bezüge spielt der Abt auf dem Sinai Anastasius († nach 700) in der Sechstagewerkerklärung beim Lob des Wassers auf die Blitzgeburt der Perle an. Das Wasser erlebte den ersten Advent des Heiligen Geistes, der auf ihm

Perle die Größe eines mächtigen Fischauges; vgl. Théophile Raynaud, Opera omnia, Lyon 1665, Bd. 1, S. 358.

32 Eine karge Version der Überlieferung des Pseudo-Athanasius über die Perlenzeugung durch Blitzschlag in die Muschelaugen bringt Sbordone (wie Anm. 30), S. 137f. (nach cod. Parisinus graecus 1612) mit Hinweis auf einen von A. Delatte edierten Text.

33 Johannes Damascenus, Sermo in nativitate B. V. Mariae, PG 96,665D; S. Jean Damascène, Homélies sur la Nativité et la Dormition, Texte grec, introduction, traduction et notes, par P. Voulet, Paris 1961 (Sources Chrétiennes 80), S. 54f.

ruhte, und eine Auferstehung aus ihm mit Jonas. In den lebendigen Wassern ist verborgen »die Perle des väterlichen Blitzes«.[34]

Jünger als Johannes von Damaskus (da ihn zitierend) und wohl auch Pseudo-Athanasius (da sich wohl auch auf ihn beziehend) ist das mit dem alten griechischen ›Physiologus‹ nichts Gemeinsames mehr zeigende Kapitel über die Zeugung der Perle aus Blitz und Regen unter den in ein Heptameron-Tierbuch gestreuten Kapiteln des »byzantinischen« ›Physiologus‹ in einer Handschrift des 15. Jahrhunderts:[35] Aus der salzigen Tiefe des Indischen Ozeans steigt im Regenmonat die nach Süßwasser verlangende Perlmuschel auf zur Oberfläche, wo es donnert, blitzt und regnet und die Muschel das Brausen und das Feuer des zündenden Blitzes und das Tropfen des Wassers aufnimmt, um alsbald wieder an ihren Ort zu tauchen. Die Perle wird der vom Menschen gefangenen Muschel entnommen, dem Goldschmied gegeben und durchbohrt. Was leidet die Natur vom Donner, dem Blitz oder der Schale! Das gilt – so wird dies ausgelegt – von der Gottheit des inkarnierten Heiles. Der Donner meint die Stimme des Engels, der Blitz bedeutet die Gottheit, das Wasser den Logos, die Muschelschale die Gottesmutter, das heißt der Muschelpurpur, der aus ihrem Blut den König der Heerscharen genetzt. Die Natur der Muschelschale leidet durchbohrt als das Fleisch der Menschheit, während die Gottheit ohne Leiden bleibt nach des Johannes von Damaskus Wort »die aus dem göttlichen Blitz mit Christus schwangere Perle usw.«. Es wurden zuschanden die Armenier und die Theopaschiten mit ihrem Reden vom »gekreuzigten Gott«. Die Polemik des Pseudo-Athanasius gegen die Theopaschiten wird hiermit wiederaufgenommen.

---

34 Hinweis bei Rahner, Symbole der Kirche (wie Kap. 1, Anm. 17), S. 157, Anm. 105. Anastasius Sinaita, Anagogicarum contemplationum in hexaemeron v, PG 89,917A: *Ex eis est cognitus primus adventus Spiritus, nam super eas ferebatur. Prima resurrectio ex eis facta est per Jonam: in eis est absconsa margarita paterni fulgoris.*

35 Cod. Laurentianus graecus, PL 59,13; dazu F. Sbordone (wie Anm. 30), S. XXI f., LXXXIV ff.; Text S. 136 f.

Der byzantinische Hagiograph und Dichter Simeon Metaphrastes aus der zweiten Hälfte des 10. Jahrhunderts schrieb eine dichterisch großartige Totenklage Mariae am Grabe Christi.[36] Ihr Nachsterben und Mitbegrabenwerden verlangend, häuft Maria die Paradoxa des Todes Gottes, ihrer Erwählung und ihres Leides:

> Warum reiße ich nicht meine Brust auf, haue ich dir nicht ein mystisches Grab, daß ich wieder in meinem Inneren dich empfange, in meinem Herzen dich begrabe. Ich bin die geheimnisreiche Muschel, die nicht losgerissen wird vom Felsen, der meine Perle trägt, die aus dem göttlich strahlenden Blitz mir eingesenkt ist.[37]

Johannes Kyriotes (auch Geometra, geboren vor 950), bedeutender Dichter und Metropolit von Melitene,[38] preist im ersten seiner Marienhymnen Maria als die Muschel Christi.[39] Der

---

36 Oratio in lugubrem lamentationem sanctissimae deiparae pretiosum corpus domini nostri Jesu Christi amplexantis, PG 114,209-218; H.-G. Beck, Kirche und theologische Literatur im byzantinischen Reich, München 1959 (Byzantinisches Handbuch II 1), S. 571 f.

37 PG 114,213D. Diese Marienklage hat schon die Pietàgebärde ausgebildet: »Allein Nikodemus zieht die Nägel aus deinen Händen und Füßen und hat dich ganz, vom Holz genommen, in meine Arme gelegt, die dich einst als Kind mit Freude trugen. Und auch diese meine Hände, die einst deine Kindheit hegten, dienen jetzt dem zu Begrabenden [. . .] Einst wusch ich dich mit lauem Naß, und nun begieße ich dich mit heißeren Tränen. Mit Mutterarmen hob ich dich auf, als kindlich du hüpftest und sprangst. Mit denselben nehme ich dich auf auch jetzt, jedoch entseelt und als Toten liegend [. . .] Kindlich bist du oft an meiner Brust entschlafen, und an derselben schläfst du jetzt auch tot. Durchbohrt sind deine Hände und Füße, doch die Nägel spürte ich die Schmerzen mitten in meine Seele treiben. Durchbohrt wurde deine Seite, doch auch mein Herz wurde durchbohrt mit dir. Ich bin gekreuzigt mit deinen Schmerzen, bin gestorben mit deinen Leiden und werde mit dir begraben. Was soll ich und mein Leben, wenn du fern bist, o mein Schöpfer und mein Sohn, an dem ich hänge« (216B-D).

38 K. Krumbacher, Geschichte der byzantinischen Literatur, München 1897, S. 731 ff.

39 Joannis Geometrae Hymni in beatissimam Dei Genitricem, PG 106,855-868; Vona, S. 136.

Dichter wählt für seine Hymnen auf Maria – so sagen die Jamben seines Nachworts zu den dreihundert Hymnenversen[40] – die Form der Elegie in Distichen, da in Christus sich die göttliche und die menschliche Natur verbanden, wie der vollkommene Hexameter und der minder gewichtige Pentameter sich im Distichon verbinden. Die fünfundzwanzig Distichen des ersten Hymnus – und desgleichen viele der nächsten Hymnen – reihen oxymoronartige, die wunderbare Vereinigung des Unvereinbaren in Maria preisende Bilder, die Himmel und Erde in Gestalt marianischer Paradoxa zusammenschließen:

> Sei gegrüßt, die du allein den Unendlichen im Schoß umschlossest,
> die Weisheit in der Krippe, den Reichmachenden in der Windel.
> Sei gegrüßt, die du den Allernährer nährtest. Deine Brust, des Lichtes Quelle, hat aufgezogen den Eingeborenen der Dreieinheit.
> Sei gegrüßt, des Meeres Muschel, die du die Perle zum Sohn gebarst
> aus dem göttlichen Blitz und den purpurnen Fluten.
> Χαῖρε, θαλάσσης κόχλη, μάργαρον υἷα τεκοῦσα,
> Ἀστεροπῆς δείας πορφυρέων τε ῥοῶν.[41]

Ein Distichon des zweiten Hymnus scheint neben der Empfängnis aus dem Blitz die Inkarnation aus dem Tau zu kennen:

> Sei gegrüßt, du aus der Höhe mit dem Tau des Himmels, mit Engelhänden, im Brautgemach des Herrn, genährter Leib.

---

40 PG 106,865D.

41 Ebd., 857A. Wenn bei Venantius Fortunatus (6. Jh.) Maria in einer endlosen Flut von Bildern auch ›weiße Muschel‹ heißt, ist der Gedanke an die Empfängnis der Perle durch Tau und Blitz nicht auszuschließen; PL 88,281C: *Crystallum, electrum, aurum, ostrum, concha alba, smaragdus, / Quo tua forma nitet, cuncta metalla jacent.*

In seiner Marienlobpredigt (6,16) deutet Proclus die Muschel als Maria, die Perle als Christus: *Deleatur ac pereat immaculatum ostreum, ne pretiosum in eo exsistens margaritum perfectum prodeat* (PG 65,753; nach Vona, S. 131). Hesychius von Jerusalem nennt Christus die in Maria verwahrte Perle (PG 93,1464D).

Des Pseudo-Epiphanius ›Preis der Gottesmutter Maria‹ erklärt den Namen Maria etymologisierend als *myrrha maris* und schließt das Wort *margarita* über die Bedeutung des Wortes *myrrha* ›Ewigkeit‹ an: *eo quod pari-*

Χαῖρε, δέμας τραφὲν ὑψόθεν οὐρανίαισιν ἐέρσαις
Ἀγγελικαῖς χερσὶν, δεσποτικοῖς θαλάμοις.[42]

Den Marienhymnen des Johannes Kyriotes sind nah verwandt die gegen dreihundert Jahre jüngeren Gottesmutter-Salutationen des Kaisers Theodoros II. Laskaris von Nikaea (1254-1258), »als Staatsmann, Schriftsteller und Mensch eine der interessantesten Erscheinungen von Byzanz, eine Art orientalisches Seitenstück zu seinem großen Zeitgenossen Friedrich II«.[43] Eine Strophe im 9. Gesang spielt wieder auf der Perle Herkunft aus dem Blitz an: »Sei gegrüßt, duftende Lilie, Rosengarten der Gnaden, Wiese des Heiles; sei gegrüßt, Blitz, der du die Perle erzeugst; sei gegrüßt, Erhabenheit über alle Natur: himmlisches Brautgemach; sei gegrüßt, meine Hoffnung, die nicht zuschanden wird«.[44]

Seit dem 11. Jahrhundert ist zu beobachten, daß die Mythe von der Herkunft aus dem Blitz mit der von der Entstehung aus dem Tau vermengt wird. So geschieht es in dem Matthäuskommentar des Diakons an der Hagia Sophia, dann (seit vor 1078) Erzbischofs von Achrida in Bulgarien, Theophylaktos, zum Gleichnis von der Perle bei Matthäus (13,45 f.):[45] Die Perle ist Christus. Die Muschel öffnet sich dem Gewitter und schließt sich wieder, wenn der Blitz hineinschlug. Daß die Perle aus

---

tura erat gemmam, immortalem in mari, hoc est in mundo (PG 43,489A; nach Vona S. 130).

42 PG 106,857C. – Eine christologische Äußerung des Metropoliten Elias von Kreta (zwischen 1120 und 1130) über die Entstehung der Perle aus dem Blitz und dem Wasser habe ich nicht ausgemacht. Sie erwähnt Raynaud, Opera (wie Anm. 31), Bd. I, S. 359; zu Elias von Kreta Beck, Kirche und theologische Literatur (wie Anm. 36), S. 655.

43 Krumbacher, Geschichte der byzantinischen Literatur (wie Anm. 38), S. 478. Seine Gesänge auf Maria PG 140,770-780.

44 Im 17. Jahrhundert hat Théophile Raynaud seinem Nomenclator Marianus eine lateinische Übersetzung der Marien-Salutationen des Kaisers Theodoros als einer Art Vorläufers seines eigenen Werkes beigegeben; Raynaud, Opera (wie Anm. 31), Bd. VII, S. 368 ff.

45 PG 123,289 f.; Vona, S. 138.

dem Blitz und aus dem Tau sich vereinigt, macht sie hell (ἐκ τῆς ἀστραπῆς καὶ τῆς δρόσου συλλαμβάνεται ὁ μαργαρίτης). So wurde auch Christus in der Jungfrau aus dem Blitz von oben, dem Heiligen Geist, empfangen. Wie die Perle an der Hand oft verkannt wird, so ist auch die Verkündigung im Unscheinbaren und Einfachen verborgen. – Der Bericht des Theophylaktos ist nicht klar. Er schweigt darüber, wie der Tau in die Muschel kommt, mit dem sich der Blitz verbindet. Die Deutung auf die Inkarnation weiß nur vom Blitz (nicht auch vom Tau) des Heiligen Geistes. Es scheint, in die Mythe von Blitz und Perle sei eine Erinnerung an die von Tau und Perle eingesprengt worden, unachtsam oder mit Bedacht. Dann wohl darum, um auch in der Jungfrau (Muschel) schon vor der Empfängnis aus dem Blitz des Heiligen Geistes mit dem Tau ein himmlisch reines Element als zum Empfangen bereit erscheinen zu lassen.

Erst im zwölften Jahrhundert findet sich die Perlenentstehung aus dem Blitz im griechischen Osten auch in die Naturgeschichte aufgenommen. Der im Konstantinopel dieses Jahrhunderts schreibende Polyhistoriker und Grammatiker Johannes Tzetzes bringt in seinen Chiliaden, einer großen, philologisch-historischen Lehrdichtung der Jahre zwischen 1144 und 1170,[46] drei verschiedene Erklärungen der Herkunft der Perle, zwei mythische und eine eigene wissenschaftliche.[47] Im Indischen Meer, bei den Inseln Perimuda, Elyra und anderen, lebten im flachen und sehr reinen Wasser die perlentragenden Muscheln. Zur Perlengenese gebe es zwei literarische Überlieferungen, die eine von der Zeugung durch den Blitz, die andere von künstlicher Erzeugung. Nach der einen klappten sich die Muscheln auf dem seichten Grunde auf, bis der Blitz in die Mitte des Spalts geschlagen, worauf sich alsbald die Perlen in der Muschel rundeten, wobei die Muschelkönigin die schönste Perle bringe.[48] Die andere

---

46 Ioannis Tzetzae Historiarum variarum Chiliades, hg. v. Th. Kiessling, Leipzig 1826 (Neudruck Hildesheim 1963).

47 Chil. XI, hist. 375, v. 456-497: περὶ λογικῶν ὀστρέων καὶ μαργάρων.

48 Ebd., v. 463-470.

(wohl einmalige) Überlieferung[49] besage, der Perlenjäger lege einen spitzköpfigen eisernen Prägehammer an die Muschel, stoße sie mit der Spitze, wobei es wie Blutwasser aus ihr fließe, das gegossen und geprägt zur Perle gerinne. Tzetzes beurteilt beide Traditionen als Fabeleien skeptisch und setzt ihnen seine eigene Erklärung entgegen. Er glaubt, daß Steinchen im reinen Wasser Silberfärbung bewirken, wie man sie auch von silber- oder perlenfarbigen Muschelschalen kenne. Fielen Steinchen in die Muscheln, würden sie glänzender als Geschirrlasur und nähmen sie einen Schimmer an, daß man sie Perlen nenne.[50] Damit ist er der anscheinend frühste Zeuge für die moderne Erklärung der Perlengenese durch Verkapselung von Fremdkörpern in der Muschel. Die Erörterung schließend, betrachtet er Muschel und Perle spirituell als Buch und geistiges Wort, wobei die gnostische und christliche Gleichsetzung von Perle und Logos nachwirkt, während die Muschel als Buchmetapher neu ist:

496 Ὄστρεα νῦν δὲ λογικὰ τὰς βίβλους ὀνομάζω.
Μαργάρους πάντως ἐξ αὐτῶν, δοκῶ, νοεῖς τοὺς λόγους.

Von einer Blitzgeburt der Perle weiß im 14. Jahrhundert auch der byzantinische Dichter Manuel Philes aus Ephesus (um 1275 bis 1345). Seine Tierkunde in Versen[51] berichtet über die Muschelart πίνη, daß ein dem Magen der Muschel entfließendes Feuchtes sich beim Blitzschlag in einen Stein verwandle, der, von der eingeschlossenen Hitze bewegt, die glänzende Natur der Perle annehme.[52]

---

49 Ebd., v. 471-479.

50 Ebd., v. 480-489. Es folgen Angaben, wie man künstlich aus zerstoßenen Perlen eine große machen könne.

51 Περὶ ζώων ἰδιότητος, herausgegeben mit lateinischer Übersetzung von F.S. Lehrs und F. Dübner, Poetae bucolici et didactici, Bd. 1, Paris 1846.

52 Cap. 110, v. 10-13. In des Manuel Philes Preisdichtung auf den Kaiser Kantakuzenos (Manuelis Philae Carmina, hg. v. E. Miller, Bd. 1, Paris 1855, S. 143-184) wird der Gepriesene auch der Perle verglichen. Bei der Verbindung von Blitz und Perle mag hier eine Erinnerung an die Entstehung der Perle im Spiel sein:

Die Vorstellungen der Alten von der Herkunft und der Entstehung der Perle und der Edelsteine lassen ihren Ursprung gern als nahezu, aber doch nicht gänzlich wunderbar erscheinen, indem sie die natürlichen Bedingungen ihres Wachstums oder ihrer Gewinnung an schier übernatürlich extreme Konstellationen gebunden zu erkennen geben. Der Blitzschlag in das Muschelauge ist das Seltene, schier Unwahrscheinliche, das die Geburt des Vollkommenen aus der Vereinigung des Himmels mit der Erde an eine Bedingung vom Charakter wie einer Erwählung bindet. Von einem Menschengeist einmal gefunden und zu einem Gemeinbesitz geworden, vermögen die Vorstellungen vom Ursprung der Perle zur Glaubhaftmachung von Wunderbarem beizutragen. Das geheimnisvolle Naturgeschehen dient als Zeichen für im Reiche des Verstandes Unbegreifliches, für gleich der Perle Natur und Übernatur vereinende Erscheinungen der Religion, der Kunst, eines erwählten Menschseins. Die Geschichte der Überlieferungen von der Perle Herkunft und ihrer Transparentmachung auf einen über sie hinausweisenden Sinn hin endet mit dem Verlöschen einer Dimension von Wirklichkeit, in der sich Irdisches und Himmlisches durchdringen.

---

666 Μάϱγαϱον ἂν εἴποιμι τὸν Μέγαν μέγαν
Εἰς ἀστϱαπῆς ἔλλαμψιν ἐσφαιϱωμένον;
Στυλπὸς γάϱ ἐστι γνωστικῶν φώτων γέμων.

3. *Die Perle des Wortes*

1. In der christlichen Theologie

Hier haben an Alter und an Zahl den Vorrang Zeugnisse aus der exegetischen Tradition zum Vorkommen der Perle im Neuen Testament. Matthäus bringt zwei Worte Christi mit der Perlenmetapher. Gegen Ende der Bergpredigt eine Folge von Geboten für die Jünger reihend, spricht Jesus: »Ihr sollt das Heiligtum nicht den Hunden geben, und eure Perlen sollt ihr nicht vor die Säue werfen, auf daß sie dieselben nicht zertreten mit ihren Füßen und euch zerreißen« (Mt. 7,6).[1] Die Perle bleibt ungedeutet, es sei denn sie werde erhellt vom Nachbarbegriff Heiligtum. Von der Auslegungsgeschichte dieses Gebotes handelt ein eigenes Kapitel.[2] Eines der sieben Gleichnisse vom Reich Gottes lautet (Mt. 13,45 f.): »Abermals ist gleich das Himmelreich einem Kaufmann, der gute Perlen suchte. Und da er e i n e köstliche Perle fand, ging er hin und verkaufte alles, was er hatte, und kaufte sie«.[3] Und die Beschreibung des Himmlischen Jerusalem in der Apokalypse des Johannes sagt von den zwölf Toren der (unmetaphorisch) aus Gold und Edelsteinen gebauten Himmelsstadt (Apc. 21,21): »Und die zwölf Tore waren zwölf Perlen, und ein jegliches Tor war von einer Perle«.[4] An diese drei Perlenbelege knüpft die Exegese zu Matthäus und zur Apokalypse des Johannes an.

1 Mt. 7,6 : *Nolite dare sanctum canibus neque mittatis margaritas vestras ante porcos, ne forte conculcent eas pedibus suis et conversi disrumpant vos.*
2 Kap. 4: ›Ihr sollt die Perlen nicht vor die Schweine werfen‹.
3 Mt. 13,45 f.: *Iterum simile est regnum caelorum homini negotiatori quaerenti bonas margaritas; inventa autem una pretiosa margarita, abiit et vendidit omnia quae habuit et emit eam.*
4 Apc. 21,21: *Et duodecim portae duodecim margaritae sunt per singulas, et singulae portae erant ex singulis margaritis.*

In der Geschichte der Bibelallegorese hat die Auslegung der Perle als Gottes Wort einen festen Platz und eine reich gesicherte Bezeugung, von der hier auszugehen ist. Unerörtert bleibt dabei die in der Regel nicht beantwortbare Frage nach der Priorität der Allegorese eines Dinges oder seines metaphorischen Gebrauchs. Mit der Betrachtung zunächst der Perlenallegorese, soweit sie die Bedeutung ›Gottes Wort‹ ergibt, fällt keine Entscheidung darüber, ob und wo es vor den Evangelien und ihren frühen Auslegern eine Rede von der Perle des Wortes oder des Gedichts gegeben habe – es liegt im Bereich des Möglichen, wenn nicht eher des Wahrscheinlichen –, oder ob man einen metaphorischen Gebrauch der Perle erst als aus der Perlenallegorese abgeleitet sich zu denken habe. Ohne Kenntnis der Kultur- und Geistesgeschichte des vorchristlichen Orients wäre an die Frage nicht heranzugehen, für die eine generelle Lösung ohnehin nicht zu erwarten ist, da Metapher und Allegorie sich wechselseitig fördern können. Daß die Perlenmetapher für das Wort in China älter als in der Bibel ist, steht fest.[5] Über die Zeit ihres Aufkommens im Indischen, im Persischen und im Arabischen sowie im Judentum[6] ist Sicheres wohl nicht zu sagen. Die Perle der höchsten Kostbarkeit (Mt. 13,45 f.) wird außer auf das Himmelreich sehr vielfältig gedeutet.[7] Sie wird

---

5 Dazu unten S. 233.

6 Nach Erich Klostermann, Das Matthäusevangelium, Tübingen ⁴1971 (Handbuch zum Neuen Testament 4), S. 66 und Walter Grundmann, Das Evangelium nach Matthäus, Berlin 1968, S. 220 ff. nennen Rabbiner treffliche Gedanken und schöne Aussprüche Perlen, zum Beispiel ein den Juden in Babylon gelehrtes Gebet.

7 Costantino Vona, La ›margarita pretiosa‹ nella interpretazione di alcuni scrittori ecclesiastici, Divinitas 1 (1957), S. 118-160. Willkommen ist Vonas Zusammenstellung und Charakterisierung von Zeugnissen der christlichen Perlenexegese aus der griechischen und lateinischen Patristik und anschließenden Jahrhunderten. Da die Sammlung Vonas chronologisch (und dies noch gesondert für die griechische und die lateinische Überlieferung) angelegt ist, verdanke ich ihr mehr an Hinweis als an Interpretation für mein Interesse. Wo ich im folgenden ihn nicht nenne, werden seine Sammlungen ergänzt. Vona kannte nicht Usener, Die Perle (wie Kap. 2, Anm. 2) und Casel, Die Perle (wie Kap. 2, Anm. 2). Einige patristische und spätere

vor allem auf Christus[8] und Maria,[9] auf die Tugend der Jung-

---

Testimonien zum Perlengleichnis bei: F. Jacobo und M. Vosté, Parabolae selectae domini nostri Jesu Christi, Bd. 1, continens introductionem et parabolas dogmaticas de regno Dei, Rom ²1933, S. 259-268. Zur Auslegungsgeschichte von Mt. 13,45 f. von der Patristik an Leopold Fonck, Die Parabeln des Herrn im Evangelium exegetisch und praktisch erläutert, Innsbruck ³1909, S. 109-219. Zu Christi Perlengleichnis im Kontext des mediterranen Wissens von der Perle und zum Lied von der Perle in den Thomasakten William S. Heckscher, Renaissance Emblems, The Princeton University Library Chronicle 15 (1954), S. 5-68, hier S. 64 ff.

Das Kapitel ›Perle‹ in Photina Rech, Inbild des Kosmos. Eine Symbolik der Schöpfung, Bd. 2, Salzburg und Freilassing 1966, S. 173-206 und 565-568, hat die christliche, vornehmlich patristische Perlenexegese in die über die Kontinente gehende religionsgeschichtliche Betrachtung der Perle eingebettet. Das Schwergewicht liegt bei den neutestamentlichen Perlenbelegen und dem theologischen Umgang mit ihnen. Dies bleibt außerhalb meiner Sicht. Rechs Perlenkapitel kam erst zu meiner Kenntnis, als diese Abhandlung vor dem Abschluß stand. Das Vorkommen meiner patristischen Belege auch bei Rech habe ich nicht mehr vermerkt. Bei mir fehlende Belege habe ich nicht mehr nachgetragen. Sie betreffen für mich eher am Rande stehende Themen wie die Beziehungen zwischen der Perle und dem Glauben, die Perlen als Heilmittel, das Perlentauchen und die Taufe, die Perle am Ohr. Eine moralische Auslegung der modernen Einsicht in die Entstehung der Perle aus einer Verwundung der Muschel (unten Kap. 14) entspricht einer predigenden Neigung der Autorin.

8 Die zwölf Tore von Apc. 21,21 sind nach Aretas von Caesarea die Jünger, die ihr Licht von der Perle Christus haben, oder die zwölf Apostel als die Tore zum Himmel (PG 106,437 und 717); Vona, S. 135 f. Beda versteht sie als die zwölf Apostel, da sie als Leib am Haupt der Perle Christus Anteil haben (PL 93,203); Vona, S. 153. Nach Haimo stehen die Perlen der Apostel auf dem Fundament der *margarita margaritarum* Christus (PL 117,1208); Vona, S. 155. Weitere Deutungen der Perle auf Christus sind nachgewiesen im Thesaurus Linguae Latinae VIII 393,26-36.

Wo wie im Physiologus der Perlenfang mit Hilfe des Achats gedeutet wird, ist Johannes der Täufer der Achat, den es zu der Perle Christus zieht, auf den er damit zeigt: *Joannes enim iste ostendit nobis intelligibilem margaritam Dominum nostrum Jesum Christum dicens ›Ecce Agnus Dei‹*; Ps.-Hugo von Fouilloy, De bestiis et aliis rebus III; PL 177,115C. Die Taucher sind die Propheten, die beiden Muschelschalen des Alten und Neuen Testaments umfangen die Perle Christus; E. Peters, Der griechische Physiologus und seine orientalischen Übersetzungen, Berlin 1898, S. 97 f. mit weiteren Nachweisen. Zur Perle als Christus im Kapitel 2: ›Die Geburt der Perle aus dem Blitz‹, oben S. 35 f. und unten S. 229 f.

Zur Vereinigung der göttlichen und der menschlichen Natur in Christus als der am Himmel und an der Erde teilhabenden Perle Vona, S. 125, 133 f., 138; im Kapitel ›Die Geburt der Perle aus dem Blitz‹, oben S. 39 f., 43, 45; Casel, Die Perle, S. 326. Die hypostatische Union des Wortes Gottes mit der menschlichen Natur im Schoß Mariens stellt, da die Perle aus dem Tau des Himmels entsteht, Johannes Baptista Rucellus durch ein Muschel-mit-Perle-Emblem unter dem Lemma *SEMINE AB AETHEREO* oder *DIVITIIS DITATA SUPERNIS* dar, denn der Heilige Geist machte Maria schwanger. So bei Philippus Picinelli, Mundus symbolicus, Bd. 1, Köln 1694, lib. 12, cap. 25, nr. 237, S. 710. Maria ist die Trägerin der Perle Christus aus der Höhe (nr. 240, S. 711). Sie nimmt die gerötete Perle Christus in ihre Arme, wenn sie den blutend vom Kreuz genommenen in ihren Schoß legt (nr. 241). Die christologische Allegorese der Naturmythe von Tau und Perle erweist sich als so zählebig, daß sie zu Beginn des 18. Jahrhunderts im etymologischen Bibelwörterbuch des Nicolaus du Mortier zum Wort ›margarita‹ noch einmal gebracht wird. Die auf ihre Auslegung hin leicht und dichterisch abgewandelte Naturmythe zu Christi Perlengleichnis in Beziehung setzend, legt sie du Mortier ausführlich auf die Einswerdung von Himmel und Erde in der Empfängnis Christi aus der Höhe in der Jungfrau aus; Nicolaus du Mortier, Etymologiae sacrae Graeco-Latinae, Rom 1703, S. 374.

Zur Perle als Christus auch Cornelius a Lapide (1576-1637), Commentaria in scripturam sacram XV, Paris 1901, S. 334 zu Mt. 13,45: *Porro, prima et pretiosissima margarita, a qua omnes virtutes omnesque sancti quasi margaritae progignuntur suumque habent decorem et pretium, est ipse Christus. Ejus enim deitas in humanitate, est quasi margarita in concha abscondita, quae ex materia virginea et rore Spiritus Sancti concepta, prodiit candidissima, per vitae innocentiam; lucidissima, per sapientiam; rotundissima, per omnis perfectionis possessionem; habens pondus conscientiae, laevorem mititatis, pretium beatitudinis.*

Beim Aufstieg des Geistes in die höheren Sphären von Dantes Paradiso (II 31-36) gelangt er in den seligen Bereich der ewigen Perle, das heißt Gottes:

Per entro sé l'etterna margarita
ne ricevette com'acqua recepe
raggio di luce permanendo unita.

Pierre de Ronsard beschließt seine ›Hymne de l'Éternité‹ mit dem Gebet:

139 *Concede moy ce don, c'est qu'apres mon trespas*
(Ayant laissé pourrir ma depouille çà bas)
Je puisse voyr au ciel la belle Margarite,
Pour qui j'ay ta louange en cet hymne descrite.

fräulichkeit[10] und auf den Glauben,[11] auf die Hostie der Eucha-

Mit der Anschauung der schönen Perle im Himmel dürfte hier das Wiedersehen seiner Gönnerin Margarete von Frankreich († 1574) im Jenseits gemeint sein. Der Hymnus in: French Renaissance Scientific Poetry, hg. v. Dudley Wilson, London 1974, S. 129-133, hier S. 133.

9 Zur (nicht nur) mariologischen Perlenexegese Salzer, Die Sinnbilder und Beiworte Mariens in der deutschen Literatur und lateinischen Hymnenpoesie des Mittelalters. Mit Berücksichtigung der patristischen Literatur (1886-1894); zusammengefaßt im Nachdruck Darmstadt 1967, S. 243-248. Hippolytus Marraccius, Polyanthea Mariana, Köln 1710, lib. XI, S. 368f. s.v. Margarita; Vona, S. 124f., 130f.; oben S. 39-50 und unten S. 333-335.

10 C. A. Luttrell, The Mediaeval Tradition of the Pearl Virginity, Medium Aevum 31 (1962), S. 194-200. Zur Bedeutung Tugend Vona, S. 126; zur Bedeutung Jungfrauschaft S. 127f., 130, 149.

Aldhelm, De laudibus virginitatis (PL 89,109A), empfiehlt, mit der Jungfrauschaft statt der Ehe das bessere Teil zu wählen nach dem Grundsatz: *Lego [. . .] de terra aurum, de spina rosam, de concha margaritam*. Aldhelm beschließt seinen Traktat (PL 89,161 f.): *Valete o flores ecclesiae, sorores monasticae, alumnae scholasticae, Christi margaritae, paradisi gemmae, et coelestis patriae participes*. – Zum 17. Juni sagt ein Martyrologium (PL 90,770C):

Septeno deno Vitus cum virgine clara
Margarita martyrii splendore nitescit,
Hocque Modestus et alma nitet Crescentia virgo.

Vgl. Robert Max Garrett, Precious Stones in Old English Literature, Leipzig 1909 (Münchener Beiträge zur Romanischen und Englischen Philologie 47), S. 19f. Zur Perle der Virginität bei Ephraem dem Syrer vgl. S. 39-41 und S. 219.

Allein für sich steht ein Gedicht der ›Hymnes ecclésiastiques‹ (1578) des Guy Lefèvre de la Boderie über die Empfängnis Marias, das an diesem Satz des Dioskorides anknüpft: *In Judaea sola lapis nascitur Judaicus dictus, qui candidus est, figura glandis, lineis distinctus inter se aequalibus, velut torno factis.* Lefèvre de la Boderie machte in dem ›A Madamoyselle Camille de Morel Parisienne‹ gewidmeten Gedicht den Lapis Judaicus zur *Perle Juive*. Die erste und die beiden letzten der sechs Strophen mögen hier stehen:

La Perle Juive en nature parfaicte
Qui decora tout le rond de l'Aneau,
D'Orfevre humain ne fut pas contrefaicte,
Mais des haultz Cieux vint son lustre nouveau.

Der Gott des daphnischen Zweiges fuhr auf seinem Wagen herab, um dieses Juwel zu bewundern:

Et tant luy pleut ceste rare Perlette,
Qu'il y mira neuf mois entiers sa peau,
Or pour s'y voir, non de la mer infette,
Mais des hautz Cieux vint son lustre nouveau.

Nymphe, j'entens en ce parfaict rondeau,
Par ce joyau la Vierge toute nette,
L'Aneau le monde, et dessouz un bandeau
Le Filz de Dieu à mirer se dilecte
La perle Juive en nature parfaicte.

French Renaissance Scientific Poetry (wie Anm. 8), S. 148.

Die Tochter Jephthas ist eine Märtyrer-Jungfrau im Gedicht auf sie in Robert Herricks ›His Noble Numbers‹ (1647):

O Thou, the wonder of all dayes!
O Paragon, and Pearle of praise!
O Virgin-martyr, ever blest
Above the rest
Of all the Maiden-Traine! We come,
And bring fresh strewings to thy Tombe.

Robert Herrick, The Poetical Works, hg. v. L.C. Martin, Oxford 1963, S. 359.

Das bei Dante in erhaben strahlender Ruhe stehende Bild der »ewigen Perle« könnte in Quirinus Kuhlmanns Anruf an Gott *Perl über Alls!* eine Entsprechung haben, wenn bei ihm der Gegenstand ›Gottes Perle‹ zwischen Gott und dem Menschen nicht bis zum Überdruß zerredet würde; Quirinus Kuhlmann, Der Kühlpsalter, hg. v. Robert L. Beare, Bd. 1, Tübingen 1971.

Im 7. (37.) Kühlpsalm vom Jahr 1678 beginnt der Anruf Gottes durch den gefallenen, nach ihm zurückverlangenden Menschen: *Perl über Alls! Ach flamme meines Lichts!* (S. 140, v. 3943). Die Perle ist zunächst der Inbegriff des Lichts in Gott (S. 137, v. 3859-3862):

Ach ich bin schwartz in deines Lichtes blikk!
Gib Licht, das ich dir Licht zum Lichte schikk!
Gib deine Perl, O edles Lib genädig!
Ach schenke si! Mein innen ist ihr ledig!

Im Dankgesang auf Gottes in die Finsternis der verlorenen Welt gedrungenes Licht der Erlösung fleht die Seele, auf Gottes Erbarmen schauend (v. 3979-3982):

Holdseelges Lib! Mein schätzchen! Ach gewehr,
Was ich von dir, mein Libchen, nun begehr!
Gib, schönste, gib di Perle doch zueigen,
Das solche Lust auf ewig könne steigen.

In Umkehrung der üblichen Liebesmystik zwischen der Braut als Seele und Gott als Bräutigam ist hier der Mensch der liebende Werber um Gott als die geliebte Braut, wobei ihre Perle der Inbegriff ihrer Hingabe an den Menschen wäre, die sie verweigern muß (v. 3989 f.):

Doch deine Bitt ist schwerer als der Kampff:
Di Perl ist hoch, dein Leben Rauch und Dampff.
Di Perle ward in Adam strakks verschertzet!
Ach leicht entperlt, doch ewigst dann verstertzet!

Kuhlmanns Gebrauch der heilsgeschichtlichen und mystischen Perlmetapher fügt sich in keine der mancherlei Traditionen sicher ein, nach welchen die Perle die Jungfrauschaft bezeichnet, die Perle der Erbgnade von Adam bis zu Maria durch die Geschlechter weitergegeben wurde (unten S. 332), Tau und Perle für die Heilige Hochzeit zwischen Himmel und Erde stehen oder Muschel und Perle Erotisches bezeichnen. An das Eine oder Andere (nicht aber an die ›margarita evangelica‹) wird wohl angespielt, wenn Gott – der Mensch apostrophiert ihn als *Mein schätzchen!* oder *Mein Libchen* oder gar *Fräulein* – seine Perle aus Sorgsamkeit verweigern muß, da sein Geliebter, der noch zwischen dem Feuer des Himmels und dem Fleisch der Erde lebt, ihren Erwerb gefährden könnte (v. 3998 f.): *Wann du der wonn zuvil nachhängst, / Ist leicht, dås du mir Erd einmengst.* Der Werbende muß sich bescheiden: *Ich eigne erst di Perl im Paradeis* (v. 4003). Bis dahin wird sie ihm im Leben beistehen: *Dein Amt ist diser zeit gebähren, / Und meines ist dein feur ins licht zuklähren* (v. 4021 f.). Die Perle als das paradiesische Ziel des irdischen Verlangens muß Gott als Braut im Irdischen verweigern (v. 4029-4032):

So grüss und küss ich dich im Weltverdrus
Mit Paradis in meinem himmelkus!
Ich kräntze dich, befreue deine Glider:
Allein di Perl zueignen ist mir wider.

Da Jesus dem Ungestümen gebietet, Gottes Lob auf Erden zu verbreiten, und ihm verheißt, die Himmelskrone ihm so lange zu bewahren, streift die Perlenmetapher hier einmal die der Krone, ohne daß beide sich wie sonst oft verbänden. Das ganze Konglomerat aus mystischer Brunst, verhüllter Unverhülltheit, der Gottesperversion zur Frau und zudringlicher Anbiederung noch in dem irdischen Entsagen kulminiert aufs peinlichste in der an Gott gerichteten Strophe des Sichschickens (v. 4043-4052):

Beseeligte! die voller Anmutt blinkt!
Di schön entschönt! di süsste süss entsüsset!
Weisheitewig! Nihm an, der dir einsinkt,
Weil er von Dir Gemählinnstreu genüsset.
Mein Libchen, Ach! Ich starr und starr
Ob deiner Perl, auf di ich harr!
Ja, Fräulein, Ja! Es ist, wi du gesagt!
Das Perlchen sei so blos nicht los gewagt.

ristie[12] oder auf die Taufe,[13] auf die Seele[14] und sogar auf die Kirche und Maria [15] ausgelegt. Die nur guten (nicht kostbaren)

Di Ursach ist mir ferner unverhohlen:
Doch lasse mich dir, Hertzchen, sein empfohlen.

Des Angelus Silesius Vorrede zur ›Evangelischen Perle‹ berührt sich mit dem Kühlpsalter des Quirinus Kuhlmann nicht wirklich, wenn die Perle auch hier mit einer Hochzeit in Verbindung gebracht ist, *indem es warlich ein unvergleichlicher Schatz ist / durch welchen der Mensch in GOtt ewig reich werden kan / und zur Hochzeit des Lammes / als mit einer überaus kostbaren Perle / gezieret worden.* Die Perle ist nicht das Ziel der mystischen Liebesverbindung, sondern ein Stück Zurüstung der Seele aus der Bibel, das die Braut als Auszeichnung mit einbringt (bei Gottfried Arnold, Historie und beschreibung der Mystischen Theologie / oder geheimen Gottes Gelehrtheit / wie auch der alten und neuen Mysticorum, Franckfurt 1703 (Neudruck Stuttgart-Bad Cannstadt 1969), S. 468.

Die Bedeutung ›Unschuld‹ hat die Perle noch bei Herder. Nach dem Sündenfall kann der von Gott nach seinem Bild geschaffene Mensch nicht mehr *du Perle des Paradieses, Gottgleiche Unschuld* heißen. *Die Erkenntniß Guts und Bösen ward dir ein theurer Kauf: Erhalt den Zehrpfennig, da du die Perle verlohren, ohn' ihn kommst du, nunmehr dir selbst überlassen, nicht fort. Du siehest dich an der Thür des Gartens dem nackten Felde nah und in dein rauhes, Blutkostendes Muß gekleidet!* Älteste Urkunde des Menschengeschlechts, T. 4; Herder, SW 7, S. 110.

11 Origenes spricht von den Perlen des wahren Glaubens in der Heiligen Schrift, Commentariorum in epistolam b. Pauli ad Romanos lib. II (zu Rom. 2,22); PG 14,898A. Es geht um das Sakrileg des Raubes kostbarer Gefäße aus dem Tempel: *pretiosa vasa de templo Dei, id est, verae fidei margaritas de Scripturis sanctis furantes.*

12 Dazu unten S. 146 f.

13 Edsman, Le baptême de feu (wie Kap. 2, Anm. 4), S. 190-199.

14 Casel, Die Perle (wie Kap. 2, Anm. 2), S. 323 f.

15 Einmalig ist die Deutung der Perle auf die Kirche bei Bruno von Segni. Sich selbst gab Christus mit der Passion in den Kauf, um die Perle der Kirche zu erwerben. Bruno von Segni, Homiliae 141; PL 165,858A; Vona, S. 158. – In des Albertus Magnus monumentalem Schatzhaus einer mariologischen Deutung so gut wie alles in der Natur und Schrift Gegebenen (De laudibus b. Mariae virginis libri XII) wird auch die *pretiosa margarita* von Mt. 13,45 f. auf Maria hin so kühn gedeutet, daß aus Verlangen nach ihr Gott selbst für ihre Gewinnung seine Göttlichkeit in seinem Sohn zum Preis gab; Albertus Magnus, Opera omnia, hg. v. A. Borgnet, Bd. 31, Paris 1898: De laudibus II 3,4, und VI 9,9.

Perlen stehen für die Propheten (gegenüber Christus), für das Irdische (gegenüber dem Himmlischen) oder für die natürliche (gegenüber der übernatürlichen) Theologie.[16] Die der christologischen Auslegung auf den Logos nahestehende Deutung der Perle als das Wort Gottes und die Schrift ist also nur eine neben anderen – oft durch andere Eigenschaften der Perle nahegelegten – Möglichkeiten.

Das Verstehen der Perle als Wort nahm seinen Ausgang von ihrer Deutung als Christus, der als Logos auch das Wort ist. Clemens von Alexandrien widmet ein Kapitel seines ›Paedagogos‹ der Predigt gegen die weltliche Faszination durch Edelstein- und Goldschmuck. Er will darum die perlenbesessenen Frauen hin zum ›heiligen Stein‹ des Logos-Gottes führen, den die Schrift schon eine Perle nannte (Mt. 13,45 f.).[17] Denn – wie in den Perlentoren des Himmlischen Jerusalem sich die von den Aposteln verkündete Gnade darstellt – ist die Perle ›symbolisch‹ zu verstehen.[18] Jesus als die helle und reine Logos-Perle ist das wie die Perle aus der Muschel aus dem Fleisch schauende Auge. Das mit dem Logos gesalbte Auge und das zur Aufnahme des sensus spiritualis (nicht für Ohrgehänge) durchbohrte Ohr sind für die Aufnahme der göttlichen Wahrheiten bereit.[19] Die jüdischen Könige trugen mit ihrer edelsteingeschmückten Goldkrone im Verborgenen (συμβολικῶς)

In Anlehnung an Albertus Magnus deutet die Perle von Mt. 13,45 f. als Perle der Unschuld in der mittelenglischen ›The Pearl‹-Dichtung des 14. Jahrhunderts Jefferson B. Fletcher, The Allegory of the Pearl, The Journal of English and Germanic Philology 20 (1921), S. 1-21. Da die Perle dort nicht für das Wort steht, nenne ich nicht die unübersehbar werdende Literatur zu ›The Pearl‹.

16 Dazu unten Kap. 4, Anm. 72.

17 Clément d'Alexandrie, Le Pédagogue. Texte grec. Traduction de C. Mondésert, Notes de H.-I. Marrou, Bd. 2, Paris 1965 (Sources chrétiennes 108), XII 118,5, S. 224: ἁγίῳ κοσμεῖσθαι λίθῳ, τῷ λόγῳ τοῦ θεοῦ, ὃν μαργαρίτην ἡ γραφὴ κέκληκέν που. Zu Clemens Vona, S. 119 f.; Casel, Die Perle (wie Kap. 2, Anm. 2), S. 325.

18 Clément d'Alexandrie, Le Pédagogue XII 119,2, S. 226.

19 Ebd. 129,4, S. 242.

auf ihrem Haupt schon Christus. »Denn der Edelstein, ob die Perle oder der Smaragd, bedeutet den Logos selbst. Das Gold wiederum ist auch der unvergängliche Logos, der den Keim der Verderbnis von sich abweist«.[20]

Die Betrachtung der Perle als des hell strahlenden Wortes hat die weiträumige Exegese des Perlengleichnisses durch Origenes,[21] ein Beispiel christlicher Edelsteinallegorese aufgrund des naturkundlichen Wissens der Antike,[22] mit weitreichender Wirkung ausgebaut. Das von der Empfängnis der Perle aus dem Tau des Himmels in der offen auf dem Meer schwimmenden Muschel Überlieferte[23] legt Origenes auf das Wort der Wahrheit aus der Höhe aus, das in den Worten der Propheten schön, in seiner ganzen kostbaren Vollkommenheit jedoch erst im Logos Christus in der Welt erschien.[24] Die Lampe der schönen Perlen der Prophetenworte wurde eine Sonne des vollen Lichtes in der Herrlichkeit der Perle Christus.[25] Des Origenes Vergleich der in den Kauf zu gebenden guten Perlen des Alten Testaments mit einer Lampe in der Finsternis und der im Neuen Testament zu gewinnenden einzigartigen Perle Christus mit der Sonne des heraufgekommenen Tages führte in die Auslegung des Gleichnisses einen typologischen Aspekt ein, der über tausend Jahre weiterlebte.

Am nachhaltigsten wirkte das Konzept des Origenes in der Gestalt, die der Matthäuskommentar des Hieronymus für lange Zeit fixierte. Die guten Perlen sind das Alte Testament mit dem Gesetz und den Propheten; die eine kostbarste Perle ist das Wissen vom Erlöser mit dem Geheimnis seiner Passion

---

20 Ebd. VIII 63,5, S. 128.

21 Origène, Commentaire sur l'évangile selon Matthieu I. Introduction, traduction et notes par R. Girod, Paris 1970 (Sources chrétiennes 162), S. 161-173; zu Origenes Vona, S. 121-124.

22 Als exemplarisch behandelt bei Meier, Gemma spiritalis (wie Kap. 1, Anm. 3), S. 94-96.

23 Origène (wie Anm. 21), S. 164 f.

24 Ebd., S. 168 f.: ὁ πολυτίμητος μαργαρίτης ὁ Χριστὸς τοῦ θεοῦ ὁ ὑπὲρ τὰ τίμια γράμματα καὶ νοήματα τοῦ νόμου καὶ τῶν προφήτων λόγος.

25 Ebd., S. 172 f.

und Auferstehung.[26] Wer diese Perle fand, gibt alle ältere Wissenschaft und Weisheit, nach der er ohne Tadel lebte, nun wie Schmutz und Kehricht auf, um Christus zu gewinnen. Typologisch will das Hieronymus so verstanden wissen, daß der Fund der neuen Perle die alten nicht als zu verdammen, sondern als vergleichsweise geringeren Wert zu sehen lehrt.[27] Auch Hilarius von Poitiers sieht die Perlenhändler die in der Zeit des Gesetzes mit Mühen erworbenen Wissensperlen beim Fund der einen Perle Christus gern dahingeben.[28] Das frühste allegori-

---

26 Hieronymus, Epistolae 12,8: *margarita quippe est sermo dei*; CSEL 54,155.

27 Hieronymus, Commentariorum in Evangelium Matthaei libri quatuor II 13 zu Mt. 13,45; PL 26,98AB: Nachdem der im Acker verborgene Schatz auf die Wissenschaft und Weisheit, auf Gott als Wort und auf die Schrift mit der Nachricht vom Erlöser gedeutet war, wird angeknüpft: *Aliis verbis idipsum quod supra dicitur. Bonae margaritae, quas quaerit institor, Lex et Prophetae sunt. Audi, Marcion; audi, Manichaee: bonae margaritae sunt Lex et Prophetae, et notitia Veteris Instrumenti. Unum autem est pretiosissimum margaritum, scientia Salvatoris, et sacramentum passionis illius, et resurrectionis arcanum. Quod cum invenerit homo negotiator, similis Pauli apostoli, omnia legis prophetarumque mysteria, et observationes pristinas, in quibus inculpate vixerat, quasi purgamenta contemnit et quisquilias, ut Christum lucrifaciat (Philipp. 3,8). Non quo inventio novae margaritae condemnatio sit veterum margaritarum: sed quo comparatione ejus omnis alia gemma vilior sit*; Vona, S. 150. Nach Hieronymus heißt es bei Hugo von St. Viktor (?), Allegoriae in Novum Testamentum II 25; PL 175,794D: *Bonae margaritae, lex et prophetae; una pretiosa, Salvatoris scientia.* Ebenso in der Glossa ordinaria (PL 114,133D): *Bonae margaritae, lex et prophetae. Una pretiosa, scientia Salvatoris, pro qua homo, ut Paulus, omnibus mysteriis legis et observationibus renuntiavit. ›Inventa autem.‹ Id est, Christo, qui praeest omnibus hominibus, vel spirituali praecepto dilectionis. Vel intellecto verbo, quod erat apud Deum penetrata carnis testudine. Vel coelestis vitae dulcedine, pro qua omnia vilescunt.* Die Perle ist das Wort bei Phebadius; PL 20,42 f.; Vona, S. 147. Sie ist das Wort des Glaubens bei Euthymius Zigabenus; PG 129,417C; Vona, S. 139.

28 In Evangelium Matthaei Commentarius zu Mt. 13,45; PL 9,995C. Der Schatz im Acker war auf Christus gedeutet worden. *Et de margarita par ratio est. Sed ad negotiatorem jamdiu in lege versantem proficiens hic sermo est, qui longo ac diutino labore ad margaritae scientiam pervenerit, et ea quae sub onere legis adeptus sit, derelinquat. Diu enim est negotiatus et*

sche Wörterbuch, die ›Formulae spiritalis intellegentiae‹ des Eucherius von Lyon († um 450), hat die Deutung der Perle auf das Evangelium als gültig sanktioniert.[29]

Im 9. Jahrhundert war diese Exegese gang und gäbe. Der Matthäuskommentar des Hrabanus Maurus übernahm den Wortlaut des Hieronymus[30] und stützte sich auf Augustinus, wo der Kaufmann in den Perlen gute Menschen sucht und die eine kostbare in Christus findet. Dem Plural der guten Perlen entspricht der Singular der einen Perle, weil der Suchende in allen zu haltenden Geboten das eine der Nächstenliebe findet, wie nach Paulus (Rom. 13,9) die Zehn Gebote enthalten sind in dem einen ›Du sollst deinen Nächsten lieben wie dich selbst‹.[31]

---

margaritam aliquando qualem optabat invenit: cui et unius hujus desiderati lapidis pretium, reliqui laboris jactura est comparandum; Vona, S. 146.

29 Sancti Eucherii Lugdunensis Opera omnia, hg. v. Carolus Wotke, Prag, Wien und Leipzig 1894 (CSEL 31), S. 47: *Margarita doctrina euangelica uel spes regni caelorum; in euangelio* (Mt. 13,46). Hugo von Fouilloy, De claustro animae IV 24; PL 176,1163A, zu der Pforte des Himmlischen Jerusalem und Mt. 13,45: *Margarita vero mystice significat evangelicam doctrinam seu dulcedinem coelestis vitae*; Hinkmar von Reims, De praedestinatione dissertatio posterior, PL 125,87C; Hrabanus Maurus, De universo, PL 111,472B.

30 Hrabanus Maurus, Commentariorum in Matthaeum libri quatuor zu Mt. 13,45; PL 107,954AB.

31 Ebd., PL 107,953C, nach Augustinus, Quaestionum septemdecim in Evangelium secundum Matthaeum 13; PL 35,1371. Zacharias von Besançon, In unum ex quatuor II; PL 186,235D: *Invenis itaque prae omnibus pretiosam margaritam Christum, et inter praecepta mandatum dilectionis* (nach Hrabanus); Vona, S. 159.

Im Römerbriefkommentar spricht Hrabanus Maurus unter Berufung auf Cassianus von dem gemeinsamen Anteil der Natur und der Gnade an den zur Rechtfertigung tauglichen Tugenden des Apostels Paulus, um nur eine, die Gabe der Anschauung Gottes, als die kostbare Perle über alle anderen herauszuheben. Paulus gab alle seine Tugenden (*quamvis velut gemmae splendidissimae ac pretiosae sint*) in den Kauf für das ›praeclarum atque praecipuum margaritum‹ im Gleichnis bei Matthäus, so wie Maria Martha gegenüber das bessere Teil erwählte: *Una ergo et sola est theoria, id est, contemplatio Dei, cui merito omnia justificationum merita, universa virtutum studia postponuntur.* Wie Silber das Zinn und Gold das Silber und wiederum der Edelstein das Gold in seinen Rang verweist, wird auch die

Radbert von Corbie unterstreicht, den vollen Text des Hieronymus noch ausschmückend, den Unterschied an typologischer Qualität zwischen den guten Perlen (und dem Schmuck der Lehren, *doctrinae ornamenta*) des Alten Testamentes und der neuen Perle, die den höchsten Wert des Heils der Menschen in sich trägt und mit dem ›weißen Stein‹ der Offenbarung des Johannes identisch ist (Apc. 2,17).[32] Christian (Druhtmar) von Stablo (9. Jh.) knüpft an Hieronymus nur locker an. Er versteht die Perlensucher als die Christen in der Kirche, die im Gesetz und den Propheten den Perlen des besten Schriftsinns (*optimae intelligentiae*) nachgehen und schließlich die vollkommene Perle Christus finden. Solche Sucher waren der Kämmerer aus dem Mohrenland, der in Jesajas lesend ›Perlen‹ suchte, bis Philippus hinzukommend ihm die wahre Perle Jesus beim Propheten zeigte (Act. 8,26-38), waren Nikodemus und Joseph von Arimathia, der Pilatus um das Kästchen bat, in dem die Perle

---

Fülle angesehener Edelsteine von dem Glanz der Perle überwunden. Ebenso sind alle für das Heute guten und für den Erwerb der Ewigkeit nützlichen *merita sanctitatis* eitel und darum verkäuflich gegenüber den *divinae contemplationis meritis*, der Perle. Expositio in epistulam ad Romanos; PL 111,1429D-1430C.

32 Paschasius Radbertus, Expositio in Evangelium Matthaei VII 13 zu Mt. 13,45; PL 120,504D-505D. In den Patriarchen, im Gesetz und den Propheten hatte die Kirche mit Mühen lange Zeit gesucht, solange das höchste Heil ihr noch nicht offenbar war (505C): *Tamen in eis multi gemmarum speciem afferebant, et praeornabant praefigurando Christum futuram Ecclesiam. Sed nemo in eis inventus est, qui pretium humanae redemptionis in se afferet [...] ut hanc solam acquireret gemmam, in qua sunt omnes thesauri sapientiae et scientiae et pretium humanae salutis [...] Non quod alii lapides quos quaesivit praesens negotiator, et forte invenit, boni non fuerint et pretiosi, sed in comparatione istius nemo bonus, quia omnes ex isto habent ut boni sint et pretiosi. Hic est calculus novus ex Apocalypsi Joannis, in quo nomen novum est conscriptum, quem nemo novit, nisi qui accipit* [Apc. 2,17]. *Unde oportet ut omnis umbra removeatur a sensu legis et Prophetarum, et sola veritas amplectatur*; Vona, S. 157; oben Kap. 1, Anm. 27. Der Apokalypsekommentar Alcuins sieht in dem *calculus candidus* einen Karfunkelstein, ergänzt aber: *Alia vero translatio pro calculo margaritum posuit* (PL 100,1106A).

gelebt hatte (den Leichnam Christi), und waren die Apostel. Der Kämmerer nahm die Perle in sein Herz und liebte sie über alles.[33] Nur einmal ist die kostbare Perle des Gleichnisses nicht Gottes Wort, sondern das Gott darzubringende Wort des Gläubigen. Da die Danksagung Gott lieber als Gold, Silber, Edelsteine und alle Opfergaben ist, will Gregor von Nazianz wie der Kaufmann in dem Perlengleichnis all seine Schätze nur in dem Besitz des Wortes sehen, das er Gott zum Opfer bringen kann.[34]

Alcuin erklärt im Widmungsbrief seiner ›Genesiserklärung in Fragen und Antworten‹ die Knappheit seines Werks mit dem Bedürfnis, auf Reisen ohne schweres Buchgepäck das Leichtgewicht einer *pretiosa sapientiae margarita* bei sich führen zu können, um sein Gedächtnis ohne Ermüdung daran zu erfrischen.[35] In einer Verkündigungspredigt fragt Maria den Engel:

---

33 Christian von Stablo, Expositio in Matthaeum evangelistam zu Mt. 13,45; PL 106,1376BC: *Talis negotiator fuit ille eunuchus, qui venerat adorare in Jerusalem et revertebatur sedens super currum suum, et quaerens in libro Isaiae margaritas; venit Philippus et ostendit ei ipsam margaritam; et misit eam in pectore, et super omnia quae habebat dilexit. Talis Nicodemus et Joseph, qui petiit capsulam ubi ipsa margarita fuerat a Pilato, quia jam habebat et ipse eamdem margaritam, et omnes apostoli hujus negotiatores fuerunt.* Christian nimmt die Gelegenheit, das Gleichnis als eine Art der Allegorie zu definieren (1376C): *Omnia hic per allegoriam dicuntur, et est species allegoriae parabola rerum genere dissimilium, quia et thesaurus et margarita comparatione Dei vilia sunt, et sagena spirituali sagenae inferior*; Vona, S. 154.

34 Tyranii Rufini Orationum Gregorii Nazianzeni novem interpretatio, hg. von A. Engelbrecht, Wien und Leipzig 1910 (CSEL 46,1); De reconciliatione VII 4f., S. 214: *immo potius per gratiarum actionem deo uerbi nostri uictimam iugulemus [...] Hanc ego iugulo uictimam deo, haec ego dona offero, quae mihi sola dereliqui, quae solae sunt diuitiae meae; cetera enim relinquere suasit mandati religio et spiritus sancti commonitio, ut unam pretiosam margaritam pro omnibus commutarem, si quo modo forte effici possem negotiator regni caelorum, qui corruptibilibus et paruis magna et numquam corrumpenda mercarer. sufficit ergo haec mihi sola uerbi possessio, quia et solus uerbi sufficit cultus.*

35 Interrogationes et responsiones in Genesin; PL 100,517A. – Garrett, Precious Stones (wie Anm. 10), S. 19.

»Aus welchem Schatze ist des Wortes Perle uns gesandt?« »Und so nahm sie das Wort auf und in der Stunde der leiblichen Erfüllung brachte sie die kostbare Perle an den Tag«.[36]

Es mag genügen, die Tradition der Auslegung der Perle des Gleichnisses als das Wort bis hierher vorzuführen, da die patristische Grundlegung ihr ein Weiterleben garantierte, aus dem nur eine Phase hier noch kurz bezeugt sei. Ein neues Pathos mußte die Rede von der ›margarita evangelica‹[37] mit der Reformation gewinnen, welche die Perle des Gottesworts als ihren Glaubensschatz zu hüten und vor Mißachtung zu beschützen sich berufen sah. Die ›Evangelische Perle‹ gewann so eine neue Aura von Bedeutung.

Luthers Auslegung des 23. Psalms (1536) spricht bei dem Vers *Er weidet mich auff einer grünen awen Und füret mich zum frischen wasser* von der Sprache des Psalmisten, die er die *feine verblümbte* in dem Sinne nennt, wie noch im 17. Jahrhundert ›verblümt‹ die einen verborgenen sensus spiritualis einschließende Sprache heißen kann. Mit der bukolischen Rede vom Hirten, der Weide und den Schafen gebrauchte David *wort, die etwas anders bedeuten, denn sie lauten*, derart, *das er etwas anders wil dadurch verstanden haben, denn wir menschen davon pflegen zu reden.*[38] Mit Berufung also auf die antike Allegoriedefinition praktiziert er auch 1536 noch die allegorische Psalmenallegorese, denn David hatte *geistliche augen*, zu erkennen, daß besser als die Wüsten aller irdischen Schätze die Weide mit dem frischen Wasser als der höchste, einzig wahre Schatz sei. Über die Deutung von Weide ›Schatz‹ führt Luther die Auslegung fort zum Schatz als ›Gottes Wort‹,

---

36 PG 10,1149A-1152D. Hierzu Kap. 2, S. 42 f.

37 Zu dieser von Hieronymus stammenden Wendung und zur flämischen ›Evangelischen Perle‹ des 16. Jahrhunderts unten S. 141; 164 f. – Der Katalog gedruckter deutschsprachiger Predigtsammlungen, hg. v. Werner Welzig, Bd. 1, Wien 1984 verzeichnet als Nr. 299: Johann Baptist Golhofer, Evangelisches / Perlein / In dem Meer / Göttlicher H. Schrifft [...], Th. 1, Regenspurg 1747.

38 Martin Luther, Werke. Kritische Gesamtausgabe, Bd. 51, Weimar 1914 (Neudruck 1967), S. 278 f.

und diese Gedankenbrücke läßt ihn zur biblischen Schatzmetapher für das Wort, zur Perle finden: *Darumb sollen wir als die lieben kinder und erben Gottes uns weder unser weisheit, stercke noch reichthumbs rhümen, Sondern des, das wir die köstliche berlin, das liebe wort, haben und da durch Gott unsern lieben Vater und Jhesum Christum, den er gesand hat, erkennen. Das ist unser schatz und erbe, das gewis und ewig ist und besser denn aller welt gut.*[39] Die evangelische Kirche hat das Hirtenamt über die Herde der Glaubenden und der Sakramente auszuüben, das Luther von der Papstkirche verraten sieht.[40] An der Einstellung zur köstlichen Perle des Wortes Gottes scheiden sich die Konfessionen aus der Sicht des Reformators.

In Margaretes von Navarra Dichtung ›Complainte pour un détenu prisonnier‹, für einen Gefangenen um seines protestantischen Glaubens willen, führt der flüchtige Verfolger mit sich *le thrésor, / Le diamant, la riche perle et l'or, / Le don heureux de la Sainte Evangile.*[41] Ein protestantischer Nachfahre des Physiologus noch im 17. Jahrhundert ist des Wittenberger Theologen Wolfgang Franz ›Animalium historia sacra‹ von 1612, eine die Natur auf Gott als ihren Schöpfer hin meditierende Geschichte der Tiere, deren gesuchte, bis zur Konfessionspolemik gehende Distanz von der mittelalterlichen Allegorese doch nicht so weit geht, daß sie sich in der Methode grundsätzlich von ihr unterschiede. Die Perle im Gleichnis bei Matthäus versteht er als die ›wahre Religion‹ des biblischen Wortes Gottes, als den ›Katechismus‹ der biblischen Wahrheit. Als ein ›Bild des Evangeliums‹ steht die Perle zugleich für den es annehmenden und in sich auszubildenden Glauben.[42]

---

39 Ebd., S. 279f.

40 Auf die Verächter der Perle des Wortes nach Mt. 7,6 mag angespielt sein bei den Sätzen (S. 280): *Er hette uns eben so wol mögen jnn der jrre lassen lauffen als Türcken, Tattern, Juden und andere abgöttische, die von dem schatz nichts wissen, Oder verstockt lassen bleiben als die Papisten, die diesen unsern schatz lestern und verdammen.*

41 Abel Lefranc, Les idées religieuses de Marguerite de Navarre d'après son œuvre poétique, Paris 1898 (Neudruck Genf 1969), S. 75.

42 Ich benutze die fünfte verbesserte Ausgabe Amsterdam 1653. Das Per-

Bei den Synoptikern unterscheidet Herder ihre nach historisch-kritischen Regeln zu prüfenden Aussagen über die Geschichte von ihrem Zeugnis über und für die Kirche und von dem Dritten und Höchsten, ihrem Evangelium als dem Werk der Vorsehung für alle Zeiten und Nationen, um lakonisch abschließend zu sagen: *Die Perle ist gefunden.*[43] Sie ist der in Christus gelegte Grund des Evangeliums. Die Religion Jesu kann und soll in ihrer Aussage nicht wachsen, da sie schon im Evangelium ganz enthalten ist. *Je reiner diese Perle erhalten wird, desto heller glänzt sie; sie darf nicht als Edelstein brillantirt werden.*[44] Das Christentum gewinnt, wo immer es die im Laufe der Geschichte es einkleidenden philosophischen und theologischen Ismen abwirft. Dann kann gelten: *Das Problem ist aufgelöset; die Perle ist längst gefunden; aber nur durch Aufopferung unser selbst, durch Einkauf dieser zu unserer Perle; nur durch Ausübung, nicht durch das Sagen wird ein morali-*

---

lenkapitel im Buch über die Fische, T. III, cap. 8, S. 497-500, die Perlenallegorese S. 498 f.: *Margarita igitur pulcra est vera religio, inprimis Euangelium, & in Euangelio illud dictum: ›Sic DEUS dilexit MUNDUM‹. Imo Biblia sacra possunt dici Uniones, aut Catechismus, tanquam Epitome Bibliorum, aut nomen Jesu, continens ut epitome in sese omnes articulos fidei.*

Sicut autem Margarita concipitur ex rore coelesti: Ita vera religio oritur ex rore Euangelii.

Der Glaube entsteht aus dem Tau des Evangeliums in den reinen Herzen und will mit mächtigem Verlangen aufgenommen werden. Wie die besten Perlen im Meeressturm entstehen, so läutert den Glauben das Kreuz. Wie die Perlmuscheln ihren Muschelkönig, so hat die Kirche zum Hüter und Führer den Gottessohn und die Diener seines Wortes, denen die Welt nach Art der Perlenfischer nachstellt. Wie die Perle vor dem Gift, bewahrt der rechte Glaube vor dem ewigen Tod. – Zu Wolfgang Franz: Wolfgang Harms, Der Eisvogel und die halkyonischen Tage. Zum Verhältnis von naturkundlicher Beschreibung und allegorischer Naturdeutung, in: Verbum et Signum. Beiträge zur mediävistischen Bedeutungsforschung, hg. v. Hans Fromm, Wolfgang Harms und Uwe Ruberg, Bd. 1, München 1975, S. 477-515, hier S. 487-489, 502.

43 Christliche Schriften, 2. Sammlung (1796); Herder, SW 19, S. 248.

44 Ebd., S. 250.

scher Grundsatz unser.[45] Der Zeit enthoben und in ihr nur zu suchen und sich zum Gewinn zu machen, kann die Perle des Evangeliums durch eine im Gang der Geschichte ihr widerfahrende Bearbeitung in ihrem kostbaren Ganzen nicht gesteigert werden. Am Vorzug der Perle vor den Edelsteinen, daß diese des Geschliffenwerdens zur Weckung ihres Leuchtens nicht entraten können, stellt Herder den Unterschied zwischen dem Evangelium als einmal und für ewig in die Zeit hinein Geoffenbartem und dem der Geschichte unterworfenen Wort vor Augen, an welchem diese zu seiner möglichen Vervollkommnung noch fortarbeiten kann.

Ob die auf dem Meeresboden bleibende Perle und der im Gebirgsstock ruhende Edelstein von der stummen Natur im Dunkel als ein Wert empfunden werden? Die Fabel vom Hahn und der Perle spricht nicht dafür. Sie müssen gefunden, ans Licht gehoben und dem Menschen vorgelegt werden, um in seiner Welt als Wert zu gelten. Das nicht ausgesprochene oder nicht gehörte Wort ist wie die Perle und der Edelstein in der Natur ein nicht zu seinem Wert gelangtes Gut. Erst unter die Leute gebracht, verwandelt es sich in seine als Möglichkeit in ihm gelegene Qualität, wird es zu seinem Wert geweckt. Die Perle bedarf des Händlers und das Wort des Hörers. So sieht es der syrische Dichtertheologe Jakob von Sarug († 521) in seinem Gedicht ›Über den Apostel Thomas, der von unserem Herrn an den Kaufmann Habban verkauft wurde, über die Hochzeit und über den Mundschenk, der ihn schlug‹:

27 Ohne Hörer hat der Redner keinen Gewinn,
wie auch die Schönheit ohne Betrachter keine Herrlichkeit hat.

Die Perle ist ohne Kaufleute wertlos,
und das prächtige Wort ohne Hörer nicht schön.

Durch die Kaufleute vervielfältigt sich die Schönheit der Perle;
und wenn sie sich darum bemühen und sie hochheben, steigert sich ihre Schönheit.

---

45 Ebd., S. 251.

So steigert sich auch durch die Hörer wie durch die Kaufleute
das Wort des Redners und erwirbt Schönheit.[46]

Der Dichtungseingang ruft die Hörer in die Pflicht, ihren Anteil an der Wertwerdung der Dichtung mitzuleisten. Die den mittelalterlichen Traditionen vom Priester Johannes und vom Graltempel in Indien bedeutungsvoll präludierenden Gedichte Jakobs von Sarug über den Apostel Thomas als den Erbauer des herrlichsten Palasts in Indien, den Baumeister des an den Himmel reichenden Gebäudes seiner Lehre von dem wahren Glauben, sehen ihn zugleich – und damit wiederum als einen Vorläufer des im Mittelalter legendären Bekehrers von Indien, Barlaam[47] – als die Perle, die Jesus dem Kaufmann des Königs von Indien verkauft hat:

133 Er war wirklich ein Kaufmann,
der mit der Perle, durch die der König und sein Land reich wurden,
handelte und sie brachte.
139 Es begegnete der, der Heil verkaufte, dem, der Reichtum kaufte,
der Sohn dem Kaufmann, der König dem Niedrigen, der Herr dem Knecht.

Es begegneten einander die beiden Kaufleute der Höhe und der Tiefe;
und sie verkauften und kauften die Perle um einen geringen Preis.[48]

Thomas wird zunächst in Indien als Perle nicht erkannt, solange er schweigt:

413 Der Kaufmann war traurig, weil sie seine Perle nicht erkannten;
er wußte aber nicht, daß der Herr des Hochzeitsfestes sie kaufen würde.[49]

46 Jakob von Sarug, Drei Gedichte über den Apostel Thomas in Indien. Herausgegeben, übersetzt und mit einem vollständigen Wortverzeichnis versehen von Werner Strothmann, Wiesbaden 1976 (Göttinger Orientforschungen, R. 1: Syriaca 12), S. 169 f.

47 Zu ihm S. 11; 162.

48 Jakob von Sarug (wie Anm. 46), S. 187 f.

49 Ebd., S. 233.

Der vom Herrn in Jerusalem verkaufte Apostel Thomas ist ›die Perle‹ als der Bringer der Heilslehre nach Indien, die er dem König dann als Gottes Wortpalast erbaut, dessen Edelsteine Lehren sind wie die des Himmlischen Jerusalem:

47 Er sah dort ferner Zweiundsiebzig, die
Steine, Gemmen und behauene Kristalle sammelten.
53 Er sah seine Tore mit Gold und Perlen überzogen
und seine Wände mit Beryll und Amethyst geschmückt.[50]

In dem Gedicht ›Über den Palast, den der Apostel Thomas in der Höhe baute‹ reiht Jakob von Sarug im Dichtergebet um Inspiration verschiedene Bilder für die erbetene Hilfe: Erwekkung aus dem Grab des Schweigens, Erhöhung auf den Fels zur Aufführung des Gebäudes, Segelwind zur Schiffahrt über die Wogen bis in den Hafen, und dann:

9 Ein Meer ist der Bericht vom Apostel Thomas und unaussprechlich,
erlaube mir, daß ich untertauche und aus ihm die Perle heraufhole.

Wie Thomas den Finger in die Seitenwunde Christi legte und glaubte (Joh. 20,27f.), will der Dichter die Perle dieser Erkenntnis weitergeben:

11 Erlaube mir, daß ich sie von dem nehme, der sie aus deiner Seite genommen hat.
Wer sie einem Dieb wegnimmt, der hat sie gefunden.

Er nahm sie als ein Würdiger; erlaube mir, daß ich sie nehme, obwohl ich unwürdig bin;
deiner Herde will ich sie geben, hindere mich nicht daran!

Wenn ich sie von dem Deinen nehme, Herr, gebe ich sie dir (wieder).
Öffne mir deinen Schatz, damit ich ihn nehme und ihn deinen Anhängern gebe!

21 Ich gestehe, daß ich ein Dieb bin. Hütet euch!
Seht, daß ich euch jetzt die Perle nicht wegnehme!

50 Ebd., S. 173.

Die Worte unseres Herrn sind kostbarer als Beryllsteine.
Bitte den Dichter, daß er sie nicht verbirgt und wegnimmt![51]

Die Gleichsetzung der aus dem Meer ertauchten Perle der Wahrheit mit dem von Thomas in der Seitenwunde Christi erfühlend gefundenen Glauben macht dem Dichter die Verkündigung seines Gewinns zu einer Pflicht, die im Mittelalter oft als das Gebot, sein Licht nicht unter den Scheffel zu stellen, formuliert wird.

Die Predigt ist »steinern wie die Perle« nach Chrysostomos,[52] den Proklos wieder als eine Perle des Predigtwortes und als göttlichen Schatz des Schriftverstehens rühmte,[53] während Gregor von Nazianz in der Perle die Gabe der Rede zur Verkündigung der Wissenschaft von Gott erkannt hat.[54] Die geschlossene Muschel ist der geschlossene Mund des gelehrten und beredten Predigers auf einem Emblem unter dem Lemma *Gemmas ad aperta recludet*. Tut er seine Lippen auf, gibt er einen kostbaren Perlenschatz zu sehen. Das Distichon eines Kardinals Salvator dazu lautet:

Quas claudunt, ad aperta dabunt conchilia gemmas:
Eloquio gemmat Rhetor et ipse suo.[55]

Wird das Emblem auf die Verkündigung der Heiligen Schrift verstanden, kann man ihm die Unterschrift *Margarithum fulgens qui arguit sapientem* geben, da Beda den schriftkundigen

51 Ebd., S. 293 f. Über das Wirken des Thomas in Indien heißt es: »Seine Worte gleichen Perlen und Beryllsteinen und nehmen das Herz mehr als die Augen gefangen, um sie zu lieben« (S. 321, v. 176). Von Thomas wird erwartet: »Stehe auf, Kaufmann, zeige uns die Schönheit deiner Perle. Nimm unseren gesamten Besitz als Preis für sie und verkaufe sie uns!« (S. 419, v. 775, nach Mt. 13,45 f.).

52 Commentarius in S. Matthaeum Evangelistam 47,2; PG 58,483; Vona, S. 131.

53 Im Nachruf auf Johannes Chrysostomos; PG 65,831; Vona, S. 131.

54 Oratio VI 5 De pace; PG 35,728B; Vona, S. 129.

55 Picinelli, Mundus symbolicus (wie Anm. 8), lib. 12, cap. 25, nr. 239, S. 711. – Zur ›perlenden‹ Rede noch bei Jean Paul unten S. 213 f.

Kirchenlehrer eine glänzende Perle nennt, wenn er bei der Unterweisung seiner Seelen dem goldenen Schmuck der Weisheit den noch größeren und angenehmeren Glanz einer strahlenden Perle aufsetzt.[56]

War die Deutung des Worts als Perle erst einmal gegeben, bedurfte es nach der Ablösung der Buchrolle durch die Buchform des in zwei Deckel eingeschlossenen Kodex keiner großen Phantasie mehr, die Muschel mit der Perle als eine Metapher für das Buch zu finden. Der im Konstantinopel des 12. Jahrhunderts schreibende Polyhistor und Grammatiker Johannes Tzetzes steht im Perlenkapitel seiner ›Chiliaden‹ in der Tradition der gnostischen und christlichen Gleichsetzung von Perle und Logos, wenn er die Muscheln als die Bücher und die Perlen als ihre Worte auslegt.[57] Die Perle auf dem Titelblatt eines Buchs verweist auf seinen Inhalt. Aresius schmückte das Titelblatt eines seiner Bücher mit einer halb geöffneten und eine Perle zu sehen gebenden Muschel unter dem Lemma *SAT VEL UNA LABORI*, um in Bescheidenheit damit zu sagen, es genüge ihm, wenn der Leser zum Lohn all seiner Autormühen auch nur einen wertvollen Gedanken in dem Bande finde, so wie es dem Prediger genüge, auch nur eine Seele zu Gott geführt zu haben.[58] Die Demutsformel suggeriert natürlich, die Muschelschalen als die Buchdeckel zu verstehen, welche die Kostbarkeit des Werks einschließen. Als Christian Weidling die Imprese des D. Aresius in Anlehnung an Horazens ›delectare et prodesse‹ mit dem Lemma *Utile dulce* in seine ›Emblematische Schatzkammer‹ (1702) aufnahm, deutete er die halboffene Muschel, die *einen kostbahren Edelstein praesentirte* unter der Überschrift *Der Endzweck gelehrter Bücher* als eine Anweisung, in Büchern auch der Gelehrten dem Leser so den Nutzen wie das Angenehme darzubieten, wobei er wohl auch sein eignes Werk im Sinn hatte.[59]

56 Picinelli, Mundus symbolicus, ebd.
57 Hierzu S. 51.
58 Picinelli, Mundus symbolicus (wie Anm. 8), nr. 225, S. 709.
59 Christian Weidling, Emblematische Schatz-Kammer / Welche einen sehr grossen Reichthum Der aller angenehmsten Sinn-Bilder / So wohl aus

2. In der Literatur des Orients

Als Inbegriff des vollkommen Reinsten kann die Perle als ein Name Gottes stehen, so wie für Christus[60] auch für Allah im Islam und im Indischen für Shiva. Denn wohl von Gott spricht der persische Mystiker Rumi: »Perle du der Perlen, niemand könnte deinen Wert bezahlen. Wer dich besitzt erhielt dich als Geschenk. Und was besitzt die Welt, das nicht dein Geschenk wäre?«[61] In den Hymnen des indischen Mystikers Manikkavasaga aus dem 8. Jahrhundert, wo der Gott Shiva wie mit vielen anderen Metaphern oft auch als die Perle angerufen wird,[62] ist

---

raren Schrifften / als Vornehmlich aus Königlichen und Fürstl. Cabinetten / Kirchen / Palatiis, Gärten / Castris Doloris und eigener Erfindung Geistlichen und politischen Rednern zum höchst-verlangten Nutz unter gewissen Titeln nach einer sehr angenehmen Ordnung praesentiret [...], T. 1-2, Leipzig 1702, T. 1, S. 275. Nach Voranstellung eines Locus communis folgen jeweils ein Emblem, eine Explicatio und eine Applicatio. Der erste heißt: *Das gelehrte Bücher schreiben soll sowohl auf den Nutzen, als auff die Vergnügung sehen.* Die Explicatio lautet: *Wolte damit lehren, daß die Muschel mit ihrer* pretieusen *Frucht Reichthum suchenden Menschen Vergnügung und Nutzen schencken könne.* Die Applicatio: *Und dieses sollen auch diejenigen* observiren, *welche ihren Ruhm durch gelehrtes Bücherschreiben der Nachwelt* recommediren *wollen. Denn was ist wohl ein Buch so da keinen Nutzen in sich hält anders, als ein Licht ohne Schein? Und was hilfft grosser Nutzen ohne Anmuthigkeit?*

Perlen sind kostbare alte Bücher des Büchernarren, der über ihrem Äußeren von ihrem Inhalt absieht, in einer Satire ›Der Bibliomane‹ von Charles Nodier: »Aber wem gehören bloß diese Perlen, diese Edelsteine, diese phantastischen Reichtümer, die den Ruhm der Bibliothek derer von Thou und der Groliers ausgemacht hätten?« Charles Nodier, Die Liebe und das Zauberbuch. Erzählungen, Leipzig 1975, S. 169.

60 Oben Anm. 8.

61 Gesänge des tanzenden Gottesfreundes. Aus der Dichtung des persischen Mystikers Rumi. Mit Ornamenten von Karl Thylmann. Übertragen und geschrieben von Linde Thylmann, Freiburg im Breisgau, Basel und Wien 1978, S. 64. – S. 70: *Ein Mensch in Gott ist Teil vom grenzenlosen Meer und darum kann er Wunderperlen ohne Wolken regnen.* Zur gleichen Aussage bei Shamsi unten S. 91 f.

62 Die Hymnen des Manikka-Vasaga. Aus dem Tamil übersetzt von H. W.

er auch »die köstliche Weisheitsperle, | Die ununterbrochen ausspeit | Honig in großer Menge«.[63] Im Mystiker hat der Gott bewirkt, daß er nur seine Perlen spricht:

Du Nektarmeer des Wissens,
Du hast es also gemacht,
Daß meine Gedanken alle
Auf dich nur gerichtet sind,
[...]
Daß deine Perlenworte
Mein Mund nur reden kann![64]

Wie im Westen im 9. Jahrhundert Alcuin die *pretiosa sapientiae margarita* mit sich führen wollte[65] und bei Paschasius Radbertus in der Perle von Mt. 13,45 *omnes thesauri sapientiae et scientiae et pretium humanae salutis* gesehen waren,[66] so kennt auch der Orient die Wahrheits- und die Weisheitsperle. Die Perle der Wahrheit bezeugt für die asketische Mystik des Sufismus das als Sammelbecken einen End- und Höhepunkt der klassischen und orthodoxen Sufi-Literatur ausmachende Werk ›Die Gaben

---

Schomerus, Jena 1923 (Religiöse Stimmen der Völker. Texte zur Gottesmystik des Hinduismus 1), S. 23: »Gepriesen seist du, der du glänzest | Wie eine schimmernde Perle, | Eine schöne, fehlerlose!«; S. 26: »O, du meine Perle ohne Fehl, | Ich bin nicht würdig, noch wert, | Zu deinen Getreuen zu zählen!«; S. 27: »O, strahlender Perlenberg«; S. 126: »O Perle, du, o Erhabener«; »O Perle, o Gott, der du | Unerreichbar bist für die Götter, | O Śiva«; S. 130: »Der Vater, der strahlet im Licht, | Im hellen Lichte der Perlen«. An die Perlentore und das Gold des Himmlischen Jerusalem (Apc. 21,21) erinnert die Verheißung im Hymnus vom ›Hingerissenwerden von Wonne‹ (S. 182):

Wenn sich öffnet das schöne Tor,
Das mit Perlen so reich besetzt ist,
Dann werden wir eintreten
In Śivas goldne Stadt.

63 Ebd., S. 134.

64 Ebd., S. 30.

65 Interrogationes et responsiones in Genesin; PL 100,517A; oben Anm. 35.

66 Expositio in Evangelium Matthaei VII 13 zu Mt. 13,45; PL 120,505C; oben Anm. 32.

der Erkenntnisse‹ des Bagdader Scheiches ʿUmar as-Suhrawardi (1145-1234).[67] Das erste, von der Inspiration des Gott nahen und ihm offen stehenden Herzens handelnde Kapitel über den Ursprung der Wissenschaften der Sufis, das, die Vorstellung vom Einfließen des Wassers aus der Himmelshöhe in das reine Herz des Menschen vielfach abwandelnd, die Aufnahme des von Gott ihm Eingegebenen als des Wissens Ursprung hinstellt, zitiert dies Wort eines der älteren Sufi-Zeugen: »Gott schuf eine reine Perle und blickte sie mit dem Auge der Erhabenheit an. Da zerschmolz sie vor Scham vor ihm, und so strömte sie dahin. Sodann sprach er: ›Er hat vom Himmel Wasser herabkommen lassen, und da strömten (ganze) Flußbette (mit Wasser), so viel ihnen zugemessen war‹ (Koran 13,17). Die Reinheit der Herzen kommt davon, daß dieses Wasser sie erreicht hat«.[68] Das vom Herzen empfangene Wasser des Wissens aus der Höhe war bei Gott zuerst eine Perle. Das Herz als das reinste und zur Aufnahme des von Gott Gegebenen bereite Organ des Menschen hat in der sufischen Mystik des Gott zugewandten Herzens zwei Seiten, eine der Seele als dem niederen Organ zugekehrte und eine dem Geist als dem Höchsten zugekehrte Seite, während die Seele wiederum eine dem Herzen und eine der Natur zugewandte Seite hat, so daß eine Steigerung von der Natur über die Seele und das Herz zum Geist gegeben ist. Herabsteigend bringt das Göttliche in einem wie osmotischen Hindurchleuchten durch die Wände des Herzens und der Seele sein Geisteslicht in diese Organe. Die Seele mit ihren zwei Seiten kann dann einer Muschel gleichen. »Sooft das Herz zum Geist hinangezogen wird, wird die Seele zum Herzen hinangezogen, und sooft sie hinangezogen wird, wendet sie dem Herzen ihre diesem benachbarte Seite zu. Und diese Seele wird erhellt, weil sie ihre dem Herzen benachbarte Seite dem Herzen zuwendet. Das Kennzeichen für ihr Hellsein ist ihr Beruhigt-

67 Die Gaben der Erkenntnisse des ʿUmar as-Suhrawardi (ʿAwarif al-maʿarif), übersetzt und eingeleitet von Richard Gramlich, Wiesbaden 1978 (Freiburger Islamstudien 6).

68 Ebd., Kap. 1,9; S. 28.

sein. Gott sprach ›Beruhigte Seele! Kehr zufrieden und wohlgelitten zu deinem Herrn zurück!‹ (Koran 89,27f.). Das Hellwerden ihrer dem Herzen benachbarten Seite ist wie die Helligkeit einer der beiden Seiten der Muschel infolge der Entgegennahme der Helligkeit von der Perle. Das Fortbestehen einer gewissen Finsternis auf der Seele aufgrund ihrer der naturhaften Veranlagung und der Natur benachbarten Seite ist wie das Verbleiben des Äußeren der Muschel bei einer Art Trübheit und Mangelhaftigkeit, die der Helligkeit ihres Inneren entgegensteht«.[69] Auch hinter diesem Bilde steht das Grundkonzept des Lichts der Wahrheit über das Wesen Gottes als einer Perle, die, empfangen aus dem Geist, im Menschen wie in einer Muschel einsitzt und auf seiner Gott zugewandten Seite ihn erhellt.

Gelegentlich steht die Perle wie für göttliche Wahrheit auch für Weisheit in der Welt. Die Perle der Weisheit ist nicht göttlicher Herkunft aus der Höhe wie die Wahrheitsperle. Ihr Weisheitswert liegt in der eine Lage aufschlüsselnden Kraft des Worts, für das sie steht. Hafis will seinen Rat als Perle höchsten Wertes angenommen wissen:

Es ziemt sich nicht, daß wider mich
Du einen Groll hast,
Du der den langen Freundschaftsbund
Mit mir gemacht hast.

O hör' genau auf diesen Rath,
Denn diese Perle
Ist besser als der Edelstein,
Den du im Schatz hast.[70]

Der persische Spruchdichter Ibn Jemin (14. Jh.) beklagt die Einsamkeit des Edelsteins, des Weisen und der Weisheitsperle, die mit ihrem außerordentlichen Anspruch von den Gemeinen gerne übersehen werden.[71] Eine Kasside seines Vaters auf den

69 Ebd., Kap. 29,16; S. 216f.
70 Hafis, Diwan II, S. 391.
71 Hammer, Geschichte der schönen Redekünste, S. 236.

osmanischen Dichter Seaadeddin Chodscha Efendi († 1598) rühmt das die Welt Aufschließende seines Dichtens:

Seit die Wolke der Huld mit Thau getränket die Welten,
Ist durch deinen Hauch wieder erfrischet das Land;
Strahlen deines Raths sind Strahlen der Krone der Kaiser,
Denn du leitest in Ordnung die Menschen, die Welt.
Deine Brauen winken, o sieh! es erscheinet die Weisheit,
Perlenknoten des Wort's löset die Knoten der Welt,
Idealischer Welt Geheimniß verschließet dein Inn'res,
Deine Zunge ist Träger des mystischen Sinn's.[72]

Der Reichsgeschichtsschreiber zu Konstantinopel Isi II. († 1755) schrieb in einem Gedicht auf Esaads Erhebung zur Muftistelle über diesen:

Es leitet Gott durch Ihn den Glauben und das Reich,
Aus Seinem Kiele träuft das Wort Eingebung gleich,
Er möge in der Welt verstreu'n wie Meer und Schacht,
Die Perlen hoher Weisheit und das Gold der Macht.[73]

Herder spricht vom Trost der Religionen für die unter dem härtesten Joch des Despotismus Unterdrückten und sieht eigene Möglichkeiten der verborgenen Weitergabe von Wahrheitsperlen für den Orient: *Auch die versteckte Räthselweisheit der Morgenländer war vielleicht Hülle gegen ihre Tyrannen; sie sagten sich einander Trost und Lehre insgeheim, wo sie laut nicht gesagt werden durfte. [...] Überhaupt sprach das Orientalische Gleichniß immer den Klugen des Volks: ›wer Ohr hat, höre!‹ und zu allen Zeiten, unter allen Völkern sind leider! die Klugen immer die wenigsten und schwächsten gewesen. Die bessere Wissenschaft bleibt also in solchem Zustande meistens unkräftig fürs Ganze; nur eine verborgne Perle für den, der sie besaß – nicht durch ihre Schuld so verborgen und unkräftig.*[74]

---

72 Hammer-Purgstall, Geschichte der Osmanischen Dichtkunst 3, S. 101.
73 Ebd. 4, S. 174.
74 Vom Einfluß der Regierung auf die Wissenschaften, und der Wissenschaften auf die Regierung; Herder, SW 9, S. 382.

Als der berühmte Dichter persischer Kassiden Sahir Farjabi mit dem Schah die Türkisminen bei Naschibur besuchte, schrieb er zweiundzwanzig jedesmal mit dem Wort Perle schließende Doppelreime auf den Schah, in deren Perlenmetaphernkatalog sich auch einige Dichtmetaphern reihen:

Wenn er mit gutem Glück die Feder nimmt
Zur Hand, so fallen von der Spitze Perlen [...]
Ey, ey! die Zeit, die nach so viel Beschwerden
Mir in den Mund legt deines Lobes Perlen [...]
Und wenn das Meer auch Jahrlang Wogen schlägt,
So wirft es doch ans Ufer nie die Perlen.
Die Kasside, *zu deinem Lob gesungen,*
Ist ein Versuch des Wassers meiner Perlen.
In diesem Meere sind gar viele Dichter,
Die deinem Licht entlehnen Glanz der Perlen.
Es ziemet sich der Doppelreim mit Perlen,
Es stehet schön die Doppelreih' der Perlen.
So lange als im Frühlinge die Wolken
Auf Garten und auf Hain' verstreu'n die Perlen,
Soll dir der Sternenhimmel streuen Perlen,
So ungezählt' als unschätzbare Perlen.[75]

Hier sind verschiedene Aussagen gesammelt, ist eine Reihe von Themen angeschlagen, die im Lauf der Zeit je viele Variationen fanden. Die Rundungen der Schriftzeichen legten es nahe, sie der Schreibfeder als Perlen entrollen zu sehen. Im Meer der Überlieferung heben einzelne Dichter als Perlen sich heraus. Der Wellenschlag tuts nicht, wirft keine der in der Tiefe wohnenden Perlen an den Strand. Der Inhalt eines Gedichts macht es zur Dank- und Lobperle, seine Paarreimform läßt es als Perlendoppelreihe sehen. Dichterdemut spricht von dem »Versuch des Wassers meiner Perlen«, wo sie nicht zur festen idealen Form gediehen (*Wasser wird sich ballen*[76] heißt es bei Goethe). Der Herrscher braucht den Perlenregen der Lobreden von Dichtern, die ihm zu Gebote stehen, zum Gedeihen wie der Garten Regenperlen. Ein reiches Spektrum an Hinsichten auf

75 Hammer, Geschichte der schönen Redekünste, S. 131.
76 HA 2, S. 16.

die Perlen des Worts oder Gedichtes bringt an ihnen so verschiedenartige Qualitäten zum Erscheinen, daß, insgesamt betrachtet, etwas wie eine lockere Paragraphenreihe einer Poetik sich ergibt.

Das alte Indien kennt die Perle als Inbegriff des Erwählten, auch der Künste und des Wortes, so in priamelartig auf das Herrscherlob hinführenden Reihen: *Die Perle der Nacht ist der Mond, die Perle auf einem Lager ist eine Mondantlitzige, die Perle einer Gesellschaft ist der Gebildete, die Perle für das Ohr ist eine Erzählung von Vishnu, die Perle der Künste ist der Gesang, die Perle unter den Wanderern am Himmel ist die Sonne, die Perle der Perlen ist, wie mir sogleich einfällt, Fürst Narasimha.*[77] Das Erlesene, nicht eine besondere auf das Wort bezogene Qualität, legitimiert die Perle auch in diesem Spruch: *Wer hat den Schutz gegen Kummer, Feinde und Gefahren, das Gefäß der Liebe und des Vertrauens, diese Perle, das zweisilbige Wort Mitra (Freund) geschaffen?*[78] Wie im Persischen und Arabischen steht die Perle aber auch eindeutiger als Metapher für die Wortschönheit und die Weisheitsrede. Der Glückliche gewahrt nicht immer die Veränderung beim Eintritt in die frische Jugend, die für ihn *das Meer für die Perlen reizender Reden* ist.[79] *Wer Tugend, Ruhm, Lebensklugheit, Fleiß, herzentzückende Aussprüche und andere Vorzüge als Perlen einsammelt, der geräth niemals in Verlegenheit.*[80] Schöne Redekünste sind nicht

77 Indische Sprüche (wie Kap. 1, Anm. 29), Bd. 2, Nr. 3773; vgl. Bd. 3, Nr. 6095:
Die Perle der Wissenschaften ist die geschmackvolle Dichtkunst, die Perle der Fuhrwerke das Roß, die Perle der Wünsche der Pfad der Vorzüglichsten, die Perle der Genüsse eine Gazellenäugige, die Perle der Ströme der Götterfluß (die Gañga), die Perle der Monate der Frühling, die Perle der Berge der Goldberg (Meru), die Perle der Fürsten Nrsimha.

78 Ebd. 3, Nr. 6527 und 2, Nr. 4328; auch in: Das Pañcatantram. Eine altindische Märchensammlung zum ersten Male übersetzt von Richard Schmidt, Leipzig 1901, S. 189, Nr. 195.

79 Indische Sprüche, Bd. 3, Nr. 6518.

80 Ebd. 2, Nr. 3135; vgl. Nr. 3057: *Wer des Geldes ermangelt, dem mangelt es noch nicht, der ist sicher noch ein reicher Mann; wer aber der Perle des*

angeboren, fallen einem nicht zu als glückliche Eingebung zu guter Stunde; sie ergeben sich im Hören auf das schön Geredete, durch Sammeln des in der Überlieferung und im Sprachumgang Gefundenen zu einem Schatz des bei der rechten Gelegenheit Verfügbaren, – so daß die gleichen Bilder und Sprüche einem auch in verschiedener Überlieferung gestreut begegnen.[81] So kann es denn heißen: *Wer weder ein Mal Gesprochenes behält, noch selbst Etwas zu Tage fördert, wer demnach kein Kästchen für Geschmeide besitzt, wie sollte der schön reden?*[82]

Wo der persische Dichter Hilali in der Einleitung zu ›Der Schah und der Derwisch‹ einen Preis des Wortes spricht, findet sich die Rede vom Mund als Perlenkästchen wieder,[83] tritt das Bild vom Perlenbohren als der Sinnsuche hinzu,[84] die zum Wissen von der Perle als des Wortes Herkunft aus dem Himmel führt.[85]

Des Mundjuwelenkästchens Perle ist das Wort,
Die Politur des Zungenschwertes ist das Wort.
Bestände nicht das Wort, was würden Leute sagen?
Wie würden sie des Sinnes Perle bohren!
Wie könnte man Geheimniß sich vertrau'n
Und das Verborgene zu wissen thun!

Wissens ermangelt, dem mangelt es in allen Dingen. Nr. 2760: *Über Freigebigkeit, Kasteiungen, Heldenmuth, Gelehrsamkeit, Sittsamkeit und Lebensklugheit braucht man ja nicht zu erstaunen: die Erde birgt viele Perlen in sich.*

81 Ich verzichte als Laie auf die angesichts der langen und schwierigen Überlieferungsgeschichten, unsicheren Datierungen und wichtigen Gattungsfragen nur dem Indologen Bestimmteres sagenden Quellennachweise zu jedem Spruch in dem Werk O. Böhtlingks, muß auch der naheliegenden Frage nach wechselseitigen Anregungen zwischen dem Persischen und dem Indischen mich enthalten. Die Quellennachweise wurden ergänzt durch Ludwik Sternbach, Supplement to O. Böhtlingk's Indische Sprüche, Wiesbaden 1965 (Abhandlungen für die Kunde des Morgenlandes 37,1).

82 Indische Sprüche, Bd. 3, Nr. 6655.

83 Mund als Perlenkästchen. Dazu S. 104-108.

84 Hierzu Kap. 7: ›Die durchbohrte Perle‹.

85 Hierzu Kap. 13: ›Tau und Perle‹.

Bestände nicht das Wort auf dieser Welt,
So hätten auch die Menschen keine Zungen.
Ein gutes Wort gibt Herz und Seelen Leben,
Des Heilands Hauch bezeuget dieses Wort,
Spitzfündige durchbohrten so das Wort
Und sprachen folgendes zum Lob' des Worts:
Das Wort stieg von dem Himmel nieder,
Vom blauen Dome stieg es nieder.
Gäb's etwas Höh'res als das Wort,
So wär' es statt des Worts gekommen.[86]

In des Lamii Versepos ›Weise und Ramin‹, das den alten Stoff schon des Nizami im 16. Jahrhundert noch einmal neu gestaltete, schließt ein den Schöpfer und den Dichter in Metaphern preisendes ›Lob des Wortes‹ mit den Versen:

Ist Schlüssel von dem Weisheitsschatz,
Der Einschlag im Geweb' der Tugend,
Die Wechsler, welche Tugend zählen,
Sie kennen wohl des Worts Juwelen,
Was Wunder wenn das Wort ist Perle,
Es fliegt mit Schwingen Gabriels,
Und bläs't Posaunen Israfels,
Vor Allem das gemess'ne Wort
Des Verses, welches Perlenhort.[87]

Mit Schwingen Gabriels fliegt das Wort, wenn Dichter ihren Kiel aus einer Flugfeder Gabriels sich schnitten, wessen sie sich dann rühmten. Die Perlen der Verssprache werden sonst kaum einmal wie hier von der Prosa abgehoben. Nur einmal fand ich die Nennung verschiedener Juwelen für den Vers und für die Prosa. Der überaus kunstreiche Geschichtsschreiber des Geschlechts des Dschingiskhan, Chodscha Abdollah Waßaf (1311) spricht in der Beschreibung eines Morgens davon, wie *der Tag mit krystallner Hand die lotosfarbe Nath des Himmels zerriß, und von dem Saume des grünen Himmelsgewölbes Prose*

86 Hammer, Geschichte der schönen Redekünste, S. 370; unten Anm. 160.
87 Hammer-Purgstall, Geschichte der Osmanischen Dichtkunst 2, S. 70f.

und Verse, das ist Korallen und Perlen, ausstreute.[88] Entsprechend mögen auch Perle und Rubin für Vers und Prosa stehen, wo der Philologe el-Fehi († 1134) auf Lobverse des Wesirs Ibn ol-Mülk in einem Gegenlob die Verse schrieb:

Wie hast erheitert mir die Augen und das Ohr,
Von hoher Leiter spendend mir Verdienst und Lohn,
Gebund'ne Rede mit der ungebund'nen einend,
Wie Perlen und Rubin ziert bräutliche Person.[89]

Doch ist die Rede von Prosaperlen auch durchaus üblich. Einem arabischen Wesir des 11. Jahrhunderts wurde nachgerühmt: *Die Perlen seiner Prose erweiterten die Bildung arabischer Gefährten, und der Glanz seiner Verse übertraf den der Blumen der Gärten.*[90]

Gegen Angreifbarkeit durch Kritik war die Wortperle als Vollkommenes gefeit. Nur einmal, bei dem osmanischen Dichter Harfi, stieß ich auf die Vorstellung, daß der Stein der Kritik die Perle des Gedichts zerstoße: *Kritik, tadle ungerecht nicht mein Gedicht, / Stein des Spott's, zerschmett're diese Perlen nicht.*[91] Andererseits bot die Kugelform der Perle den Schutz des Entrollenkönnens vor einem plumpen Zugriff. Der vom Kaiser einer Satire wegen ermordete Dichter Nefii aus Erzerum († 1635) sprach in einem auf sein Dichtertum stolzen Gedicht:

Wenn mißgünstiger Feind mein Wort auch tritt mit Füßen,
Rollt ein jedes doch kugelnde Perle davon.[92]

Zunächst aber sind erst einfache Belege dafür zu bringen, daß die Perle schlechthin eine geläufige Metapher für das mit Geist

88 Hammer, Geschichte der schönen Redekünste, S. 248.
89 Hammer-Purgstall, Literaturgeschichte der Araber 6, S. 654.
90 Ebd. 5, S. 485.
91 Hammer-Purgstall, Geschichte der Osmanischen Dichtkunst 2, S. 403.
92 Ebd. 3, S. 236.

gefundene und mit Kunst geformte Wort ist.[93] Eine chronologische Anordnung macht die Beständigkeit des Bildgebrauchs über mehr als tausend Jahre hin augenfällig. Im Raum ist er von Indien bis zum arabischen Spanien hin verbreitet.

Der bedeutende arabische Dichter Motenebbi (915-965) aus Syrien sagt, auf sein Werk zurückschauend: *Ausgewählte Perlen streut' ich, / Von verborg'nen Fehlern rein.*[94] Die allgemeine Rede vom Perlenstreuen oder -ausgießen ist das passende Bild für eine orientalische Dichtart, welche das Kunstvolle im Gedankengut und reinen Ausdruck eines Verses oder Reimpaars, nicht im Gesamtgefüge einer Dichtung sieht, die eben als ein körniges Aggregat von Einsichten und Bildern dem ästhetischen Anspruch hingestreuter Perlen ganz entspricht. Auch geistige und sittliche Qualitäten sollen mit den ästhetischen in dem Perlenwort sich verbinden. Als man Motenebbis gutes Gedächtnis und seine Gabe des Stegreifdichtens rühmte, schrieb er:

Ich brauch' Sein Lob nicht im Gedächtniß zu behalten,
Wenn unablässig mir der Fürst im Auge steht;
Wenn Seine Tugenden sich meinem Blick gestalten,
Das Wort in Perlen mir vom Munde geht.[95]

Die Ausbildung der Perlen bedarf der Ruhe in der Muschel. Einem Hohen, der ihm mit Gefängnis drohte, erklärte er sich frei dazu bereit: *Wenn Ruhe schaden könnte edlem Treiben, / So würden Perlen nicht in Muscheln bleiben.*[96] Einem anderen, der

93 M. Mokri, Le symbole de la perle dans le folklore persan et chez les Kurdes fidèles de vérité (Ahl-e Haqq), Journal Asiatique 248 (1960), S. 463-481, hier S. 465 f.: »Dans la littérature persane, on désigne par ›perle‹ une parole ou une pensée raffinée, tant à cause de leur beauté que du fait qu'elles sont le produit du génie créateur de l'auteur. On dit par exemple ›une pensée subtile plus fine qu'une perle rare‹« (aus einer Handschrift von 1581).

94 Motenebbi, der grösste arabische Dichter. Zum ersten Mahle ganz übersetzt von Joseph von Hammer, Wien 1824, S. 1, auch S. 40.

95 Ebd., S. 160.

96 Ebd., S. 31.

sich durch ihn nicht mehr genug gelobt fand, antwortete er gelassen: *Die Perlen sind nur ein Geschenk für Große!*[97] Gedichtperlen sind oft Lob- und Dankperlen und dienen gerne als Geschenk. Die Mittelbarkeit der dichterischen Mitteilung durch das Bild verteidigt Motenebbi, als die Sprache eines seiner Verse Kritik gefunden hatte:

Nichts verletzet meiner Worte Perlen,
Wie kein Ritz Dein Schwert (das fein wie Haar).
Freylich wird mich nimmer klar verstehen
Wem nur durch Beweis der Tag wird klar.[98]

Von dem großmütigen Mäzen und Dichter-Wesir Hasan el-Mohellibi († 963) rühmte man: *Er schreibt Freigebigkeit mit seinen Fingern, / Und streut der Rede Perlen aus.*[99]

Überraschend selten wird das besonders Perlenartige, die duftig leichte Helle ihrer Festigkeit, als Kennzeichen eines Gedichtes hervorgehoben wie in dem spanisch-arabischen ›Buch dichterischer Vergleiche‹ aus dem 11. Jahrhundert: »Wie Wasser, nein, wie Luft so fein (sind die Verse), doch wie ein Felsenberg so wohl gegründet! Und wie der Schimmer verborgener Perlen, von denen erglänzen / die Geschmeide am Halse der Singmädchen. Sie werden dir zugeführt, der Liebe Ebenbild, / wie eine Jungfrau, die Heimweh hat nach ihresgleichen«.[100] So gern und oft die Aneinanderkettung von Verspaaren zum Gedicht als eine Perlenreihe angesehen wird,[101] so selten wird im Reimpaar als einem elementaren Formprinzip der orientalischen Poesie eine analoge Perlenharmonie gesehen. An sie könnte gedacht sein in dem Lobgedicht von es-Seaalibi († 1037)

97 Ebd., S. 260.

98 Ebd., S. 251. An Redeperlen mag gedacht sein im Gedicht auf eine Dame (S. 55):

Ihres Halses Band, Ihr Lächeln und Ihr Gekose,
Läßt an Ordnung und Glanz Perlen die schönsten zurück.

99 Hammer-Purgstall, Literaturgeschichte der Araber 5, S. 108.

100 Hoenerbach, S. 103.

101 Dazu Kap. 8: ›Gereihte Perlen‹.

auf einen Statthalter, von dem es heißt: *Wenn das Licht von deinen Poesien blüht, / Selbes juweliret durch zwei Verse zieht.*[102] Daß der ›Perlenregen‹ einer Dichtung auch in ihren Reimen liegen könne, bezeugt ein Gedicht des Atha Ben Jakub el-Gasnewi (11. Jh.?), das die Schönheit einer Dichtung in der geheimnisvollen Bedeutung ihrer Bildersprache sieht und darum ganz hier stehen möge:

Dein wunderbarer Vers gesegnet viel
Hat uns getränkt vom Quelle Selsebil,
Er zündete uns an statt uns zu tränken,
Wiewohl er nicht die Herzen wollte kränken.
Diess war für uns ein wahrer Perlenregen,
Der strömte Glück und Heil und Wohl und Segen,
Das Wort so fein, als wie verbot'ner Wein,
Der Sinn so tief, als wären's Zauberei'n.
Wie viel Bedeutungen zum Kopfzerbrechen,
Die nur als gute Vorbedeutung sprechen!
So weit Entfernte hat noch nie gesucht,
Wer je im Versemachen sich versucht,
Und wenn bis zum Verdreh'n sich Nacken wenden,
Sie solches Bild und Gleichniss nimmer fänden,
Ein windgekühlter Wein ist jedes Wort,
Und jeder Hauch ist Wind, den haucht der Nord,
Die Reime sind nur Perlen ausgestreut,
An Schönheit den Gasellen zugereiht,
Der räthselhafte Sinn ist Moschusduft,
Auf dem die Schönheit schwimmet durch die Luft.[103]

An Gedichte, die zu einer lockeren Folge sich gruppieren mochten, ohne in einen festen Zyklus sich zu binden, scheint gedacht zu sein bei den gestreuten Liederperlen, die als Preisgedichte auf Nisam ol-Mülk († 1091) von el-Muwaffik B. Chalil B. Ahmed esch-Scheibani geschrieben wurden:

---

102 Hammer-Purgstall, Literaturgeschichte der Araber 5, S. 592.
103 Ebd. 6, S. 1060f. Ein Zeitgenosse sagte über dies Gedicht: »Dies ist Schönheit wunderbar und dies ein Wunder offenbar«.

Die Zunge hat im Lobpreis' sich versucht,
Zu streuen Liederperlen als die Frucht;
In Kassideten hab' ich mich versucht,
Zu küssen seine Hand in frommer Zucht.[104]

Da Dichter das Dichterische kennen, will Hafis nicht für Dichter schreiben. So sagt ein Ghaselschluß:

Biete, Hafis, nicht an dein Wort den Künstlern der Rede,
In die Minen, ins Meer, trägt man nicht Perlen und Stein.[105]

Im verlangenden Gedenken an das geliebte Mädchen spielt Hafis mit Perlenbedeutungen wie Dichterwort und Mädchenblüte in einem Gedichtschluß, der des gefundenen Perlenworts sich rühmt in dem Begehren nach der gesuchten Mädchenperle:

Siehe das Wort! es erobert die Welt, o dem Shahe von Ormus
Sag': mit Perlen den Mund mir gefüllt.
Um die Perle der Wonne zu fischen, Hafis, ist's erlaubet,
Daß du das Aug' zum Meere machst.[106]

Ein Ghasel aus dem Diwan des Dschami († 1492), den Joseph von Hammer ›den letzten großen Dichter‹ in Persien nannte, hat den Anfang: *Du öffnetest den Mund zum Sprechen / Und*

---

104 Ebd., S. 1011. Der berühmte jemenitische Dichter und Geschichtsschreiber Omaret el-Jemeni († 1173) schrieb in einem Gedicht auf seinen Sohn *Da solche Perlen aus dem Mund mir fließen*; ebd. 7, S. 937. Der von Neid verfolgte und vertriebene Dichter und Schreiber Kiatibi († 1435) hatte zu klagen:

Viel tausend Verse schrieb ich, wie Krystallen lauter,
Doch nirgends find' ich Wasser als in meinen Augen.
Viel tausend Perlen goß ich aus dem Saum des Kleids,
Indeß mir in den Saum des Kleids kein Pfennig fiel.

Hammer, Geschichte der schönen Redekünste, S. 282.

105 Hafis, Diwan I, S. 425.

106 Ebd. II, S. 261. Weinperle und Liedperle gehen ineinander über, wenn Hafis über die beim Wein gesungenen Lieder sagt (S. 14):

Seines Dieners Gesang entström' den Kehlen beym Weine,
Glänzende Perlen verleih'n Gläsern den herrlichsten Glanz.

Perlen hast du ausgegossen.[107] In des Dschami ›Joseph und Suleïcha‹ spricht die Liebende in der Nacht ihre Klage um den Geliebten wie eine Harfe, auf die sie ihren Tränenfluß als Saiten spannt und sie so zum Erklingen bringt.

Durch aller Töne Leiter stöhnet sie. –
Sie setzt des Freundes Bild sich vor das Aug,
Und Perlen strömen ihr aus Aug und Mund:
›Aus welchem Schachte bist du, Edelstein?
Denn dir nur dank' ich jenen Perlenstrom!‹[108]

Die Perlen aus ihrem Auge sind die Tränen, die Perlen aus ihrem Mund die Worte. Der Edelstein ist Jussuf, dessen unbekannte Ferne ihr die Tränen und die Klage eingibt.

Vom 16. Jahrhundert an konnte man sich in einer nachklassischen Spätzeit fühlen. Dann konnte man einem vollendeten Gedicht nachsagen, es hebe sich aus dem Meer und Staub der Tradition heraus wie eine Perle oder ein Rubin. So schreibt der türkische Lyriker Baki in dem Schluß seines Panegyrikus auf Sultan Suleiman I. über dies Gedicht:

Durch deine Huld, o Herr, erheb' es zum Diwan!
Im Meer der Dichtkunst ist es eine schwere Perle,
Im Staub, wie in dem Schacht, Rubin von Bedachschan.[109]

Der Sultan selbst gedachte hervorragender Dichter der Vergangenheit und schrieb in seinem Lob über Nizami und über Selman, den Rivalen des Hafis: *Es streuen schöne Perlen aus als Chan / Nisami und der Lyriker Selman.*[110] Und Baki sagte wie-

107 Hammer, Geschichte der schönen Redekünste, S. 318.
108 Dschami, Joseph und Suleïcha. Historisch-romantisches Gedicht. Aus dem Persischen des Mewlana Abdurrahman Dschami, übersetzt und durch Anmerkungen erläutert von Vincenz von Rosenzweig, Wien 1824, S. 52. – Die Tränenperle und die Gedichtperle sind eins, wenn Chairi II. Beg (im 18. Jh.) eine große Totenelegie beendet mit dem Vers: *Und in Thränen floß vom Auge der perlende Zahlreim*; Hammer-Purgstall, Geschichte der Osmanischen Dichtkunst 4, S. 233.
109 Baki's Diwan, S. 9.
110 Hammer-Purgstall, Geschichte der Osmanischen Dichtkunst 2, S. 7.

der in einem Ghaselschluß: *Solche Lieder, Baki, gibt's nicht viel, / Weil des Wortes Perle selten wird.*[111] Etwas wie Resignation des Spätgeborenen möchte man vernehmen, wenn im 18. Jahrhundert Newres Abderrisak mit einer im Orient ungewöhnlichen Dichterbescheidenheit seinen Diwan mit einer Kasside eröffnet, die dem Beifall und Sichmessen mit Dichtergrößen absagt:

Der Staub des Edelsteines wird *Vom eig'nen Wasser nur getränkt,*
So ist es überflüssig auch, *Daß meinem Lied man Beyfall schenkt.*
Ich maße mir nicht an den Platz *Von* Wehbi, *von* Raghib, Raschid,
Denn Perlen, wie die ihrigen *Vermag zu streuen nicht mein Lied,*
Ein jeder dieser Drey ist *Im Reich der Poesie Sultan,*
Die Wörter und Bedeutungen *Gehorchen ihrem Machtferman.*[112]

Doch hieße es den Orient zu verkennen, wollte man solchen Tönen trauen. Noch zu Zeiten Goethes singt man von sich selbstgewiß wie einst vor tausend Jahren. Seid Mohammed IV. Pertew Efendi († 1807) beendet ein Ghasel mit seinem Selbstlob: *Was ist's, wenn Chronogramm die Perlen sät? / Pertew ist Lebensmuster früh und spät.*[113] Die im Herrscherlob geübten byzantinischen Enkomiasten haben keine Scheu, das dort Gelernte auch beim Dichterselbstlob anzuwenden wie Mir Alemsade im frühen 19. Jahrhundert, der dabei stolze Metaphern für sein Dichten anhäuft:

---

111 Baki's Diwan, S. 62. Vgl. im nächsten Ghasel (S. 63): *Die Lippen küssen sich als zwey Rubinen, / Um Wortesperlen auszustreuen hier.* Der osmanische Dichter Bedii († 1586) verfaßte auf seinen Liebling Simten ›Silberleib‹ die Verse:

Sehnsucht nach dir hat mich gegelbt, o Silberleib,
Wie Gold zerschmolzen auf der Gram-Kapell' der Leib,
Streu, Bedii, vor ihm der Verse Perlen aus.

Hammer-Purgstall, Geschichte der Osmanischen Dichtkunst 3, S. 54. Der Dichter Muhibbi II. († 1599) schrieb zum Lobe Lala Karchis (ebd., S. 108): *An Perlen seines Worts fand man Belieben.*

112 Hammer-Purgstall, Geschichte der Osmanischen Dichtkunst 4, S. 322.

113 Ebd., S. 425.

Genug hast du dich nun entschuldigt,
Nun sey von dir dir selbst gehuldigt;
Das Meer der Großmuth ist dein Wort,
Des Genius Perle ist dein Wort.
Wortkundige den Reim verstehen,
Deßgleichen noch kein Mensch gesehen [. . .]
Ist der Gelehrten Unterhaltung,
Gibt wie das Schöpfungswort Gestaltung;
Und Perlenmuschel jedes Wort,
Gemäßigter Bedeutung Hort.[114]

Wo die Perle des Worts so reich bezeugt ist, wagt man kaum zu viel, wenn man sie auch findet, wo der Text nicht eindeutig zu erkennen gibt, ob die Regen- oder die Wortperle gemeint sei, wie in der religiösen Sprache über das Unsagbare in den Gedichten aus dem ›Divan des Shamsi aus Täbris‹, einer Anthologie von Lyrik aus der Sufi-Mystik des 13. Jahrhunderts, deren eines von dem berühmten Rumi († 1273), dem Lehrer des Shamsi, hyperbolische, paradoxe und sonst mystisch wunderbare Aussagen über den Mann Gottes aneinanderreiht, eine Kette, die wie im Endlosen anfängt und auch ausläuft:

The man of God is drunken without wine,
The man of God is full without meat.
The man of God is distraught and bewildered,
The man of God has no food or sleep.
The man of God is a king 'neath darvish-cloak,
The man of God is a treasure in a ruin.
The man of God is not of air and earth,
The man of God is not of fire and water.
The man of God is a boundless sea,
The man of God rains pearls without a cloud.
The man of God hath hundred moons and skies,
The man of God hath hundred suns.
The man of God is made wise by the Truth,
The man of God is not learned from book.
The man of God is beyond infidelity and religion,
To the man of God right and wrong are alike.
The man of God has ridden away from Not-being,

114 Ebd., S. 532 f.

The man of God is gloriously attended.
The man of God is concealed, Shamsi Din;
The man of God do thou seek and find![115]

Im Zweizeiler mit der Endlosigkeit des Meers verbunden, legt der Perlenregen ohne Wolken nahe, an der Perle Herkunft aus dem Tau zu denken, die der Divan des Shamsi auch in anderen Gedichten, und da deutlich, kennt.[116] Wäre bei der Perle aus dem klaren Himmel an die Weisheit oder das Wort des Gottesmannes mit gedacht, gäbe dem die Aussage, er sei nicht gelehrt aus Büchern, eine Stütze.

Dem Schriftcharakter der islamischen Kultur gemäß – der moderne Begriff Charakter ging aus dem Wort für Schriftzeichen hervor – wird im Orient dem Schreibvorgang eine Bedeutung zuerkannt, die man erst bei dem Bedenken ganz ermißt, daß schon der Schöpfungsvorgang als ein Schreibakt Gottes, der ›die Welt schrieb‹, angesehen werden konnte. Nirgendwo sonst gibt es eine derart üppig ausgebildete Schreib- und Schriftmetaphorik, die – in vielen Schreibfeder- und Tintenfaßgedichten – auch die Schreibutensilien miterfaßte, wie im Orient, wo man auch im Erscheinungsbild des Menschen und der Natur Schriftzeichen wiederfand und las. Unser drucktechnischer Begriff der Perlschrift läßt nichts ahnen von der Bedeutung, die dem Dichterwort des Ostens als etwas in Perlen Hingeschriebenem zukommt.[117] Der Vermutung, daß die Schrift-

115 Selected Poems from the Divani Shamsi Tabriz, edited and translated with an Introduction, Notes, and Appendices by Reynold A. Nicholson, Cambridge 1898, S. 29f., Kommentar S. 219-222.

116 Ein anderes Gedicht (ebd., S. 109f.) reiht Beispiele für den Sinn des Sichentfernens, um bereichert oder bereichernd wieder heimzukehren wie die Sonne nach der Nacht, wie Joseph in Ägypten, wie Mustafa in Medina. Der Mensch soll eine Reise aus sich heraus in sich zurück tun, um die Erde sich zu Gold zu machen. Als Beispiel dient da auch die Perle:

And if the salt water did not go up from the sea to the sky,
Whence would the garden be quickened by river and rain?
When the drop departed from its native home and returned,
It found a shell and became a pearl.

117 Zu der Schriftzeile als Perlenreihe S. 208-210; 249f.

perle der vorgegebenen Wortperle nachgefunden sei, kommt zugute, daß sie vornehmlich in jüngerer Zeit bezeugt zu sein scheint. Eine Kasside Enweris sagt zum Lob einer Sultanin: *Deinem Kiel entströmen Perlen / Und dein Wort ist Offenbarung.*[118] Der Dichter Naili aus Konstantinopel († 1666) schrieb eine Kasside auf den Federkiel, der wie eine Muschel Perlen des Sinnes auf das Blatt austräufelt. Die vielen Rundungen im Schriftbild des Arabischen fördern eine solche Sicht.

Zwar zweyzüngig bist du, schwarzer Kiel,
Aber Herzgeheimniss' weißt du viel,
Dein Befehl, sieh! er beherrscht der Zeilen Wogen,
Denn du hast des Sinnes Fahne aufgezogen;
Aus dem Munde strömst Juwelen aus,
Wie die Muschel, bist der Perle Haus,
Sinnes Bilder träufelst auf das Blatt.[119]

Das Bild kehrt bei seinem Zeitgenossen Ghafuri von Kallipolis († 1667) in dem üblichen Selbstlob des Ghaselenschlusses wieder: *Der Kiel* Ghafuri's, *welcher Perlen streuet aus, / Des Meisters Feder selbst zuweilen trunken macht.*[120] Und bei dem Dichter Gufti aus Adrianopel († 1677) heißt es in einem ›Lob der Feder‹:

Trink' den Weisheitsborn der Seele *In der Muschel Urjuwele,*
Zeig' der Welt den Redesinn, *Neues Wort in frischem Reim!*[121]

Von dem persischen Dichter Feisi (16. Jh.) stammen noch die Verse:

Und frägst du mich um mein Gedicht,
Es ist die Sage in dem Kreis;
Und frägst du mich um meinen Kiel,
Es ist sein Punct der Perlen Glanz.[122]

118 Hammer, Geschichte der schönen Redekünste, S. 95.
119 Hammer-Purgstall, Geschichte der Osmanischen Dichtkunst 3, S. 468.
120 Ebd., S. 472.
121 Ebd., S. 512.
122 Hammer, Geschichte der schönen Redekünste, S. 402.

Der osmanische hochgelehrte Dichter Aarif VI. Abdulbaki Efendi († 1713) hinterließ eine Strophe auf die Feder:

Die Feder ist Genossin inn'rer Welt,
Vor der der Geister Schleier niederfällt;
Die Feder, so auf Erden Tropfen streut,
Hat Wunscheshain mit frischem Grün erfreut;
Ist's Wunder, wenn sie Königsperlen streut,
Da sie der Nähe seiner Hand sich freut?[123]

Kühn bezieht sich Dschami († 1492) auf die Legende von der Flucht nach Ägypten, wo der Dattelbaum in der Wüste wunderbar mit seiner Krone zu Maria mit dem Kind sich niederbeugte, um ihnen seine Früchte darzubieten (Runge malte noch die Szene):

Marias Palme ist der Kiel — *Dschami's, der, wenn er sich bewegt,*
Die frischen Datteln von dem Zweige — *In ihrer Freundinn Schooß gegossen.*[124]

Man erinnert sich an Goethes Divangedicht von den gereiften fallenden Kastanien mit seinem Schluß: *So fallen meine Lieder / Gehäuft in deinen Schoß.*[125]

Nur wertvolle Worte dürfen Perlen heißen. Es macht einen weißen Schimmel, wenn man das herausstreicht, wie es das orientalische Dichterselbstlob mit sich bringt. Nach dem Motto *Wär' nicht das Wort, wo wär' die Spur / In dieser Welt von gro-*

---

123 Hammer-Purgstall, Geschichte der Osmanischen Dichtkunst 4, S. 73. In einem Ghasel des gleichen Dichters Aarif heißt es (S. 74):
Die Quelle meines Herzens fließet nur
In frischen Versen perlender Natur,
Und aus der Feder Aarifs *Wunder sprießt,*
Wenn sie befruchtend über Blätter fließt.
Der Unterstaatssekretär des Auswärtigen Schekib III. schrieb 1835 ein Chronogramm auf die Geburt des Prinzen Nisameddin (ebd., S. 495):
Den Zahlreim schrieb Schekib *mit Kiel, der Perlen streut:*
Sultan Nisameddin hat diese Welt erneut.

124 Hammer, Geschichte der schönen Redekünste, S. 319.

125 Dazu S. 337.

ßen Kaisern preist der persische Dichter Mirsa Kassim (16. Jh.) sein Geschichtswerk vor dem Schah an:

Wie Muscheln öffne mir das Ohr, *Wenn ich des Wortes Perlen streue [...]*
Aus Tausenden blüh' ich als Rose, *Ich bin ein Zweig der Früchte bringt,*
Wie Sirius strahlt mein Gedicht, *Mit ihm beherrschend Erd' und Himmel.*
Der Verse Blätter sind gezählt, *Am Werth den größten Perlen gleich*[126].

Der Dichter Ebubekr el-Anberi es-Sedschefi sagt über seine Lobdichtung: *Mein Lob ist, wie der Perlen Werth, / Der Welt nicht unbekannt geblieben.*[127] Stehen die Perle und das Wort in gleichem Wert, wird der Perlenwert durch einen höheren Wortwert mitgehoben, so nach dem Sinn von Rifaati III. († 1659): *Mein reiner Vers den Perlen Werth, / Den Wogen Klang und Aufschwung gibt.*[128] Ein Ghasel des in seiner Zeit berühmten Haleti V. Efendi († 1630) rühmt an seinem Schenken:

Wann er den engen Mund aufthut zum süßen Gespräche,
Fallen sogleich im Werth Perlen, Juwelen und Gold.[129]

Eine Wortperle kann für den Empfänger einen subjektiven Wert über allem Perlenwert besitzen. Ein Ghasel aus dem berühmten Diwan von Risa II. († 1739) preist so als Perle eine gute Kunde, die ihm zukam:

Fröhliche Kunde, Risa*! du hast köstliche Perle gewonnen,*
Tausend aadenische *Perlen, sie können die Kunde nicht lohnen.*[130]

---

126 Hammer, Geschichte der schönen Redekünste, S. 387.
127 Hammer-Purgstall, Literaturgeschichte der Araber 7, S. 1166.
128 Hammer-Purgstall, Geschichte der Osmanischen Dichtkunst 3, S. 434. Bei Widschdi V. († 1661) heißt es (S. 446):
Dein Wort, o Widschdi, *ist der Herzensmänner Waare,*
Von gleichem Perlenkram wird anders nicht gesehen.
129 Ebd., S. 216.
130 Ebd. 4, S. 162.

Eine Kasside des vorislamischen und dann islamischen arabischen Dichters Suweid Ben Ebi Kahil galt den Arabern für eine Lehre der Weisheit, und so nannten sie diese *die einzige Perle.*[131] Das einzig meint ›einzigartig in ihrem Wert‹, wie Ebu Ali er-Rasi (11./12. Jh.) es verdeutlicht, wenn er in Reimprosa eine eigene Dichtung rühmt: *Eine weiße glänzende Perle von einzigem Wert, weil man von den Ufern des Oxus bis nach Aden erkennet ihren Wert, weil sie zu Bagdad und zu Basra hochgeehrt. Nimm das Ergebnis rein und hell als einen aufsprudelnden Quell.*[132] Esaad VII. (1832 Richter in Konstantinopel) schrieb einen Panegyrikus auf die Rückkehr des Sultans aus dem Krieg und urteilte über sein Gedicht: *Denn die Verse auf des Schahes Ankunft / Sind ein Capital, von Perlen schwer.*[133] Vom Selbstgefühl Hafisens spricht seine Strophe mit dem Gedanken, das Meer werde zum Perlenhecken angeregt, wenn der Dichter es befahre:

Die Fische streuen Perlen aus
Aus Lust und Sehnsucht,
Sobald das Schiff Hafisens sich
Dem Meere nahet.[134]

Daß der Kurs der Perlenmetapher im Orient mit dem Lauf der Zeit gefallen wäre, wird man aber nicht sagen. Er blieb über tausend Jahre hin fest.[135] Ein Ungenügen an ihr empfand man

---

131 Hammer-Purgstall, Literaturgeschichte der Araber 1, S. 488.

132 Ebd. 6, S. 1110.

133 Hammer-Purgstall, Geschichte der Osmanischen Dichtkunst 4, S. 469.

134 Hafis, Diwan II, S. 395. In der Dichterschau des Rusuchi aus Sofia heißt es: *Hafis ist wahrer Höhlenschatz, / Dess' Perlen überall am Platz.* Hammer-Purgstall, Geschichte der Osmanischen Dichtkunst 2, S. 422.

135 Ihre zähe Überlebenskraft bezeugen die zahlreichen Gedichte auf die Geburt des Prinzen Nisameddin im Jahr 1835, die sie unermüdlich bringen. Der türkische Dichter Hamid schrieb: *Gieß reinen Perlenwerth / Im Zahlenwerthe hin, / Die Freude ward vermehrt, / Weil kam Nisameddin*; Hammer-Purgstall, Geschichte der Osmanischen Dichtkunst 4, S. 481. Lutfi VIII. schrieb als Student: *Mit Perlenschrift,* Lutfi*! laß Chronogramm*

nicht aus Überdruß, sondern im Überschwang des auch den Perlenwert noch Überbietenwollens, wo es um das Wort des Dichters – und dies wieder nicht zuletzt im Selbstlob – ging. Der Perlenvergleich wird ins Hyperbolische gesteigert, wenn nicht die Verse an der Perle ihren Wert gewinnen, vielmehr die Perle von den Versen ausgestochen wird. Wie es zum Liebesghasel gehören kann, den Kosmos und das Schönste der Natur beim Anblick der Geliebten von ihrer Schönheit tief beschämt zu zeigen, so daß die Sonne am Morgen Tau weint und der Mond vor Neid am Abend Tränen fallen läßt,[136] so läßt Hafis, der von Demut nie Geplagte, sich von solchen Gedanken forttragen zu einem gehobenen Ghaselschluß, der die Perle von seinem Gedicht beschämt zeigt:

Warum lacht wohl das Glas voll Wein
So giftig zwischen deinen Lippen?
Es muß vor dem Rubin des Munds
Der Wein gewiß sich schämen.

---

gewähren: / Sultan Nisameddin *erleuchtete die Sphären*; ebd., S. 526. Feisi xx., Goldwägemeister in Konstantinopel, ließ sich hören: *Ich goß die Perlen guter Kunde / In Chronogrammesform dahin! / Es schenkte diesem Erdenrunde / So Glanz als Schmuck* Nisameddin; ebd., S. 503. Ebenso tat Ghalib II.: *Ein Perlenchronogramm bringt dar* Ghalib *allhier: / Sultan* Nisameddin *ward höchster Wiege Zier*; ebd. Fedaji tat das Gleiche: Fedaji *ruft den Reim, den perlenden, in's Leben: /* Nisameddins *Ankunft hat solche Zier gegeben*; ebd., S. 504.

136 Hafis, Diwan II, S. 95 f.; hier spielt ein Ghasel das Thema aus. Das Panegyrische läßt den Kosmos auch betroffen werden in einem Ghasel auf Schah Jahji, der mit einem Tropfen aus seiner Feder eine Mondfinsternis bewirkte und die Sonne sich das Gleiche wünschen ließ (II, S. 145 f.):

Am Tage der Bestimmung fiel
Ein Tröpflein deines Kiels
Hin auf den Mond, wovon er schwarz
Und ganz verfinstert ward.

Die Sonne, als sie dieses Maal
Erblickte, sprach bei sich:
O wäre ich so glücklich nur,
Als jener Mohr es ist!

Mit allem Recht hängt die Narciß
Den Kopf auf eine Seite nieder,
Sie muß sich vor des Liebchens Aug',
Sobald es zürnet, schämen.

Die Perle hat ihr Angesicht
Versteckt im Schleier einer Muschel;
Denn vor den Perlen des Gesangs
Muß sie sich billig schämen.

Des Lebens Quelle hat das Kleid
Der Finsternisse umgenommen.
Sie muß sich vor Hafisens Lied
Und seinem Sinne schämen.[137]

Schon im 10. Jahrhundert hatte der arabische Dichter Motenebbi die metaphorische Perle über die Naturperle hoch erhoben. Er sagt in einem panegyrischen Gedicht:

Pechschwarz ist die Sonne verglichen mit seinem Gesichte;
Perlen sind Agtstein nur gegen die Perlen des Worts.[138]

Wenn Perlen sich schämen, dürfen sie auch erröten. Ein neuerer arabischer Dichter hatte zu beklagen, die alten Weisen seien ausgestorben, deren Worte die Perlen noch hätten erröten lassen.[139]

---

137 Ebd., S. 133. – In einem panegyrischen Ghasel auf den Sohn des Schahes Mansur feiert Hafis ihn als Sieger, dessen Name mit den Plejaden in den Himmel geschrieben stehe, und schließt an: *Wer besiegt mich im Lied? soll ich die Perlen nicht reihn?* (S. 173).

138 Motenebbi (wie Anm. 94), S. 68, Hammer merkt an, mit Agtstein habe er ein Wort für eine Art schwarzer glänzender Korallen wiedergegeben. Der Perle gegenüber wird die Koralle im Orient häufiger eine Stufe tiefer eingeschätzt.

139 In der Übersetzung von de Nersiat ins Französische, in: Fundgruben des Orients, bearbeitet durch eine Gesellschaft von Liebhabern [Hg. v. Hammer], Wien 1809-1818, 2 (1811), S. 209: *Où sont ces grands hommes, qui s'étoient rendus supérieurs, et qui par leur savoir étoient devenus des philosophes (des sages), dont les paroles faisoient rougir les perles (faisoient honte aux perles)? Ils sont morts.* Variiert in (S. 210):
La perle a moins d'éclat que leurs traits d'éloquence,
Et le trépas n'a point respecté leur science.

Das metaphorische Erröten der Perle kennt anders auch schon eine Strophe des spanisch-arabischen Dichters Ibn ʿAbd Rabbihi auf einen Schönen, dessen Perlenantlitz zur Koralle wird:

O pearl that subdues all minds by beauty,
O gazelle so deft in torturing hearts!
I never saw nor heard of a pearl like him,
Becoming a red coral by bashful blush.[140]

Hinter einem Rubin zurückstehen muß die Perle nur einmal in einem Wettstreit zwischen Ost und West. Als im 10. und 11. Jahrhundert die arabischen Dichter Andalusiens sich von dem auf ihnen lastenden Druck der Vorbilder des Ostens freizumachen suchten, um sie mit Eigenem zu überbieten – ohne damit der Perle abzusagen –, soll der berühmte Abu Muhammad ibn Hazm einmal ausgerufen haben: »Begone, O pearl from China, my Andalusian ruby is enough for me!«[141]

Als Goethe in die ›Noten und Abhandlungen zu besserem Verständnis des west-östlichen Divans‹ eine Legende des Nizami aus dem 12. Jahrhundert aufnahm, galt es ihm zu zeigen, wie ein edles Auge dort noch Edles sehe, wo niedrige Augen mit Entsetzen am Abscheulichen sich weiden. Er bringt die Legende als Exempel für etwas dem Orient Eigenes: *Ferner kostet's dem orientalischen Dichter nichts, uns von der Erde in den Himmel zu erheben und von da wieder herunterzustürzen oder umgekehrt. Dem Aas eines faulenden Hundes versteht Nisami eine sittliche Betrachtung abzulocken, die uns in Erstaunen setzt und erbaut.*

Herr Jesus, der die Welt durchwandert,
Ging einst an einem Markt vorbei;
Ein toter Hund lag auf dem Wege,
Geschleppet vor des Hauses Tor,
Ein Haufe stand ums Aas umher,

140 James T. Monroe, Hispano-Arabic Poetry during the Caliphate of Córdoba: Theory and Practice, in: Arabic Poetry. Theory and Development, hg. v. G. E. von Grunebaum, Wiesbaden 1973, S. 125-154, hier S. 135.
141 Ebd., S. 138 f.

Wie Geier sich um Äser sammeln.
Der eine sprach: ›Mir wird das Hirn
Von dem Gestank ganz ausgelöscht.‹
Der andre sprach: ›Was braucht es viel,
Der Gräber Auswurf bringt nur Unglück.‹
So sang ein jeder seine Weise,
Des toten Hundes Leib zu schmähen.
Als nun an Jesus kam die Reih',
Sprach, ohne Schmähn, er guten Sinns,
Er sprach aus gütiger Natur:
›Die Zähne sind wie Perlen weiß.‹
Dies Wort macht den Umstehenden,
Durchglühten Muscheln ähnlich, heiß.[142]

Was meinen die beiden letzten Verse? Orientreisende berichteten in früheren Jahrhunderten von den Perlenküsten, daß die ertauchten, noch geschlossenen Muscheln unter der brennenden Sonne auf den heißen Strand geworfen würden, damit sie sich öffneten, das Muschelfleisch – bei übelstem, weitreichendem Gestank – verfaulte und die Perlen zur Herausnahme sichtbar würden. Stimmt dieser vermutete Hintergrund, hieße das, daß Jesu Wort die Umstehenden so heiß betroffen machte, daß es sie aufschloß und sie aneinander bei sich ihrer Natur un-

142 HA 2, S. 163. Im Indischen findet sich Ähnliches in einer Strophe des Dichters Kabîr (1440-1518), der eine Verschmelzung von Islam und Hindutum zu erreichen suchte:

Eine Perle liegt dort auf der Gasse,
Blinde ziehn vorüber ihre Straße,
Sehn die Perle nicht, wie schön sie sei;
Wenn das Licht des Herrn der Welt nicht leuchtet,
Geht man blind auch an der Welt vorbei.

Indische Gedichte aus vier Jahrtausenden. In deutscher Nachbildung von Otto von Glasenapp, Berlin 1925, S. 98. Der persische Dichter Rudaki (†940) gedenkt im Alter früherer Liebestage, wo der Dichterische schön und vielbegehrt war:

All the teeth ever I had are worn down and fallen out.
They were not rotten teeth, they shone like a lamp,
a row of silvery-white pearls set in coral;
they were as the morning star and as drops of rain.

The Elek Book of Oriental Verse, hg. v. Keith Bosley, London 1979, S. 202.

bewußte Perlen fanden. Der tote Hund ist eine in der Sonne schmorende Muschel, die stinkend ihre Perle an den Tag bringt, wenn man sie zu sehen weiß. Wer Zähne als Perlen zu sehen lehrt, hat die plötzlich Sehenden mit einem Wort verwandelt. Die Legende hält das mit vorsichtiger Andeutung nur für Kundige fast verborgen.

Müßig, darüber zu spekulieren, welche Metapher die ältere sei, die Perle des Wortes oder die der Zähne. Das Geistigere der ersten muß dem anschaulich Näherliegenden der zweiten nicht gefolgt sein. Wenn die Wortperle früher bezeugt scheint, mag es am Rang der theologischen und poetologischen Texte liegen, die einer Aufzeichnung für wert gehalten wurden. Doch würde man anderseits sich wundern, wenn in den Schönheitsbeschreibungen der Braut des Hohenliedes Salomos sich auch Zähne schön wie Perlen fänden? Da gehören die Geschmeidemetaphern freilich der Beschreibung des Bräutigams (seine Zähne werden übergangen), während die Geliebte einer fruchtbar angebauten Landschaft gleicht, darin: »Deine Zähne sind wie eine Herde frischgeschorener Schafe, die aus der Schwemme steigen« (Cant. 4,2). Doch in Perlenländern mochten beim Preis der Frauenschönheit die Zahnperlen allenthalben und spontan gefunden werden können, während sie im Abendland zunächst wohl literarisches Importgut blieben.

Uns gehen sie hier nur an, wo die Wortperlen und die Zahnperlen als beide zum Mund gehörig beieinander gesehen werden. Zumindest seit dem 9. Jahrhundert spielte man immer wieder mit dem Reiz, die Augenweide und die Ohrenwonne der beiden Perlenarten als sich steigernd oder im Wettstreit zu erkennen. So schrieb der arabische Dichter el-Welid Ibn Ibadet el-Bohtori († 897):

Zu Rakka gab sie mir das Stelldichein
Wo ich bewunderte den Doppelschein,
Die Perlen, die im Munde strahlen,
Die Perlen, die dem Mund' entfallen.[143]

143 Hammer-Purgstall, Literaturgeschichte der Araber 4, S. 648.

Und der Araber Ahmed Ben Mohammed Ben Abd-Rebbihi (†938) lobt in seinen Versen Mädchen, *Die, wenn sie lachen, zeigen Perlenreihen, / Und wenn sie sprechen, aus die Perlen streuen.*[144] Hafis scheint in der Schwebe zu lassen, ob er ihre Wortperlen (als über sein Geschick entscheidend?) mitverstehe, wenn die Geliebte beschworen wird

Bei dem Rubin der Lippen
Dem Zaubersiegel deines Blicks!
Beim Perlenschatz des Mundes,
Dem reichsten Kleinod des Geschicks![145]

Im Ghaselschluß als dem Ort des Selbstlobs scheinen des Dichters Wortperlen doch wohl mit der Geliebten Zahnperlen zu rivalisieren:

Sie sprach einst bei der Nacht: wo sind die Perlen,
Die schöner sind, als mein Gehäng', und besser.
In meiner Freundinn Munde sind die Perlen
Doch ist Hafisens Wort um vieles besser.[146]

Im spanisch-arabischen ›Buch dichterischer Vergleiche‹ aus dem 11. Jahrhundert ist das Akustische vom Visuellen völlig zugedeckt, wenn einer das Wort der Geliebten in seinem Reiz vernimmt, als rännen Perlen von dem Faden ab: »Sie sprach zu mir, da sagte ich: ›Perlen, die entgleiten!‹ / und betrachtete ihr Halsband: war es etwa aufgesprungen? Und als ein Lächeln sie verschönte, wies sie mir / ein zweites Perlenband durch dieses Lächeln«.[147] Synästhetisch gleiten die Bilder eines Bandes ineinander. Verschiedene Perlenmetaphern finden sich gereiht in Versen des Emirs und Dichters el-Emir Ebul-Mothaa:

144 Ebd., S. 692.
145 Hafis, Diwan II, S. 142.
146 Ebd., S. 353. Schon im 12. Jahrhundert sagt der persische Dichter Ibnol-Moallim im Lobgedicht auf die Geliebte: *Ich schwör's beim Perlenschatz, der nicht betrügt, / Der innerhalb von Ihrem Munde liegt*; Hammer-Purgstall, Literaturgeschichte der Araber 7, S. 1052.
147 Hoenerbach, S. 137, im Kapitel ›Sprechen‹.

Zur Trennungszeit, als sich begann mein Schmerz zu dehnen,
Verglich vier Dinge ich mit meiner Liebe Sehnen:
Die Perl' des Wort's, des Zahn's, des Halsband's und der Thränen.[148]

Zu den Gedichten des türkischen Sultans Suleiman I. (16. Jahrhundert) zählen die Verse:

Meinem Freunde ziemt's, die Verse der Perlen zu lesen,
Perlen stehen schön, wenn in Rubinen gefaßt.[149]

Ihr Reiz liegt darin, daß die in Rubinen gefaßten Perlen für die Zähne zwischen den Lippen stehen. Die Zahn- und Wortperlen stehen beieinander in dem einen Schönen lobenden Ghasel des Baba Sewdaji Abjurdi († 1449) mit dem eine Fülle von Metaphern für Teile des Antlitzes kaleidoskopisch durcheinander schüttelnden Beginn:

---

148 Hammer-Purgstall, Literaturgeschichte der Araber 7, S. 1123.
Ein berühmtes Distichon des Bohtori abwandelnd, schrieb el-Hariri († 1121) die Verse mit vier das Weiß der Zähne charakterisierenden Bildern:
Dein Lächeln scheint aus Perlenglas zu quillen,
Aus Silberstoff, aus Hagel, Camomillen.
Ebd. 6, S. 616, mit Kritik an Rückerts Übersetzung.

149 Hammer-Purgstall, Geschichte der Osmanischen Dichtkunst 2, S. 5. Damit spielt auch ein Zweizeiler von Fachri III. († 1715): *Kein Wunder, daß mir von den Lippen Perlen fließen, / Da sie vom Lob des Mundrubines überfließen*; ebd. 4, S. 81. Die Bedeutungen Zähne und Verse vermischen sich auch in einem Ghaselanfang des osmanischen Dichters Ishak-Tschelebi († 1537): *Wer schaut den Mundrubin, der Perlen streut, / Und meine Verse darüber*; ebd. 2, S. 220. Doppeldeutig auf Lieder und Zähne weisend stehen die Perlen wohl in der Strophe des el-Hasan Ben Ebith-Thajib (11./12. Jh.) auf einen Sänger:
Es schloß das Gute einen Bund
Durch den Gesang und durch den Mund,
Wenn sein Gesang so wunderbar
Nicht wäre, hätte Gott fürwahr
Nicht mit der Perlenschrift, der lieben,
Die Zähn', den Mund ihm vollgeschrieben.
Hammer-Purgstall, Literaturgeschichte der Araber 6, S. 1088.

Das Maal ist Ambra, Wangen Tulpen, Der Flaum des Barts Basilikon.
Der Mund ist eine Rosenknospe, Korallen deine Lippen sind.
Die Zähne und die Worte Perlen, Die Zunge ist ein Papagey.
Das Kinn ein Apfel, Brust das Silber, Dein Finger eine Haselnuß.
Die Perle, die von deinen Zähnen Gehöret hatte in dem Meere,
Ergriff das Ohr, wie die Derwische Ergreifen stäts die Einsamkeit[150].

Ein kunstvolles Ghasel des osmanischen Dichters Ghasali (†1534) spielt mit der Namenbedeutung von ihm gerühmter Dichter wie des Leali, des ›Perlenden‹, hier in der Zeile: *Es gleichen den Perlen die Zähne, /* Lealis *Ghaselen.*[151]

Die Metaphorik des sprechenden Mundes häuft sich bei dem Wettstreit zwischen den Zahnperlen und den Wortperlen, die jene an Schönheit übertreffen im Kapitel ›Mund und Speichelduft‹ des spanisch-arabischen ›Buchs dichterischer Vergleiche‹ aus dem 11. Jahrhundert: »Oh das weite Zahngehege voll Honigspeichel und jeder Buchstabe darin gewinnt durch seine Aussprache an Bedeutung. Ein Mund wie eine Büchse, beinhaltend kostbare Perlen; / sie füllen die Büchse an: sowohl (als Poesie) geordnete, wie auch (als Prosa) verstreute! Das Sprechen geht noch über die Schönheit des Mundes; ein Keltern (von Trauben); / Perlen scheinen Perlen zu entsenden!«[152] Die im Text nicht ausgesprochene Unterscheidung dichterischer Formen, der lose verstreuten Perlen in der Mundschatulle als der Prosa und der durch Aufreihung zu Halsbändern ›geordneten‹ Perlen im Mund als Poesie hat der Übersetzer sicher mit Recht verdeutlicht. Eine Perlenbüchse ist der Mund im Dop-

150 Hammer, Geschichte der schönen Redekünste, S. 287.
151 Hammer-Purgstall, Geschichte der Osmanischen Dichtkunst 2, S. 202.
152 Hoenerbach, S. 133. Der Mund als Perlmuschel mit den durch die roten Lippen vor dem Verlorengehen geschützten Zahnperlen ist allein gemeint in diesen Versen (S. 133): »Sie sprach und zeigte dabei eine Perlmuschel, in der Wein war, / mit Honigspeichel darin untermischt; und die Perlmuschel hatte zwei Karneol-Tür(rahmen) / – zum Schutze der Perlen vor dem Verlorengehn – unter einem smaragdgleichen Riegel, ähnelnd / dem Lippenflaum eines Bartlosen, wenn er eben beginnt«.

pelsinn des Behältnisses der Zähne und des Schatzkästchens der Worte, so in Versen von Asisis II. (im Konstantinopel des 17. Jahrhunderts) in einem Gedicht ›Rubinstück‹ auf eine Frau:

Voll Rubinen ist Juwelenkästchen des Mundes,
Wort und Zähne sind herrlich wie Perlen gereiht.[153]

Zahnperlen allein verwahrt das Mundkästchen der Mädchen in des Türken Lamii († 1531) Lobgedicht auf diese:

Eine Korallenschachtel der Mund und Perlen die Zähne,
Ihre Stirne der Mond, Locken die finstere Nacht.[154]

Wenn in des Hariri (geb. 1053) Makame ›Der Schulmeister von Hims‹ dieser seinen Unterricht im Dichten (wir hören die Meisterstücke seiner Schüler) mit den Worten abschließt: *Und so hab' ich nun dir und deinen Genossen – die Schreine mit den Perlen des Wissens erschlossen – und die Wolken mit dem Strome der Weisheit ergossen*, unterstreicht er die Aufgabe der Dichtung, Perlen der Weisheit auszusprechen.[155] Beide Verständnisse der Mundperlen mochten sich auch wechselseitig stützen. Eine Strophe des Sultans Diwani legt das nahe, wenn man die dem Christentum jedenfalls geläufige Metapher vom Zerkleinern des dunklen Schriftworts durch die Zähne des Exegeten zur Erleichterung des Verstehens mit bedenkt:

---

153 Hammer-Purgstall, Geschichte der Osmanischen Dichtkunst 3, S. 324.

154 Ebd. 2, S. 22. In Lamiis Preis der Schönheit Asras, der ›Blühenden‹, heißt es (ebd., S. 48):
Die Zähne sind zwey Perlenreihen
In einem Kästchen von Rubin,
Die Perlen sind von gleichem Korn.
Eher an Zähne als an Weisheitsworte mag gedacht sein in Lamiis Versen über das Alter aus seinem Werk über den Adel des Menschen (ebd., S. 21):
Wann, o Greis, des Alters Zittern dich gefaßt,
Wann der Fuß schwankt und nicht trägt des Leibes Last,
Wann dem Mund' entfallen Perlen und Juwelen.

155 In der Übersetzung von Rückert: Die Verwandlungen des Abu Seid von Serug oder die Makamen des Hariri, Ges. Poet. Werke (wie Kap. 1, Anm. 7), Bd. 11, S. 526.

Zwey und dreyßig Perlen sind die Zähne,
Heil'ge Schrift erklären deine Zähne,
In Juwelen sind gefaßt die Zähne,
Gott weiß, daß Erbarmung sind die Zähne.[156]

In Saadis ›Rosengarten‹ heißt es: *Was ist die Zung' im Munde? Ist sie nicht / Der Schlüssel zu des Weisen Schatzes Thür / Ist sie verschlossen, kann man wissen, ob / Juwelen er, ob Trödel bei sich führe?*[157] Oder: *Wem muschelgleich des Wissens Perle kund, / Er öffnet nur mit Perlen seinen Mund.*[158] Der Ort der Empfängnis der Perlen aus der Höhe ist das Herz. Das Wort des Propheten und des Dichters wird verwahrt in seinem Mund. Dschami preist in ›Joseph und Suleïcha‹ den Propheten: *Ein Kistchen voll von Perlen war sein Mund.*[159] Bei Hilali lesen wir in ›Der Schah und der Derwisch‹: *Des Mundjuwelenkästchens Perle ist das Wort.*[160]

Sammelten sich Sinnperlen in einer Dichtung, so kann sie wie als ein Rosengarten (Gülistan) auch als ein Juwelenkästchen gelten. Am Ende seines auf Strecken immer wieder allegorischen Alexanderepos ›Iskendername‹ sagt Ahmedi von den sinntragenden Edelsteinen seines Werkes:

156 Hammer-Purgstall, Geschichte der Osmanischen Dichtkunst 2, S. 14. Zur metaphorischen Leistung der Zähne bei der christlichen Schriftexegese Hans-Jörg Spitz, Die Metaphorik des geistigen Schriftsinns. Ein Beitrag zur allegorischen Bibelauslegung des ersten christlichen Jahrtausends, München 1972 (Münstersche Mittelalter-Schriften 12), S. 21, 93, 164 f., 204, 243.
157 Moslicheddin Sadi's Rosengarten. Nach dem Texte und dem arabischen Commentare Sururi's aus dem Persischen übersetzt mit Anmerkungen und Zugaben von Karl Heinrich Graf, Leipzig 1846, S. 9.
158 Moslicheddin Sadi's Lustgarten (Bostan). Aus dem Persischen übersetzt von Karl Heinrich Graf, Bd. 2, Jena 1850, Abt. 7, S. 35. – ›Das Perlenkästchen öffnen‹ oder ›Glänzende Perlen aus den Lippen von Karneol hervorgehen lassen‹ heißt im Persischen schöne Worte aussprechen; Mokri, Le symbole de la perle (wie Anm. 93), S. 466, 472.
159 Dschami, Joseph und Suleïcha (wie Anm. 108), S. 7.
160 Hammer, Geschichte der schönen Redekünste, S. 370.

Das ist ein Gülistan mit offnen Blumen,
Mit frischen Tulpen und mit Hyazinthen,
Ein Kästchen von Weisheitskleinodien,
Die alle tiefen Sinn's sind vollgestopft,
Und jedes Wort, das ich darin gesprochen,
Und jeden Vers, den ich hier angefädelt,
Hab' ich mit einem Gegenstand verglichen,
Damit mein Wort nie untergehen möge.[161]

Das Gedicht hat die Bestimmung, die vom Dichter großzügig ausgestreuten Lobperlen zur gesammelten Darbringung als Kistchen in sich zu vereinen. Ein Lobgedicht Lamiis beginnt:

Komm' Seele, streu' des Herzens Perlen aus,
Da Kunde kam, der Kaiser ziehe aus [...]
Mein Genius wirft Perlen auf den Platz,
Und spendet aus des Wort's sorglosen Schatz,
Dein Kistchen fülle an nun mit Juwelen,
Um sie dem Fuß des Schahes aufzuzählen.[162]

Über Jahrhunderte hält sich das Bild, der Hörer halte seine Hände auf, um den dem Mund entfallenden Perlenschatz in sie zu sammeln. Den dichtenden Kalifen Ali er-Ridha († 815) rühmte Ebu Nuwas:

Man sagte mir, du bist der Redner beste,
In allen Kenntnissen des Worts der größte;
Das Lob, das deinem Genius entquillt,
Die Hand der Pflückenden mit Perlen füllt.[163]

Und noch bei Dschami in ›Joseph und Suleïcha‹ heißt es wieder: *Sein Mund streut Perlen auf des Käufers Haupt / Und füllt mit Perlenpunkten ihm die Faust.*[164] Das Perlenstreuen steht für den Erzählvorgang in des Nizami ›Die sieben Geschichten der

161 Hammer-Purgstall, Geschichte der Osmanischen Dichtkunst 1, S. 103 f.
162 Ebd. 2, S. 164.
163 Hammer-Purgstall, Literaturgeschichte der Araber 3, S. 95.
164 Dschami, Joseph und Suleïcha (wie Anm. 108), S. 9.

sieben Prinzessinnen‹ (1197), wo die Erzählung der Geschichte von den Rätseln der Turandocht durch die russische Prinzessin so eingeleitet wird: »Als nun die Nacht mit ihrer Bannerspitze die Tagseide des Himmelsgewölbes zerriß, erbat sich der König von jenem Honigrotapfel eine vergnügliche Geschichte. Sie widerstrebte ihm nicht, sondern streute aus ihrem Karneolmund Perlen zu seinen Füßen aus«.[165] Der Orientalist übernimmt die Redeweise von den Dichtern des Orients. Joseph von Hammers türkische Ekloge ›Der Traum Osmans‹ sagt von der Rede Osmans nach langem Schweigen:

Endlich schloß er auf das Juwelenkästchen des Mundes,
Und verstreute daraus der Rede köstliche Perlen.[166]

Zur Kunst des Umgangs mit dem sinnträchtigen Wort gehören das Verschweigen und das Aussprechen zur rechten Stunde. Das Bild von Muschel und Perle gibt Handhaben, das im Leben aus vielen Rücksichten oft gebotene Zurückhalten auch bedeutungsvoller Wort- und Redeperlen als ein Aufbewahren im Gefäß des Mundes zu empfehlen. Saadis Diwan gibt die kurze Regel *Zieh deine Zunge wie die Muschel ein, / Um, wenn es Zeit ist, Perlensaat zu streun.*[167] Das Zurückhalten der Redeperlen im Mund empfiehlt ein Spruch des Ibn Jemin aus dem 14. Jahrhundert:

Wenn Jemand Perlen streut im Fluß der Worte,
Ist Schweigen besser noch an seinem Orte.

165 Nizami, Die sieben Geschichten der sieben Prinzessinnen (wie Kap. 1, Anm. 46), S. 128.

166 Joseph von Hammer, Morgenländisches Kleeblatt bestehend aus parsischen Hymnen, arabischen Elegien, türkischen Eklogen, Wien 1819, S. 102. – Kommt der Mund zum Sprechen, gibt er die verwahrten Perlenschätze frei: *Du öffnetest den Mund zum Sprechen, / Und Perlen hast du ausgegossen*; Hammer, Geschichte der schönen Redekünste, S. 318; aus Dschamis Diwan.

167 Aus Saadis Diwan. Von Friedrich Rückert. Auf Grund des Nachlasses hg. v. E. A. Bayer, Berlin 1893, S. 52, aus dem Buche der Süßigkeiten 47,12.

Vernünftig ist, wer stumm wie Stiefeln ist,
Wenn auch sein Inn'res Perlenschatz verschließt.[168]

Dem Diplomaten ist geboten, den rechten Augenblick für sein Wort zu wählen. In des türkischen Dichters Lamii († 1526) den Vorzug des Menschen vor den Tieren begründendem Werk ›Vom Adel des Menschen‹ spricht bei der Beratung der Tiere über eine Gesandtschaft zu König Salomo das Pferd zu dem Kamel:

Daß er der Muschel gleich voll Perlen sey,
Verschlossen fest die Lippen und den Mund;
Daß, wenn er sein Geheimniß machet kund,
Er wie das Meer des Sinnes Perlen streu'.[169]

Ist Vertrauen oder Freundschaft nicht am Platz, so höre man fremde Rede schweigend:

Im Meer des Sinns sind Saadi's Worte Perlen;
Wem soll er, als dem Freunde, Perlen gießen?[170]

Dschamis ›Geschenk der Gerechten‹ preist das Schweigen in vielen Bildern wie diesen:

Der Krug voll Wein gibt keinen Schall, Sobald er leer ist klinget er.
Blüh'n dir Geheimnißrosen auf, Verstreue sie nicht in den Wind.
Wie wird dein Herz zum Magazin, Wenn du der Lippen Thür nicht schließest?

---

168 Hammer, Geschichte der schönen Redekünste, S. 238.
169 Joseph von Hammer, Über die Eigenschaften eines Staatsmannes überhaupt, und eines diplomatischen insbesonders, nach morgenländischen Ideen, aus dem türkischen Werke Lamii's, ›Vom Adel des Menschen‹, Fundgruben des Orients (wie Anm. 139) 5 (1816), S. 91.
170 Hammer, Geschichte der schönen Redekünste, S. 215. Im Persischen sagt man: »Wenn du eine Perle in dir trägst, ist es besser, dich in dir zu verschließen wie die Muschel«; Mokri, Le symbole de la perle (wie Anm. 93), S. 468.

Die Knospe mit geschloss'nem Mund — *Ist reich an Gold und an Rubinen.*
Die Lilie die vielzüngig plaudert, — *Hat weder Gold noch Stein im Beutel.*[171]

Schlimm ist das Schweigen nur, wenn dem Freund die Huld des Perlenwortes vorenthalten wird, wie es eine Abschiedsstrophe des Dichters Sadschidi († 1722) beklagt:

Ich habe trennungsschweres Herz dem Freund gezeigt,
Den armen Kranken habe ich dem Arzt gezeigt;
Sein Mund vergießet Perlen nicht der Huld, er schweigt.[172]

Das zum religiösen Leben gehörende Schweigen, das Pythagoras zum Gebot erhob und christliche Orden in ihre Regel nahmen, ist dem schauenden Mystiker besonders eigen, so auch im Islam.[173]

Das natürliche Behältnis der Perle ist die Muschel. Ihre sprachliche Metamorphose zum Kästchen, die das Natürliche ins Kultürliche überführte, empfahl sich, wo einmal die Perle als das Wort verstanden war, dessen Geistiges, aus dem Natürlichen enthoben, als Wert in der Menschenwelt für seine Bewahrung ein künstliches Behältnis, wie es auch das Gedicht ist, for-

---

171 Hammer, Geschichte der schönen Redekünste, S. 320. Bei dem persischen Dichter Sahir Farjabi heißt es (ebd., S. 132):
Öffne die Lippen zu fragen ein Wort, wiewohl man gesagt hat,
Daß den Perlenschatz schließt das rubinene Schloß.
Der Dichter Ruschdi IV. aus Smyrna schreibt:
Wer sein Geheimniß wohl — *Verschließet, gleich der Muschel,*
Behält die Perle wohl — *Zuletzt auch wie die Muschel.*
Hammer-Purgstall, Geschichte der Osmanischen Dichtkunst 4, S. 113.

172 Ebd., S. 114.

173 Zum Schweigen Uwe Ruberg, Beredtes Schweigen in lehrhafter und erzählender deutscher Literatur des Mittelalters. Mit kommentierter Erstedition spätmittelalterlicher Lehrtexte über das Schweigen, Münster 1978 (Münstersche Mittelalter-Schriften 32). Zur neuplatonischen Tradition der Stille des Schweigens als Metapher der Einung mit dem Absoluten Alfons Reckermann, ›Sauver les Noumènes‹. Zur Interferenz von Kunsttheorie und Metaphysik bei Paul Valéry, Zeitschrift für philosophische Forschung 34 (1980), S. 38-58, hier S. 51 (mit Literatur).

derte. Es überrascht darum nicht, die Muschel als Bild für den Mund nicht häufig anzutreffen,[174] wohl aber die Brust mit dem Herzen als Muschel und Bewahrort weniger des Sinns als des Gefühls belegt zu finden. Das Herz ist wie die Muschel auch der Ort der Empfängnis, in dem der Tau aus der Höhe zu den Perlen ausgebildet wird, die – wie nach einer Vorstellung des westlichen Mittelalters die Tränen aus dem Herzen in die Augen steigen – dann erst in den Mund gelangen, um dem Sprecher oder Dichter zur Verfügung zu stehen.[175] In ›Joseph und

174 Das deutsche Wörterbuch (VII 1555) belegt aus dem persischen Baumgarten: »Die propheten sein den perlreichen muscheln gleich, die ihren mund nicht aufthun, es fall dann eine perle heraus« (7,2). Der Grammatiker Ali el-Dschami (um 1140) schrieb die Verse:

Vor andern habe ich Grammatik mir erwählt,
In der der Mann den höchsten Adel nicht verfehlt;
Der Sprachgelehrte, der im Kreis' der Hörer sitzt,
Ist Feuerfunke, der die Finsterniss durchblitzt,
Des Korans heil'ges Wort aus seinem Munde fließt
Wie Perle aus der Muschel, welche sie verschließt.

Hammer-Purgstall, Literaturgeschichte der Araber 6, S. 520. – »Ein unausgesprochener Gedanke ist wie eine Perle, die in der Muschel verborgen ruht. Aber wenn man sie aus ihrer Umhüllung befreit, wird sie ein glänzender Edelstein von unschätzbarem Wert« spricht im Schahnameh des Firdausi Sohrab zu Hadschir, um ihn zu überreden, ihm den Helden Rostam, seinen unerkannten Vater, zu zeigen; Firdausi, Geschichten aus dem Schahnameh. Ausgewählt und übertragen von Uta von Witzleben, Düsseldorf und Köln 1960, S. 103.

175 Seltsame Wege ging die Phantasie mit der Vorstellung, ins Ohr gelangte Perlen könnten als Tränenperlen wieder aus dem Auge treten. Man gedachte der von einem Verstorbenen bei seinem Leben ins Ohr genommenen Perlenworte in der Totenklage mit der Versicherung, diese träten nun als Tränen wieder an den Tag, so bei zwei arabischen Dichtern des 9. Jahrhunderts. El-Arredschani sagte:

Was ihr aus meinem Augenwinkel fliessen schaut,
Das sind nicht Thränen, weil von euch getrennt mein Leben,
Diess sind nur Perlen, die ihr habt dem Ohr vertraut,
Von meinem Thränenwinkel euch zurückgegeben.

Und Semachscheri beklagte den Tod seines Scheichs Ebu Madhar:

Sie sprach: was sind die blutigen Korallen,
Die rein auf rein aus deinen Augen fallen;

Suleïcha‹ spricht Dschami über des Mundes Verantwortung für die im Herzen empfangenen Perlen. Wie der Juwelier die Perle prüfend auf die Waage legt, so will das Wort des Dichters auf der Perlenwaage abgewogen sein. Im Dichtergebet um Inspiration erbittet Dschami von Gott die Gabe, die empfangenen Eingebungen abgewogen über seine Lippen gehen zu lassen:

Gib mir zur Lanze meines Geistes Kraft,
Damit ich siege auf des Wortes Feld.
Du gabst ein Herz voll Perlenschätze mir:
Laß meinen Mund der Perlen Wage sein.[176]

Später nennt Dschami die Dichter *Die Perlenwieger in des Sinnes Meer, / Der Himmelsoffenbarung Kundige.*[177] Der osmanische Dichter Makali schrieb die Verse:

Würde mein Gemüth nicht wie die Muschel zerbrochen,
Gösse selbes nie Perlen des Worts in den Staub.[178]

Eine Strophe im Diwan des Dschelaladdin Rumi († 1273) sieht seinen Freund als Perle die Muschel seines Herzens ganz einnehmen:

Mein Herz ist der Muschel gleich,
die Perle: des Freundes Bild.
Ich passe nicht mehr in mich –
er füllt ganz das Herz mir aus.[179]

Hafis wandelt den Gedanken ab, wenn er das Gedicht auf einen unberechenbaren vierzehnjährigen Freund mit diesen Worten schließt:

Ich sprach: diess sind des Ebu Madhar Perlen,
Die fallend nun aus meinen Augen perlen.
(Hammer-Purgstall, Literaturgeschichte der Araber 3, S. 62).

176 Dschami, Joseph und Suleïcha (wie Anm. 108), S. 1.

177 Ebd., S. 21.

178 Hammer-Purgstall, Geschichte der Osmanischen Dichtkunst 2, S. 531.

179 Diwan, Nr. 576; Annemarie Schimmel, Rumi. Ich bin Wind und du

Meine Seele geb ich dankbar aus, wenn jene Perle zart,
um zu ruhn, die Brust von Hafis einst zu ihrer Muschel macht.[180]

Ein Gedicht des großen Mystikers Dschelaladdin Rumi sagt in einer langen Reihe von Sätzen über Gott:

O Edelstein in meinen Schachten,
o Perl in meinem Muschelschreine![181]

Die Perlenmetapher für den Herrscher im orientalischen Panegyrikus zog wohl ihre Anwendung auch auf den Dichter nach sich. Der persische Dichter Muhammad Iqbal spricht von Amanullah Khan, dem König von Afghanistan, im Herrscherpreis des Widmungsgedichtes seiner lyrischen ›Botschaft des Ostens‹ (1922) wie von sich selbst als Perlen:

Wir beide Perlen, glänzend, auserkoren,
Vom küstenlosen Ozean geboren.
Er regte kühn sich in des Meeres Grund,
Bis er zerriß das Hemd der Muschel wund.
Ich glänze noch in einer Muschel Brust,
In Meeres Tiefen nicht gekannt, gewußt.[182]

Die Perle in der Muschel ist der noch nicht dem Herrscher gleich an das Licht des Ruhms gekommene Dichter. Daß der Dichter hochgegriffene Preisworte wie an die Mächtigen der Welt mit sorgloser Anmaßung auch an sich selbst verschwendet, hat alte Wurzeln in der Tradition. Doch findet des Dichters

---

bist Feuer. Leben und Werk des großen Mystikers, Düsseldorf und Köln 1978, S. 23.

180 Orientalische Dichtung in der Übersetzung Friedrich Rückerts, hg. v. Annemarie Schimmel, Bremen 1963, S. 104.

181 Ebd., S. 67. An die schönen Zähne des Schahs anknüpfend, schreibt der improvisierende Dichter Schermi II. aus Skutari von sich: *Wie soll in Herzensmuschel nicht / Er manche Perlen finden?* Hammer-Purgstall, Geschichte der Osmanischen Dichtkunst 4, S. 80.

182 Sir Muhammad Iqbal, Botschaft des Ostens (als Antwort auf Goethes West-Östlichen Divan). Aus dem Persischen übertragen und eingeleitet von Annemarie Schimmel, Wiesbaden 1963, S. 10.

Selbsteinschätzung als Perle sich anscheinend erst in den jüngeren Jahrhunderten. Eine sozialkritische Färbung haben Verse des Emir Schahi aus Sebsewar (15. Jh.), der, um seine Selbsteinschätzung nicht verlegen, seine Verkennung anderen zur Schuld macht:

O großer Schah, es wird die Welt in tausend Jahren
Nicht einen Tausendkünstler der mir gleicht gewahren.
Wenn aber mich geringes Volk nicht lobt, so weiß
Ich dennoch mein Verdienst zu schätzen und zu loben.
Dem Ocean vergleicht sich der Gesellschaft Kreis,
Die Perlen sind im Grund, das Reisig schwimmet oben.[183]

Im 17. Jahrhundert nannte der Dichter Scheichoghli sich selber eine Perle der Stadt, aus welcher er gebürtig: *Bagdad ist die Muschel mir, / Worinnen ich die Perle bin.*[184] Als im Westen des 16. und 17. Jahrhunderts die in Gottes Schöpfung angelegten Korrespondenzen zwischen dem Menschen als Mikrokosmos und dem Makrokosmos der Gegenstand einer naturtheologischen Neuentdeckung wurden und der Mensch als eine Epitome, als Kompendium oder als Index des von Gottes Finger geschriebenen Buches der Natur begriffen werden konnte, hatte das in der östlichen Mystik seine Entsprechung, wo der Makrokosmos als die Muschel und der Mensch, der Mikrokosmos, als die Perle angesehen wurde. Im ›Buch der Abdale‹, einem Lehrgedicht der Sufi (vielleicht 17. Jh.), schreibt Baba Kaighusis über das Ich als Inbegriff der Welterkenntnis:

In allen Dingen bin ich Wahrheitsquelle,
Und tose als des Weisheitsmeeres Welle [. . .]
Im Herzen lieg' ich als Geheimniß Gottes,
Als Inbegriff der Dinge, wie sie sind [. . .]
Die Welt ist Muschel und die Perle ich,
Des ganzen Weltenall's Register ich![185]

---

183 Hammer, Geschichte der schönen Redekünste, S. 293.
184 Hammer-Purgstall, Geschichte der Osmanischen Dichtkunst 3, S. 319.
185 Ebd., S. 357.

Der Dichter richtet später an Gott die Frage:

Wer ist es, der da spricht in meinem Ich?
Bin ich die Perle, bin die Muschel ich?
O Herr! bin in dem Leibe ich die Seele?
Bin in dem Schachte ich wohl die Juwele?[186]

Der Dichter ist eine Perle in einem Lobgedicht von Nescheet (sein Diwan 1785): *Gott segne Perle dich / Der Muscheln neun und der vier Meere* (der neun Himmel und der Meere des Ostens, Nordens, Südens, Westens).[187] Auf den berühmten, viel erneuerten Roman von der Liebe zwischen Leila und Medschnun anspielend, sagt eine Strophe von Hamdi IV. aus Konstantinopel († 1684):

Der Wüste Dornen sind die Wimpern, die vom Weinen
Medschnun's *zurückgeblieben sind und sich versteinen.*
Bist, Hamdi, *du der Dichtkunst Punct und Perle nicht?*
Zu Land und See liest man dein liebliches Gedicht.[188]

186 Ebd., S. 358.
187 Ebd. 4, S. 544.
188 Ebd. 3, S. 530. Vgl. im Schluß eines Ghasels von Hamdi V. († 1694), ebd., S. 569:
Ist Hamdi *nicht den Perlen zuzuzählen?*
Es lesen Land und Meer von ihm Ghaselen.
In einer Kasside von Neschati II. aus Adrianopel († 1674) stehen die Verse (ebd., S. 498):
Ist's ein Wunder, wenn durch dich Stets mein Vers verschönert sich?
Perle bin ich von Natur, Und der Bach der Einheitsflur,
Frische Ros' ist jedes Wort, Sprossers Kiel kos't immerfort.
Die Ghasele im Diwan des türkischen Dichters Tarsi († 1766) empfindet Hammer-Purgstall als Parodie der klassischen Ghasele; er führt sie vor, *um die Plattheit türkischer Scherze in voller Nacktheit zu zeigen* (ebd. 4, S. 200) Dazu gehört das übliche Dichterselbstlob an dem Ende eines Ghasels (ebd., S. 202):
Wer auch von weiten nicht versteht, Versteht das nahe Wort der Seele,
Verfall'ne Worte bessern wir Als Architekten aus, o Seele!
O Tarsi, *brüste dich mit Recht Als Mittelpunct der Herrensäle,*
Denn in der Verse Ocean Sind einz'ge Perle wir, o Seele!

Ohne Selbstlob sich privat bescheidend, schickt der türkische Dichter Behdschet (18. Jh.) aus seiner Verbannung ein Ghasel an die Freunde in Konstantinopel ohne Hader mit seinem Schicksal:

Aaden's Perlen sind in ihren Muscheln
Von der Welt geschieden,
Weil sie mit dem zugetheilten Loose
Ruhig und zufrieden.[189]

Daß Dichternamen wie ›die Perle‹ oder ›der Waise‹ nicht allein Bewunderern verdankt sind, sondern auch hybrider Selbstverleihung entstammen mochten, wird man nach dem Gesehenen nicht für ausgeschlossen halten.[190]

---

189 Ebd. 4, S. 217.

190 1572 starb der osmanische Dichter Dschwheri, ›der Juwelenhändler‹, im gleichen Jahr Lealidede, ›der Perlenvater‹. Ali aus Konstantinopel trug den Dichternamen Jetimi, das heißt ›die Perle oder der Waise‹; ebd. 2, S. 264, 345, 346. Der Name des persischen Dichters Dschewheri Sergeri bedeutet *Juwelenhändler oder Goldschmid*, was wie seinen Beruf sein Dichtertum bezeichnen kann; Hammer, Geschichte der schönen Redekünste, S. 121 f.

Dem Westen ist die Bezeichnung des Dichters als Perle fremd. Undeutlich ist die Naturmetaphorik in Karoline von Günderodes Sonett auf Novalis, das, mit überraschender Umkehrung der Bewegungsrichtung von der Erde in die Höhe, den aus den Klüften kommenden Perlentau im Lauf des Tags vom Morgen bis zum Abend in den Regenbogen und in Himmelshöhen sich verschweben und verdunsten läßt.

Wie Thau auch glänzt in Blumenkelch verhüllt,
Sich nährt von seiner Wiege süßen Düften,
Dann leise ihrer Blätter Nacht entschwillt,
Entführet von des Abends freien Lüften,

So strahlend von des ewgen Feuers Bild,
Ein Perlenthau in dunkler Erde Klüften,
Novalis leise ihrem Schoos entquillt;
Gesellt sich zu den freien Himmelslüften.

Sie tragen ihn auf leichtbeschwingten Woogen
Geleiten ihn zu Iris Farbenbogen
Und zu der dunkel glüh'nden Abendröthe.

3. Verstreute Wortperlen aus dem Westen von Cervantes bis zu Proust und Benn

Bei nur spärlichem Vorkommen in der Natur – sie wurde in einigen Flüssen des mittleren Europa in den früheren neuzeitlichen Jahrhunderten nach Plan gewonnen – blieb die Perle im Westen neben ihrer literarischen Bezeugung durch Bibel und Theologie sowie durch aus der Antike stammende naturkundliche Traditionen ein vornehmlich aus dem Orient kommendes Handelsgut, bis nach der Entdeckung der westindischen Küsten eine Perlenschwemme besonders über Spanien nach Europa kam und Perlen zu einem auch von den Malern reich bezeugten Requisit der Mode wurden. Gleichwohl entbehrte das Abendland der überströmenden Tradition einer poetologischen Perlenmetaphorik, die im Orient als eine über tausendjährige Konstante mit einer breiten Ausfächerung des Bildfelds sich am Ende gar wie Formelgut verfestigt hatte. Für hohe Werte und für seltene Schönheit, auch für Natürliches wie Tau und Tränen oder Regen gang und gäbe, blieb die Perlenmetapher für Dichterisches und (am ehesten theologisch) Gedankliches im Westen auf einen sporadischen und meist nicht forthin stimulierenden Gebrauch beschränkt. Auch nach dem Aufkommen eines Interesses für die Literatur des Orients im 17. und 18. Jahrhundert und selbst nach dem Sichentfalten einer literarhistorischen Orientalistik änderte sich das kaum derart, daß über den engen Kreis der Kenner hinausreichende Wirkungen zu verzeichnen wären. In einer lockeren Auslage ist nur Weniges hier zu zeigen.

Eine Stelle im ›Don Quijote‹ des Cervantes *habláis hoy de perlas*, welche Tieck *Du redest heute lauter Juwelen* über-

---

Er badet sich in ihren heil'gen Fluthen,
Vergehet wonnig mit in ihren Gluthen
Und ernster, heil'ger sieht die Abendröthe.

Karoline von Günderode, Gesammelte Werke, hg. v. Leopold Hirschberg, Bd. 3, Berlin 1922, S. 20.

setzte,[191] hat sich Gottlob Regis, dem Übersetzer des ›Gargantua und Pantagruel‹, so eingeprägt, daß er die Wendung bei Rabelais *Vous dictez d'orgues* ›Ihr sprecht wie eine Orgel‹ im Deutschen mit *Ihr redet Perlen* wiedergibt.[192] Von dichterisch leeren Windperlen spricht der Jesuit Nicolaus Caussinus im Widmungsbrief seiner ›Tragoediae sacrae‹ (Paris 1620). Den Autoren der fiktiven Dichtwelt (*fabulae humanae*) wirft er vor, nur Mißgeburten von Perlen (*physemata*) hervorzubringen, womit er keiner Worte mehr bedarf, seine Bibel- und Märtyrerdramen als echte Perlen hinzustellen.[193]

Im Gedicht des Mystikers Gottfried Arnold über seine Vision der Weisheit als der Braut und Mutter Gottes spricht die Weisheit über die Neugeburt Gottes in der Seele, welche so *die perl des lebens-worts* in ihrem Mutterschoß hegen darf: *Nur leiden sey dein thun! nur still seyn dein bewegen.* Das volkstümliche Wort von Muschel und Perle für den Schoß steht hinter Arnolds Rede von dem Mutterschoß der Seele, aus dem die Perle des Lebensworts geboren werden soll.[194] Diese als Neugeburt

191 Nach Ludwig Schrader, Sinne und Sinnesverknüpfungen. Studien und Materialien zur Vorgeschichte der Synästhesie und zur Bewertung der Sinne in der italienischen, spanischen und französischen Literatur, Heidelberg 1969, S. 220. Die im 17. und 18. Jahrhundert bis zum Überdruß strapazierte Rede vom Rubin der Lippen und den Zahnperlen findet bei Marino († 1625) eine eigene Wendung, wenn die Perlen für die Zähne und die Laute stehen:

con labro d'un rubino in duo diviso,
che scopre ad ora ad or perle lucenti,
con dolce lingua e con melati accenti,
che senton d'armonia di paradiso.

Sonetti amorosi 19; nach L. Schrader, ebd., S. 220.

192 François Rabelais, Gargantua und Pantagruel, verdeutscht von Gottlob Regis, hg. v. Ludwig Schrader, Bd. 1, München 1964, S. 381, dazu S. 677.

193 Er klagt, die *fabulae humanae* hätten ihre Anhänger, obwohl sie nur *inflatas inani species ostentant mera concharum quae vocant physemata.* Zum Autor: George Drew Hocking, A Study of the ›Tragoediae sacrae‹ of Father Caussin (1583-1651), Baltimore, Oxford und Paris 1943 (The Johns Hopkins Studies in Romance Literatures and Languages 44).

194 Gottfried Arnold, Poetische Lob- und Liebes-Sprüche / von der Ewi-

Gottes aus dem Schoß der Seele auf die Welt gebrachte Weisheit ist es, die in der Welt vor der Vernunft zu hüten ist als großer Schatz.

DEr weißheit holder perlen-schatz
Liegt nicht an jedem ort begraben;
Sie will nur ihren ruhe-platz
In reiner seelen liebe haben:
Die in der stille gehn
Und nur auff diese sehn.
Da sind sie ewiglich vergnügt.
O selig / wer die perle kriegt!
Drumb weg mit schnöder hoffarts pracht!
Hinaus mit eitlem lust-verlangen.
Fort geitz! sie soll mit aller macht
An dieser perle schönheit hangen.
Wird sie / o jungfrau / ihr
Umbhangen diese zier /
So soll sie in der weißheit schein
Des schönsten JESU liebste seyn![195]

Ein Schmuckkästchen mit Perlen ist, wie im Orient Mohammed, Christus in den ›Preparatory Meditations‹ des amerikanischen Geistlichen und Dichters Edward Taylor († 1729):

127,13 *Oh! Wealthy Box: more Golden far than Gold*
A Case more Worth than Wealth: a richer Delph,

gen Weißheit / nach Anleitung Des Hohenliedes Salomonis, o. O. [1700]; beigebunden in: Das Geheimniß der Göttlichen Sophia oder Weißheit. Beschrieben und Besungen von Gottfried Arnold, Leipzig 1700 (Neudruck Stuttgart-Bad Cannstadt 1963), S. 293 ff. – Zur Geschichte der Lehre von der Logosgeburt im Herzen des Menschen von ihren Anfängen bis zu Meister Eckhart vgl. Hugo Rahner, Die Gottesgeburt. Die Lehre der Kirchenväter von der Geburt Christi aus dem Herzen der Kirche und der Gläubigen (1935), jetzt in: H. R., Symbole der Kirche (wie Kap. 1, Anm. 17), S. 13-90. Die Geburt der Wortperle ist hier noch nicht bezeugt.

195 Gottfried Arnold, Neue Göttliche Liebes-Funcken und Ausbrechende Liebes-Flammen / in fortgesetzten Beschreibungen / der grossen Liebe GOttes in CHristo JESU, o. O. [1700]; beigebunden in: Das Geheimniß der Göttlichen Sophia (wie Anm. 223), S. 246.

Than Rubies; Cabbinet, than Pearles here told
A Purse more glittering than Glory 'tselfe.

Offenbarungen über Christus sind die Perlen in einem von Gott nach Adams Fall geschaffenen Kästchen mit prophetischen und typologischen Verheißungen:

II 50,19 *Which Box, four thousand years, o'r ere 'twas made,*
In golden Scutchons lay'd in inke Divine
Of Promises, of a Prophetick Shade,
And in embellishments of Types that shine.
Whose Beames in this Choice pearle-made-Box all meet
And bedded in't their glorious Truth to keep.[196]

Kästchen sind auch sonst von Eleusis bis zu Goethe Symbole geheiligter oder geheimer Buchoffenbarungen.[197] Maria ist das Kästchen, das die Perle Christus in sich beschützt.[198] Joseph von Arimathia bat Pilatus um den Leichnam Jesu als *capsulam ubi ipsa margarita fuerat.*[199]

Seine Kenntnis der altpersischen Literatur hat sich bei Herder ausgewirkt. Er preist eine persische Grabschrift als eine Perle des Lobes, zumal sie die Gestorbene als eine Perle rühmt: *Ein andres, späteres Grabgedicht, das sich auf die Idee bezieht: ›der Mensch gehe in seinen Ursprung zurück, in den Schoos der*

196 Peter Nicolaisen, Die Bildlichkeit in der Dichtung Edward Taylors, Neumünster 1966 (Kieler Beiträge zur Anglistik und Amerikanistik 4), S. 75, 124. Der Beginn des Gedichts ›The Return‹ ruft Christus an: *Inamoring Rayes, thy Sparkles, Pearle of Price, / Impearld with Choisest Gems* (S. 91).

197 Friedrich Ohly, Zum Kästchen in Goethes ›Wanderjahren‹, Zeitschrift für deutsches Altertum und deutsche Literatur 91 (1961/62), S. 255-262. Vgl. Wilhelm Emrich, Die Symbolik von Faust II. Sinn und Vorformen, Berlin 1943, S. 224-228, 235; Paul Requadt, Goethes Faust I. Leitmotiv und Architektur, München 1972, S. 21, 231 f.

198 Hesychios von Jerusalem, Sermo V; PG 93,1464D; oben Kap. 2, Anm. 41.

199 Christian von Stablo; oben Anm. 33.

Mutter, aus dem er kam‹ ist das Lob einer stillen, verschwiegnen Tugend, und gewiß auch eine Perle des Lobes:

Die zurückgenommene Perle.
Hin bist du, Naami! du edle Perle. Der Himmel
Schuf zum Schmucke der Welt Dich aus dem reinesten Thau;
Aber sie kannte dich nicht in deinem Glanze; der Himmel
Legt mit Neide dich jetzt sanft in die Muschel zurück.[200]

Die Muschel, in welche der Himmel die Perle, das Mädchen, zurücklegt, ist hier wohl das Grab der Erde. Daß im Tod die Perle der Seele aus der Muschel des Körpers befreit werde, ist eine Vorstellung wiederum des Orients. Ein Gedicht ›After Death in Arabia‹ in Edwin Arnolds Buddha-Dichtung ›The Light of Asia‹ (1879) läßt einen Gestorbenen in seiner Trostrede an die Freunde sagen:

What ye lift upon the bier
Is not worth a wistful tear.
›Tis an empty sea-shell, – one
Out of which the pearl is gone;
The shell is broken, it lies there;
The pearl, the all, the soul, is here.[201]

Alleinstehend ist das Zeugnis für die Perle als das Ingenium des Dichters in Georg Herweghs Totenklage ›Zum Andenken an Georg Büchner‹ (1841) bei der Anklage des Tods:

O teurer, als im goldenen Pokale
Einst jene Perle der Kleopatra,
Lag eine Perle in dem Haupte da;

---

200 Zerstreute Blätter, 6. Sammlung (1797); Herder, sw 16, S. 319f.; dazu Kap. 7, Anm. 9. – Eine Usurpation des Perlengleichnisses (Mt. 13,45) durch die Philosophen bemerkt Herder bei einer Abrechnung mit der englischen Alltagsphilosophie des gesunden Menschenverstandes angesichts ihres Anspruches ›*Heil uns, wir haben die Perle funden!*‹ in der kleinen Schrift Philosophei und Schwärmerei, zwo Schwestern, ebd. 9, S. 501.

201 Edwin Arnold, The Light of Asia being the Life and Teachings of Gautama, New York o. J., S. 166.

Der Mörder Tod schlich nächtlich sich ins Haus,
Der rohe Knecht zerbrach die zarte Schale
Und goß den hellen Geist als Opfer aus.[202]

Während im Orient das Verschwiegenhalten der Wort- oder Weisheitsperle im Muschelmund ein Gebot vor allem der Angebrachtheit unter bestimmten Situationsumständen ist und seltener aus mystischer Religiosität gefordert wird,[203] ist eine Frage nicht der Zurückhaltung einer schon geformten Perle sondern der Leistungsgrenzen von Sprache überhaupt in Hölderlins ›Hyperion‹ aufgeworfen: *Glaube mir und denk, ich sags aus tiefer Seele dir: die Sprache ist ein großer Überfluß. Das Beste bleibt doch immer für sich und ruht in seiner Tiefe, wie die Perle im Grunde des Meers.*[204] So Hyperion an Diotima in der Finsternis des Verzweifelten, dem die Hoffnungen, ein neues Griechenland heraufzuführen, im Angesicht des Barbarismus seiner Mitstreiter – *durch eine Räuberbande mein Elysium zu pflanzen*[205] – zerstoben und die Zeit des unbeschwerten Wortes unterging. *Wie mag der Priester leben, wo sein Gott nicht mehr ist?*[206] Der Überfluß der Sprache zeigt sich im Zuschandenwerden ihrer Hoffnung an der Niedrigkeit des Tags. Die im Grund des Meeres bleibende Perle weist auf ein durch die Zeitflut Unzerstörbares im Menschen, das ihm überdauernd Eigene, das als Unaussprechliches über alle Untergänge hin seine Bestimmung ausmacht. Auch wieder zu sprechen, in Hoffnung.

Auf einer Untiefe daneben läuft man auf bei Friedrich Rückert. In ›Die Weisheit des Brahmanen‹ nimmt unter nicht weniger als 2717 Sprüchen dieser sich ganz lustig aus:

---

202 Georg Herwegh, Werke, hg. von Hermann Tardel, Bd. 1, Berlin, Leipzig, Wien und Stuttgart o. J. (1909), S. 92.
203 Oben S. 108-110.
204 Hyperion, Bd. 2, Buch 1; Friedrich Hölderlin, Sämtliche Werke. Große Stuttgarter Ausgabe, hg. v. Friedrich Beißner, Bd. 3, Stuttgart 1957, S. 118.
205 Ebd., S. 117.
206 Ebd., S. 121.

Das schönste Lied ist ja nicht das man druckt und schreibt,
Vielmehr das wie der Perl' in seiner Muschel bleibt.[207]

Ludwig Börne fragt nach dem Grund des schlechten Stils der Deutschen und findet ihn in ihrer falschen Gesinnung liegen, die der Sache den Vorzug vor ihrem Ausdruck gebe. *Wie man sagt: der Gedanke schafft den Ausdruck, kann man auch sagen: der Ausdruck schafft den Gedanken. Worte sind nichtswerte Muscheln, in welchen sich zuweilen Ideen als edle Perlen finden, und man soll darum die Muscheln nicht verschmähen. Zu neuen Gedanken gelangt man selten.*[208] Der geistreiche Schriftsteller schafft keine neuen Ideen, ist nur empfänglicher, von anderen unbemerkte aufzufassen und wie die stets sich neugestaltende Natur in neue Form zu bringen. Selbst eine geistige Revolution wie die des Christentums für die Antike habe an neuen Ideen nicht viel gebracht. Das Absuchen der Wortmuscheln des Ausdrucks nach Gedankenperlen wird einer Spätzeit anempfohlen, in deren Sprache ihr geistiges Erbe sich schon ausgedacht zeigt.

In Analogie zu dem die Theologie und im Mittelalter dann auch die Dichtung bewegenden Problem des Wertes und der gültigen Kraft des von einem unwürdigen Priester gespendeten Sakramentes hat wohl erst das 19. Jahrhundert die im ›Doktor Faustus‹ Thomas Manns am Beispiel Adrian Leverkühns ins Extrem geführte Frage nach der Qualität eines in Schuld entstandenen Kunstwerks aufgeworfen.[209] Sie bewegt Alfred Tennyson in einem Gedicht seines großen Zyklus ›In Memoriam‹ (1850) auf den Tod des Freundes Arthur Hallam. Des Autors Skrupel, daß der leere Wortgischt seines Klageliedes die vom

207 Friedrich Rückert, Die Weisheit des Brahmanen. Ein Lehrgedicht in Bruchstücken, Leipzig [11]1881, S. 306, Nr. 37.

208 Ludwig Börne, Bemerkungen über Sprache und Stil, Sämtliche Schriften. Neu bearbeitet und herausgegeben von Inge und Peter Rippmann, Bd. 1, Düsseldorf 1964, S. 592.

209 Zu Thomas Mann Friedrich Ohly, Der Verfluchte und der Erwählte. Vom Leben mit der Schuld, Opladen 1976 (Rheinisch-Westfälische Akademie der Wissenschaften. Vorträge G 207), S. 126.

Freund empfangene Liebe nicht aufwiege, beschwichtigt ihm der ›Geist der wahren Liebe‹ mit dem Zuspruch, das sündige Zurückbleiben hinter dem Anspruch eines Ideals entlasse einen nicht aus dessen Wirkkraft, so daß die Zeit ein Gut einbringe, das am Ende sich als Perle aus der Muschel löse. Er endet:

›*So fret not, like an idle girl,*
That life is dash'd with flecks of sin.
Abide: thy wealth is gather'd in,
When Time hath sunder'd shell from pearl‹.[210]

Facettenreich hat die Perlen-Dichtmetaphorik Heinrich Heine in einem historischen Erzähllied ausgebildet. In den Hebräischen Melodien des ›Romanzero‹ (1851) erzählt er die Geschichte des von Alexander dem Großen Darius abgewonnenen Kästchens seiner Leibjuwelen, die er großzügig an die Tapferen seines Heers, an seine Mutter und Aristoteles verschenkt,

33 *In dem Kästchen waren Perlen,*
Eine wunderbare Schnur,
Die der Königin Atossa
Einst geschenkt der falsche Smerdis –

Doch die Perlen waren echt –
Und der heitre Sieger gab sie
Einer schönen Tänzerin
Aus Korinth, mit Namen Thais.[211]

Die Perlen wechseln oft im Laufe der Geschichte den Besitzer, gehen durch die Hand Kleopatras, der Omayaden, spanischer Kalifen und des christlichen Königs von Kastilien und kommen schließlich nach Paris:

89 *So ergings den schönen Perlen.*
Minder abenteuerlich

210 The Works of Alfred Lord Tennyson, London 1892, S. 260, Nr. 52.
211 Heine, hg. Briegleb, Bd. 11, hier das Gedicht S. 141-149.

Gings dem Kästchen, dies behielt
Alexander für sich selber.

Er verschloß darin die Lieder
des ambrosischen Homeros.

Die Bestimmung des Kleinodienkästchens des Darius verwandelt sich beim Übergang der Epoche zu den Griechen, es wird zum Schatzbehältnis für die Dichtung, hier Homers. Käme es in Heines Hände, wechselte er den dichterischen Schatz aus,

123 *So verschlösse ich darin*
Die Gedichte unsres Rabbi –

Des Jehuda ben Halevy
Festgesänge, Klagelieder,
Die Ghaselen, Reisebilder
Seiner Wallfahrt – alles ließ' ich

Von dem besten Zophar schreiben
Auf der reinsten Pergamenthaut,
Und ich legte diese Handschrift
In das kleine goldne Kästchen.

Den Griechen ist damit abgesagt. Schätzen der jüdischen Dichtung soll nun das Behältnis dienen. Das metaphorische Hin- und Widerspiel des Lieds von Edelstein und Dichtung führt noch einmal zurück zur Perle des Gedichts. Im Kästchen liegen an jüdischen Liedern

145 *Diamanten, deren Lichter*
Abglanz, Widerschein des Himmels,
Herzblutglühende Rubinen,
Fleckenlose Turkoasen,

Auch Smaragde der Verheißung,
Perlen, reiner noch als jene

nichtmetaphorischen Perlen, die aus des Darius Kästchen über die Reiche und Religionen hin sich fortvererbten bis zur Baronin Salomon Rothschild in Paris. Das Erbe der Geschichte zielt ins Jüdische. Die Perlen des Darius fanden zur Bankiersfrau, das Kästchen des Darius gelangt zu Heine, der Homer herausnimmt, um ihn durch die Gedichte des Jehuda ha-Levi aus Spanien († 1141) zu ersetzen. Im kontrastierenden Vergleich stellt Heine die echten Perlen des Darius und die metaphorischen Perlen des Jehuda so nebeneinander, daß die Gedichtperle als eine Steigerung der Naturperle erscheint:

161 *Diese weltberühmten Perlen,*
Sie sind nur der bleiche Schleim
Eines armen Austertiers,
Das im Meergrund blöde kränkelt:

Doch die Perlen hier im Kästchen
Sind entquollen einer schönen
Menschenseele, die noch tiefer,
Abgrundtiefer als das Weltmeer –

Die natürlichen Perlen als Ausgeburt der Krankheit[212] und die Gedichtperlen des Jehuda unterscheiden sich im Gemeinsamen des Leidens, dort eines organischen, hier eines seelisch-frommen im Angesicht der jüdischen Geschichte. Jehudas in seinen ›Zionsliedern‹ Wort gewordenes Verlangen nach Jerusalem gab ihm die Wallfahrt in das Heilige Land ein, wo er dann verscholl. Die Tränen-, die Schnur- und die Schmiedemetapher verbindet Heine in den Strophen über Jehudas Dichtung:

169 *Denn es sind die Tränenperlen*
Des Jehuda ben Halevy,
Die er ob dem Untergang
Von Jerusalem geweinet –

Perlentränen, die verbunden
Durch des Reimes goldnen Faden
Aus der Dichtkunst güldnen Schmiede
Als ein Lied hervorgegangen.

212 Hierzu S. 372 f.

Dieses Perlentränenlied
Ist die vielberühmte Klage,
Die gesungen wird in allen
Weltzerstreuten Zelten Jakobs

An dem neunten Tag des Monats,
Der geheißen Ab, dem Jahrstag
Von Jerusalems Zerstörung
Durch den Titus Vespasianus.

Ja, das ist das Zionslied,
Das Jehuda ben Halevy
Sterbend auf den heilgen Trümmern
Von Jerusalem gesungen –

Allein hier im Gedicht über den jüdischen Dichter verzichtet Heine auf den es sonst durchziehenden ›Romanzero‹-Ton der alle Geschmackstraditionen aufbrechenden bald schrillen, bald kapriolischen Dissonanzen, in denen er bald bis zur Selbstqual, bald wieder voll Übermuts dem Sich- und Weltzerreißen frönt. Der vor den Naturperlen nicht haltmachende Drang zur Desillusionierung – *Sie sind nur der bleiche Schleim / Eines armen Austertiers, / Das im Meergrund blöde kränkelt* – läßt die Gedichtperle bei allem Deutungswandel unberührt. Man kann die Metapher aufgeben. Hält man an ihr fest wie Heine, bleibt sie für stilistische Faxen intangibel. Die Perle läßt nicht mit sich grimassieren.

Blaß wirkt Übriges aus dieser Jahrhundertmitte, zu deren Zeit das poetologisch weiter wirkend neue Konzept der Perlenbildung aus einem Muschelleiden seinen Durchbruch schon vollendet hatte,[213] so daß Traditionelleres daneben einen nicht unguten, aber doch nun etwas treuen Klang annimmt. In des Dichters der ›Bunten Steine‹, die eben keine Edelsteine zu sein begehren,[214] in Adalbert Stifters an dem Alten Testament ori-

213 Dazu Kap. 14: ›Dichtung als notwendige Frucht eines Leidens‹.

214 Stifters Einleitung gedenkt des Sammelns von Steinen in seiner Jugend im Hinblick auf seine ›Bunten Steine‹: *Es wird der Fall nicht eintreten, daß ein Juwel in der Sammlung sei, so wie kaum die Gefahr vorhanden ist, daß*

entierter Erzählung ›Das Heidedorf‹, geht der Hirte in die ferne Welt der biblischen Stätten bis nach Ägypten. Den als Dichter Heimgekehrten sucht der König auf der Heide auf, um ihn zu adeln: *›Und von mir selbst‹, fuhr er lächelnd fort, ›nehmt für Eure orientalischen Perlen diese europäischen Steine.‹ Hierbei gab er ihm ein kleines Goldkästchen mit funkelnden Steinen besetzt.*[215] Der König und der Dichter tauschen Perlen und Edelsteine aus, sind ranggleich. Die Kunst als Vollendung der Natur betrachtend, schrieb Stifter im Gedanken an ›Die Mappe meines Urgroßvaters‹ in einem Brief: *Gegen so viel naturloses Zeug unserer Tage könnte das Ding fast eine Perle werden, wenn Gott seinen Segen dazu gibt.*[216] Die Perle setzt für einen Wert des Inhalts, nicht der Form der flämische Dichter Hendrik Conscience, der die stillen friedlichen Geschichten seines Buchs ›De Loteling‹ (um 1850) im Vorwort als der alle Ordnung sprengenden Zeitmode entgegenstehend hinstellt: »Nein, nein, es ist nicht der Teufel der Verzweiflung und des Hasses, der sie eingab. Die Natur, in ihrer unbeschmutzten Frische, hat sie aus einem demütigen Stoff zusammengewoben, worin nur hier und da eine reine Perle der menschlichen Seele glänzt. Um sie zu genießen, darf man nicht ganz entzaubert sein; sie treffen nur die allerfeinsten Saiten des Herzens«.[217] Aus dem Gewebe des Natürlichen glänzt das Menschliche als Perle.[218]

Für Stefan George sind *korallen und perlen und gold* dichterische Ausgeburten einer stürmisch bewegten See:

---

ich unter meinen Steinen einstens etwa einen ungeschliffenen Diamant oder Rubin gehabt habe, und ohne mein Wissen unermeßlich reich gewesen sei. Wenn aber manches Glasstück unter diesen Dingen ist, so bitte ich meine Freunde, zu denken, wie ich bei meinem Glase gedacht habe: es hat doch allerlei Farben, und mag bei den Steinen belassen bleiben. Stifter, Bunte Steine. Späte Erzählungen, hg. v. Max Stefl, Augsburg 1960, S. 14.

215 Adalbert Stifter, Erzählungen in der Urfassung, hg. von Max Stefl, Bd. 1, Augsburg 1950, S. 167f.

216 Adalbert Stifter, Sämmtliche Werke, Bd. 20, Briefwechsel Bd. 4, hg. v. Gustav Wilhelm, Prag 1925, S. 181.

217 Hendrik Conscience, De Loteling, Antwerpen ^{2}1851, S. 10.

218 Übriges ist nur beiläufig zu notieren. Heine allein weiß von einer Fä-

ZUM ABSCHLUSS DES SIEBENTEN RINGS

Wogen brachen aus einer tosenden see.
Wracke und leichen schlang eine grollende see ..
Später erglitzerten unter dem sternengold
Längs den gestaden korallen und perlen und gold.[219]

Als Dichter des ›Jean Santeuil‹ hat Marcel Proust – der Form der Rahmenerzählung einen neuen Sinn verleihend – durch ein

---

higkeit der Perle zur Verzauberung durch die Liedkunst. Wie der Orpheusmythos die Tiere durch das Lied des Sängers zu sich hingezogen sieht, läßt Heine, den Schauplatz auf den Meeresgrund verlegend, die Unterwassertiere durch das Lied der Nachtigall so bewegt werden, daß es zu der Sängerin sie hinzieht. *Eine verzauberte Nachtigall sitzt auf einem roten Korallenbaum im stillen Ozean, und singt ein Lied von der Liebe meiner Ahnen, neugierig blicken die Perlen aus ihren Muschelzellen, die wunderbaren Wasserblumen schauern vor Wehmut, die klugen Meerschnecken, mit ihren bunten Porzellantürmchen auf dem Rücken, kommen herangekrochen, die Seerosen erröten verschämt, die gelben, spitzigen Meersterne und die tausendfarbigen gläsernen Quabben regen und recken sich, und alles wimmelt und lauscht.* Heine, hg. Briegleb, Bd. 2, S. 257.

Anastasius Grüns Gedicht ›Apostasie‹ versucht, das Unbegreifliche eines treubrüchigen Verlassens der Seite, zu der man stand, anhand eines Kataloges von Unglaublichkeiten begreiflich werden zu lassen. Dazu gehört die Strophe:

Ich sah's, wie Fieber des Weisen Wort
Zu Unsinns Greuel zerbrach,
Ich hörte den Toren im Irrsinn dort,
Der Perlen der Weisheit sprach.

Anastasius Grün, Werke, hg. v. Eduard Castle, T. 2, Berlin, Leipzig, Wien und Stuttgart 1909, S. 161.

Gerhart Hauptmann dichtet

vom Zwitschern eines Vogels, der die Perlen,
die zierlich blitzenden der kleinen Kehle,
achtlos im stummbelaubten Abgrund ausstreut.

In ›Sonnen. Meditationen‹; Sämtliche Werke, hg. v. Hans-Egon Hass, Bd. 6, Frankfurt am Main und Berlin 1963, S. 667.

219 Stefan George, Werke. Ausgabe in zwei Bänden, München und Düsseldorf 1958, Bd. 1, S. 341.

Vorkapitel über den Dichter des Romans, den er aus seinem Nachlaß zu veröffentlichen vorgibt, eine Gelegenheit gewonnen, die Umstände seiner Entstehung so zu schildern, daß seine Auffassung vom Platz des Dichters in der Gesellschaft und von seiner Leistung für sie klar ins Licht tritt. Der fiktive Autor C. lebt vor der Jahrhundertwende auf einem Bauernhof am Steilufer der Bretagne und zieht zum Schreiben in eine Stube des Leuchtturmwärters über der Felsenküste sich zurück, wo er des Dichters Privileg genießt, *wenn er es will und so oft er es will,*[220] die Menschen bitten zu können, von ihm fortzugehen und zu schweigen, und selbst der Türmer schleicht dann auf den Zehenspitzen von ihm. Am äußersten Rand des Landes schreibt der Dichter unter Bauern und Fischern über dem Meeresufer. Die Jean Paul und Hölderlin besonders eigene Rede von der Inspiration des Dichters aus dem Blitz des Himmels wandelt er dahin ab, daß der Dichter alles zu vermeiden habe, was ihm nicht erlaube, *sich bis zu jenen wirklichen Gewittern im Innern aufzuladen, aus denen allein der wahre Blitz des Genius aufzucken kann und in denen das menschliche Wort eine Macht erhält, dank der es weithin wie der Donner widerhallt.*[221] Sich der Welt entrückend, entsagt der Dichter jedem privaten Briefeschreiben, das wie ein Blitzableiter dem Geist elektrische Spannung entziehen würde. Er entzieht sich aller Störung jener *Momente[n] tiefer Erleuchtung, in denen der Geist so wie die Sonne ins Meer hinuntersteigt, alle Dinge mit seinem Strahl durchdringend, sich auf ihren Grund hinabbegibt.*[222] Der Blitz und die Erleuchtung kommen nicht göttlich aus dem Himmel, gehen aus dem Inneren in die Tiefe auf den Grund der Dinge. Der Leuchtturm – die beiden Vorgänger des Wärters waren auf ihm verrückt geworden – steht auf der Erde und weist ins Meer, auf dem der Dichter viele Nachtstunden neben dem Boot des Fischers herschwimmt. Einer derart abgeschiedenen Existenz des Dichters entspricht sein Wort: *Nicht in den Palästen, deren*

220 Marcel Proust, Jean Santeuil, Frankfurt am Main 1965, Bd. 1, S. 19.
221 Ebd., S. 15.
222 Ebd., S. 23.

Schmuck sie ausmacht, entwickelt sich die Perle, sondern unter einem gestaltlosen, qualligen Gebilde, Hunderte von Meilen unter dem Meeresspiegel.[223] Die Natur der Muschel, die doch der Mensch ertauchen kann, zwar verfehlend, faßt Proust gleichwohl ins Bild der Perle, was der Dichter im gewählten Sichaussetzen in die Hütte auf dem Ufer für die Paläste leistet, deren Schmuck die Perle ausmacht. Der Autor C. bezeugt sein Absehen vom Gemeinwesen im Lande auch, indem er über Jahre hin seinen Roman verborgen hält und bei seinem Tod in Paris auch sein Manuskript nicht hinterläßt wie eines seiner letzten Worte: *Der Tod ist der große Arzt, denn er allein heilt uns von allen unseren Leiden.*[224] Nur eine alte Abschrift des Romans durch junge Verehrer bewahrte ihn als Perle für die ›Paläste‹. Eben die vom Autor C. an der Küste gewonnene Distanz von der Metropole ermöglichte ihm den Roman eines beileibe nicht ländlich ›einfachen‹, sondern höchstdifferenzierten Lebens am Saum der höchsten Stände von Paris.

Eines der letzten Gedichte Gottfried Benns, das in seinen stanzenartigen Strophen gedankenschwere Gedicht ›Melancholie‹,[225] löscht Illusionen über denkbare Weltbezüge in Natur oder Geschichte aus. Es bleibt nur das sich ausdrückende Selbst, das sich verliert, sobald es sich verläßt:

Du mußt aus deiner Gegend alles holen,
denn auch von Reisen kommst du leer zurück,
verläßt du dich, beginnen Kapriolen
und du verlierst dir Stück um Stück.

---

223 Ebd., S. 19.

224 Ebd., S. 35.

225 Gottfried Benn, Gedichte. Gesammelte Werke, hg. v. Dieter Wellershoff, Bd. 3, Wiesbaden 1960, S. 302-304; zur Entstehung des Gedichts am 3.6.1954 Benns Brief an Oelze vom 23.9.1954; Briefe an F. W. Oelze 1950-1956 (wie Kap. 1, Anm. 25), S. 221. Das Gedicht bespricht Ludwig Völker: Muse Melancholie – Therapeutikum Poesie. Studien zum Melancholie-Problem in der deutschen Lyrik von Hölty bis Benn, München 1978, S. 115-124.

›Meine Gegend‹ ist allein das eigene Heute, jeder Ausblick aus ihm wäre Täuschung, doch *untäuschbar bleibt der Seele Agonie*. In äußerster Selbsteingrenzung findet der Dichter seinen Ausdruck.

Tiere, die Perlen bilden, sind verschlossen,
sie liegen still und kennen nur die See

Unverrückt in ihrer Gegend, ohne Aufstieg an eine Oberfläche, die den Tau aus der Höhe zu empfangen gäbe, ohne schwimmendes Sichbewegen im Element zur weiteren Raumerfahrung, verharren die Tiere (*sie liegen still*) und *sind verschlossen*. Kein Sandkorn könnte als Schaffensenergie provozierendes Stimulans in sie geworfen werden, die Perlen fallen auch auf kein Gestade als das andere Element. Die Verse verschließen sich gegen jede in die Tradition fassende Assoziation, die Tiere *kennen nur die See*, keinen Feind, keinen Himmel und kein Ufer. Die letzte Strophe lautet weiter:

an Land und Luft: Gekrönte und Profossen –
noch eine Herme mehr in der Allee;
nur Äon schweigt, er hält die Perlengabe,
wo alles fehlt und alles zielt,
der Äon träumt, der Äon ist ein Knabe,
der mit sich selbst auf einem Brette spielt:
Noch eine Herme mehr – man lasse sie,
auch sie führt zum Gedicht: Melancholie.

Aus dem Meer *an Land und Luft* ins fremde Element versetzt, stieße die Perle auf die Exponenten der Geschichte, *wo alles fehlt und alles zielt*, in Siegesmalen wie am Rand einer Allee, wo doch die Kunst für Reiche steht, *in denen es keine Siege gibt*. Äon ist ein außerhalb der Geschichte stehender Raum des Seins von Kunst (*er hält die Perlengabe*), er nur schweigend, er nur träumend, er nur mit der unschuldigen Gelassenheit eines auf dem Brett spielenden Knaben (dies nach Heraklit).

Das Widerspiel von Anfluten ans Ufer und Zurückfallen ins Meer in Benns Gedicht ›Welle der Nacht‹ ist schwer zu deuten.

Welle der Nacht – Meerwidder und Delphine
mit Hyakinthos leichtbewegter Last,
die Lorbeerrosen und die Travertine
wehn um den leeren istrischen Palast.

Welle der Nacht – zwei Muscheln miterkoren
die Fluten strömen sie, die Felsen her,
dann Diadem und Purpur mitverloren,
die weiße Perle rollt zurück ins Meer.[226]

Ist das Land der Boden der Geschichte (Lorbeer, Purpur, Diadem, Palast), dem das Meer sich in der Welle anträgt mit seinen Gaben aus dem Überzeitlichen, es zu schmücken mit Symbolen der Dauer, die das Ufer der Geschichte nicht bewahren kann? Fällt das an den Tag Gebrachte in die Nacht, aus der es kam, zurück? *die weiße Perle rollt zurück ins Meer*, der istrische Palast steht leer. Nimmt das Meer die Perle des Gedichtes, das, in Zeitlosigkeit geworden, an den Strand der Zeit geworfen wurde, beim Veröden der Geschichte in die Zeitlosigkeit zurück?

226 Benn, Gedichte (wie Anm. 225), S. 198.

4. Ihr sollt die Perlen nicht vor die Schweine werfen

Die Auslegung der Perle auf das Wort ist häufiger als bei dem Perlengleichnis (Mt. 13,45 f.) im Zusammenhang der Warnung Christi, die Perlen nicht den Schweinen vorzuwerfen (Mt. 7,6), in der Tradition zu finden. Für Clemens von Alexandrien, der in den Perlen die nicht allen, nur den Vorbereiteten zu offenbarenden Geheimnisse des Glaubens sieht (das bleibt die geläufige Deutung über lange Zeiten hin), ergeben sich Probleme für die Verkündigung, wenn die reine Wahrheit nur auch reinen Ohren gepredigt werden soll. »Denn es ist schwer, eine reine und durchsichtige Rede über das wahre Licht vor schweinegleichen und unerfahrenen Hörern vorzutragen«.[1] Clemens, der sich in den ›Stromata‹ selbst eines die Wahrheit in Verhüllungen darbietenden Stils befleißigt und die Form wie den metaphorischen Titel seines Werkes aus diesem Vorhaben begründet,[2] führt mit diesen Überlegungen auf den eben zitierten Satz hin:

1 Stromateis I 12; PG 8,753A; Vona, S. 120.
2 Odo Casel, Älteste christliche Kunst und Christusmysterium, Jahrbuch für Liturgiewissenschaft 12 (1932), S. 1-86, hier S. 27-29, belegt dies u. a. mit Strom. I 18,1: »Die Stromateis werden die Wahrheit enthalten, vermischt mit den Dogmen der Philosophie, vielmehr verhüllt und verborgen, wie das Eßbare der Nuß in der Schale; denn es ziemt sich, glaube ich, daß die Körner der Wahrheit nur den Gärtnern des Glaubens aufbewahrt werden«. – Stromateis IV 4: »Unsere Hypomnemata sind [. . .] wegen derer, die ohne Scheidung und ohne Kenntnis auf sie stoßen, bunt wie Teppiche, wie schon der Name sagt (Stromateis = Teppiche); sie gehen ständig vom einen zum andern über, nach der Abfolge der Worte sagen sie das eine und deuten zugleich auf anderes«. – Casel, S. 28: »Dasselbe wird VI 2 ausgeführt. Nach VII 111 gleichen die Stromata nicht einem gepflegten Park, sondern eher einem dicht bewaldeten Berge mit reich gemischtem Baumbestand, worin fruchtbare und unfruchtbare Bäume stehen, wegen derjenigen, die das Reife wegnehmen und stehlen wollen, während die Schrift doch verborgen sein will«.

»Da die Überlieferung nicht gemein und allem Volk zugänglich ist, sondern nur für den, der die Majestät des Logos erkannt hat, so muß man die ›im Mysterium gesprochene Weisheit‹ (1. Kor. 2,7) verbergen, die der Sohn Gottes lehrte. Dem Propheten Isaias wird die Zunge mit Feuer gereinigt, damit er die Schau aussprechen könne, und wir sollen nicht nur an der Zunge, sondern auch an den Ohren gereinigt werden, wenn wir Teilhaber an der Wahrheit zu sein suchen. Dies war für mich ein Hindernis im Schreiben, und auch jetzt noch fürchte ich, ich könnte, wie es heißt, ›die Perlen vor die Säue werfen; sie könnten sie mit ihren Füßen zertreten und sich umdrehen und euch zerreißen‹ (Mt. 7,6)«.[3] Zur Begründung des Hermetischen ihrer Werke und des Kryptischen in der bilderreichen Verschlüsselung ihrer sprachlichen Darbietung wurde das Herrenwort von der Naturforschung des 16. Jahrhunderts erst wieder herangezogen.[4]

Origenes will die Perle der Wahrheit über Gott nicht bei der falschen Gelegenheit ausgesprochen wissen, damit es einem nicht zur Schuld gereiche, sie den Schweinen preisgegeben zu haben.[5] Eine Predigt des Maximus von Turin (um 400) über die Perle straft die sündige Gemeinde, die Gottes Wort zu hören nicht verdiene, mit der Drohung, ihr die Geheimnisperlen der himmlischen Schriften zu entziehen, da Christus verbiete, die Perlen den Schweinen vorzuwerfen. Der Prediger, der dies nicht beachtete, machte sich selber schuldig: »Denn die Gnade der himmlischen Perle verliert, wer sie einem argen Sünder umzulegen versucht. Denn der Edelstein, wie ihr selbst wißt, kommt allein dem Gold zu. Die Perle wird nur kostbarem Geschmeide eingefügt. Seid das beste Gold! Seid ein kostbares Geschmeide, damit die geistliche Perle in euch eingefügt wer-

3 Übersetzung nach Casel, ebd., S. 27.

4 Unten S. 172 f.

5 Origenes, In Ezechielem Homilia III zu Mt. 7,6; GCS 33,334,24-27: *etiam, quae vera sunt et non opportune proferuntur* [sc. de Deo], *dicenti periculum generant. ›Margarita‹ vera est, sed si ›porcis proiciatur‹, discrimen eius est, qui eam ›subicit pedibus eorum‹.*

den könne! Denn die Perle ist der Herr Christus«.[6] Die scharfe Zurechtweisung der Gemeinde, die ihr Heil zu verscherzen auf dem Wege ist, geschieht aus Liebe, und so liegt im Drohen auch ein Werben.

In der Rede über Pfingsten ermahnt Gregor von Nazianz die Prediger, mit Vorsicht und nur allmählich in die Wahrheit einzuführen. Vor Ungläubigen und Unwürdigen gleich die Perlen der göttlichen Geheimnisse in den Schmutz werfen, heißt Leuten schwachen Gehörs mit Donnerschlägen, solchen schwacher Sehkraft mit der Sonne und Säuglingen mit fester Speise kommen zu wollen.[7] Nicht Mission oder Apologetik, sondern Innerkirchliches steht zur Rede in der Verteidigungsschrift Gregors von Nazianz gegen die kirchlichen Feinde seiner Priesterweihe (um 362). Gregor spricht über die Unerfahrenheit und Anmaßung von Leuten, die grundsätzlich jedem Wort der Wahrheit widersprechen, wenn es nicht das eigene ist, und die Perlen der Wahrheit niedertreten.[8] Die schamlose Arroganz,

6 Maximus von Turin, Sermo III 1; CCL 23,10,12-18: *Perdit enim caelestis margaritae gratiam, quisque eam foedissimo peccatori circumdare conatur. Gemma enim, sicut ipsi scitis, nisi auro non conuenit; margarita nisi pretiosis monilibus non aptatur. Estote ergo aurum optimum! Estote monile pretiosum, ut possit in uobis margarita spiritalis includi! Margarita enim Christus est dominus (Mt. 13,45 f.).* In einer alle ihre Eigenschaften auf das Evangelium als eine unteilbare Wahrheit auslegenden Allegorese der antiken Naturgeschichte der Perle wird der Passus aus der Predigt des Maximus ohne Quellennachweis wieder aufgenommen: Hieroglyphorum Collectanea, ex veteribus et neotericis descripta, in sex libros ordine alphabetico digesta, Frankfurt 1677, S. 57-59, s. v. Christus.

7 Gregor von Nazianz, De pentecoste VI 1, CSEL 46,1 (wie Kap. 3, Anm. 34), S. 148,9 ff.: *si uero infidelibus et indignis, minus in diuinis mysteriis cauti in luto margaritas spargentes et infirmo auditui adhibentes sonum tonitrui et oculis infirmibus ingerentes solem et cibum solidum lactantibus admouentes. oportet enim paulatim eis quae perfectiora sunt aperire.*

8 Gregor von Nazianz, Apologeticus 41,2, ebd., S. 34,13-18: *tertium quoque genus est ex inperitia contra dicentium, quam utique inperitiam consequenter insolentia comitatur; et omni uerbo, nisi si quod forte ipsi protulerint, hostiliter et insolenter occurrunt. a quibus secundum domini dictum porcorum more ueritatis margaritae pedibus conculcantur.*

mit der jeder den Gipfel der Weisheit für sich beanspruche, um jedermann zu kritisieren, sieht Gregor dazu führen, daß die Kirche ihren Feinden, denen sie verschlossen bleiben müßten, ihre Tore öffne und von Gott nichts Wissende zu Richtern über Gott berufe, was dann bedeute, daß die Perlen der göttlichen Geheimnisse den Schweinen unreiner Herzen und Ohren vorgeworfen würden.[9]

Anders als viele Spätere, deren Selbstgerechtigkeit die Hunde und Schweine zu Chiffren des Bösen wie Heiden und Häretikern perhorresziert, behandelt Augustins Schrift über die Bergpredigt[10] das Gebot von Mt. 7,6 (es steht gegen Ende der Bergpredigt) als einen Lehrspruch über pädagogische Ver-

9 Ebd. 79,1, S. 61,13-16: *interdum etiam iudices eligimus de deo eos qui ignorant deum, et iactamus sancta canibus et mittimus margaritas ante porcos pollutis uidelicet auribus et animis diuina mysteria publicantes.*

Nicht von ungefähr hat im Zuge des erbitterten Streites um die rechte Lehre von der Prädestination Hinkmar von Reims im Jahr 860 gegen die von ihm verketzerten neun ›Prädestinatianer‹ seiner Tage aus der Verteidigungsschrift des Gregor von Nazianz willkommene Abschnitte (cap. 39-43) ins Feld geführt, die davor warnen sollen, Aussagen der Kirche nach eigenem Sinn zurechtzubiegen: Wenn Gefahren für die Verkündigung in von zu Haus mitgebrachten Hörererwartungen der in alten Denkgewohnheiten befangenen Leute liegen, kann dem abgeholfen werden. Solche Gutwillige können, von der Predigt wie Feuersteine angeschlagen, die Funken des von der Natur in ihnen angelegten Lichts der Wahrheit leuchten lassen. Schlimm steht es mit den in Hoffart widerspenstig Dummen, welche die ihnen vorgeworfenen Wahrheitsperlen niedertreten. Andere lassen sich wie Staub im Wind bald hierhin und bald dorthin treiben, um schließlich aus Überdruß ein Jegliches zu verlachen. Am besten ist es, die Buchstaben der reinen Wahrheit neu in nie beschrieben gewesenes Wachs zu graben, in bisher unumbrochen gebliebenes Herzensland zu pflügen. Hinkmar von Reims, De praedestinatione dei et libero arbitrio 39,2-43; PL 125,354C (Einführung Gregors), 355A-356B (das Apologeticuszitat). Bei Jean Devisse, Hincmar. Archevêque de Reims 854-882, Bd. 3, Genf 1976, S. 1373, ist das Zitat erwähnt, aber nicht nachgewiesen.

10 Augustinus, De sermone domini in monte II 20,67-21,71 zu Mt. 7,6; CCL 35,163-169. Vgl. Augustinus, Enarrationes in psalmos 16,13; CCL 38,94: ›*Saturati sunt porcina*‹. *Saturati sunt immunditia, conculcantes margaritas sermonum Dei.* Shachar, The Judensau (wie Anm. 18), S. 9.

antwortung. Da das Wahre nicht verborgen gehalten und ein Falsches nicht ausgesprochen werden darf, ergibt sich ein Dilemma aus der Erfahrung, daß durch das Verschwiegenhalten von Wahrheit weniger Schaden erwächst, als wenn das Wahre denen offenbart wird, die es zu fassen nicht imstande sind (*sustinere non possunt*). Christi Verborgenhalten von Wahrem war keine Lüge, und Paulus gab den Unerfahrenen Milch statt Speise. Die im Integument der Muschel liegenden Perlen der Allegorie[11] werden von den zum Verstehen nicht Bereiten nur verachtet.[12] Wer das mit Mühe gefundene Göttliche nicht schätzt, dem nützt die Perle nichts. »Darum hüte man sich, dem etwas zu offenbaren, der es nicht erfaßt; besser, er sucht das Verschlossene, als daß er das offenbar Gemachte angreift oder nicht beachtet«.[13] Man ist nicht schuldig, wenn man vor solchen etwas verborgen hält, hat damit aber nicht das Recht zur Lüge. Faßt einer die Wahrheit nicht, ist ihm zu helfen, von den Hindernissen des Verstehens sich zu reinigen. Christi Reden warfen keine Perlen vor die Schweine, da er für die Hörer sprach, die ihn verstanden. Fragt einer, soll man antworten, um ihn aus Zweifeln zu befreien. Wer sucht, der soll finden bei der Suche nach der Wahrheit (*inquisitio [...] ad inueniendam ueritatem*).[14] Hielt man Christi gegen Ende der Bergpredigt ge-

---

11 Dazu S. 209.

12 Zur Mißachtung der Perlen unten S. 190f.

13 Augustinus, De sermone domini in monte II 20,69; CCL 35,165,1563-1566.

14 Ebd. II 21,71; CCL 35,169,1646. Die Ausführungen Augustins sind etwas kürzend aufgenommen bei Zacharias von Besançon, In unum ex quatuor I 39; PL 186,149B-D; Vona, S. 159. Zu ihrem Nachleben bei Claudius, Sedulius und Hrabanus: Wolfgang Huber, Heliand und Matthäusexegese. Quellenstudien, insbesondere zu Sedulius Scottus, München 1969 (Münchener Germanistische Beiträge 3), S. 169. Aus der Clavis des Pseudo-Melito schöpfte Hrabans Kapitel über die Schweine De universo VII 8; PL 111,206A-207B, hier: *Item porci, homines immundi atque luxuriosi. In Evangelio: ›Si ejicis nos, mitte in porcos‹ (Mt. 8,31). Item ibi: ›Ne mittatis margaritas vestras ante porcos‹ (Mt. 7,6).* Shachar, The Judensau (wie Anm. 18), S. 6 und 9.

sprochenes Wort mit Origenes für eine Mahnung an die Jünger, die in der Bergpredigt für sie gesprochenen Worte als Perlen nicht den Schweinen vorzuwerfen,[15] dann galt es, der Frage vorzubeugen, ob nicht Christus selbst die Perlen seines Worts an Unberufene verschwendet habe. Die Einlassung des Augustinus, Christus habe jeweils nur für solche Hörer gesprochen, die ihn auch verstanden, fand eine Stütze in der Vorstellung auch schon Augustins, daß Christus ›auf dem Berge‹ der geistigen Höhe nur zu seinen Jüngern und nicht zu der Menge gesprochen habe.[16] Den patristischen Gedanken stellt noch im 17. Jahrhundert ›Die Bergpredigt‹ des Claude Lorrain im Bild dar: Christus predigt den Jüngern auf einem unzugänglichen Felsengipfel, während das Volk von einem durch eine Schlucht entfernten Hügel aus Christi Predigt sehen aber nicht verstehen kann.

Eine Predigt Augustins eröffnet dem Verbot der Verkündigung an die Hunde und die Schweine eine eschatologische Perspektive mit der Annahme, daß am Zeitenende es Hunde und Schweine nicht geben müsse. Er enthebt das Problem damit einer die ganze Kirchengeschichte durchziehenden polemischen Kasuistik. Bei der Himmel und Erde erschütternden Wiederkunft Christi am Ende der Zeiten, wo sein Wort als Gold und Silber über alle Völker, vor allem über das »neue Volk« der Christen geht, vermögen alle, die ihn zu finden suchen und an seine Tür klopfen, wenn sie keine Hunde und Schweine sein wollen, ohne Mittler durch den Heiligen Geist selbst ihn wahrzunehmen, weil dann alle Völker nach ihm Verlangen tragen, was bei Christi erster Ankunft nicht gegeben war. Es bedurfte der Bewegung des Himmels durch den Engel der Verkündigung an Maria und an die Hirten, der Bewegung der Erde durch die Wunder und der des Meeres durch die Verfolgungen, der Bewegung der Wüste durch den Durst der Glaubenden nach der Gerechtigkeit, der Bewegung aller Völker durch das

15 Origène, Commentaire (wie Kap. 3, Anm. 21), S. 170 mit Anm. 2 zur Tradition dieses Gedankens.

16 Augustinus, De sermone domini in monte II 20,70; CCL 35,166,1583 f.

Evangelium, bis das Haus der Kirche von der Herrlichkeit des von den Propheten Angekündigten erfüllt war.[17]

Hieronymus unterscheidet das den Hunden und den Schweinen Vorzuenthaltende. Das *sanctum* ist das Brot der Söhne (*sanctum panis est filiorum*), denen es entzogen würde, wenn es an die Hunde fiele. Damit ist der Deutung auf die Hostie ein Grund gelegt. Bei der Deutung der Perle auf das Evangelium sind die Hunde die vom Evangelium Abgefallenen, welche ihre Sünden wieder erbrechen,[18] sind die Schweine die, welche zum Glauben an das Evangelium noch nicht gelangten, im Schmutz des Unglaubens sich noch wälzen. Diesen, die das Schmuckstück in der Suhle nicht als Wert erkennen (wie

---

17 Augustinus, Sermo 50,9f.; CCL 41, S. 630f.

18 Zur Verwendung von Hund als abwertender Bezeichnung für Personen und Personengruppen Hans-Joseph Klauck, Allegorie und Allegorese in synoptischen Gleichnistexten, Münster 1978 (Neutestamentliche Abhandlungen 13), S. 275 f. (mit Literatur): »im rabbinischen Schrifttum ist es zur festen Metapher für Nichtisraeliten, Gottlose und Heiden geworden«; vgl. Harald Dickerhof, Canum nomine gentiles designatur. Zum Heidenbild aus mittelalterlichen Bibellexika, in: Secundum regulam vivere. Festschrift für N. Backmund, hg. v. G. Melville, Windberg 1978, S. 41-71.

Zur Geschichte und Ikonographie des vom 13. bis ins 18. Jahrhundert lebendigen Bildmotivs der Judensau Isaiah Shachar, The Judensau. A Medieval Anti-Jewish Motif and its History, London 1974 (Warburg Institute Surveys 5). Die Auslegungsgeschichte von Mt. 7,6 als Traditionsboden, auf dem die Gleichsetzung von Juden und Schweinen gedeihen konnte, hat Shachar außer Betracht gelassen. Die Deutung der Schweine auf die Juden sieht er erst von Hrabans Kapitel über die Schweine in De Universo 7,8 ausgehen: »The verbal association of swine and Jews was Hrabanus's own innovation« (S. 11). Zu Mt. 7,6 s. sonst nur S. 51.

Zu den Nicht-Wiederkäuern Hrabanus, De universo 7,8; PL 111,199D-200A: Die Wiederkäuer als reine Tiere *homines sunt sancti divina praecepta ore et corde sive opere semper meditantes [...] Animalia vero, quae non ruminant, peccatores sunt et immundi, minime legi Dei operam dantes, nec in ejus meditatione studentes [...] Animalia enim quae ruminant et ungulam non findunt, quae immunda narrantur, populi sunt Judaeorum, qui testamentum vetus ore meditantur: sed novum minime recipiunt*. Shachar, S. 10. Zum Wiederkäuen der Schrift: Spitz, Die Metaphorik des geistigen Schriftsinns (wie Kap. 3, Anm. 156), S. 277 (Register).

der Hahn im Mist die Perle), will Hieronymus die ›evangelische Perle‹ (*euangelii margaritum*) – er prägte das öfter aufgegriffene Wort – nicht voreilig anvertraut wissen,[19] da sie sie zertreten würden.

Im 9. Jahrhundert fixiert Radbert von Corbie den Zwiespalt im Bewußtsein der Gefahren, die der Prediger für sich und seine Hörer eingeht, wenn deren Fähigkeit des Verstehens dem Wort Gottes nicht gewachsen ist. Der Verkündiger des Worts hat zwischen der Skylla, die Wahrheit im Verborgenen zu halten, und der Charybdis, seinen Hörern Unfaßbares zu unterbreiten, den umso schwerer auszumachenden richtigen Weg zu finden, als er einerseits weder hart noch unvorsichtig sein darf, anderseits die Perlen der Verkündigung vor Blasphemie oder Beschmutzung schützen muß. Die Hunde sind die gegen die Wahrheit bellenden Häretiker, die zurückfallen vom Glauben, da sie ›zurückkehren zum Erbrochenen‹ (2. Petr. 2,21). Die beständig unreinen Schweine vermögen die Erkenntnis Gottes nicht zu kauen. Bei ihnen müssen die *mystica eloquiorum documenta* aufgeschoben werden, bis sie sie nicht zerstören.[20]

Auch Hilarius gebietet Vorsicht bei der Weitergabe der Gebote Gottes und seiner Verheißungen des Schatzes der Unsterblichkeit an Heiden und Häretiker. Die Verkündigung der

19 Hieronymus, Commentariorum in Evangelium Matthaei libri quatuor I 7 zu Mt. 7,6; PL 26,48B: *Porcus non recipit ornatum, qui versatur in volutabris luti.* Die Schweine bedeuten *eos qui necdum Evangelio crediderunt et in luto incredulitatis vitiisque versantur. Non convenit igitur istiusmodi hominibus cito evangelicum credere margaritum, ne conculcent illud et conversi nos incipiant dissipare*; Vona, S. 149. Pseudo-Beda hat den Satz des Hieronymus über die *margarita evangelica* leicht paraphrasierend übernommen: In Matthaei Evangelium expositio I 7 zu Mt. 7,6; PL 92,36D; Vona, S. 152. Ebenso Hrabanus Maurus, Commentariorum in Matthaeum libri quatuor II 7 zu Mt. 7,6; PL 107,842B-843A; Vona, S. 154. Vgl. Huber, Heliand und Matthäusexegese (wie Anm. 14), S. 169. Vgl. Zacharias von Besançon, In unum ex quatuor I 39; PL 186,149B; Vona, S. 159.

20 Paschasius Radbertus, Expositio in Evangelium Matthaei IV 7; PL 120,317B-318C; vgl. Huber, Heliand und Matthäusexegese (wie Anm. 14), S. 169.

Inkarnation, Passion und Auferstehung soll unvermischt (*non promiscue*, ohne Anpassungen an den Zeitgeist), aus Erfahrenheit und mit Vorbedacht geschehen, damit die Gegner, wenn sie ihre Argumente abschießen, nicht einen ohnmächtigen Prediger sich zur Beute machen, ihn zertreten und zerreißen.[21] Christian von Stablo verlangt, die Perle des Evangeliums den Heiden und Häretikern nicht preiszugeben, solange sie nicht Zeichen der Bekehrung hätten sehen lassen. Denn würde ihnen das Evangelium erst zum Spott, dann fielen sie mordend über die Prediger her, die andere doch zum Heil hätten führen können.[22]

Gregor der Große zieht zur Erklärung dessen, daß Gottes Prediger den Heiden die Bundeslade entziehen (1. Reg. 5,10f.), Matthäus 7,6 heran, weil, wenn das Geistliche den Verächtern offenbart wird, als Verdammnis auf den unvorsichtigen Prediger zurückfällt, wenn Gottes Geheimnisse den Ungläubigen nicht zur Annahme, sondern zum Gelächter und zum Niedertreten überlassen werden.[23] Prediger haben nicht allein das *quid*, *quantum et quando* der Verkündigung, vielmehr auch das *quibus* zu bedenken, da des Herren Wort über die Perle an die

---

21 Hilarius, In Evangelium Matthaei commentarius VII zu Mt. 7,6; PL 9,951BC; Vona, S. 146.

22 Christian von Stablo, Expositio in Matthaeum Evangelistam XIII zu Mt. 7,6; PL 106,1320A: *Neutris ergo committendum est Evangelium, donec conversos animo et corpore eos perspiciamus.* Die Bedeutung der Perle *divina eloquia* findet Christian durch das Perlengleichnis bei Matthäus und durch viele andere Beispiele bestätigt, ohne solche aufzuführen; Vona, S. 153. – Isidor von Pelusio (aus Alexandrien) will die Lehre von Gott den Juden und den Häretikern nicht unnütz vorgetragen und die Perle des Gotteswortes und der Sakramente wohl gehütet wissen (PG 78,280A; 1274A); Vona, S. 132. – Kyrillus von Alexandrien untersagt dem in der Perle des Glaubens nicht Gefestigten das Gespräch in der Begegnung mit den Heiden, damit der Glaube nicht gefährdet werde (Contra Julianum I; PG 76,508B); Vona, S. 134; Der göttliche Geist der Schrift ist vor den Schweinen als den neugierigen Forschern nach dem Göttlichen zu schützen (PG 77,496B; PG 73,20A); Vona, S. 133; vgl. S. 137f. zu Niketas (PG 127,1376B), S. 139 zu Euthymios Zigabenus (PG 129,261A-B).

23 Gregor, In librum primum Regum III 85; CCL 144,245f.

Jünger die unnütze, keinen Heilsgewinn bringende Verkündigung des Wortes verbietet.[24]

Wenn in den Perlen Personen und nicht Überlieferungen wahrgenommen werden, rührt das von der Auslegung des Himmlischen Jerusalem in der Apokalypse her. Seine zwölf Tore sind zwölf Perlen (Apc. 21.21). Gedeutet als die Eingänge der Kirche, sind diese Perlen Heilige, nach Hieronymus die Propheten und die Apostel – und so finden wir ihre Figuren in den gotischen Portalgewänden der Kathedralen stehen. Sie dürfen nicht vor die Schweine geworfen werden, da die wertvollste unter ihnen aufzusuchen bleibt.[25] Die Pseudo-Rhabanischen ›Allegoriae in sacram scripturam‹ deuten die Perlentore auf die *homines justi*, weil die *homines sancti* durch den Glauben der Apostel den Zugang zum Himmelreich haben.[26]

Der Hoheliedkommentar des Abtes Williram von Ebersberg († 1085) deutet den versiegelten Brunnen (Cant. 4,12 *fons signatus*) auf die Heilige Schrift, deren Worte[27] nur den Reinen aufzuschließen seien, vor den Unreinen aber verschlossen gehalten bleiben müßten. Das Gebot, die Perle seines Worts nicht diesen Schweinen vorzuwerfen, hat Williram hier Christus selber in den Mund gelegt.

Hugo von St. Viktor († 1141) spricht vom Umgang mit der Heiligen Schrift. Das Gebot von Deut. 23,25, aus dem Kornfeld des Freundes wohl Ähren mit der Hand zu raufen, nicht aber mit der Sichel darin zu mähen, deutet er: Mit der Hand des Verstehens greife man sich Sätze aus der Schrift und reibe man die Spreu des Buchstabens von dem Korn des Geistes. Sie mit der

---

24 Ebd. V 108, CCL 144,485.

25 Hieronymus, In Esaiam XVIII 61,11; CCL 73, S. 779,45-50.

26 PL 112,996A. Die nicht vor die Schweine zu werfenden Perlen von Mt. 7,6 sind hier die *spiritualia sacramenta*, die *interna mysteria*, die vor den Unreinen zu bewahren sind.

27 The ›Expositio in Cantica canticorum‹ of Williram Abbot of Ebersberg 1048-1085, hg. v. Erminnie Hollis Bartelmez, Philadelphia 1967, S. 15: *Dér brúnno íst besígelet. quia scientia uerbi mei reseranda est mundis et studiosis. unte ist ábo occultanda impuris et desidiosis. nec enim fas est proicere margaritas ante porcos, neque sanctum dare canibus* (67 G 10-14).

Sichel mähen, hieße das Buch durcheilen, ohne es zu verstehen. Im Weinberg des Freundes darf man Trauben, das heißt Schriftaussagen, essen nach Lust, aber keine forttragen nach außen, was die Perlen vor die Schweine zu werfen hieße.[28]

Bernhard von Clairvaux spricht einen Lobpreis auf das Überparadiesische des Paradieses, das Übersinnliche des Sinnlichen, das Hundertfältige (*centuplum*), das in der Welt erfahrbar ist, ohne ein Wort zu haben. Es wird nicht aus der Überlieferung gewonnen, sondern aus dem Verborgenen gezogen, nicht aus der ›pagina‹, sondern aus der ›experientia‹. Von ihm spricht das Wort Psalm 33,9 »Schmecket und sehet, wie süß der Herr ist«. »Es ist das verborgene Manna, *nomen novum est*, das niemand kennt, als der es empfängt«. Keine Lehre, sondern die Salbung lehrt es; kein Wissen, sondern das Gewissen nimmt es wahr. *Sanctum est, margaritae sunt*. Das meint nichts Jenseitiges, sondern auf Erden Erfahrbares, denkt nicht an die Hunde und die Schweine, die nach Absage an das Böse der Apostel tröstet: »Dies seid ihr gewesen, seid aber gewaschen, seid geheiligt (1. Cor. 6,11). Es sei nur einer auf der Hut, daß der Hund nicht zum Erbrochenen zurückkehre und das Schwein zum Pfuhl«. Die Perle des neuen Worts, das Heilige der Gotteserfahrung ist für reuige Hunde und Schweine nicht verborgen zu halten. Anders als das Wort der Schrift ist das *nomen novum* des verborgenen, aber aus dem Geist erfahrbaren Manna der Gegenstand einer nicht scholastischen, sondern einer Erfahrungstheologie.[29]

Das vom Christentum und Judentum anscheinend unabhängige, in Babylonien geschriebene Hauptwerk der mandäischen Religion ›Der Schatz‹ versteht die Perle in einigen Belegen[30] im Sinne des Gebotes Jesu. Der im Namen des Lichtkönigs zu Josamin gehende Manda dHaije soll diesen der Mißachtung der

28 Hugo von St. Viktor, Miscellanea III 56; PL 177,672BC.

29 Sermo ad clericos de conversione; Opera IV, Sermones I, Rom 1966, S. 98-100.

30 Ginza. Der Schatz oder Das große Buch der Mandäer, übersetzt und erklärt von Mark Lidzbarski, Göttingen und Leipzig 1925 (Quellen der Religionsgeschichte 4,13); alle Perlenbelege im Register S. 612.

ihm anvertrauten reinen Lehre zeihen. Die Anklage wird vorgebracht in einer Reihe von etwa zwei Dutzend Metaphern, darin heißt es:

> Du sandtest die Narcisse, die Myrte und das Maru hin;
> jetzt übten sie Verkehrtes an ihnen [...]
> Sie verschmähten die wohlriechenden Blumen
> und tun den Seelen alles Böse an.
> Du nahmest den Schatz des Lebens
> und warfest ihn auf die nichtige Erde.
> Du nahmest die Rede des Lebens
> und warfest sie in die Rede der Vergänglichkeit.
> Du nahmest die reine Perle
> und gabest sie den Männern, die aus Fleisch und Blut geformt sind [...]
> Du sandtest die Gebete hin
> und warfest sie in den nichtigen Ruf.
> Du nahmest die reine Perle
> und warfest sie unter die Vergänglichen.
> Jetzt habe ich den Ruf des Lebens weggenommen,
> damit die Vergänglichen keine Macht über ihn erhalten.

Sein Abgesandter beschwört den Lichtkönig, mit seinem eigenen Wort von dem die Perle Vergeudenden zu fordern:

> Nimm die reine Perle,
> bringe sie in die Höhe und richte sie an ihrer Stätte auf.[31]

---

31 Ebd., S. 362 f. Die »reine Perle« ist die Seele S. 514,16 und S. 300,16-20: »›Wie weh ist mir um meine Jünger, die am Ende jenes Zeitalters weilen. Denn sie achten gering die Perlen und halten sie in den Wohnungen der Schwelgerei in Musik gefangen; darum sinken sie in das große Suf-Meer. Wehe meinen Jüngern, die den Lichtort nicht schauen‹«.

Gegen den weltlichen Perlenkult eifern nach Paulus 1. Tim. 2,9 (vgl. 1. Petr. 3,3) auch Hieronymus (Ad Rusticum monachum epistola 125,3; CSEL 56,1,121 f.; Vona, S. 148), Ambrosius (De paenitentia II 9,88; CSEL 73,198,44-50: die Frauen tragen die Perlen an den Ohren, weil sie die Perle, die vom Himmel ist, verloren). Zur Perlenschelte greift Tertullian bei der Frauenschelte in ›De cultu feminarum‹ I 6,2 f.; CCL 1,349. Solch seltene kulturgeschichtliche Kritik am Perlenluxus fällt ganz aus dem Rahmen der sonst äußerst hohen Wertschätzung der Perle in der christlichen Theologie.

Im Judentum, wo Perle oft einen treffenden Gedanken oder einen schönen Ausdruck meint, gilt die Thora als ein Schatz, der nicht jedem, nur den Geeigneten, Tüchtigen und Frommen zu offenbaren sei.[32]

Wie auf die Taufe und die Gnade[33] wird die den Unreinen vorzuenthaltende Perle auch auf die Eucharistie gedeutet. Für das Verbot, das eucharistische Opfer außerhalb der ›einen katholischen Kirche‹ zu feiern, beruft Gregor der Große sich auf Ex. 12,46, wo für das Essen des Opferlamms geboten wird: *In una domo comedetur, nec efferetis de carnibus ejus foras.* Ein Heraustragen des Opfers aus der Kirche hieße, das Heilige an die Hunde geben: *In una namque domo agnus comeditur, quia in una catholica Ecclesia vera hostia Redemptoris immolatur. De cujus carnibus divina lex efferi foras prohibet, quia dari sanctum canibus vetat.*[34] Rupert von Deutz eröffnet seine Lehre von den Sakramenten als den Perlen mit der nachdrücklichen Warnung

32 Hermann L. Strack und Paul Billerbeck, Das Evangelium nach Matthäus, erläutert aus Talmud und Midrasch, München 1922 (Kommentar zum Neuen Testament aus Talmud und Midrasch 1), S. 447f., 450; Hermann L. Strack und Paul Billerbeck, Die Briefe des Neuen Testaments und die Offenbarung Johannis, erläutert aus Talmud und Midrasch, München 1926 (Kommentar zum Neuen Testament aus Talmud und Midrasch 3), S. 325; Gerd A. Wewers, Geheimnis und Geheimhaltung im rabbinischen Judentum, Berlin und New York 1975 (Religionsgeschichtliche Versuche und Vorarbeiten 35).

33 Die Deutung auf die Taufe ist selten. Der Priester darf die Perle der Taufe nicht vor die Schweine werfen. Er hat den die Taufe Begehrenden gründlich zu prüfen, damit nicht einem Unaufrichtigen und Unwürdigen das Sakrament zu seinem Unheil ohne den heiligen Geist gespendet werde; Kyrillus von Jerusalem, Catachesis 17,36; PG 33,1009f. – Selten ist auch die Deutung auf die Gnade. Gott wirft das Heilige nicht vor die Hunde (Mt. 7,6, hier ohne Nennung der Perle). Er prüft die Ernsthaftigkeit des Glaubens und schenkt dem Heuchler keine Gnade; ebd. 1 3; PG 33,372f.

34 Gregorius Magnus, Moralia 35,8,13; PL 76,756C. – Die Perle ist die den Ungetauften zu verweigernde Eucharistie nach Didache 9,5 und Tertullian, De praescriptione haereticorum 41,2; Giorgio M. Castellini, Struttura letteraria di Mt. 7,6, Rivista biblica 2 (1954), S. 310-317, hier S. 313, Anm. 10.

vor den Weltweisen, die, die Taufe und die Eucharistie verachtend, als Hunde und Schweine zu gelten hätten.[35]

Die Bedeutung ›Stückchen des sakramentalen Opferbrots‹ für Perle ist in der byzantinischen Kirche vom 4. bis zum 12. Jahrhundert bei der Rede vom Hostienkrümel beim Meßopfer, der nicht verloren gehen darf, bezeugt. Diese Bedeutung verbindet sich mit der von Perle ›Wort‹, wenn der Hl. Germanus von Konstantinopel das Altaropfer als Christi Mahl mit den Eingeweihten und die Perle des Mahles als ›Die Heiligen Worte der Lehre Christi an seine Jünger‹ auslegt.[36] – Im gallikanischen Ritus werden, altkirchlichem Brauch entsprechend, nach der Collecta (Oration) des Priesters die Katechumenen zum Verlassen der Kirche aufgefordert, da sie noch nicht würdig sind, den Opfergottesdienst mitzufeiern. Sie haben ihn vor der Kirchentür auf dem Boden hingestreckt zu hören. Der Türhüter hat darauf zu achten, daß kein Unwürdiger im Kirchen-

35 Rupert von Deutz, De sancta trinitate 36,1; CCCM 24,1905: *Sacramenta haec margaritae nostrae sunt, illi autem qui deriserunt uel derident haec, cum sibi sapientes uideantur, canes sunt, porci sunt.* Innocenz III. sagt in einer Predigt: *Porci enim sunt qui divina sacramenta conculcant*; PL 217,644C. – Selbst unter dem Volk Gottes, zu dem er durch das Gesetz und die Propheten sprach, fehlten nicht die der Perlen der himmlischen Sakramente Unwürdigen (*margaritis coelestium sacramentorum indigni*), die Hunde und die Schweine. Gott gebrauchte keine nackte, bild- und rätsellose (*nudo sermone absque figuris et aenigmatibus*), vielmehr eine schwer zu verstehende Sprache, um zu verhindern, daß sie Hunden und Schweinen preisgegeben würde. Rupert, Commentariorum in Matthaeum VII 1; PL 168,1454C. Herodes und die Seinen gehörten zu den Schweinen, die die Perle der Inkarnation nicht zu verstehen vermochten. Rupert, ebd. I; PL 168,1322CD.

36 Henry und Renée Kahane, Perls before Swine? A Reinterpretation of Matth. 7,6, Traditio 13 (1957), S. 421-424. Auch im Neugriechischen lebt die Bedeutung ›Krume‹ fort. »The probably accurate version of Matth. 7,6 is: ›Do not give the sacrificial meat to dogs, and do not throw the crumbs of your shewbread before swine‹. Christ's words, in short, strike not at folly but at sacrilege« (S. 424). Die Perle als das eucharistische Brot ist auch dem lateinischen Christentum nicht unbekannt. Vgl. Venantius Fortunatus, carmen 3,20,2 *sacrati [...] corporis agni margaritum ingens.*

raum zurückbleibt, da das Heilige nicht den Hunden und die Perle nicht den Schweinen vorzuwerfen ist. »Und was auf der Erde wäre heiliger als das Essen (*confectio*!) des Leibes und des Blutes Christi«.[37]

In einem als Dialog zwischen Gott und dem Sünder geführten Lied des 16. Jahrhunderts über die Vaterunserbitten antwortet Gott auf des Sünders Bitte um das tägliche Brot mit einer Deutung des Heiltums und der Perle auf das Sakrament und auf das Wort.[38] Eine Meditation vor dem Empfang der heiligen

---

37 Expositio antiquae liturgiae Gallicanae, hg. von Edward C. Ratcliff, London 1971 (Henry Bradshaw Society 98), S. 9, cap. 15 De caticumino: *quae cura ad diaconum uel ad ostiarium pertinebat ne quis indignus retardaretur in templo dicente domino: ›Nolite dare sanctum canibus neque mittatis margaritas uestras ante porcos‹. Quid enim in terra sanctius confectione corporis et sanguinis christi; et quid plus immundum canibus uel porcis similitudinem conparandis cum eo uel qui non est purgatus baptismo uel non munitus crucis signaculo.*

38 Philipp Wackernagel, Das deutsche Kirchenlied von der ältesten Zeit bis zu Anfang des 17. Jahrhunderts, Bd. 3 (Neudruck Hildesheim 1964), Nr. 1260, S. 1091, Str. 21 f. (Gott spricht):

Es ist nicht fein noch rechte,
das man das liebe Brod
Hin für die Hund wolt brechen,
die Kinder sind des not,
Wenn man die Perlein für die Sew,
das Heylthumb für die Hunde
wolt werffn, das doch ferr sey.

Mein wort laß ich verkünden,
mein heyl biet ich euch an,
Noch wird niemand gefunden,
der doch hett glauben daran,
In ewren sünden fahrt jr fort,
mit hohn vnd spot verachtet
mein Diener vnnd mein Wort.

Ein barockes Emblem (Picinelli, Mundus symbolicus (wie Kap. 3, Anm. 8), Bd. 1, lib. 5, nr. 605, S. 420) stellt ein Schwein zum Rosengarten mit dem Lemma *NON BENE CONVENIUNT* oder *QUID SUIBUS, ET ROSIS*? Seine Deutung auf den unreinen Menschen, der sich der Eucharistie unwürdig naht, beruft sich auf Johannes Chrysostomus und auf des Ambrosius Auslegung

Kommunion in ›The Mount of Olives, or Solitary Devotions‹ von Henry Vaughan (1652) betrachtet die Unwürdigkeit dessen, der als Dunkel vor das Licht tritt. *Wilt thou give the bread of life unto dogs, and cast thy pearls before swine?* O Jesus Christ, *the lover and the redeemer of all humble and penitent souls! [...] I confesse, dear God, I confesse with all my heart mine own extrem unworthyness, my most shameful and deplorable condition.*[39]

Seine Fabel ›Vom Hanen und Perlen‹ (1548) dahin auslegend, daß die Perle Kunst und Weisheit anzeigt, zieht Burkhard Waldis daraus, daß der Narr (der Hahn) die Kunst verachtet, den sentenzartigen Schluß: das Böse ist den Guten nicht gut und umgekehrt,

> *Das heiltum ist nicht für die hund,*
> *Perlen seind schweinen ungesund;*
> *Der muscat wird die ku nicht fro,*
> *Ir schmeckt vil baß grob haberstro.*[40]

Ungesund ist die Perle den Schweinen als unangemessen und zum Gedeihen nicht förderlich, vielleicht aber auch als zum Verderben führend, insofern der Mißbrauch eines Sakramentes die Verdammnis bringt.

Auch wenn man in Betracht zieht, welches Maß an leidvollen Erfahrungen der missionierenden oder in die Verteidigung getriebenen Kirche sich in solchen Anweisungen spiegeln mag, bleibt doch ein Rätsel, wie das Christentum mit solcher Macht über die Mittelmeerwelt und dann darüber hinaus sich würde ausgebreitet haben können, wenn diese Weisung als allgemeine Richtschnur für das Auftreten der Kirche hätte gelten sollen.

---

von Mt. 7,6: *Hoc est [...] immundis spiritibus sacrae communionis non facile impertienda consortia* (De paenitentia 2,9).

39 Henry Vaughan, The Works, hg. v. L.C. Martin, Oxford ²1957, S. 161.

40 Zitiert bei Klaus Speckenbach, Die Fabel von der Fabel. Zur Überlieferungsgeschichte der Fabel von Hahn und Perle, Frühmittelalterliche Studien 12 (1978), S. 178-229, hier S. 213.

Das Segel der Mission wäre ohne Wind, alles Bekennen bis in das Martyrium ohne Sinn, jede ausgreifende Initiative aus der Hand gelegt gewesen. Die Teilwahrheit des in der Exegese von Mt. 7,6 Tradierten könnte einen Anteil am Gesamt der Wahrheit über den Umgang mit dem Wort genießen, wenn man diese als einen facettierten Körper sieht, dessen Facetten je als Teil der Wahrheit aufscheinen, wenn sie die Energie einer situationsspezifischen Frage trifft. Alle Facetten leuchten nie zugleich; leuchtet eine, kann eine andre ruhen müssen. Die Perle als Metapher für das Wort und gar die Konstellation von Schwein und Perle bringt nur Facetten am Körper der Wahrheit über das Wort zum Leuchten. Möchte man eine Facette nicht der Hütung sondern der Ausbreitung des Worts zur Geltung kommen lassen, greift man zum Senfkorn statt zur Perle. Das Senfkorn ist wie die Perle ein Glied der Kette von sieben Gleichnissen über das Leben des Worts (Mt. 13,1-52), die nicht Variationen über ein Thema sind, sondern zur Fülle der Wahrheit sich ergänzen. Der gleiche Ausleger des Matthäus spricht zum Senfkorn von der alle Welt mit Macht überwindenden Kraft der Predigt des Wortes Gottes und zur Perle vom zu hütenden Geheimnis Gottes und führt sich damit doch nicht ad absurdum. Die Komplementarität der Rede vom Wort kommt seiner Wahrheit näher. Uns Heutigen macht nur die Einsicht in diese Begebenheit es begreiflich, daß über tausend Jahre lang gegen die Tradition der Auslegung von ›Ihr sollt die Perlen nicht vor die Schweine werfen‹ sich so gut wie kein Protest erhob. Dessen einzige Stimme ist ungehört verhallt. Schon in der zweiten Hälfte des 3. Jahrhunderts verwahrt sich Methodius von Olympus gegen die Deutung der Perle als Gottes Wort (*venerandae sacraeque litterae*), welches den Gottlosen und den der Weltlust Ergebenen vorzuenthalten sei, da diese Interpretation dem Missionsauftrag der Kirche, die Griechen und die Heiden zu bekehren, stracks zuwiderlaufe. Aus diesem Grund legt er als erster und für lange Zeit einziger Exeget die Perlen tropologisch aus. Sie sind die Tugenden wie Keuschheit, Maßhalten, Gerechtigkeit und Wahrheit, die nicht den Schweinen als den unreinen Lüsten im Menschen preisgegeben werden dürfen.[41] Das nur im ›Myriobiblon‹ des Photius von Konstantinopel (9. Jh.) überlieferte Argument des Methodius blieb jedoch ein Hapax Legomenon der Auslegungsgeschichte, die mit einer frappierenden, den häufig nicht nach links und rechts schauenden Eigenlauf einer exegetischen Tradition auch hier dokumentierenden Einhelligkeit über tausend Jahre und länger hin gebot, das Gotteswort den Heiden und Häretikern nicht preiszugeben. Die Methodius beunruhigende Furcht, die Deutung der Perle auf das Wort könne die Befolgung des Missionsbefehls vereiteln, lag so nahe, daß es wunder nimmt, wie sie nicht andere Ausleger ebenso befiel. Ob angesichts des ohnehin kleinen exegetischen Spielraums um das Christuswort mit seiner Konstellation von Perlen, Hunden und Schweinen die Autorität der Kirchenväter nicht einfach durchschlug und die Bahn des Weiterlaufs der Tradition bestimmte, oder nicht vielleicht eben bei den Vätern ein Bewußtsein davon eingeschwungen war, daß bei der sich zum Sichwidersprechen gehenden Komplementarität von situationsspezifisch legitimierten Fazetten am Körper der Wahrheit über das Wort die Gefahr einer einseitig rigorosen Konsequenz der Befolgung des Gebots nicht zu erwarten sei, wird kaum mit Sicherheit auszumachen sein.

Als wie groß die Gefahr gesehen wurde, daß die Berufung auf das Herrenwort von Mt. 7,6 eine Mission vereiteln könnte, zeigt im Osten auch das syrische Gedicht des Jakob von Sarug († 521) über des Apostels Thomas Weigerung, nach Indien zu gehen, das bei der Verlosung im Apostelrat als sein Missionsgebiet ihm zugefallen war. Thomas argumentiert gleich mit der ›Lehre‹ für die Perle:

229 Ich werde nicht einem Volk, das nach zwei Seiten finster ist, verkündigen,
dessen Farbe schwarz, dessen Aussehen häßlich und dessen Herz blind ist.

41 Methodius, De creatis, zitiert bei Photius, Bibliotheca 225; PG 103,1140A-C; Vona, S. 125 f.

Ich werde das Heilige nicht den Hunden, die es nicht wahrnehmen, geben
und die Lehre nicht dem, der kein Herz hat, das sie aufnehmen könnte.

Kurzum, nach Indien werde ich nicht gehen. [...]

376 Werft die Perlen den Schweinen hin und das Heilige den Hunden!
Dann werdet ihr mir sagen, ich verachte die Hoffnung des unreinen Volkes.[42]

Es kostet die Mitapostel Mühe, die Vorwände des Thomas zu besiegen, und erst eine Rede Christi kann ihn dazu bringen, den ihm gebotenen Weg zu gehen.[43]

---

42 Jakob von Sarug, Drei Gedichte (wie Kap. 3, Anm. 46), S. 65, 89.

43 Mit Berufung auf Methodius hat Gottfried Arnold seine Argumentation noch einmal aufgenommen: Arnold, Historie und beschreibung der Mystischen Theologie (wie Kap. 3, Anm. 10). Wohl sieht er schon die Alten unter den Christen die Anfänger und die Erfahrenen unterscheiden, die im Glauben *vollkommenen Helden / die nunmehro des Allmächtigen geheime Räthe worden wären* (S. 68). Da Gott aber auch den Kleinen eine Gnade der Erleuchtung schenken kann, ist es nicht unzulässig, *diese geheime GOttes-Gelehrtheit allen und ieden / auch denen Gottlosesten / vorzulegen / ob sie vielleicht möchten gereitzet und zum Nach-eyfern beweget werden / wenn sie obwohl nur ein wenig und* confuse, *mercken / daß GOtt seinen Freunden sich so vertraulich mittheile / und dahero auch von gantzem Herzen sich zu ihm zu wenden* resolviren (S. 70). Mit Nennung des Methodius sagt er darum zum Perlengleichnis: *In solchem Sinn haben auch die Alten des HErrn Christi Worte* Matth. VII, 6 *erkläret und erinnert: Die Perlen bedeuten nicht die gesunden und H. Lehren der Gottseeligkeit / noch die Schweine alle gottlosen Menschen: Denn sonst hätten auch die Apostel solchen nicht predigen dürffen / und wäre kein Mensch zu GOtt bekehret worden* (S. 72). Gleichwohl hat er Verständnis dafür, daß das Mysterium der geheimen Gotteslehre den erfahrenen Freunden Gottes von den Alten vorbehalten worden sei: *Sie verboten nicht allein denen Christen / daß sie denen Catechismus-Schülern oder Ungetaufften nichts von den Geheimnissen eröffnen solten / sonderlich von dem Abendmahl / als worinne sie die Mystische Vereinigung der Seelen mit Christo setzen / wie in der Abbildung gezeiget worden / sondern sie ermahneten auch die ihrigen ernstlich aus* Matth. VII, 6. *Sie solten die wahre Lehre weder den ihrigen noch den Jüden*

Als von Christi Wort, wie einst die Jünger, angesprochen galt die Kirche in ihren Amtsträgern als den Hütern des Wortes Gottes bis hinab in die Gemeinde. Die Kirche als Institution und als Verwalterin des Wortes hatte sich abzuschirmen gegen die Häretiker und die Heiden, die Verächter, Spötter und Verleumder. Man dachte in Ämtern und Parteien, nicht bezogen auf Personen. Als Prototyp der die Perlen der göttlichen Geheimnisse nicht fassenden Schweine wird persönlich einmal herausgestellt nur Judas.[44] Das 12. Jahrhundert erst bringt Zeugnisse des engagierten, persönlich gefärbten Hineinsprechens in eine gerade gegebene Konstellation. Im Ton des liebenden Betroffenseins macht Heloisa Abaelard im Brief den Vorwurf, über seinem fruchtlosen Engagement nach außen, seinem vergeblichen Predigen vor Gegnern, die ihm nächstgele-

---

vorlegen / ja auch nicht denenjenigen unter denen Christen / welche sich noch als Schweine in den bösen Lüsten herum weltzen / damit sie solche Perlen nicht zertreten / die dem göttlichen Nahmen mit ihren Sünden Schmach anthäten und sie zerrissen (S. 73 f.). Der als pietistischer Protestant mit den Kirchenvätern und der mystisch geprägten Theologie des Mittelalters überaus vertraute Gottfried Arnold beruft sich für das Letzte auf Cyrillus von Jerusalem, Chrysostomus, Basilius, Origenes und Isidorus Pelusiota. *Sie setzen auch diese wichtige Ursachen hinzu: Weil die Unheiligen oder die Welt-Leute auch offt das allerbeste zu verlachen pflegten: Dahero müsse man nicht denen menschlichen Säuen / sondern denen das Heilige reichen / die ein Englisch Leben führen nach der Schrifft. Auch bezogen sie sich auff das eigene Exempel des HErrn Christi / welcher nicht alles / was er gewust / gelehret / sondern was wir fassen können / und sich nach unserer Schwachheit gerichtet / auch denen Aposteln selbst nicht alles auff einmal vorgeleget hätte / sondern sie auff den Heil. Geist warten heissen / der ihnen selbst alles verkündigen solte* (S. 74 mit Berufung auf Isidorus Pelusiota und auf Nilus). Dionysius Areopagita, Johannes Gerson und Petrus Blomevenna bezeugen ihm die Empfehlung, den Einfältigen und Ungelehrten Gottes Geheimnisse getrost zu predigen, sie den Weltgelehrten aber vorzuenthalten. *Diese Gelehrte aber beschreiben sie / wann sie über ihrer* Philosophia *auffgeblasen seyn / und übel leben / und daher mit ihren unreinen Füssen alles zertreten / was sie nicht verstehen / und mit Zähnen zerreissen / was sie nicht schmecken* (S. 77).

44 Anastasius Sinaita († nach 700), oben Kap. 1, Anm. 17.

gene Verpflichtung ihr und ihrem Konvent gegenüber zu vergessen: »Ohne Erfolg ist dein Predigen und Ins-Gewissen-Reden vor den Widersachern. Vergeblich wirfst du die Perlen des Wortes Gottes vor die Schweine. Bedenke das Maß deiner Zuwendung zu Aufsässigen und deiner Schuld gegenüber den Folgsamen. Betrachte, was du deinen Töchtern schuldest, der du deine Feinde so beschenkst. Und, um weiteres zu übergehen, wäge ab, mit welcher Pflicht du mir gegenüber dich verbandest, um das von dir den ergebenen Frauen insgemein Geschuldete bei deiner einzigen noch ergebener einzulösen«.[45] Die Hoffnung Heloisas, Abaelard ihrem Kloster zu erhalten, hat nur wenige Jahrzehnte später eine umgekehrte Entsprechung in dem Einreden des Abts Wolbero von St. Pantaleon in Köln auf die Benediktinerinnen von Nonnenwerth in dem für sie geschriebenen Kommentar zum Hohenlied. Zu Cant. 1,7 *Si ignoras te, o pulcherrima inter mulieres, egredere* ermahnt er die Schwestern auf der Rheininsel zur Selbsterkenntnis, die ihnen zwar auch gebietet, ihr Talent nicht zu vergraben und es wirksam werden zu lassen, sie aber doch anhält, ihre Erwähltheit zur Braut Christi höher einzuschätzen. Die Wahl zwischen vita activa und vita contemplativa muß im Sinne der Mystik hier für diese getroffen werden. Wolbero will den Nonnen untersagt wissen, ihre Perlen vor die Schweine zu werfen, das heißt, aus dem Brautgemach der Kontemplation heraustretend, in die Welt zu gehen und sich an sie zu verlieren, statt sich für ihren Bräutigam zu bewahren. Wer sich als Perle erkennt, verschließt sich vor der Welt.[46] Angesichts so anteilnehmender Besorgnis,

45 The Personal Letters Between Abelard and Heloise, hg. v. J. T. Muckle, Mediaeval Studies 15 (1953), S. 47-94, hier S. 70 der lateinische Text.

46 Wolbero, Commentaria in canticum canticorum Salomonis I 47; PL 195,1059C-1060A, hier 1060A: *Cum ergo tales vos per gratiam Dei aspicitis, nolite margaritam vestram ante porcos mittere ut conculcent eam, hoc est nolite exire de illo contemplativo et tutissimo Sponsi vestri secretario, et abire post saecularium actionum strepitus, ubi carnalia desideria compleatis secundum doctrinam hominum impiorum, de quorum tabernaculis fugere debetis.* Der Gedanke an die ›margarita virginitatis‹ schwingt hinein.

weniger um die Vergeudung des Worts als um das Sichvergeuden Nahestehender, Person gewordener Perlen, die sich nicht preisgeben dürfen durch Sich-untreu-werden, kommt einen die ganze Kälte der routinierten Amtskirche an in einem völlig andersartigen Dokument. Ein in den Fälschungen der pseudoisidorischen Dekretalen dem ersten Papst nach Petrus, Clemens I., zugeschriebener Brief über die Pflichten der Kleriker gibt Lehren über die Autorität der Kirche und für das Auftreten der Geistlichkeit in einer nicht zu Respekt geneigten Welt des Unwissens und des Ungehorsams. Wird der Friedensgruß der Geistlichen nicht angenommen, ist der Gegner mit den Waffen des Wortes anzugreifen. Das Vorgehen ist taktisch anzulegen. Wie man vor dem Besuch einer Stadt Erkundigungen einzieht, wessen Tisch man die Ehre geben dürfe, so erst recht darüber, wessen Vorleben gestatte, vom ewigen Leben zu ihm zu sprechen. Man muß auf der höchsten Hut sein, um die Perlen nicht vor die Schweine fallen zu lassen.[47] Die geistliche Diplomatie gebietet, auf öffentlich gestellte Fragen Antwort zu erteilen, um nicht als um Auskünfte verlegen zu erscheinen, Schläue mit Schläue zu erwidern, dem Sünder aber nicht mit Glaubensgeheimnissen, sondern mit Tadelsworten zu begegnen.[48] Die kalkuliert dosierte Abgabe von Wahrheit macht den Geistlichen Gott angenehm.[49] Augustins theologische Pädagogik verkam zu einem Instrument klerikaler Strategie.

---

47 Isidori Mercatoris decretalium collectio, Epistula tertia sancti Clementis papae. De officio sacerdotii et clericorum; PL 130,43-54, hier 51D: *Et iterum in mandatis habemus, ut venientes ad civitatem discamus quis in ea dignus sit, ut apud eum cibum sumamus, ut quanto magis convenit noscere quis qualis priusve sit is cui immortalitatis verba credenda sunt. Solliciti enim et valde solliciti esse debemus, ne ›margaritas nostras mittamus ante porcos‹.*

48 52A: *Si vero in his quae palam sunt peccata involutus permanet inquinatus, non me oportet aliquid de secretioribus et remotis divinae scientiae proloqui, sed magis protestari et convenire eum, ut peccare desinat et actus suos a vitiis emendet.*

49 54A: *Aliter enim nemo salvus esse poterit, nisi his observationibus pro viribus operam dederit.*

Im übrigen läuft die patristische Tradition im Mittelalter fort.[50] Die nicht vor die Säue zu werfenden Perlen (7,6) als Gottes Wort verstehend, deutet die ›Aurora‹ des Petrus Riga (zwischen 1170 und 1200), eine kommentierte Bibel in Versen, sie doch auch auf den spirituellen Schriftsinn (verba mystica), der aus den Muscheln der segenspendenden Bücher zu erheben ist:

1326 *Sed noli sanctum canibus dare, spargere gemmas*
Ante sues, porcus ne pede calcet eas.
Sanctum seu gemme, quas de conchis trahis, almis
Eruta de libris mistica uerba notant.
Qui redit ad uomitum canis est; sacra dogmata spernens
Porcus; utrisque caue spargere uerba Dei.[51]

Christus selber war nach Rupert von Deutz darauf bedacht, sein Wort den Unwürdigen vorzuenthalten. Wo Rupert die in Christi Leib versammelten sieben Gaben des Hl. Geistes vorführt, wußte der »neue Mensch« Christus, nachdem der »erste Mensch« Adam zwischen Gottes Gebot und den Verheißungen der Schlange die falsche Wahl getroffen hatte, kraft der Gabe des Hl. Geistes *intellectus*, wem er die Geheimnisse des Gottesreiches offenbaren dürfe und zu welchen er in Gleichnissen zu reden habe. Er hielt die unreinen Geister ausgeschlossen, und verhinderte, indem er Gottes Geheimnis (*mysterium dei*) den Unwürdigen vorenthielt, daß das Heilige (*sanctum*) und die Perlen den Hunden und den Schweinen preisgegeben würden.[52]

Die Rede der Bibel in einer den Gegenstand verbergenden Bildsprache dient der Vorbeugung gegen bewußte oder unbewußte Fehldeutungen ihres Texts durch Ungläubige oder Ungeschulte. Die scholastische Exegese erhält den Vorrang vor der Exegese der Bildsprache in der Auslegung etwa des Hohenlieds. Wo Thomas von Aquin in der ›Summa theologica‹ den bi-

---

50 Vgl. oben Anm. 14, 19-21.

51 Aurora. Petri Rigae Biblia versificata. A Verse Commentary on the Bible, hg. v. Paul E. Beichner, T. 2, Notre Dame, Indiana 1965 (Publications in Mediaeval Studies 19), S. 477f.

52 Rupert von Deutz, Commentaria in Evangelium S. Joannis, PL 169,254D.

blischen Metapherngebrauch begründet, unterscheidet er diesen von dem der Dichter, welche die Metaphern *propter repraesentationem* verwenden, die dem Menschen von Natur gefallen: *Sed sacra doctrina utitur metaphoris propter necessitatem et utilitatem, sicut jam dictum est.*[53] Die heilige Schrift bedarf der Metaphern nicht zum Schmuck sondern zur Wahrheitserhellung. Indem sie von einem Gegenstand bald in Bildern und bald offen spricht, unterstützt die eine Redeweise die andere für das Studium der Tauglichen, dient die Verbergung in Bildern anderseits der Verhinderung der Fehldeutungen durch die Ungläubigen, über welche in Matthäus 7,6 gesagt ist: Werft das Heilige nicht den Hunden vor.[54]

Ein ungeheures theologisches Gewicht erhält das Wort im Zusammenhang der Beratungen in der Trinität vor der Erschaffung und noch einmal vor der Erlösung des Menschen, die vom 12. Jahrhundert an in verschiedenen theologischen Gattungen als innertrinitarischer Streit über das Für und Wider vor der Erschaffung des Menschen und vor seiner Erlösung eine literarische Gestalt gefunden haben.[55] Das Thema der das Heil befördernden Auseinandersetzung in der Trinität verband sich im 12. Jahrhundert mit dem Parallelkonzept eines Streitgesprächs zwischen den Tugenden von Ps. 84,11 *Misericordia et veritas obviaverunt sibi, iustitia et pax osculatae sunt* (»Erbarmen und Weisheit begegneten sich, Gerechtigkeit und Frieden küßten sich«) über die Erlösungswürdigkeit des Menschen.

Den höchsten Wert hat die Perle als die für das Menschengeschlecht in der Heilsgeschichte vorgesehene Erlösung. In einer Adventspredigt von Innocenz III., Papst von 1198-1216, plädiert Veritas gegen Misericordia für des Menschen bleibende

---

53 Summa theologica, qu. 1, art. 9, ad primum.

54 Ebd., ad secundum: *Unde ea quae in uno loco Scripturae traduntur sub metaphoris, in aliis locis expressius exponuntur. Et ipsa etiam occultatio figurarum utilis est, ad exercitium studiosorum, et contra irrisiones infidelium de quibus dicitur Matth. 7,6: ›nolite sanctum dare canibus‹.*

55 Friedrich Ohly, Die Trinität berät über die Erschaffung des Menschen und über seine Erlösung, PBB 116 (1994), S. 242-284.

Verdammung. Nach seiner Vertreibung aus dem Paradies wäre es abwegig, es für Unwürdige wieder aufzuschließen.[56] Da Gott von seiner konsequenten Strafgerechtigkeit nicht abzugehen vermag, hieße die Erlösung des in seiner Gefallenheit beharrenden Menschen, das Heilige den Hunden, die Perlen den Schweinen vorzuwerfen. In einer mhd. Version der Predigt heißt es, es wäre *umbillich und unbehoerlich, daz er daz paradîs wider ûf entslüzze den boesen menschen, unde wêr ouch unpillich, daz er gêbe die heilikeit den hunden, oder daz er würfe die margarîten für diu swîn.*[57] Warnt Veritas in Gottes Namen vor einer unverdienten Vergeudung der Erlösung an den Menschen, plädiert Misericordia für eine Friedensfindung im innertrinitarischen Streit durch Gottes Sohn Sapientia, dessen Bereitschaft zur Inkarnation die Erlösung in der Weise ermöglicht, daß beide, Gerechtigkeit und Barmherzigkeit, Genugtuung erfahren.

Die mit diesen Zeugnissen abgesteckte theologische Tradition über die Perlen des Worts, die nicht den Schweinen vorzuwerfen sind, ist so geläufig, daß es zu verwundern wäre, wenn sie nicht auch in der volkssprachigen Predigt und geistlichen Literatur vertreten gefunden würde.[58] Die frühmhd. Dichtung ›Deutung der Meßgebräuche‹ will ihre Predigt an Gotteslästerer und solche, deren Worte und Werke auseinanderklaffen, nicht verschwenden:

man sol diu mergriezzer vur diu swin niht giezzen.
si niezzent ir niht, daz ist war, si behorgent si aver vil gar.
iht mer hilfet, daz man dem brideget,
der darumbe niene tuot, wan daz er bespottet gotes wort.
der bezeichenot daz swin, sin lon muoz dester boser sin.[59]

56 PL 217,318C-320B.
57 Die mhd. Predigt edierte Franz Pfeiffer, Germania 7 (1862), S. 341-343.
58 Belege für die nicht vor die Säue zu werfenden Perlen aus dem Altfranzösischen bei Tobler – Lommatzsch, Altfranzösisches Wörterbuch V, Sp. 1161,14-22.
59 Die religiösen Dichtungen des 11. und 12. Jahrhunderts, hg. v. Friedrich Maurer, Bd. 2, Tübingen 1965, S. 295.

Nach einer frühmhd. Predigt verweigerten die Juden in der babylonischen Gefangenschaft das ihnen abverlangte Singen ihrer Lieder und hängten sie die Harfen an die Weiden (Ps. 136,2), um nicht Gottes Worte seine Feinde hören zu lassen, da das Heilige den Hunden nicht zu geben ist (Mt. 7,6).[60] Einer mhd. Predigt der Leipziger Sammlung zufolge wollte Christus Pilatus und Herodes keiner Antwort würdigen: *enwerfet niht, spricht er, die margariten, daz ist gotes wort, vor die swin, daz ist vor die unreinen.*[61] Eine andere Predigt versteht die Perlen, die zur Zierde des Geschmeides in das Gold gelegt werden, als Gottes Wort, das unsere aufnahmebereite Seele annimmt. Wer es dem verkündet, der es nicht hören und danach handeln will, der wirft die Perlen vor die Säue. Der Prediger bittet hiermit um aufmerksame Hörer.[62]

Der Dichter des Rheinischen Marienlobs (um 1230) weiß Maria reich an Perlen der liebenden Erkenntnis Gottes (4121). Die Perle des bei der Heimsuchung Mariens offenbar gewordenen Geheimnisses will er nur Aufnahmebereiten vorgetragen wissen,

2812 *den man sal breiden*
ind offenbarn gods mergriezen,

---

60 Speculum Ecclesiae. Eine frühmittelhochdeutsche Predigtsammlung. Mit sprachlicher Einleitung neu herausgegeben von Gert Mellbourn, Lund 1944 (Lunder Germanistische Forschungen 12), S. 40,4-6: *Ûf die widen hengen wir unseriv seitspîl, von div daz wir dei gotis wort den gotis widerwartin niht vûrlêigin schuln, also er sprichet: Nolite* sanctum *dare canibus.*

61 Altdeutsche Predigten, hg. v. Anton E. Schönbach, Bd. 1: Texte, Graz 1886 (Neudruck Darmstadt 1964), S. 61,39-62,1.

62 Ebd., S. 117,3-12, in einem Predigteingang: *nolite margaritas vestras mittere ante porcos, ir sůlt ůwir mergriezin niht werfin vor die swin. die mergriezin und perlin daz sint cleine gesteine, die setzet man in daz golt und zieret da mit daz edele gesmide. daz bezeichent daz gotis wort da mit wir zieren unser sele, ob wir iz tigere merkin. swer so daz gotis wort den lůten sagt die iz niht merken und dar nach niht tůn, der wirft die mergriezin und daz edele gesteine und gesmide vor die swin. des bewar ůch unser herre da zu himile. nu vornemet dise wort die ůch unser herre vor gesagit hat und die ich ůch důtin sol.*

die ir kunnen ind willent geniezen.
wand de schüt die mergriezen vür die swin,
beid schad ind schande si sint sin.[63]

Hugo von Trimberg beruft sich auf Freidank[64] (nicht Mt. 7,6), wenn er die Lehre von Gott an untaugliche Hörer, die ihr so wenig folgen wollen wie der Kuckuck auf seinen Ruf verzichtet, nicht verschwendet wissen will:

Nieman sol dâ von gote kôsen,
Dâ er die rede im hoert verdôsen:
Dâ belîbet sîn lêre gar âne danc.
Dâ von sprach her Frîdanc:
›Swer berlen schüttet vür die swîn,
Die mügen unlange rein sîn‹.[65]

Auch daß David zum Lob Gottes vor der Bundeslade tanzte, fand bei Sauls Tochter Michol kein Gefallen. Die Apokalypse (11,3-6) spricht von der Predigt der zwei Zeugen Gottes, gegen die ihre Feinde nicht aufkommen, denn »Diese haben Macht, den Himmel zu verschließen, daß es nicht regne in den Tagen ihrer Weissagung; und haben Macht über das Wasser, es zu wandeln in Blut, und zu schlagen die Erde mit allerlei Plage, so

---

63 Das Rheinische Marienlob. Eine deutsche Dichtung des 13. Jahrhunderts, hg. v. Adolf Bach, Leipzig 1934 (Bibliothek des literarischen Vereins in Stuttgart 281), S. 85; vgl. Ulrich Engelen, Die Edelsteine im Rheinischen Marienlob, Frühmittelalterliche Studien 7 (1973), S. 353-376, hier S. 366.
64 Bei Freidank steht nur der Spruch (123,6f.): *Swer berlîn schüttet für diu swîn, / diu mugen niht lange reine sîn*. Daß das Wort von Christus ›proverbialiter‹ gesprochen sei, vermerkt als erster Radbert von Corbie (zu ihm oben S. 141); PL 120,317B. Hugo von Trimberg hat im ›Renner‹ zu beklagen (hg. v. Gustav Ehrismann, Tübingen 1908, v. 6302-6305),
Daz zuht und scham, kunst und witze
Fleischlichem geluste entwîchen müezen
Und under der gîtikeit füezen
Ligen als vor swînen edel gesteine.
65 Hugo von Trimberg, Der Renner, v. 5799-5804.

oft sie wollen« (11,6). Heinrich von Hesler[66] deutet dies auf die Predigt des Elias und des Moses, der die Juden und die Ägypter sich entzogen, so daß die Strafen dieser Prediger über sie ergingen. Wie der Himmel nicht regnet, wo man Gottes Wort verschmäht, und er sich auftut, wo man es vernimmt, so verwandelt das Wasser der Predigt sich in Blut für die, die harten Sinnes ihre Annahme verweigern. Wo die Perlen des Wortes Gottes aus dem Mund der Prediger vor die Säue fallen, wird die Predigt zum Gewitter, unter dem ihr Wasser Blut wird. Das Wort der Predigt ist verloren,

15853 *Da die bosen iz horen,*
Die Gotes wort zu storen.
Mit donrelichen stimmen
Da werfen sie die gimmen,
Die Gotes donre sin,
Vor die bruch stinkenden swin
Und keren iz wazzer wol in blut,
Swen der same nicht begrut
Der waren Gotes minnen
In iren vlinsharten sinnen.

Dem zur Auslegung von Mt. 7,6 bisher Vorgeführten ist die Deutung der Perle allein auf Gottes Wort und seine Mysterien gemeinsam. Es war kein großer Schritt, wenn dann zunächst

66 Die Apokalypse Heinrichs von Hesler, hg. v. Karl Helm, Berlin 1907 (DTM 8), v. 15783-15898. – Den sich in den Mist ihrer Sünde wälzenden Schweinen (15086f.) sandte Gott allein den siebenfachen Donner. Johannes wußte, daß sie seine Lehre nicht verstanden hätten, und wollte darum *die margariezen / Vor die swin nicht giezen* (15107f.). *Daz quit: daz heilige Gots wort / Touc in gerurt nicht an den ort, / die sich lazen nicht irweichen / Mit den siben donre zeichen* (15111-15114). Zu Apc. 22,10 »Versiegle nicht die Worte der Weisheit in diesem Buch« wird entschieden die Ausnahme gefordert, daß den ungläubigen Lügnern diese Worte vorzuenthalten seien: *Doch saltu nicht in daz hor / Werfen die margariten / Zu nimmer keinen ziten* (22842-22844). – Worte sind Perlen: Man soll auf Gottes Worte hören, *Wen sie sint golt trechtic / Und vorbesseren gimmen und golt* (5904f.); die heiligen Bekenner waren *Geloubic und durch nechtic / Und waren gimmen trechtic* (14899f.).

auch Dichtung über Gott und die geheiligten Geheimnisse seines Lebens und Wirkens als nicht den Unwürdigen preiszugebende Perle verstanden wurde. Des Prudentius Hymnus auf die Passion des hl. Romanus bricht einen Preis des Kreuzes Christi unvermutet ab, um wieder Legende zu erzählen, und begründet das Verstummen mit dem Gebot, das Heilige nicht zu profanieren, als sei die Passion des Erlösers, anders als die des Heiligen, für den Dichter unberührbar, wie das frühe Christentum auch die bildliche Darstellung des Crucifixus scheute:

Dixisse pauca sit satis de mysticis
Nostrae salutis, deque processu spei.
Jam jam silebo: margarita spargere
Christi vetamur inter immundos sues,
Lutulenta sanctum ne terant animalia.[67]

Im griechischen Legendenroman von Barlaam und Josaphat aus dem 11. Jahrhundert will Barlaam den Edelstein seiner Offenbarung über Gott dem Königssohn von Indien, Josaphat, nicht zu erkennen geben, ehe er gewiß ist, daß seine Lehre bei ihm auf einen bereiten Boden falle, da es ihm verwehrt sei, Perlen den Tieren vorzuwerfen.[68] Wo Honorius Augustodunensis (†um 1137) in der kleinen Schrift ›Über die Verbannung und Heimat der Seele‹ ihr den Weg durch die Gebiete der Wissenschaften zur Heimat in der Heiligen Schrift zu weisen unternimmt, bittet er den Empfänger dieser Schrift, sie Neidern und Rivalen, Unwilligen und Trägen vorzuenthalten: ›Entziehe das Heilige den Hunden, die Perlen den Schweinen.‹ Wenige Autoren haben wie Honorius so ihr eignes Werk als Perle eingeschätzt und mit diesem Bild als gegen Unwürdige schützenswert bezeichnet.[69]

67 Aurelius Prudentius, Peristephanon X 646-650; PL 60,495B-496A; Vona, S. 151.
68 PG 96,900BC. Zur Barlaam- und Josaphatlegende oben S. 11 f.
69 Die topische Bitte um Schutz einer Schrift vor den Verleumdern (*detrahentes*) bedient sich sonst nicht dieses Bilds. Honorius Augustodunensis, De animae exsilio et patria, prologus; PL 172,1242D-1243A: *Tu quoque, studio florens, ignavos praecede, et negligentes move, nolentes coge: volentes*

Roger Bacon sieht zwischen den Weisen und dem unbildbaren Volk eine tiefe Kluft, die er aus der Theologie und der Philosophie vielfach belegt. Jesus wählte aus den Jüngern nur drei zur Szene der Verklärung. Die Athener schlossen die Menge von den nächtlichen Begehungen aus. Dem Esel genügt Gesträuch, man füttert ihn nicht mit Salat. Ebenso brauchen die Schweine keine Perlen. »Wer Mystisches gemein macht, mindert des Gegenstandes Größe (*rerum majestatem minuit*). Nichts bleibt geheim, wovon die Menge weiß.« Die Weisen lehren die Wurzeln der Erkenntnis, halten die Zweige und Früchte jedoch zurück, sei es durch Schweigen, sei es durch eine verborgen haltende Redeweise. Den Gipfel der Weisheit vermag das Volk nicht zu erlangen, weil es mit dem Höchstwürdigen (*rebus dignissimis*) nicht umzugehen weiß, es ins Schlechte wendet, so daß nach Gottes Rat die Wege der Vervollkommnung ihm versagt sind. *Vulgo familiaris est error et imperfectio.* Selten ist eine Aristokratie der Weisen von der Menge der Unbildbaren so scharf wie hier geschieden worden, fallen die Unweisen so einer legitimen Vernachlässigung anheim: *vulgi sensus est negligendus.*[70]

Nach einer alten Überlieferung empfing Moses von Gott eine doppelte Offenbarung: die dem Volk zu verkündende des Pentateuch und die vor dem Volk geheimzuhaltende der Erklärung des Gesetzes. Des Giovanni Pico della Mirandola Rede von der Würde des Menschen vom Jahr 1496 beruft sich auf jüdische und christliche Autoren: Gott habe Moses geboten, »zwar das Gesetz dem Volk zu verkünden, die Deutung des Gesetzes aber nicht schriftlich niederzulegen, auch nicht unter dem Volk zu verbreiten; er solle sie lediglich Jesus Nave (d. h. dem Nachfolger des Moses, Jes. Sirach 46,1) preisgeben, von dem aus sie dann von Hohepriester zu Hohepriester unter hei-

---

sed non valentes per delectabile iter ad jucundam patriam trahe; filios imo servos invidiae, etiam sequi certantes repelle, et sanctum canibus, gemmas porcis tolle. Vgl. den Widmungsbrief PL 172,119D.

70 Roger Bacon, Opus majus I 4, hg. v. John Henry Bridges, Bd. 1, Oxford 1897 (Nachdruck Frankfurt am Main 1964), S. 10f.

ligem Schweigegebot weitergegeben werden sollte«. Pico della Mirandola verweist auf antike Philosophen und die Ägypter, aber auch auf Origenes und Dionysius Areopagita, die mit den tieferen Geheimnissen der Religion so hätten verfahren wissen wollen. Auch den Juden hätten die Bücher des Pentateuch genügen können. »Aber die tieferen Geheimnisse, die unter der Schale des Gesetzes, unter dem rauhen Mantel der Worte versteckten Mysterien erhabenster Göttlichkeit unters Volk zu bringen – was anders wäre das gewesen, als das Heilige den Hunden zu geben und Perlen vor die Säue zu werfen? Es war also kein Werk menschlicher Klugheit, sondern Weisung Gottes, vor dem Volk geheimzuhalten, was nur für die Vollkommenen bestimmt war«.[71]

Zum St. Margaretentag 1434 schickt Jean Gerson dem König von Frankreich seinen Traktat über Mt. 13,45 ›De illuminatione cordis sive De una pretiosa margarita, etiam De ipsa s. Margareta‹ als »nicht allen zu offenbarende Betrachtungen unter dem Bild der Perle«.[72] Die anonyme Verfasserin der ›Margarita evangelica‹, eines bedeutenden Werks der flämischen Mystik des frühen 16. Jahrhunderts,[73] will in der Vorrede die Perle ihres Werks von unreinen Händen unberührt erhalten und solche, die den geistlichen Schatz mit Füßen treten würden, von der Lektüre ausgeschlossen wissen. Im Gebet des Danks für die empfangenen Erleuchtungen im Werkschluß aber gibt sie dem Gedanken eine neue Wendung mit dem Wunsch, Gott möge

71 Giovanni Pico della Mirandola, De dignitate hominis. Lateinisch und deutsch. Eingeleitet von Eugenio Garin, Bad Homburg, Berlin und Zürich 1968 (Respublica literaria 1), S. 76-78.

72 Gerson, Opera (wie Kap. 1, Anm. 27), Bd. 3, Sp. 479-483, hier Sp. 483A: *considerationes, non aperiendas omnibus, et hoc sub metaphora margaritae.* Gersons Traktat stellt der guten Perle der Naturtheologie die kostbarere Perle der auf das vollkommene reine Sein gerichteten übernatürlichen Theologie entgegen.

73 Margarita evangelica, incomparabilis thesaurus divinae sapitentiae, in III. libros divisus, nunc vero primum aeditus latine, hg. v. N. Eschius, Coloniae 1545 – so der Titel der lateinischen Übersetzung des zuerst 1535 in niederländischer Sprache erschienenen Werks.

die ihr geschenkten Perlen bei ihr nicht vor die Säue geworfen finden. Die Mystikerin wünscht, dem ihr durch Inspiration Gegebenen, den Perlen, sich selbst anzugleichen.[74] Nahmen Werke der Hagiographie und der Mystik den Schutz des Gebots, die Perle vor Profanierung zu bewahren, für sich in Anspruch, legitimierte sie der Inhalt ihrer Aussage als Verkündigung über Gott.[75] Prudentius entzog sich selbst das Wort, wo er die Gefahr sah, das Sanctissimum des Heilsgeheimnisses mit seinem Dichterwort zu verletzen. Barlaams Edelstein ist die Offenbarung über Gott. Gerson mochte auch dem König von Frankreich schmeicheln, wenn er ihm seinen Traktat über das Perlengleichnis als nicht weiter Mitzuteilendes übersandte. Die flämische ›Margarita evangelica‹ signalisierte schon im Titel – Hieronymus hatte die Perle aus Mt. 7,6 *margarita evangelica* genannt – ihr Vorhaben der Hinführung zu Christus.

Die Perlen von Mt. 7,6 waren ein Jahrtausend schon als Gottes Wort verstanden worden, ehe Dichter auf den doch wohl nicht unbefangen kühnen Gedanken kamen, ihr eigenes Werk und Wort unter den gleichen Schutz gestellt und damit als einen vergleichbaren Wert geachtet wissen zu wollen. Nichts nötigt dazu, die modern saloppe Sprichwortrede von der Vergeudung

---

74 Ebd., lib. III, cap. 71 am Schluß (das Werk ist nicht paginiert): *Et ne forte, o benedicte Deus, margaritae ante porcos sparsae sint, per sanctissima humanitatis tuae merita te rogo, ut cuncta quae me per amicum tuum docuisti et instruxisti, in me et per me perficere digneris.* Ist der ›amicus‹ ein fiktiver erleuchteter Freund, von dem die Autorin das Werk vor dessen Tod erhalten haben will, da dieser sein Licht, das Werk, nicht unter den Scheffel gestellt lassen wollte (lib. III, cap. 73)?

75 Des Petrus Bungus, Klerikers zu Bergamo, Vorrede seiner ›Numerorum Mysteria‹, eines großen Lexikons der spirituellen Bedeutungen der Zahlen vom Jahr 1599, schreibt Plato ein in der Nachfolge des Pythagoras fortbewahrtes Bemühen zu, das Zahlenwissen als ein Geheimwissen zu erhalten, um das profanum vulgus von ihm auszuschließen. Plato habe so im Sinn des Herrenworts gehandelt *Non oportere sanctum iactari canibus, nec margaritas mitti ante porcos*, da das Verborgene nicht allen mitzuteilen sei; Petrus Bungus, Numerorum Mysteria, hg. v. Ulrich Ernst, Hildesheim, Zürich und New York 1983, S. 2.

unserer Wortperlen schon für das 12. Jahrhundert anzusetzen,[76] um uns die Einsicht in die Anwendbarkeit der Metapher auf auch andersartige Literatur damit zu erleichtern, als sei nicht eher anzunehmen, daß ein bewußter geistiger Akt der Übertragung zu ihrer Anwendung auf auch nicht biblisch Fundiertes führte. Mit Sicherheit ist dies anzunehmen für den Dichter und Theologen Alanus ab Insulis. Wie Gottfried von Straßburg seinen ›Tristan‹ nur der esoterischen Welt der ›edlen Herzen‹ zugedacht hat oder die Kirche die Lektüre des Hohenliedes allein den an Alter und Weisheit Fortgeschrittenen vorzubehalten trachtete, so will Alanus ab Insulis als Dichter des ›Anticlaudianus‹ nur Berufene durch die enge Pforte seines Werkes gehen lassen: »Der Zugang zu diesem Werke aber sei denen verwehrt, die, allein den Spiegelbildern der Sinne ergeben, sich nicht lenken lassen wollen von der Richtschnur der Vernunft, die, allein dem Bilde der Sinnlichkeit folgend, nicht die Wahrheit der Vernunft erstreben, damit nicht das Heiligtum den Hunden vorgeworfen und beschmutzt werde, und nicht die Perle, zertreten unter den Füßen der Schweine, verderbe, oder den Geheimnissen Abbruch geschehe, wenn deren Majestät Unwürdigen preisgegeben wird«.[77] Entgegen dem Prolog-

76 Die lateinischen Sprichwörter des Mittelalters beziehen sich wohl auf das Bibelwort und nicht die Dichtung, wenn es etwa heißt *verborum gemme non sunt porcis tribuende*. Jakob Werner, Lateinische Sprichwörter und Sinnsprüche des Mittelalters aus Handschriften gesammelt, Heidelberg 1912, S. 99, Nr. 20. Egbert von Lüttich, Fecunda Ratis, hg. v. Ernst Voigt, Halle 1889, S. 40, v. 166: *Porci postponunt gemmas, quas calcibus instant* mit der Erklärung: *De hoc uersiculo ita scriptum est: nolite serere margaritas inter porcos neque sanam doctrinam inter stultos derisores*. H. Walther, Proverbia sententiaeque latinitatis medii aevi. Lateinische Sprichwörter und Sentenzen des Mittelalters in alphabetischer Anordnung, T. 3, Göttingen 1965, S. 884, Nr. 21934f., führt auf *Porci postponunt gemmas, quas calcibus instant* sowie *Porco prona iaci non debet gemma rapaci*.

77 Alain de Lille, Anticlaudianus, hg. v. R. Bossuat, Paris 1955 (Textes philosophiques du Moyen Age 1), S. 56: *Ab huius igitur operis arceantur ingressu qui, solam sensualitatis insequentes imaginem, rationis non appetunt ueritatem, ne sanctum canibus prostitutum sordescat, ne porcorum pedibus conculcata margarita depereat, ne derogetur secretis, si eorum magestas di-*

brauch, mit dem Werben um sein Wohlwollen sich dem Leser angenehm zu machen, führt sich hier das Werk mit einem Anspruch auf Erlesenheit der Empfänger ein, der den Zutritt Ungebetenen, Unwürdigen verweigert.[78] Alanus weiß, was er tut.

---

uulgetur indignis. Zum Prosaprolog Alans Christel Meier, Die Rezeption des Anticlaudianus Alans von Lille in Textkommentierung und Illustration, in: Text und Bild. Aspekte des Zusammenwirkens zweier Künste in Mittelalter und früher Neuzeit, hg. v. Christel Meier und Uwe Ruberg, Wiesbaden 1980, S. 408-549, hier S. 410f.

78 Die von Alanus ab Insulis und andern im Prolog verkündete Zurückweisung eines unwürdigen Publikums findet sich bei einem hermetischen Schriftwerk schon auf dem Titelblatt ausgesprochen. Ein Hauptwerk der Rosenkreuzersekte, die ›Chymische Hochzeit: Christiani Rosencreutz. Anno 1459‹ des Johann Valentin Andreae (Straßburg 1616) trägt auf dem Titelblatt zwei lateinische Motti als Verbotsschild: »Veröffentlicht, werden Geheimnisse gemein, sie verlieren profaniert die Gnade. Also: wirf den Schweinen keine Perlen vor oder streu dem Esel keine Rosen«. Das alte Paradox der Verkündigung des Geheimen fungiert auf dem Titelblatt als Aufreizung zum Lesen wie eine verbotene Frucht.

Der vom Wahn einer prophetischen Berufung besessene Mediziner-Theologe, Theosoph, Kabbalist und Magier Heinrich Khunrath (1560-1605) veröffentlichte 1598 in Prag das ›Amphiteatrum Sapientiae Aeternae‹, eine Lehre der Offenbarung Gottes, von der er die Unwürdigen ausgeschlossen wissen will. Die Schätze der Weisheit schütte man nicht wie die Perlen vor die Schweine. Zu Heinrich Khunrath Friedrich Ohly, Ausgewählte und neue Schriften zur Literaturgeschichte und zur Bedeutungsforschung, hg. von Uwe Ruberg und Dietmar Peil, Stuttgart 1995, S. 794-809.

Wie Theologen einst um Gottes Wort, sind Philosophen später um Bewahrung ihres Werks vor einem viehischen Umgang Unverständiger mit ihm besorgt. Giordano Bruno widmete sein Werk über die Architektur der Kunst des Lullus dem Johannes Morus als eine umso kostbarere Perle, als sie auf engstem Raum viel Kunst enthalte, im Vertrauen darauf, daß sie, von einem so vornehm erlesenen Geist gehütet, von Vernunftlosen nicht verachtend unter die Füße getreten werde; Jordani Bruni Nolani Opera latine conscripta, hg. v. F. Tocco und H. Vitelli, Florenz 1890 (Neudruck Stuttgart-Bad Cannstadt 1962), Bd. 2,2, S. 5: *Margaritam [...] lapidibus ergo et gemmis incomparabilem, tantoque preciosissimam, quanto minori librorum volumine contentam artem, non cuilibet occurrenti, sed Tibi, ut cui talis tantaeque rei iudicium convenit atque possessio [...] dicandam existimavimus. Tali quippe tantoque servatore, irrationale animantum genus hanc sibi despectam pedibus inculcaturum non timemus. Vale.*

wenn er sein Werk gegen Profanierung feien will. Er vindiziert seinem allegorischen Mythus einen Rang in der Nähe der biblischen Offenbarung.

Andere Beispiele repräsentieren nicht gleich Hohes. Das Dilemma Augustins und späterer Theologen, die Wahrheit nicht verborgen halten und die Perle des Unfaßbaren nicht preisgeben zu dürfen, zwischen dem Verkündigungsauftrag und dem Gebot des pädagogischen Verschweigens einen Weg finden zu müssen, ist ein Dilemma auch für Dichter, die aus Christi Mahnung, der Mensch dürfe sein Licht nicht unter den Scheffel stellen, einen Schaffensantrieb und eine Pflicht zur Veröffentlichung ihres Werkes hören und anderseits das hohe Gut ihres Gedichts einem unberufenen Publikum nicht vorgeworfen wissen möchten. Der Dichter des Artusromans ›Wigalois‹ will seinen Schatz nicht in der Truhe vor der Welt verschließen, aber auch sein Gold und die Edelsteine nicht vor die Schweine werfen, die es nur nach der Suhle zieht; er will, statt in den Wald zu rufen, willige Hörer haben, die an seinem Werk ihr Leben bessern möchten. Für Perlen stehen hier Gold und Edelsteine:

Si wellent daz daz iht witze sîn,
swer rôtez golt under diu swîn
werfe und edel [ge]steine:
des vrewent si sich doch kleine:
si waren ie vür daz golt
der vil trüeben lachen holt;
dâ bewellent si sich inne.[79]

Vergebens wäre sein Reden für jeden, *der ein valschez herze treit.*[80] Diese wären für Gutes nicht empfänglich. Der Dichter weist eine bestimmte mögliche Hörerschaft im Eingang ab, um eine andere, erwähltere durch die enge Pforte seines Anspruchs

79 Wigalois der Ritter mit dem Rade von Wirnt von Gravenberc, hg. v. J.M.N. Kapteyn, Bd. 1 (Rheinische Beiträge und Hülfsbücher zur germanischen Philologie 9,1), S. 4.
80 v. 119, ebd., S. 6.

in den Raum seiner Dichtung treten zu lassen, wo er sie mit einer Mahnung und Verheißung zugleich empfängt:

122 *zem besten rihtet iuwern muot.*
nu volget mir: ez wirt iu guot.

Heinrich von dem Türlin warnt im Prolog der ›Crône‹ vor der Versuchung, einen Schatz von Weisheit im Verborgenen zu halten, wie vor der anderen, nur ›den rauhen Ziegel zu waschen‹, das heißt, den rohen Stoff ganz nackt, ohne jede Sinnschöpfung zu bringen. Die Perle des Möglichen, die Sinnfindung zu verscherzen, hieße an des Dichters Berufung sich vergehen: *Dâ wirt diu gimme in den mist / Getreten âne gewizzen* (26 f.).[81]

Eine von Hafis aus dem Sufismus übernommene und auf das Verhältnis von Dichter und Pöbel übertragene Sonderung von Erwählten und Gewöhnlichen fand beim alten Goethe ihren Widerhall. Goethes Gedicht ›Selige Sehnsucht‹ aus des Divans Buch des Sängers beginnt mit den Worten *Sagt es niemand, nur den Weisen, / Weil die Menge gleich verhöhnet*. Auch in ihnen lebt ein Nacherinnern an die Perle. Goethe nennt das Hafissche Ghasel, aus dem er Anregungen für dies Gedicht empfing. Dort heißt es in der letzten Strophe: »Wie kennte das gewöhnliche Volk den Wert der kostbaren Perle? | Hafis, gib die einmalige Perle nur der Elite«,[82] in der Übersetzung Hammers:

81 Heinrich von dem Türlin, Diu Crône, hg. v. G. H. F. Scholl, Stuttgart 1852 (Bibliothek des Literarischen Vereins Stuttgart 27), Neudruck Amsterdam 1966. Da hier vom Dichter, nicht vom Hörer die Rede ist, beziehe ich die Stelle auf Mt. 7,6 und nicht wie Engelen, Die Edelsteine im Rheinischen Marienlob (wie Anm. 63), S. 354 auf Hahn und Perle. Zur griechischen und seit Terenz lateinischen Tradition des Sprichworts vom Waschen des Ziegels Karl Stackmann, Gold, Glas und Ziegel. Über einige Vergleiche in mhd. Dichtungen, in: Teilnahme und Spiegelung. Festschrift für Horst Rüdiger, hg. v. B. Allemann und E. Koppen, Berlin und New York 1975, S. 120-129, hier S. 124 f.

82 Interpretierendes und Literatur bei Ingeborg H. Solbrig, Hammer-Purgstall und Goethe, Bern und Frankfurt am Main 1973 (Stanford German Studies 1), S. 144 f.

O Hafis! kennt wohl der Pöbel
Großer Perlen Zahlwerth?
Gieb die köstlichen Juwelen
Nur den Eingeweihten.[83]

Die Rede von den Perlen und den Schweinen ist in die Dichtung des Orients erst spät und wohl über das Christentum gekommen. Wehbi v., Dichter eines Diwan, den er 1807 abschloß, prangert das Dichten um Geldlohn mit Verachtung an und weiß sich rein von solcher Schuld:

Das Wort, so Perle aus des Adels Schrein,
Verschwende nicht, es werfend hin dem Schwein;
Ich habe nie mit meinen Kaßideten
Um ein Stück Brot an Großer Thor gebethen [...]
Den Werth der Kenntniß Reiner nur versteht,
Der Juwelier weiß, wie die Perle geht.[84]

Anders lautet der in einem der sechs Kanonischen Traditionswerke des Islam überlieferte Satz Mohammeds, den Hugo von Hofmannsthal in sein ›Buch der Freunde‹ aufnahm. *Das Streben nach Wissen ist ein göttliches Gebot für jeden Gläubigen; wer aber Unwürdigen Wissen mitteilt, hängt Perlen, Edelsteine und Gold Schweinen um den Hals.*[85] Hofmannsthal mag auch das Wort der Dichter dabei im Sinn getragen haben. Der Satz Mohammeds hat eine Entsprechung auch im Indischen: *Beim Ungebildeten bleibt das Wissen nicht lange, wie die Perlenschnur, die an den Hals des Affen gebunden wurde.*[86]

Im Denkumkreis von Schwein und Perle hat die Perlenmetapher für das Kunstwerk etwas Aristokratisches. Durch den Vergleich ihrer Werke mit der Perle erheben Autoren einen Wert- und Ranganspruch, dem wenige selbst genügen. Man

83 Hafis, Diwan II, S. 91.
84 Hammer-Purgstall, Geschichte der Osmanischen Dichtkunst 4, S. 556f.
85 Hugo von Hofmannsthal, Buch der Freunde, mit Quellennachweisen hg. v. Ernst Zinn, Frankfurt am Main 1967, S. 36 (dazu S. 121, 163).
86 Indische Sprüche (wie Kap. 1, Anm. 29), Bd. 1, Nr. 690.

könnte sagen, auch das Bemühtsein um die elitäre Hütung des Geschaffenen und seiner geheimen Offenbarungen aus abwehrender Scheu vor Unberufenen und Unwürdigen habe etwas Paradoxes, wo immer durch die Herausgabe eines Werkes in die Welt das Schützenswerte den Augen aller preisgegeben werde, wenn im Ausschluß der Unwürdigen nicht auch ein mahnendes Werben liegen könnte: Der dem Werk Begegnende ist aufgerufen, ein seiner Würdiger zu werden.

Seltener als das schon sprichwörtlich gewordene Gebot »Verborum gemmae non sunt porcis tribuendae« ist im Westen das aus dem Islam und aus dem Indischen bezeugte Bild der Perlenketten tragenden Schweine oder Affen. Luther gebraucht es in der Empörung über die Verletzung des Gebots mit dem Ergebnis, daß die Schweine sich darin gefielen, nun im Perlenschmuck zu prangen. Er wettert gegen die Vergeudung der Wissenschaften an Unwürdige durch die Universitäten, die Verschleuderung der akademischen Grade an Lehresel, die im Perlenschmuck dann Unsinn läsen. Er beklagt, man habe *die Teufelslarven, die Mönche und der hohen Schulen Gespenst gestift und viel Doctores, Prädicatores, Magistros, Pfaffen und Mönche, das ist große, grobe faule Esel mit roten und braunen Baretten geschmückt, wie die Sau mit einer güldenen Ketten und Perlen erhalten – und auf uns selbst geladen, die uns nicht Gutes lehreten, sondern immer mehr blinder und toller machten, und dafür all unser Gut fräßen.*[87] Das Letzte ist die akademische Variante, in der die Schweine sich gegen die Perlenspender kehren, um sie gehörig auszunehmen (*et conversi disrumpant vos* Mt. 7,6).

---

87 Dr. Martin Luthers sämtliche Werke, Erlangen 1832, Bd. 22, S. 196; zitiert nach Notker Hammerstein, Bildungsgeschichtliche Traditionszusammenhänge zwischen Mittelalter und früher Neuzeit, in: Der Übergang zur Neuzeit und die Wirkung von Traditionen, Göttingen 1978 (Veröffentlichung der Joachim Jungius-Gesellschaft der Wissenschaften Hamburg 32), S. 32-54, hier S. 47.

»Die ganze schöne Kette hat er mir vorgeworfen«, sagt, die Metapher unangemessen konkretisierend, unlängst im illustrierten Witzteil einer Zeitung die gemästete Schweinedame mit üppigem Collier zur ungeschmückten im Café sitzend beim Plaudern.

Luther dachte wohl vornehmlich an Theologen. Vor der unverständigen Welt zu hütende Geheimnisse wollen aber auch die Naturwissenschaften nicht verraten wissen, die im 16. Jahrhundert stärker auf den Plan getreten sind. Das von den Alchimisten oft genug erörterte Sprachproblem, ihre naturwissenschaftlichen Methoden und Erkenntnisse in einer Ungeweihte ausschließenden Bildersprache mitteilen oder sprachliche Verschlüsselungen zur Wahrung der Geheimnisse künstlich anwenden zu müssen, führte Autoren dazu, das Hermetische ihrer Werke und das Kryptische ihrer Darbietung mit der Berufung auf das Christuswort von den Perlen und den Schweinen zu begründen und der Menge damit den Zugang zu verwehren, wie es der hochgelehrte Chemiker Andreas Libau tat.[88] Paracelsus fordert, die allein heilende Perle der Medizin als die Lehre von den Magnalia Gottes in der Natur vor den Humoristen verborgen zu halten, die das Göttliche ins Eigene vom Nur-Natürlichen verfälschten und der Arzneikunst damit schadeten. *Durch jr Sophisterey vrsachen sie, daß vom Perlin muß geschwigen werden: dann so sie offentlich nichts sollen, was wurden sie dann heimlich thun? Wie ligt so mancher kranck, lange Jahr, der durch das Kraut auffkeme, so der Humoristen*

88 Andreas Libavius, Syntagma selectorum [...] Alchymiae arcanorum, Frankfurt 1611, in der Widmung dieses Werks.

Für die Medizingeschichte bezeugt es Paracelsus am Ende eines Kapitels über die Heilkräfte des Krautes Persicaria, bei welchem er nach der Signaturenlehre astrale und elementare Kräfte zusammenwirken sieht. Er verharrt dabei im Natürlichen *nach der eynfalt, für den gemeinen man*, den höher hinaufzuführen er mit Rücksicht auf seine Simplizität verzichtet. Komme es doch darauf an, über die *Naturalia* zu den unergründlichen *Magnalia* Gottes hinzuführen, denen die Säftelehre der Humoralmediziner sich verschließe. Mit ihrem in die Welt gebrachten Unflat hätten sie die wahren Geheimnisse zugedeckt, in denen beschlossen liege, daß im Natürlichen das Göttliche sich ausdrücke. Sie haben die Sophia zu ihrer Sophisterei gemacht *und das Perlin der Natur zerknitscht*, die Sprache der Größe Gottes in der Natur verdrückt, da sie nicht wahrhaben wollen, *daß die Natur selbst das Magnal ist*; Aureoli Philippi Theophrasti Bombasts von Hohenheim Paracelsi Opera, hg. v. Ioannes Huserus Brisgoius, Straßburg 1603, S. 1011B.

Sophisterey verschwünde, das geöffnet möchte werden: dann das Perlin gehört jhe für solche Humoristen Sew nicht.[89] Kaum zufällig, nämlich nur am Rande der Theologie, wird dem Perlengleichnis durch Vermengung mit der Fabel von Hahn und Perle seine alte Sinnfunktion entzogen, wenn der englische Skeptiker Joseph Glanvill im Jahr 1665 den Naturphilosophen von dem naiven Betrachter der Schöpfung abhebt. Nur der forschende Naturphilosoph erhebt sich über die ›Kreaturenoptik‹ auf eine höhere Warte. Der Arzt sieht das Heilkraut mit einem anderen Auge als der weidende Ochse an, der es wie das Gras verschlingt. Das Schwein sieht eine Perle, ohne sie höher zu schätzen als den ihm vertrauten Mist. Ihren Wert erkennt allein der Juwelier.[90] In einem Zusammenhang, wo Glanvill dagegen sich verwahrt, daß die Naturphilosophie zum Atheismus führen müsse, liegt im Verkennen der Perle durch das Schwein doch noch etwas Skandalöses. Es liegt am Auge, wenn es den Sonnenstrahl nicht erkennt. Der Philosoph erhebt sich über die gemeine Menge, die verkennt, was er erkennt. Eine Vergeudung seiner Einsicht an die Niederen liefe die Gefahr, daß sie gegen Gott verbuchten, was für ihn sprechen soll.[91]

Es ist das Los der über ihre Zeit hinausführenden oder sie im Geheimen tragenden Erkenntnisse, Gedanken und Utopien, daß sie an dem Tag verschrien werden, an dem sie aus dem Kreis der Wissenden auf den Markt entlassen werden. In Grimmelshausens ›Simplizissimus‹ läuft Jupiters Plan der Stiftung

89 Ebd.

90 Joseph Glanvill, Scepsis scientifica, New York und London 1665 (Reprint 1978), im Schlußkapitel ›An Apology for Philosophy‹, S. 181: *and the visible Creation is far otherwise apprehended by the Philosophical Inquirer, then the unintelligent Vulgar. Thus the Physitian looks with another Eye on the Medicinal hearb, then the grazing Oxe, which swoops it in with the common grass: and the Swine may see the Pearl, which yet he values but with the ordinary muck; it's otherwise pris'd by the skilful Jeweller.*

91 *And from this last Article, I think, I may conclude the charge, which hotbrain'd folly layes in against Philosophy; that it leads to Irreligion, frivolous and vain. I dare say, next after the divine Word, it's one of the best friends to Piety* (ebd., S. 182).

eines Universalfriedens der Welt durch eine ihre Glaubensspaltungen überwindende Zusammenführung aller Religionen Gefahr, so mißverstanden zu werden, daß Springinsfeld Jupiters Utopieentwurf als eine Schlaraffenlandverheißung ausgeben würde, wenn nicht der Gott gleich grollte und dabei Antikes und Biblisches zu mischen souverän geruhte:

> *Zu mir aber sagte er / ich habe vermeynt / ich sey bey lauter Sylvanis, so sehe ich aber wol / daß ich den neidigen Momum oder Zoilum angetroffen habe; Ja, man solte solchen Verräthern das was der Himmel beschlossen / offenbaren / und so edle Perlen vor die Säu werffen / ja freylich / auff den Buckel geschissen vor ein Brust-tuch! Ich gedachte / diß ist mir wol ein visierlicher und unflätiger Abgott / weil er neben so hohen Dingen auch mit so weicher Materi umbgehet. Ich sahe wol / daß er nicht gern hatte / daß man lachte / verbiß es derowegen so gut als ich immer konte / und sagte zu ihm: Allergütigster Jove, du wirst ja eines groben Waldgotts Unbescheidenheit halber deinem andern Ganymede nicht verhalten / wie es weiter in Teutschland hergehen wird.*[92]

Springinsfeld als grober Waldgott ist auf deutsch so abgeschmettert, und Simplicissimus als Jupiters Ganymed darf nun des Gottes Offenbarungen über die Wiedervereinigung der Religionen hören. Das biblische Muster des abgewiesenen Verräters und des von Gott erwählten Jüngers scheint hier durch. – Unter einer geschichtlichen Perspektive kann die Gültigkeit der christlichen Ermahnung auch auf eine Vorzeit schon bestehen wie in Grimmelshausens Lebensbeschreibung Josephs in Ägypten (1671), der seine Gemahlin Asaneth in einer Welt der Abgötterei zur Wahrheit von dem ewig einen Gott hinführt, die ihr Vater, der oberste Priester Potiphar, *vor männiglich als eine hohe Geheimniß verborgen hielte / damit solche heilige Wissenschafft nicht unter das gemeine Volck käme / und also die Perlen vor die Säu geworffen würden.*[93] Ins alte Testament zu-

---

92 Grimmelshausen, Der abentheuerliche Simplicissimus Teutsch und Continuatio des abentheuerlichen Simplicissimi, hg. v. Rolf Tarot, Tübingen 1967, S. 214 f.

93 Grimmelshausen, Des Vortrefflich Keuschen Josephs in Egypten Le-

rückgespiegelt, gewinnt das Bild eine typische Geltung für die Anfänge des Monotheismus in einer Umwelt des Vielgötterglaubens wie auch zu Jesu Zeit, wenn nicht für jede geheime Religion, die in einer widrigen Welt sich rein zu halten hat.

Der von Erörterungsgegenständen enzyklopädischen Ausmaßes überbordende ›Arminius‹-Roman des Daniel Casper von Lohenstein zeigt dessen stupende Gelehrtheit und geradezu akademiegemäßen Durst, immer neue Probleme in aspektreichen, von historischem Wissen gesättigten Gesprächen durchzugehen, vor allem auch über die Staatskunst. Da die erzählte Zeit in der Antike liegt, schillert das unter den Alten Abgehandelte zwischen Historie und Gegenwartsbezogenheit, so daß – wie stilstarke Epochen das Vergangene nicht anders sehen können als durch Vergegenwärtigung – Vieles in des Dichters Tag hinein gesprochen klingt. Die von den Deutschen beanspruchte Gewissensfreiheit und das Begehren, die Religionsausübung nicht von einer politischen Fremdmacht festlegen zu lassen, schließen nicht aus, daß aus politischen Gründen für gut gehalten wird, die Geheimnisse der Weisheit nur Erwählten anzuvertrauen. Den Griechen gereichte es zum Vorwurf, daß sie ihre Weisheiten *auch dem geringsten Pöfel und Weibern gemein machten* und damit den Dünkel in ihnen weckten, sie könnten als durch den Vorwitz ihres Halbwissens Geheiligte die Erfüllung ihrer ständischen Arbeitspflichten im Gemeinwissen nun getrost versäumen. Daß die Deutschen, die Skythen und die Ägypter ihr Geheimwissen nur den Höchstgestellten und den Priestern anvertrauten, hat seine Entsprechung im Verhalten der Natur: *Da doch die Natur durch die sparsame Austheilung der Edelgesteine / durch das seltzame Wachsthum der Balsam-Stauden / durch die nur wenigen Muschel-Schnecken kaum Tropffen-weise geschehende Einflößung der Purpur-Farbe unsere Lehrmeisterin wäre: daß die unschätzbaren Perlen der Weißheit, und die Geheimnüsse des Gottesdienstes nicht wie schlecht Wasser auszuschütten / noch dieselbi-*

bensbeschreibung samt des Musai Lebens-Lauff, hg. v. Wolfgang Bender, Tübingen 1968, S. 95.

gen Thiere, für welche die Eicheln wachsen / mit Granat-Äpfeln zu mästen sind.[94] Die Abwandlung des Biblischen geht so weit, daß die Lehre der Natur die Autorität des Christusworts verdrängt. Die letzten Geheimnisse der Philosophie, der Staatskunst und der Religion würden, dem Volke preisgegeben, es, als seine Verstehenskraft übersteigend, nur verwirren. Im Säkulum der Geheimwissenschaften und des sie tragenden Sektengeistes, des Absolutismus und seiner Geheimdiplomatie, erscheint Lohenstein das von der Kirche auch am Altar geübte Verborgenhalten der Mysterien als Gott wohlgefällig.[95] Zu den nicht zu vergeudenden Perlen gehören nun auch die der Staatskunst. Die Stützkunst theologischer Analogien stand dabei hier wie andernorts bereit. Der Anwendungsbereich des Bildes verlagert sich aus der Theologie aufs Feld des Kampfes um politisch hohe Güter wie die Freiheit, die John Milton nicht durch Freigeister verraten und an sie vergeudet wissen wollte. Er spricht darüber in einem Sonett:

I did but promt the age to quit their cloggs
By the known rules of antient libertie,
When strait a barbarous noise environs me
Of Owles and Cuckoes, Asses, Apes, and Doggs.
As when those Hinds that were transform'd to Froggs
Raild at Latona's *twin-born progenie,*
Which after held the Sun and Moon in fee.
But this is got by casting Pearl to Hoggs;

94 Daniel Casper von Lohenstein, Großmüthiger Feldherr Arminius, T. 1-2, Leipzig 1689 und 1690 (Neudruck herausgegeben und eingeleitet durch Elida Maria Szarota, Hildesheim und New York 1973), T. 2, S. 273.

95 Ebd.: *Würden doch weltlicher Fürsten Geheimnüsse dem Volcke verborgen / weil sie ihm nur unauflößliche Rätzel / und ihr Verstand tieffer Rathschläge heilsames Absehen zu ergründen viel zu seicht wäre. Wie solte sich denn der Pöfel schicken die Geheimnüsse des unbekandten GOttes zu verstehen? dahero denn dieser sich billich mit dem wenigen Vorschmacke oder der Blüte zu vergnügen hätte / weil der Kern und die Muscaten-Nuß des geheimen Gottesdienstes für ihn allzu starck wäre. Zumal Gott ohne dis ein weniges von der Heiligkeit für ein angenehmer Opfer aufnehme / als viel Erleuchtung.*

That bawle for freedom in their senceless mood,
And still revolt when truth would set them free.
Licence they mean when they cry libertie.
For who loves that, mist first be wise and good;
But from that mark how far they roave we see
For all this wast of wealth, and loss of blood.[96]

Der Umgang der Freigeister mit der Perle der verkündeten Wahrheit bewirkt ihre Verfälschung wie durch Ketzer, die den Glaubenssatz in Parolen des Irrglaubens verkehren.

Die theologische Tradition läuft neben allen Neuerungen natürlich ungebrochen fort. Die Auslegungsgeschichte von Mt. 7,6 vom hohen Mittelalter an wird hier nicht vorgeführt und sei den Theologen überlassen. Nur wenige am Rand der Fachexegese stehende Zeugnisse mögen hier noch stehen. Als 1523 die Protestantin Margarete von Navarra um Hilfen zum Verstehen des Bibeltextes gebeten hatte, erinnerten der Bischof Briçonnet und Faber Stapulensis an das Gebot des Herrn, die Perlen der Heiligen Schrift und ihres sensus spiritualis vor den Fleischlichen und Ungeistigen zu bewahren.[97] Im Kampf gegen die sichtbare Kirche sind die in ihr verborgenen Heiligen eine Gewähr der Wahrheit. Nicht Amtsträger und Gelehrte, verborgene Menschen verbürgen das Wesen der Kirche. Luther legt eine Lanze ein für die in der Kirche verborgene wahre Kirche, für die verborgenen Heiligen unter den vielberufenen Heiligen Gottes. Hinter dem Schein der Begriffe in aller Munde ist

96 John Milton, Complete Poetry and selected Prose, New York 1942, S. 82 f.

97 Guy Bedouelle, Lefèvre d'Étaples et l'Intelligence des Escritures, Genf 1976 (Travaux d'Humanisme et Renaissance 152), S. 123 f., zitiert von Briçonnet: *defend Nostre Seigneur ne debvoir estre semées entre les pourceaulx c'est-à-dire l'intelligence spirituelle ne fleurer ou sentir bon à plusieurs qui sont charnelz et litteraux*; und von Lefèvre: *car en ce monde il y a plusieurs charnelz [...] et plusieurs envieux contre les sprituelz, lesquelz l'Escripture Saincte appelle pourceaulx et chiens. Et devant ceulx-là, selon la doctrine de l'Evangile, ne faut aucunement parler ne semer les precieuses marguerites de l'Escripture Sainte*. Vgl. S. 3 seine Rede von *les précieuses marguerites de l'Escripture Sainte*.

verborgen das Sein des Kostbaren in Gestalt der Heiligen. »Sie sind eine Perle und köstliche Edelsteine, die der Geist nicht vor die Säue wirft, sondern, wie die Schrift es nennt, verborgen hält, auf daß nicht der Gottlose die Herrlichkeit Gottes sehe«.[98] Das Verbot der Anschauung des Heiligen für die Gottfernen zeigt, bis wohin die Rede von der Perle reicht, bis zu Gottes gnadenlosem Sichentziehen.

Gottfried Arnold († 1714) besingt ›Das Geheimniß der Göttlichen Sophia oder Weißheit‹ anhand der Einheit und Verschiedenheit der Weisheit in ihrer Eingebundenheit in die Trinität und warnt:

> *Von welchen hier nicht mehr zu sagen ist / damit die vernunfft solche perlen nicht zutrette / wenn sie selbige unbedeckt und bloß dargelegt sehen möchte.*
>
> *Einer getreuen und einfältigen seelen aber wird diese nachricht schon so viel dienen / daß sie das verlangen ihres hertzens auff diese eine und reine perle allein richte / und ohne schalcks-auge und doppeltem hertzen / auch ohne viel scrupulirens das einfältige wesen der weißheit einfältiglich suche und erlange.*[99]

Würde das Geheimnis der Geburt der Weisheit in der ewigen Wohnung Gottes unbedeckt an den Tag gebracht, würde es damit ungeschützt der Vernunft – nicht mehr den Häretikern oder Heiden – preisgegeben. Zu Beginn der Aufklärung übernimmt beim Mystiker die komplizierte (nicht einfältige) Vernunft die Rolle der die Perle des Wissens von der Weisheit in den Kot tretenden Schweine. Aus Besorgnis, sein Freund, der

98 1525 in der gegen Erasmus gerichteten Schrift ›De servo arbitrio‹; Weimarer Ausgabe (wie Kap. 3, Anm. 38), Bd. 18, S. 651,24-28: *Non est res tam vulgaris, Mi Erasme, Ecclesia Dei, quam est nomen hoc: Ecclesia Dei, nec ita passim occursant sancti Dei, ut hoc nomen: Sancti Dei. Margaritum et nobiles gemmae sunt, quas spiritus non proiicit ante porcos, sed ut scriptura vocat, absconditas servat, ne impius videat gloriam Dei.*

99 Das Geheimniß der Göttlichen Sophia oder Weißheit. Beschrieben und Besungen von Gottfried Arnold, Leipzig 1700 (Neudruck Stuttgart-Bad Cannstadt 1963), cap. 7, S. 50.

Geistliche Gotthold Immanuel Lindner, könne zum Schwärmer werden, warnt ihn Johann Georg Hamann, nicht jedermann die Perlen der Lehre Christi vorzuwerfen.[100] In einer Rezension von 1776 verteidigt Herder Lavater gegen die Unterstellung, vom Christen einen platten Wunderglauben gefordert zu haben, weil er selbst die innigsten Wunder Gottes schmeckte. Lavater habe für seine Treu- und Offenherzigkeit, ihm Wichtiges *auch 99 andern, ihm so ungleichartigen* mitzuteilen, schon viel Lehrgeld zahlen müssen. *Hr. L. wird von seiner Seite auch jedem Exegeten Freiheitsbriefe geben, jede Stelle zu wenden und zu drehen, wies ihm beliebt. Solche Sachen sind zu heilig, innig und geheim, als daß jede Sau die Perle angrunzen sollte oder dörfte.*[101]

Georg Christoph Lichtenberg kehrt die Bedeutungsrichtung des Gleichnisses um, indem er für die Schweine gegen die Perlenstreuer Partei ergreift. Im Brief an Johann Gottwert Müller vom 20.12.1784 rügt er dessen Einstreuen kluger Betrachtungen in das fesselnde Geschehen seines Romans, da der Leser in der Spannung unbarmherzig genug sei, selbst das geistig Schöne solch eingestreuter Gedanken nicht zu erkennen. *Man wirft Perlen vor die Schweine. Das Schwein ist unschuldig.*[102] Im Freispruch des Lesers wird der Dichter schuldig.

Wie die von den Mystikern erfahrene *gegenwärtige Gottheit* keinen Bestand hat, wenn Gott sich entfernt, so steht in Höl-

---

100 Johann Georg Hamann, Briefwechsel, Bd. 1, hg. v. Walther Ziesemer und Arthur Henkel, Wiesbaden 1955, S. 292 (Brief vom 9. März 1759): *Hier muß ich eine Lehre mir selbst so wohl als Ihnen sagen. Wir müßen uns des Menschensohnes und seines Bekenntnißes nicht schämen; aber auch nicht die Perlen seiner Lehre jedermann vorwerfen. Eylen sie daher nicht Ihr Licht aufzudringen, bauen Sie nicht auf die Empfindung Ihres Glaubens denn die ist öfters ein Betrug uns. Fleisches und Blutes, und hat die Vergänglichkeit deßselben mit dem Grase und den Blumen des Feldes gemein – noch weniger beurtheilen Sie andere nach den ersten Erfahrungen, durch die Sie Gott geführt hat und führen wird.*

101 Herder, SW 9, S. 441.

102 Georg Christoph Lichtenberg, Schriften und Briefe, hg. v. Wolfgang Promies, Bd. 4, München 1967, S. 593.

derlins ›Hyperion‹ des Helden Liebe unter dem *Schiksaal*, daß das Verlangen, mit der Geliebten *Eine Seele zu seyn*, von jedem Dritten gestört wird, indem *eine unendliche Leere* sich dazwischen breitet. Der zweieinigen Liebe *heilig Geheimniß* duldet nicht das *unerbittliche Gesez, geschieden zu seyn*. Aller Menschen Berufensein *zur Freude der Gottheit*, wenn zwischen Menschen *Göttliches spielt mit Göttlichem*, bedarf einer Verschwiegenheit, die der Natur nicht eigen ist. Allein des Freundes reine, freie Seele ist würdig, eingeweiht zu werden: *So freigebig, wie die Sonne mit ihren Strahlen, will ich nicht seyn; meine Perlen will ich vor die alberne Menge nicht werfen.*[103]

Wo zu Beginn des 18. Jahrhunderts Gottfried Arnold für die göttliche Weisheit noch gefürchtet hatte, ihre Perlen könnten von der Vernunft zertreten werden, kehrte an seinem Ende im Gefolge der französischen Revolution die Perspektive sich vollkommen um, wenn nun die Perlen der Vernunft als gegenüber dem Kirchenglauben schutzbedürftig angesehen wurden. Bezeugt ist eine solche Umkehrung aller Tradition bei dem deutschen Jakobiner Riem, der als Reisender in Frankreich gegen die dortige Pfaffenherrschaft wettert: *Dort ist ein ganz katholisches Land, wo Priesterregiment den eisernen Szepter des Aberglaubens despotisch über halbwilde Barbaren in Kenntnissen schwingt*. Wo die *Kuttenkohorten* der römischen Kirche jeden Gebrauch der Vernunft zu einem Verbrechen macht, *wo jeder vernünftige Gedanke eine den Schweinen vorgeworfene Perle seyn würde, die sie zertreten*, da hüten am Ende die aufgeklärten Umstürzler die Perlen der Vernunft gegen die Kirche, deren Amt es einmal gewesen war, die Perlen des Glaubens vor den Heidenschweinen zu bewahren. Freimütiger war der Sinn des Christusworts nicht umzukehren.[104] – Nicht ganz so radikal will später im 19. Jahrhundert ein dichtender Freigeist wie Anastasius Grün die Perlen des demokratischen Gedankens

103 Hyperion an Bellarmin; Hölderlin, Sämtliche Werke, Bd. 3 (wie Kap. 3, Anm. 233), S. 69-73.

104 A. Riem, Reise durch Frankreich vor und nach der Revolution, Leipzig 1799, Bd. 1, S. 175.

nicht den Schweinen der reaktionären Staatsmacht Österreichs zur Verfolgung preisgegeben wissen, wenn er in den ›Spaziergängen eines Wiener Poeten‹ einen im Garten des Dorfgasthauses zu dem Dichter an den Tisch Gekommenen als einen Polizeispitzel verdächtigt,

261 *Der da spähet, was für Blätter meines Geistes Rebe treibt?*
Ob des Sprößlings luft'ge Ranke fein am alten Stocke bleibt?
Der da die geheimsten Perlen meines Herzens wühlt empor,
Daß er dann die hellsten werfe den gefräß'gen Schweinen vor?
[...]
293 *Ob kein Hirsch, kein allzu dreister, über euren Kirchhof springt?*
Ob nicht allzu freie Ranken in dem Schutt ein Sprößling schlingt?
Ob nicht allzu helle Perlen jene trübe Pfütze hegt?[105]

Im Aufbruch zu einer Auswanderung aus der Theologie ist die Metapher auch in der Pädagogik begriffen, sei es wenn diese eine orthodoxe Erstarrung anzufechten, sei es wenn sie den Anspruch zu vertreten hatte, die Perlen der naturwissenschaftlichen Erkenntnis auf den Schulen nicht in einer unveränderten Welt des humanistisch Hergebrachten zu verschwenden oder die Perlen der Ausbildung eines neuen Weltbilds vor der Verunglimpfung durch Unreife zu behüten. – Der Pädagoge Christian Gotthilf Salzmann (1783) ereifert sich in einem Waisenhaus, wo Kinder in dem härtesten Alten Testament erzogen werden, als ob es Judenkinder wären, vor dem Pfarrer im Gesprächsstreit. Dieser bedeutet ihm, es seien *lauter Christenkinder, wir werden ja die Perlen nicht für die Säue werfen*. Er entgegnet: *Nun ein unschuldiges Judenkind möcht ich doch nicht zu den Säuen zählen. Dieß hat mich Christus nicht gelehrt.* Und er hört darauf: *Ja ja die Neuern, die Neuern wollen alles gern selig wissen.* Der Pädagoge hat im Zeitalter der Toleranz dem starren Gesetzestheologen die neutestamentliche Achtung vor dem Andersgläubigen beizubringen, und geht dabei so weit, Gott auch ein Heil der Ungetauften anheimzustellen: *Lassen*

105 Im Gedicht ›Naderer da!‹; Grün, Werke (wie Kap. 3, Anm. 247), T. 1, S. 135 f.

Sie uns, lieber Herr Pfarrer, von dem, der aller Vater und Heiland und Richter ist, bestimmen, wer der Seligkeit fähig oder unfähig sey.[106] Das Jahrhundert der Aufklärung macht das Wort von Mt. 7,6 zum Prüfstein eines christlichen Entgegenkommens im Verhältnis zu den Juden. – In der ersten Fassung des ›Grünen Heinrich‹ sich in Breite über das Schulwesen ergehend, spricht Gottfried Keller von dem Los der Schulmänner, die außerhalb der geheiligten Mauern der Latein- und Griechischschulen auf den naturkundlichen Profanschulen sich als *unglückliche Verbannte* fühlten, *welche Perlen vor die Säue zu werfen haben.*[107] Als in den pädagogischen Auseinandersetzungen des 19. Jahrhunderts es Anstrengungen kostete, gegen die Tradition des humanistischen Gymnasiums auch für den naturkundlichen Unterricht eine Bahn zu brechen, gebrauchten die Naturkundler das Argument, Gott habe wie in der Heiligen Schrift auch in dem Buch der Natur sich offenbart, so daß es auch eine theologische Begründung dafür gebe, die an der schriftlichen Überlieferung orientierte philologisch-humanistische Gelehrtenschule durch eine gleichberechtigte, das Buch der Natur erklärende, also naturkundlich orientierte Realschule zu ergänzen. Gottfried Kellers Bezeichnung solcher Schulen als *Profanschulen* zeigt, wie wenig den Naturforschern ihre theologischen Argumente halfen, solange die humanistischen Gelehrtenschulen mit einem Mantel wie von Sakralschulen sich umkleidet hielten, so daß die an die Profanschulen abgeordneten Lehrer sich an diesen als Verbannte fühlten, welche die humanistischen Perlen vor die Säue der profanen, naturgeschichtlichen Häresie zu werfen hätten. – Die Geistlichkeit ist umgekehrt der Gegner, wo es Schulen überhaupt in Rußland durchzusetzen gilt. In Anton Tschechows Erzählung ›Albdruck‹ verzagt das permanente Mitglied der Session in Bauern-

106 Christian Gotthilf Salzmann, Carl von Carlsberg oder über das menschliche Elend, Leipzig 1783 (Faksimiledruck hg. v. Günter Häntzschel, Bern 1977), T. 1, S. 345.

107 Gottfried Keller, Sämtliche Werke und ausgewählte Briefe, Bd. 1-3, hg. v. Clemens Heselhaus, München 1958, Bd. 1, S. 168.

fragen, Kunin, daran, mit dem jungen unbedarften Popen Jakow über die Errichtung einer Schule sich verständigen zu können: »Kunin beschloß, gar nicht erst von der Schule zu sprechen, um keine Perlen unnütz zu verstreuen.«[108]

Das mit Illusionen welcher Art auch immer mit einer sich nichts vormachenden Nüchternheit, das heißt ungenüßlich – was heute selten –, aufräumende Buch ›Rumor‹ von Botho Strauß bringt unter seinen Exempeln die unter die Haut gehende Geschichte des Biologielehrers Bongie, eines nach dem letzten Krieg als gewesener Nazi aus aller Achtung Ausgestoßenen, auf dem nun seine Schüler und dabei sein Sohn herumtrampeln zu dürfen glauben, auch als dieser in einer Art stellvertretenden Leidens, allen einstigen Verirrungen enthoben, als Lehrer sich zum Vorreiter der modernsten naturwissenschaftlichen Erkenntnis an der Schule macht. Den Fortschritten der jungen Biogenetik hinter ihrer Spitze folgend, stürzt er in den Lehrvorträgen vor seiner ahnungslos arroganten Klasse ein illusionäres Weltbild um. Zwei Jahrzehnte später begegnet der einstige Schüler Bekker in der Nacht und vor dem Haus, aus dem man ihn vertrieb, dem durch andauernde Demütigungen – wie Juden früher – gebrochenen alten Mann, an dessen einstigen Unterricht er sich jetzt mit Reue und abbittendem Dank erinnert: *Hier aber sind ihm auf einmal unvergeßlich Bongies ausgefeilte Vorträge über Molekularbiologie, damals noch in blitzenden Anfängen und noch keine Sachbuch-Weisheit, der Unterricht auf frischestem wissenschaftlichem Niveau und faszinierend, wenn auch Perlen vor die Säue geworfen, und heute erst, im reifen Alter erst zu ermessen, welch stille Revolution des Menschenbilds damals vor lauter kreischenden grünen Rüpeln verkündet wurde.*[109] Eine Epoche umwälzende Erkenntnisse sind Perlen, unzeitgemäße Betrachtungen in einer Umwelt von sich blind haltenden Jungen, deren von den Vätern stammende ideologische Unreife sie für auch nur eine Ahnung von dem in

108 Anton Tschechow, Religiöse Erzählungen eines Atheisten, Hamburg und München 1962, S. 95.

109 Botho Strauß, Rumor, München 1980, S. 138.

Wahrheit sie Betreffenden untauglich macht. In Einem, Bekker, hat es spät gedämmert über die Bedeutung des in Torheit einst fast Überhörten.[110]

Residuen des Religiösen haben eine Neigung, ins Ästhetische sich zu verflüchtigen, wenn objektiv gültig Gewesenes von in Subjekten vertretenen Künsten so in Anspruch genommen wird, daß ihre Sagweisen und Formen eine Aura des Vergangenen annehmen, als schwänge dessen Wert im Gegenwärtigen noch mit. Wo die aufkommende Naturwissenschaft, die Staatskunst, das Utopische im Stil der geheimen Gesellschaften ein priesterliches Gehaben annahmen, ging es um übergeordnet Allgemeineres, das durch Verrat der Perlen an ein profanum vulgus in seinen heilbringenden Wirkungen gefährdet angesehen wurde. Der junge Gogol läßt im Vorwort seiner ›Abende auf einem Weiler von Dikanka‹ (1831) den Vorsänger der Dikanker Kirche und Erzähler Foma Grigorjewitsch den von ihm erwarteten Geschichten zunächst unwirsch sich entziehen: »Und noch immer kein Wort. Erst als er in die Rocktasche griff und ein blau kariertes, baumwollenes Taschentuch hervorholte, murmelte er etwas vor sich hin, das wie ein Sprichwort klang: ›Man soll die Perlen nicht vor die Säue werfen!‹« Erst später werden zwei Geschichten von ihm eingestreut.[111]

Auch den im Ästhetischen durch Erziehung seines Quali-

---

110 Ebd., S. 141: *Dann wird der Mensch allmählich all seiner Tröstungen beraubt und von Jahrhundert zu Jahrhundert wird er geringer in seiner Selbstachtung.* S. 143: *Ein solches Weltbild ist nichts für Kinder und nichts für Christen und schon gar nichts für Marxisten. Es bedroht jede Philosophie, die den Menschen in ihren Mittelpunkt stellt, indem es die tatsächliche Abseitigkeit seiner Existenz in der Naturgeschichte verkündet [. . .] Er muß wissen, daß er seinen Platz, wie ein Zigeuner am Rande des Universums hat, das für seine Musik taub ist und gleichgültig gegen seine Hoffnungen, Leiden oder Verbrechen.* S. 145: *Das Menschenkind, die ewige Nummer Eins der Weltgeschichte? Schwamm drüber.*

111 Nikolai Gogol, Sämtliche Erzählungen, München 1961, S. 12; eine »Selbstkarikatur Gogols« vermutet in ihm Rolf-Dietrich Keil, Gogol im Spiegel seiner Bibelzitate, Festschrift für Herbert Bräuer, Köln und Wien 1986, S. 193-220, hier S. 199.

tätsgefühls Gebildeten und den ahnungslosen Banausen sieht man in manchen Abwandlungen zwischen Scherz und Ernst in dieser Art geschieden. Einige Beispiele mögen hier noch stehen. In Lessings ›Minna von Barnhelm‹ (I 12) fällt Just es schwer, die von Werner ihm entwickelten Absichten für Tellheim zu begreifen, so daß er zu hören bekommt: *Ich merke wohl, daß eine schöne Disposition über deinen Verstand geht. Ich will meine Perlen nicht vor die Säue werfen.*[112] Eine ästhetische Geschmacklosigkeit ist gemeint, wenn der junge Herder in einem literaturkritischen Verriß moniert, daß der Verleger dem Greuel noch das Bild Thomsons beigegeben habe, *das wir in Leßings Theatral. Bibliothek mit Vergnügen sahen: das heißt: Perlen für die Säue werfen.*[113] Ein Sonett des Grafen von Platen ›An Tieck‹ verteidigt diesen gegen die gemeine Barbarei des deutschen Michel, der ihm seinen Einsatz für Calderon verübelte. Es schließt:

Doch nimmer laß sie sich am Heil'genscheine
Des fremden Meisters freventlich vergreifen,
Und wirf nicht länger Perlen vor die Schweine![114]

Wie die Dichtung ist auch die Musik nicht zu vergeuden. Des Freiherrn Knigge ›Umgang mit Menschen‹ bedauert den Musiker, der sein Brot damit findet, in Gesellschaft sich zu deren Spaßmacher zu erniedrigen, indem er seine Kunst vor Ungehobelten zu hören gibt. *Abschlagen darf er es nicht, wenn er nicht will für eigensinnig gehalten werden, und doch fühlt er, daß er*

112 Gotthold Ephraim Lessing, Werke und Briefe, hg. v. Wilfried Barner u.a., Bd. 6, Frankfurt am Main 1985, S. 27. In Lessings ›Die Juden‹ (11. Auftritt) hält Lisette ihr Herz vor dem Werber verschlossen: *Man giebt die Herzen jetzo nicht mehr so in den Tag hinein weg. Und glaubt Er etwa, daß ich so verlegen mit dem meinigen bin? Ich werde schon noch einen ehrlichen Mann darzu finden, ehe ichs vor die Säue werfe*; ebd., Bd. 1, Frankfurt am Main 1989, S. 468.

113 Aus den Königsbergschen Gelehrten und Politischen Zeitungen auf das Jahr 1765; Herder, sw 1, S. 93.

114 August von Platen, Werke, hg. v. Kurt Wölfel und Jürgen Link, Bd. 1, München 1982, S. 418.

seine Perlen den Säuen vorwirft.[115] Auf den Einfall, daß man die Begier der Leute mit gefälschten Perlen zu befriedigen suchen solle, kam erst Jean Paul, der Einzige, der auch sonst vom Umlauf falscher Perlen eine poetologische Notiz genommen hat. Zwischen politischen Aphorismen steht sein Satz: *Werft Perlen vor die Schweine, aber nur falsche aus Wachs.*[116] Jeder versteht ihn heute als eine Regel der politischen Rhetorik. Als Autormaxime würde Jean Paul sie selber Lügen strafen. – Aber wollen Schweine überhaupt immer Perlen haben?

Gut waren Dichter dran, die an ihre Perlen wie auch an die Schweine glauben durften. Eine Anfechtung oder Krise des Glaubens an beides ist für sie schlimm. Was am Ende, wenn ihnen mit dem Glauben an die Kunst auch der an den Hunger der Schweine abhanden käme? Haben Gedichte keinen Sinn mehr, vergeht auch den Schweinen der Appetit, von dem die Dichter leben, seit sie ihre Blätter nicht mehr verschenken sondern vermarkten. Die Krise des Vertrauens auf beides dokumentiert im Jahr 1920 des jungen polnischen Autors Kazimierz Wierzynski Gedicht ›Rasendes Manifest‹, das so beginnt:

Fort mit Gedichten! Mit dem Seelenplunder!
Es leben die Narren, Nonsens, Neppvereine!
Nieder die Tugend! Hoch das Wahnsinnswunder!
Leben ist alles! Künste gibt es keine!

Beim Kehraus alles bisher Dagewesenen kommt die verkehrte Welt zum Vorschein, in der Kopf steht, was einmal auf Füßen stand.

Vorwärts Kolumbus! Entdecke Europa!
Es gibt noch Neuland zwischen den Polen!
Der beste Schritt ist heute der Fauxpas,
Das schönste Lied, was die Dohlen johlen.

---

115 Über den Umgang mit Menschen, T. 3, Hannover [5]1796; Sämtliche Werke, Bd. 10, (Neudruck Liechtenstein 1978), S. 115.

116 In der Museum-Vorrede unter den Beispielen dafür, wie der Autor die Vorrede ad libitum durch Eingestreutes zu erweitern sich erlaube; Jean Paul, SW II 2, S. 881.

Die Säue wolln keine Perlen mehr fressen ...

Aus Handflächen sprießen Haare und wachsen
Die Kruzitürken tragen Frack und Binder,
Erstaunlich klug sind alle Larifaxen
Und Menschen kommen zur Welt im Zylinder.[117]

Das ›Rasende Manifest‹ stürzt keine Welt um, ist satirisch friedlich wie der Bilderbuchbogen mit der verkehrten Welt, der einen die richtige lehrt. Und doch ist mit dem Vorbeben der Zwanziger möglich Kommendes schon angezeigt. Wollen die Säue keine Perlen mehr fressen, ist eine alt gewordene Art von Kunst am Ende.

Der Rückschau stellt sich die Geschichte der Rede von den vor den Schweinen zu bewahrenden Perlen dar als die Geschichte einer – nach tausendjähriger kirchlicher Tradition – im hohen Mittelalter beginnenden Emanzipation aus der bis dahin einzigen – und im Christentum bis heute fortlebenden – theologischen Überlieferung und Deutung. Neben den zu bewahrenden Gütern des Wortes und der Mysterien der Kirche erheben zunächst vorsichtig und dann zunehmend unbefangener die geistliche und dann auch die Dichtung anderer Natur den Anspruch auf eine esoterische Abgeschlossenheit gegenüber einem ihrer nicht werten und durch Mißverstehen sie gefährdenden Publikum Uneingeweihter. Um ihre aristokratische oder sektiererische Exklusivität besorgt, bemühen sich Autoritäten, seit dem 16. Jahrhundert die Geheimnisse der neuen Naturerkenntnis und, seit dem 17. Jahrhundert, auch die der Staatskunst des Absolutismus als den theologischen Mysterien entsprechend nur Erwählten zugängliche Geheimnisse und schutzwürdige Güter vor jeder Profanierung zu bewahren. Nach der Aufklärung, welche die Perlen der Vernunft gegen die der Tradition ins Spiel gebracht hat, zeigt ein Bildungsadel, auch von Künstlern und Kunstverständigen, sein Bemühen, dem Banausen unbegreifliche ästhetische Qualitäten und

117 Polnisches Lesebuch des zwanzigsten Jahrhunderts, herausgegeben und deutsch von Karl Dedecius, München 1978, S. 68.

Äußerstes an Erkenntnis oder sublime Bildungsgüter mit der Weihe des Unzugänglichen und nicht unbesonnen Preiszugebenden zu umkleiden. Wo am Ende ein demokratisches Aufbegehren seine Perlen vor klerikalen und reaktionären Mächten verborgen zu halten trachtet, findet sich die Geschichte der Metapher über alle Emanzipation von der Theologie hinaus bis in die Umkehrung ihres aristokratischen Bewußtseins revolutioniert. Die Anwendungsgeschichte der Metapher von den vor die Schweine geworfenen Perlen zeigt eine geistesgeschichtlich bedingte Konsequenz der ausbauenden und abwandelnden Orchestrierung der Verwendungsmöglichkeiten im Rahmen eines durch das Fortbestehen von je einmal Eingebrachtem bereicherten Bestandes. Der naheliegende Gedanke an eine mit der Lösung ihrer Bindung an die Theologie einmal entstandene ubiquitäre Beliebigkeit der Anwendung der Metapher – wie in der heutigen Umgangssprache – verbietet sich offenbar anhand des historischen Befundes einer nicht zufälligen Folge elitärer Instanzen, die das Bild für die Ausbildung ihres Selbstbewußtseins je in Anspruch nahmen.

5. *Der Hahn und die Perle*

Auf literarische Großformen wird die Perlenmetapher nur angewandt, um ihr Zustandekommen durch Reihung und ihren Zusammenhalt durch Gebundenheit ins Ganze darzustellen, wobei weniger Gattungstypisches als besondere Möglichkeiten des Stils der Werkanlage in den Blick gehoben werden. Dem Charakter der Perle entspricht es besser, wenn sie das dicht Geformte meint wie das Gedicht, den Sinnspruch, die Sentenz, das Diktum. Der Neigung solcher Kleinformen zur Zyklusbildung ist das Sprechen von gereihten Perlen ganz gemäß. Wenn lediglich eine Gattung, nämlich die Fabel, eine besondere Affinität zur Perle hat, entspricht dies nicht einer besonderen Natur der Perle, sondern es hat einen historischen, durch die Dichtungsgeschichte gesetzten Grund. Selten kennt man den Moment, der eine Metapher in die Welt gab. Hier läßt sich die Stiftung eines Bezuges zwischen der Fabel und der Perle fest bestimmen als die Stunde, zu der Phädrus (um 40 n.Chr.) seine Fabel ›Hahn und Perle‹ (*Pullus ad margaritam*) schrieb:

> Am Düngerhaufen suchte Futter sich ein Hahn
> und fand dort eine Perle. ›Ach‹, sprach er, ›was liegst
> du wertvoll Ding doch dort, wo es dir nicht gebührt.
> Hätt' jemand dich gesehn, auf deinen Wert erpicht,
> so strahltest längst du schon im dir gemäßen Glanz.
> Daß ich dich fand, wo mir viel mehr am Fressen liegt,
> ist keinesfalls von Nutzen – weder dir noch mir.‹
>
> Für den gilt die Geschichte, welcher mich nicht schätzt.[1]

---

1 Fabeln der Antike. Herausgegeben und übersetzt von Harry C. Schnur, München 1978, S. 217f.

Phaedrus III 12 *Pullus ad margaritam*

> *In sterculino pullus gallinacius*
> *dum quaerit escam margaritam repperit.*

Erzählung und Auslegung in sich verbindend, ist die Fabelgattung als Didaxe auf den Hörer orientiert. Versagt der Empfänger im Verstehen, war die Kunst umsonst. *Hoc illis narro qui me non intellegunt.* ›Hahn und Perle‹ mit der Lehre ›Weisheit geht vor Nahrung‹ ist die Fabel von der Fabel,[2] eine Warnung, ihren springenden Punkt, die Perle ihres Sinnes, zu verkennen und zu verachten. Seit dem 5. Jahrhundert für tausend Jahre und oft länger an der Spitze der Fabelsammlungen stehend, wirbt ›Hahn und Perle‹ mit dem Menetekel *legere et non intellegere* um des Lesers rechten Zugang zu der Gattung. Jesu Mahnung, die Perlen nicht vor die Säue zu werfen, und des Phädrus Warnung, die Perlen nicht verachtet liegen zu lassen, stammen aus den gleichen Jahren, sind auch in der Aussage und Intention verwandt.[3] Jesus und Phädrus sagten ›Perle‹ und

---

›Iaces indigno quanta res‹ inquit ›loco!
hoc si quis pretii cupidus vidisset tui,
olim redisses ad splendorem pristinum.
ego quod te inveni, potior cui multo est cibus,
nec tibi prodesse nec mihi quicquam potest.‹
Hoc illis narro qui me non intellegunt.

2 Ich kann mich kurz fassen, mit dem Hinweis auf die umfassende Abhandlung von Klaus Speckenbach, Die Fabel von der Fabel. Zur Überlieferungsgeschichte der Fabel von Hahn und Perle, Frühmittelalterliche Studien 12 (1978), S. 178-229; s. auch Klaus Grubmüller, Meister Esopus. Untersuchungen zu Geschichte und Funktion der Fabel im Mittelalter, Zürich und München 1977 (Münchener Texte und Untersuchungen zur deutschen Literatur des Mittelalters 56), S. 34 f., 37, 159 f., 242, 307 (»Initiationsfabel für die Eingeweihten«), 328 f.

3 Die Fabel kann sich mit Mt. 7,6 verbinden. Burkard Waldis (1548) in der Auslegung der Fabel (s. o. S. 149; Speckenbach, Die Fabel von der Fabel (wie Anm. 2), S. 212 f.)

31 *Die unverstendign merk beim han:*
Kunst, weisheit zeigt die perlen an

37 *Das heiltum ist nicht für die hund,*
Perlen seind schweinen ungesund.

Gibt es auch unausgesprochene Zeugnisse für die Fabel von Hahn und Perle? Augustinus scheint an sie gedacht zu haben, wenn er zu Mt. 7,6 als für die Perle spezifische Art des Abgeneigtseins die Mißachtung nennt.

nicht Saphir oder Diamant – hätte dem etwas entgegengestanden, etwa eine orientalische Tradition?[4] – und gaben damit der Perle vor anderen Edelsteinmetaphern für das weise Wort[5] den Vorrang für die folgenden Epochen. Ihre Nennung in der Hei-

---

Das *sanctum*, das nicht den Hunden, und die *margarita*, die nicht den Schweinen gegeben werden darf, sind, sagt er, das Gleiche und verschieden nur unter dem Aspekt der Reaktion auf es. Das Heilige soll nicht zerstört, die Perle aber nicht verachtet werden. Das zu schützende Gut heißt: *margarita ex eo quod non debet contemni [...] contemnit uero quod uile ducit et quasi infra se esse existimat, et ideo calcari dicitur quidquid contemnitur [...] Non enim facile inueneris, quid ei gratum esse possit qui margaritas calcauerit, id est cum magno labore diuina inuenta contempserit.* De sermone domini in monte II 20,68; CCL 35,164f. Warum sonst, wenn nicht von der Fabel her, soll für die Perle das Mißachtetwerden so spezifisch sein? – Wohl auf Hahn und Perle (nicht Mt. 7,6) bezieht sich Gregor der Große im Anschluß an den Bericht über das Sterben einer Heiligen; Homiliarum in Evangelia libri II, hom. 40,12; PL 76,1312A: *Haec ergo quandiu vixit in corpore, quis illam haberet in honore? Indigna cunctis, despecta omnibus videbatur. Quis ad illam accedere, quis illam videre dignaretur? Sed latebat in sterquilinio margarita Dei. Sterquilinium, fatres, hanc ipsam corruptibilitatem corporis appello, sterquilinium abjectionem paupertatis nomino. Assumpta est ergo margarita quae jacebat in sterquilinio, et posita in coelestis Regis ornamento, jam inter supernos cives emicat, jam inter ignitos illos lapides aeterni diadematis coruscat.* Gregor eigen ist die Erhöhung der Perle aus dem Mist in die Krone des himmlischen Königs.

4 Ein Edelstein steht freilich in der Mt. 7,6 variierenden Aussage Prov 26,7f.: *Indecens est in ore stultorum parabola. Sicut qui mittit lapidem in acervum Mercurii, ita qui tribuit insipienti honorem.* Werner Ziltener, Studien zur bildungsgeschichtlichen Eigenart der höfischen Dichtung. Antike und Christentum in okzitanischen und altfranzösischen Vergleichen aus der unbelebten Natur, Bern 1972 (Romanica Helvetica 83), S. 122, stellt hierzu Carmina Burana 42,18,3f.: *Et accedit dignitas / animali bruto / Tamquam gemma stercori / vel pictura luto*; die Romsatire meint die allgemein ›verkehrte Welt‹ am Hof des Papsts.

5 Der Stricker (Hahn und Perle v. 25-31) legt die Perle als das Wort aus, das ›Gott und der Welt gefallen‹ lehrt: *waz sint die mergriezen? / diu wort, der wir niezen / gegen gote und nach den eren. / beginnet man in leren, / wie er werben solde, / ob er sich lieben wolde / beidiu gote und den liuten;* Der Stricker, Tier*bispel*, hg. v. Ute Schwab, Tübingen ³1983 (Altdeutsche Textbibliothek 54), S. 2.

ligen Schrift bewahrte die Perle von Mt. 7,6 vor Gefährdungen durch die Überlieferung, während die in der Fabel gefundene Perle nicht so gefeit war gegen die Ersetzung durch einen Edelstein.[6] Wird statt der Perle vom Hahn ein Jaspis, Diamant oder

6 Zuerst durch einen Jaspis beim Anonymus Neveleti (12. Jh.); Speckenbach, Die Fabel von der Fabel (wie Anm. 2), S. 184, Anm. 30. Ulrich Boner gibt der Sammlung seiner hundert Fabeln den Titel ›Der Edelstein‹ nach der Fabel *Von einem hanen und einem edelen steine*, die den Zyklus programmatisch auch hier eröffnet. Diese und die zweite Fabel vom Affen und der Nuß – der Affe beißt auf die harte und bittere Schale, wirft die Nuß weg und geht des schmackhaft süßen Kerns verlustig – charakterisieren die Gattung, deren Gewinn die Perle oder der Nußkern der gewonnenen Erkenntnis ist. Boner nennt die erste Fabel *Von unerkantnisse* und sagt im Prolog v. 69 f.: *Wer niht erkennet wol den stein / und sîne kraft, des nutz ist klein.* (Boner, Der Edelstein (wie Kap. 1, Anm. 20), S. 2; dazu Grubmüller, Meister Esopus (wie Anm. 2), S. 307 f., 328; Speckenbach, S. 197 f.)

August Gottlieb Meißner (1794) bringt zur Fabel ›Der Haushahn und der Diamant‹ eine illustrierende Parallelerzählung vom Schiffbrüchigen, der *am Ufer eines wüsten Eilands* einen zugebundenen Sack findet. *›Das wird Brod seyn!‹ rief er freudig; er öffnete ihn, und sagte, mit Thränen: ›Ach, es sind leider nur Perlen!‹* (Speckenbach, S. 218). Die Anekdote stammt aus Saadis ›Rosengarten‹, wo sie so lautet:

Auf dem Markte der Juwelenhändler zu Basra sah ich einen Beduinen, der Folgendes erzählte: Einst hatte ich in der Wüste den Weg verloren, von Reisevorrath hatte ich nicht das geringste mehr übrig, und war schon auf den Tod gefaßt, als ich plötzlich einen Sack voll Perlen fand. Nie werde ich die Freude und das Entzücken vergessen, da ich glaubte es sei geröstetes Korn, nie aber auch den Schmerz und die Verzweiflung, als ich erkannte, daß es Perlen waren.

Kann im dürren Wüsten-Flugsand wohl die Muschel,
Kann die Perle wohl dem Durstigen behagen?
Ach! gleichviel ist's dem der ohne Vorrath hinsinkt,
Mag er Gold, mag er nur Thon im Gürtel tragen.

Sadi's Rosengarten (wie Kap. 3, Anm. 157), S. 107 f.; zu den früheren deutschen Übersetzungen Faramarz Behzad, Adam Olearius' ›Persianischer Rosenthal‹. Untersuchungen zur Übersetzung von Saadis ›Golestan‹ im 17. Jahrhundert, Göttingen 1970 (Palaestra 258). Die Geschichte bringt im 19. Jahrhundert Christoph Schmid nach Hans Hörtnagl, Bausteine zu einer Grammatik der Bildsprache, Innsbruck 1922, S. 5 f.

Edwin Arnolds Buddha-Epos ›The Light of Asia‹ (1879) bringt eine Le-

Smaragd gefunden, bleibt die Lehre der Fabel doch stets Weisheit vor der Welt oder auch vor Gott.[7]

---

gende vom Perlenfischer Buddha, der mit der herrlichsten gefischten Perle die geliebte Lakshmi, die ein Korn vor dem Hungertod bewahren könnte, nicht retten zu können glaubt:

Then cried I, ›If there be who hath of grain,
Here is a kingdom's ransom for one life:
Give Lakshmi bread and take my moonlight pearl‹.

Lakshmi hört aus Buddhas Klage seine Liebe und überlebt. Edwin Arnold, The Light of Asia (wie Kap. 3, Anm. 230), S. 137f.

Die in Indien verbreitete Vorstellung von der Herkunft der Perle aus der Stirn des Elephanten bewirkte eine besondere Adaptation (oder spontane Eigengestalt?) der Fabel:

Die Frau eines Wilden ging in einem Walde in ihrer Freude rasch auf eine mit Blut beschmierte Perle zu, die aus der Stirn eines von einem Löwen zerrissenen Elephanten gefallen war, in der Meinung, es sei eine Brustbeere. Nachdem sie sie mit den Händen aufgehoben und gesehen hatte, daß sie weiß und hart war, ließ sie sie liegen. So pflegt es überaus Bedeutenden zu gehen, wenn sie an einen unrechten Ort gerathen. Indische Sprüche (wie Kap. 1, Anm. 29), Bd. 3, Nr. 7038; vgl. Bd. 1, Nr. 2087: *Geht man in eines Löwen Behausung, so findet man eine Perle aus der Wange eines Elephanten; geht man dagegen in eines Hundes Wohnung, so findet man Haufen Knochen, Hufe und Schwänze.* Aus dem Pantschatantra stammt der Spruch (ebd., Bd. 2, Nr. 3969): *In einem Lande, wo es keine Kenner giebt, haben die meererzeugten Perlen keinen Werth: in einer Hirtenstation der Âbhîra verkaufen, wie man weiß, die Hirten einen Mondstein um drei Otterköpfchen.* Vgl. Bd. 1, Nr. 1616: *Wenn der Krähe Schnabel mit Gold belegt wäre, wenn ihre Füße mit Rubinen verzieret würden und wenn auf jedem Flügel eine Perle sich befände, wie man sie bisweilen in den Schläfen eines Elephanten antrifft: die Krähe bliebe doch Krähe und wäre kein Flamingo.* Bd. 3, Nr. 6523: *Nicht in jedem Berge sind Rubine, nicht in jedem Elephanten Perlen, nicht überall Gute, nicht in jedem Walde Sandelbäume.*

7 Als Literarisches wurde die Perle in der Fabel La Fontaines (1668) noch einmal klar herausgestellt:

Ein Hahn scharrt' eine Perle aus dem Mist
und gab sie, harmlos wie er ist,
dem Händler, der gerad des Weges kam.
Ich finde sie, sprach er, zwar köstlich fein,
ein Hirsekorn aber, noch so klein,
paßt mir halt besser in den Kram.
Ein Tölpel erbte flugs

Die Funktion einer sinnvollen Werkeröffnung oft genug erfüllend, hat die Fabel von Hahn und Perle die Aufgabe, den Leser im Werkschluß noch einmal zu Gedanken anzuhalten, anscheinend nur einmal übernommen. Heinrich von dem Türlin schließt seinen großen Roman ›Die Krone‹ mit Betrachtungen über Möglichkeiten der Aufnahme der mit seinem Werk geschmiedeten edelsteinbesetzten Krone aus Gold, deren Adel ein Verkennen aus Mangel an Kunstverstand nichts antun könnte. Der ein selbst in den Schmutz getretenes Gold findende Kenner rühmt sich seiner Entdeckung, denn Gold und

---

ein Manuskript; er trugs
zum Nachbar Antiquar in Absicht auf Gewinst:
Ich glaube, sprach er, es ist gut;
ein Dukätchen aber tut
mir halt doch einen bessern Dienst.

Jean de La Fontaine, Die Fabeln. Gesamtausgabe, übertragen von Rolf Mayr, mit 39 Illustrationen von Gustave Doré, Düsseldorf und Köln 1964, S. 33; ausführliche Interpretation bei Speckenbach, Die Fabel von der Fabel (wie Anm. 2), S. 220f.

Zu den an die hundert Versionen der Fabel, die Speckenbach untersuchte, läßt sich eine recht eigene der persischen Dichterin Parwin Etessami († 1941) noch nachtragen:

Ein Hahn sah in einem Garten, versteckt auf dem Boden, eine buntschillernde Perle. Gierig stürzte er sich auf sie, pickte sie auf und versuchte, sie in seinen Kropf hineinzuwürgen. Als er merkte, daß der schillernde Gegenstand nicht die Königin der Reiskörner war, spuckte er die Perle wieder aus. Wohl hatte er die Perle geprüft, doch was für eine Prüfung war das! Die Perle rief ihn zu sich zurück und sprach: ›Ich bin eine leuchtende, kostbare Perle. Durch Zufall bin ich von einer wunderschönen Halskette auf den Boden dieses Gartens gefallen. Perlen wie mich gibt es nicht überall. Nicht alle Weltmeere besitzen solche Perlen wie mich. Nur der Zufall warf mich vor deine Füße. Mich findet man nicht wie Sand am Meer. Würdest du mich nur mit den Augen der Vernunft betrachten, würdest du tausende Schönheiten und Wunder in mir erblicken.‹ Der Hahn aber krähte mit der Stimme des Stolzes: ›Ich würde dich hergeben, wenn dich bloß jemand gegen ein Reiskorn eintauschen würde‹; nach Nossrat Peseschkian, Der Kaufmann und der Papagei. Orientalische Geschichten als Medien in der Psychotherapie, Frankfurt 1979, S. 140.

Meister sind sich eine Augenweide.[8] Anders verhielte sich ein Leser, der mit den Worten des Hahnes auf dem Mist – die Fabel wird erzählt[9] – das Werk als den gefundenen Edelstein verwerfen wollte:

29956 *Dar umbe sô müezen wir*
Uns von einander scheiden;
Ez vrumt niht uns beiden,
Daz wir bî einander sîn:
Mir mac dîn vil liehter schîn
Mînen hunger niht benemen:
Des muost dû mir missezemen.
Hie mite er in under trat.

Der Leser wird nicht aus dem Werk entlassen ohne des Autors selbstgerechte Mahnung, als welch Banause er sich erwiese, sollte er der edelsteinernen Kunstgestalt – vielleicht ein wenig auch dem Sinn? – des Werkes sich verschließen. Der Leser ginge nicht hungrig vom Werk weg, hätte der Edelstein ihm so zustatten kommen können, daß ihn sein Glanz gesättigt hätte.[10]

In der Anspielung auf die Fabel als Zitat aus ihr herausgehoben, findet sich die Rede von der Perle auf dem Misthaufen im ›Don Quijote‹ des Cervantes, wo in der Begegnung mit dem gelehrten Junker im grünen Mantel (Kap. II 16) Don Quijote zu

8 Heinrich von dem Türlin, Diu Crône (wie Kap. 4, Anm. 81), S. 370, v. 29934-41. Franz Josef Worstbrock, Über den Titel der ›Krone‹ Heinrichs von dem Türlin, Zeitschrift für deutsches Altertum 95 (1966), S. 182-186, hier S. 183, Anm. 3, erinnert an das Apophthegma *aurum in luto quaerere*, das Cassiodor über Vergils Begegnung mit dem Werk des Ennius überliefert. Die Fabel von Hahn und Perle ist freilich nicht »daraus entwickelt«.
9 v. 29942-65. Worstbrock, S. 183: »Das Werk und sein Meister verlieren nicht durch die Blindheit der *tumben*. Denen wird das *bîspel* vom hungrigen Hahn zugesteckt, der unter dem Mist zu seinem Verdruß eine Gemme fand«; Engelen, Die Edelsteine, 1978 (wie Kap. 1, Anm. 3), S. 385 f., Anm. 11, nennt die Stelle; Speckenbach (wie Anm. 2), S. 193, bespricht sie.
10 Des Dichters Fazit aus der Fabel glänzt nicht von Klarheit: *Sîn möhte dem sîn worden stat, / Den sîn schîn het gemachet sat* (29964 f.). Ich bin versucht, es so wie oben zu verstehen. Die Handschrift gibt noch weniger Sinn her.

einer Rede über die Dichtkunst ausholt, da der Junker beklagte, wie sein Sohn statt den gelehrten Wissenschaften der Dichtung sich ergeben habe, und dies in einem Zeitalter, »wo unsre Könige die an Tugend und allem Edlen reiche Gelehrsamkeit reich belohnen; denn Gelehrsamkeit ohne Tugend ist wie Perlen auf einem Misthaufen«. Vom Grünmantel über die Wissenschaften gesagt, lenkt der Ausspruch gleichwohl Don Quijotes Rede über die Dichtung zu einem gleichsinnigen Ende: »Wenn die Könige und Fürsten die wundervolle Gabe der Poesie bei verständigen, tugendsamen und würdigen Personen finden, so ehren, schätzen und bereichern sie diese, ja bekränzen sie mit den Blättern jenes Baumes, den der Blitzstrahl nie verletzt, zum Zeichen, daß niemand denen ein Leid zufügen soll, deren Schläfen mit solchen Kränzen geehrt und geschmückt sind«.[11] Das heißt, auch Dichtkunst ohne Tugend ist wie Perlen auf einem Misthaufen. »Wenn der Dichter keusch ist, wird er es auch in seinen Versen sein«. Den für die Inkompetenz der banausischen Umwelt gestandenen Hahn der Fabel, die nicht fragte, wie die Perle auf den Mist gekommen, läßt Cervantes fallen, wo es nun des Dichters ist, die Perle seiner Kunst vor dem Unreinen des Mistes zu bewahren.

11 Miguel de Cervantes Saavedra, Der sinnreiche Junker Don Quijote von der Mancha, Darmstadt 1968 (Ausgabe des Winkler Verlages München), S. 661, 663. – In ›Sir Gawain and the Green Knight‹ (14. Jh.) steht die Perle der Erbse gegenüber: »So wie die Perle wertvoller ist als eine weiße Erbse, so ist Gawain wahrlich anderen stolzen Rittern überlegen«. Sir Gawain and the Green Knight. Sir Gawain und der grüne Ritter. Englisch und deutsch. Übersetzt und hg. v. Manfred Markus, Stuttgart 1974, S. 155 (v. 2364f.).

6. Perlen als Stilfiguren und Stilformen

Auch Stilfiguren und Stilformen können Perlen sein. Die Antike bezeugt die Perle als Stilfigur des Redeschmucks nur bei Cicero und ohne daß sie hier empfohlen würde. Cicero rühmt am attischen Stil der Rede eine schlichte, dank der Sparsamkeit ihrer Mittel mit Leichtigkeit eingehende Eleganz, die eher sorglos wirkt als zu bemüht, so wie es einer Art von Frauen ansteht, ihre Schönheit ohne Schmuck zu zeigen. So auch bei der Rede: »Jeder auszeichnende Schmuck wie der von Perlen wird dann weggelassen, und keine Brennscheren (zum Haarekräuseln) werden angewandt. Alle Heilmittel des Aufschminkens von Blässe oder Röte werden abgelehnt. Es bleibt allein die Eleganz und Reinheit. Dann ist es die reine und lateinische Rede, klar und mit Ebenmaß gesprochen, das Geziemende beachtend«.[1] Die Perle steht für überflüssigen, der Schönheit abträglichen Redeschmuck. Ihre Paarung mit der Brennschere, die Cicero auch sonst und Tacitus im gleichen Sinn als Instrument eines unangemessenen Sprachputzes verpönen, macht das klar.[2]

Ein Epigramm Martials nennt Stilqualitäten Edelsteine,

1 Orator ad M. Brutum 23,79; Cicero, Rhetorica, hg. v. A. S. Wilkins, Oxford 1903: *Tum removebitur omnis insignis ornatus quasi margaritarum, ne calamistri quidem adhibebuntur; fucati vero medicamenta candoris et ruboris omnia repellentur; elegantia modo et munditia remanebit. Sermo purus erit et Latinus, dilucide planeque dicetur, qui deceat circumspicietur.*

2 Cicero, Brutus 75,262 (Rhetorica, wie Anm. 1) rühmt an Caesars Stil die gerade und schöne, jeder Einkleidung in Redeschmuck absagende Nacktheit, die keine Handhaben für solche bietet, *qui illa volent calamistris inurere.* – Tacitus, Dialogus de oratoribus 26,1 (hg. v. Alfred Gudemans, Amsterdam ²1967, S. 164): Wenn die vollkommenste Art der Beredtsamkeit nicht zu Gebote steht, will er lieber das Ungestüm des C. Gracchus oder die Reife des L. Crassus, *quam calamistros Maecenatis aut tinnitus Gallionis: adeo melius est orationem vel hirta toga induere quam fucatis et meretriciis vestibus insignire.*

wenn er Stella nachsagt, seine mit Edelsteinen überladene Hand erweise sich als gebildeter erst durch zahlreiche Edelsteine in seinem Gedicht:

V 11 *Sardonychas, zmaragdos, adamantas, iaspidas uno*
versat in articulo Stella, Severe, meus.
multas in digitis, plures in carmine gemmas
invenies: inde est haec, puto, culta manus.[3]

Und Macrobius berichtet von Augustus, er habe in einem scherzend freundschaftlichen Brief Maecenas seine öfters schlaffe und ungebundene Schreibart vorgehalten, indem er ihn mit Edelstein-Lobworten überschüttete.[4] Der auch hier gegebene ironische Beiklang fehlt dann im 5. Jahrhundert bei Sidonius, der, so wie im Orient Dichter im Beinamen ›Perle‹ heißen können,[5] einen hochgeschätzten Hesperius eine *gemma amicorum litterarumque* nennt.[6]

Von der Antike bis in die Neuzeit, wo der Naturalismus das Prinzip der ›nackten Wahrheit‹ noch einmal aufs Panier schrieb, gehen die Ideale der unverkleideten und der eingekleideten Schönheit und so auch der Wahrheit durch die Jahrhunderte nebeneinander her, nicht eigentlich rivalisierend, aber doch jeweils mit dem Blick auf das andere sich voneinander absetzend. Wie nach Gattungen und den ihnen zugehörigen Stillagen verschieden – die Legende ist alle Zeit ihrem Vorsatz nach, nicht immer auch im Gelingen auf die ungeschminkte

3 Martial, Epigrammata, hg. v. W. M. Lindsay, Oxford ²1929.

4 Macrobius, Saturnalia II 4,12 (hg. v. Jakob Willis, Leipzig 1963, S. 144 f.): *Idem Augustus quia Maecenatem suum noverat stilo esse remisso, molli et dissoluto, talem se in epistolis quas ad eum scribebat saepius exhibebat, et contra castigationem loquendi, quam alias ille scribendo servabat, in epistula ad Maecenatem familiari plura in iocos effusa subtexuit:* vale *mi ebenum Medulliae, ebur ex Etruria, lasar Arretinum, adamas Supernas, Tiberinum margaritum, Cilniorum smaragde, iaspi Iguvinorum, berulle Porsenae, carbunculum Hadriae, ἵνα συντέμω πάντα, μάλαγμα moecharum.*

5 Vgl. S. 113-116; 248.

6 Epistulae IV 22; Sidonius, Poems and Letters, hg. v. W. B. Anderson, Bd. 2, London und Cambridge Mass. 1965, S. 144.

Wahrheit auch der Sprache eingeschworen –, sind die Vorlieben für den Ornatus und das Integumentale oder das unverkleidete zum Erscheinen bringen des Wahren im Schönen auch in den Epochen ungleich ausgeprägt. Die metaphorische Nacktheit der Wahrheit, die *nuda veritas* des Horaz, wird im Bild konkretisiert, wenn Boticelli und andere die personifizierte Wahrheit als eine nackte Frau ins Bild einfügten.[7] Das Mittelalter und der Barock als von der Rhetorik mitbestimmte und dem Allegorischen mit seinem ganzen Verfahrensspektrum hingegebene Epochen sind stärker als andere durch eine Kunst der Oberfläche ausgezeichnet, die des Eindringens in ihre Tiefe, des Aufschlusses, einer ›relevatio‹ durch ihr angemessene Auslegungspraktiken zur Offenlegung ihres Wahrheitskerns darum bedarf – wie überhaupt die Dichtmetaphorik als Schlüssel zum Selbstverständnis einer Kunst dem zur historischen Interpretation Bereiten erst Aufschluß über die Angemessenheit des von ihm angewandten Instrumentariums gibt.

Nach einem mittelalterlichen Konzept von Kunst hat diese einen rohen Stoff mit Schönem zu umkleiden, so daß das Kunsthafte eines Gegenstands in seiner Oberfläche liegt. Die Beschreibung des Malvorgangs spricht von einem die bloße Materie bekleidenden Auflegen der Farbe. Der Poetik geläufig ist die Vorstellung von der oberflächlichen Aufschmückung der Rede, die wie ein Gewand um sie gelegt wird, um die Aussage mit einer sichtbaren Schönheit zu umkleiden. Es nimmt nicht wunder, wenn in solchen Zusammenhängen neben der Rede von den Blumen, den Farben und anderen Metaphern der Aufschmückung in der Poetik auch die Vorstellung vom Aufsetzen sprachlicher Edelsteine auf das Auszusagende sich einstellt. Die ›Ars versificatoria‹ des Matthäus von Vendôme (gegen 1175) spricht über den *superficialis ornatus verborum* mit Gewandmetaphern, um dann fortzufahren: »Wie ja auch bei der Herstellung eines stofflichen Dinges durch die Anbringung ei-

7 Georg Kauffmann, Zum Verhältnis von Bild und Text in der Renaissance, Opladen 1980 (Rheinisch-Westfälische Akademie der Wissenschaften, Vorträge G 249), S. 14f., Abb. 2f.

ner Perle oder einer Schmuckanlage das ganze Hergestellte edler leuchtet, so gibt es auch gewisse Ausdrücke, die wie anstelle von Edelsteinen stehen können und durch deren kunstvolle Anbringung dann das Ganze festlicher erscheint. Denn ihr vielgestaltiger Schmuck gibt im Verbund mit anderen Ausdrücken diesen an dem Wohltuenden seiner Schönheit teil und wie gemeinschaftlich führt er das Schmeichelnde einer Art von Festlichkeit herbei«.[8]

Für diese Art Aufschmückung eines Gegenstandes liefert Alanus von Lille im ›Anticlaudianus‹ ein beredtes Beispiel. Rhetorica hat die Deichsel des Wagens der Prudentia herzustellen und nimmt Sidonius sich zum Vorbild, dessen reichverbrämte Rede von vielerlei Gestirn erstrahlt, von Edelsteinen leuchtet und im Stil sich darstellt wie ein Pfau.[9] Das von der Rhetorica nun angewandte Verfahren des dichterischen Erstehenlassens der Wagendeichsel führt Alanus aufschließend vor Augen, indem er es, die Metapher der Aufschmückung konkretisierend, als die Herstellung der Holzdeichsel beschreibt. Dem minderwertigen Stoff des Holzes, seiner *materia*, wird die Ehre angetan, ihn von außen mit Silber und durch Überstirnung mit Edelsteinen derart zu umkleiden (*vestire*), daß der als Erborgtes angenommene Glanz (ein *splendor adoptivus*) das Eigenlicht des Holzes unter sich begräbt. Der ›wahre Tag‹ des aufgesetzten Lichtes (*lumen adoptivum*) bringt das Naturgegebene zum Erblassen bis hin zum Vergessen. Ist die Deichsel erst mit

8 Matthäus von Vendôme, Ars versificatoria II 11; Edmond Faral, Les arts poétiques du XIIe et du XIIIe siècle, Paris 1924, S. 154: *Siquidem, sicut in constitutione rei materialis ex appositione alicujus margaritae vel emblematis totum materiatum elegantius elucescit, similiter sunt quaedam dictiones, quae sunt quasi gemmarum vicariae, ex quarum artificiosa positione totum metrum videbit festivari. Earum enim multiformis ornatus aliis dictionibus collateraliter suae venustatis impertit beneficium et quasi socialiter cujusdam festivitatis accomodat blandimentum.* – Daß Matthäus auch eine Entsprechung von Oberfläche und Innerem wünscht, sagt er III 50 (S. 179) mit der Rede von der *venustas interioris sententiae et superficialis verborum ornatus et qualitas dicendi.*

9 Alain de Lille, Anticlaudianus (wie Kap. 4, Anm. 77), S. 96.

Edelsteingestirn vergoldet, hat das Kunsthafte die Natur, die Aufschmückung den Stoff, das künstliche das natürliche Licht bis hin zu seiner Vertreibung derart überdeckt, daß man von einer Art typologischer Steigerung der Natur durch Kunst sprechen möchte (das Licht der Natur ist bis zur Anbetung des Lichts der Kunst bereit), ginge die Überwindung des Stoffes durch die Kunst nicht bis an sein Vernichten (Verbannen, Begraben und Vergessen) und erhöbe den radikalen Anspruch einer überhöhenden Verwandlung nicht die autonome Kunst, der *calamus pingentis*. Die entscheidenden Verse sollen hier stehen:

III 240 *Illic Sydonii trabeatus sermo refulgens*
Sydere multiplici splendet gemmisque colorum
Lucet et in dictis depictus pauo resultat.
[. . .]
Gemmis stellatam speciem themonis inignit,
Argento sparsim themonem uestit et ipsi
Ligni materie, quae pollet honore minori,
Extremus succurrit honor redimitque minorem.
Ligni primeuos ortus omnesque querelas
Splendor adoptiuus sepelit lignique uetustas
Exulat et primos sic obliuiscitur ortus.
Ergo themonem gemmarum sydus inaurat,
Immo diem uerum reddit lux ista diesque
Materialis hebet, nam lux natiua diei
Lumen adoptiuum tantum miratur adorans.

Alanus veranschaulicht das Problem im Anschluß mit dem Beblümen der eisernen Achse des Wagens, deren naturgegebene Winterkälte er durch Aufmalen von Blumen in erheiternde Frühlingswärme umsetzt (III 261-267). Alanus weiß, daß sein poetisches Verfahren das Auge, nicht das Ohr im Sinn hat. Das Visuelle und Visionäre seiner Kunst enthält eine Absage an die Dichtung als akustisches Phänomen. Die Metaphern des Beperlens und des Beblümens als eines den Stoff ins Unsichtbare verweisenden Zudeckens mit Schmuck – man denke an die Madonnen aus Gold und Edelsteinen über einem unsichtbaren Holzkern – heben ins Bewußtsein, daß sie ihren legitimen Ort nur haben, wo der Dichter sich als Maler oder Goldschmied, nicht als Sänger oder Musiker versteht.[10] Alanus macht das ohne Umschweif klar:

III 268 *Dum sic themonem gemmis et floribus axem*
Exhilarat uirgo, cumulum largita decoris,
Pingentis calamo cedit tuba, dat loca celti
Cornu, sicque duo sumunt sibi iura duorum.

Die Jungfrau Rhetorica, die ihrem Ursprung aus der für das Ohr bestimmten Kunst der Rede abschwor, hat ihr Metier in der Malerei und Goldschmiedekunst gefunden. Die Dichtmetaphern der Übermalung und Überstirnung mit Edelsteinen haben hier eine nicht näher zu untersuchende Entsprechung in der ›verhüllenden‹ (integumentalen) Aussageform des Alanus und anderer Dichter seiner Zeit.[11] Wie die Kunstleistung in der Behandlung der Oberfläche sich darzustellen habe, belegt im Rahmen der breit gefächerten Ornatusmetaphorik die Metapher der Einkleidung des Stoffes durch das Gewand der Kunst besonders sprechend im Sinne etwa der Worte Frauenlobs:

Swer der matêrjen cleit e gab,
von pfelle, samit rich gewant,

10 Als davidischer Harfenschläger gliedert im 12. Jahrhundert Herbert von Bosham sein Prosawerk ›Liber melorum‹ in Noten, Saiten und Gesänge, um die mystische Konkordanz von Schöpfung, Mensch und Gott in ihm zum geistigen Erklingen bringen zu können. Herbert von Bosham, Liber melorum, PL 190,1293-1404. Eine Gliederung nach musikalischen Einheiten haben auch Johannes Gersons Traktate ›De canticis‹ und ›De canticichordo‹; Opera (wie Kap. 1, Anm. 27), Bd. 3, Sp. 619-684. Der Psalter rief viele Sänger in seine Nachfolge.

11 Zum *Integumentum*-Konzept (jeweils mit Literaturangaben) zuletzt Meier, Gemma Spiritalis (wie Kap. 1, Anm. 3), S. 41-44; Christel Meier, Zum Problem der allegorischen Interpretation mittelalterlicher Dichtung. Über ein neues Buch zum ›Anticlaudianus‹ des Alan von Lille, Beiträge zur Geschichte der deutschen Sprache und Literatur 99 (1977), S. 250-296, hier S. 256 u. ö.; zur »erstaunlichen Konvergenz von Erzählinhalt und Sprache« bei Alanus, »eventuell bis zur Anwendung einer bestimmten Art der Metaphorik«; S. 272 f.

Durchblümet ende ⟨und⟩ urhab,
mit sprüchen ganz, vin, rich erkant:
Danc habe sin herze und ouch sin sin.[12]

Prägt sich die Bedeutung der Metapher doch in der Konsequenz einer sichtbaren Konkretisierung in etwas wie ihrer Selbstdarstellung in den ausgeübten Künsten aus. Wie die Dichtung die Personendarstellung vom 12. Jahrhundert an in der Gewandbeschreibung kulminieren lassen kann,[13] so wächst in der Kunstgeschichte die Bedeutung des Gewands mit seinem Faltenwurf und die ihre ›Fassung‹[14] genannte Oberflächenbehandlung der Skulptur in einem stilgeschichtlichen Parallelgang, der im Barock sich noch einmal erneuert. Wie italienische Kathedralen mit Marmor überzogen wurden, kam es in der böhmischen Architektur zur Einkleidung der Innenwand durch Überziehung mit Edelsteinen.[15]

Am 118. Psalm mit seinen zweiundzwanzig, den Buchstaben des hebräischen Alphabets zugeordneten Achtergruppen von Versen (insgesamt also 176) rühmt Rupert von Deutz, wie die

12 Frauenlob (Heinrich von Meissen), Leichs, Sangsprüche, Lieder, T. 1, hg. v. Karl Stackmann und Karl Bertau, Göttingen 1981, S. 545.

13 Wolfgang Monecke, Studien zur epischen Technik Konrads von Würzburg. Das Erzählprinzip der *wildekeit*, Stuttgart 1968 (Germanistische Abhandlungen 24), S. 152-181 zur Gewandbeschreibung mit dem Frauenlobzitat. Hier auch zur Metapher der *wilden* Dichtung (S. 1-33), des *entsliezen* (S. 122-130), des *vunt* (S. 130 f.) und anderen. Das Blümen ist eine Kunst der Einkleidung im ›Jüngeren Titurel‹ (1632,3 f.): *nu han ich zit noch sinne, / daz ich diu wort so sûze kunde kleiden / mit geblûmter kunst vil zuhte riche*; Hanspeter Brode, Untersuchungen zum Sprach- und Werkstil des ›Jüngeren Titurel‹ von Albrecht von Scharfenberg, Diss. Freiburg 1966, S. 174; zur Körpermetapher S. 49.

14 Thomas Brachert und Friedrich Kobler, Artikel ›Fassung von Bildwerken‹, Reallexikon zur deutschen Kunstgeschichte 7 (1981), Sp. 793-826.

15 Anton Legner, Wände aus Edelstein und Gefäße aus Kristall, in: Die Parler und der schöne Stil 1350-1400. Europäische Kunst unter den Luxemburgern. Ein Handbuch zur Ausstellung des Schnütgen-Museums in der Kunsthalle Köln, hg. v. A. Legner, Bd. 3, Köln 1978, S. 169-182, mit dem Beitrag von Christel Meier, Edelsteinallegorese, S. 185-188.

Oberfläche des Psalms von himmlischen Perlen strahle und er als Ganzes zusammengefügt sei wie aus leuchtenden Edelsteinen als den Namen des Wortes Gottes.[16] Die himmlischen Perlen auf der Oberfläche sind offenbar die zweiundzwanzig als Zwischentitel des Psalms fungierenden Buchstaben des hebräischen Alphabets (aus denen als aus den Elementen Gott, dem jüdischen ›Buch der Schöpfung‹ nach, die Welt erschuf).[17] Das durch die zweiundzwanzig Perlen gegliederte Ganze des Psalms, eines Abecedarius, ist zusammengefügt (*contextum*) aus den 176 Edelsteinen der Aussagen aller Verse über das Wort, den Sohn und die Weisheit Gottes.[18] Der Psalm ist eine Edelsteinkette mit gliedernd eingefügten Perlen. Rupert gebraucht die im Orient heimische, zu seiner Zeit den Arabern und Juden Spaniens vertraute Metapher der aus Perlen und Edelsteinen des Worts gereihten Kette. Die Wortverkündigung des Psalms bestätigen Ruperts Auslegungen der Zahlen 22 (das achte Weltalter der jenseitigen Schau der Weisheit Gottes) und 8 (die Seligpreisungen) sowie der Namen der hebräischen Buchstaben (insgesamt: die Liebe als die Fülle des Gesetzes zur Erlangung des ewigen Lebens), so daß die Betrachtungen über die Form des Psalmes schließen können: *Quid pulchrius, quid jucundius hoc abecedario? Ecce hic continetur omnis doctrina spiritualis vitae.*[19] Formfragen sind Sinnfragen, beide sind bei

---

16 De trinitate et operibus ejus libri 42, zu Ps. 118; PL 167,1224C: *Invenimus autem quod maxime notandum est psalmum hunc totum in superficie splendere coelestibus margaritis, totum, inquam, contextum esse nominibus Verbi Dei, velut fulgentibus gemmis.*

17 Rupert nennt die Buchstaben *elementa* (1224C): *Singula quoque capitula* [die Abschnitte von je acht Versen], *singula pro titulis habent elementa alphabeti Hebraici*; 1225A steht *elementa* für ›Buchstaben‹ und für ›Anfangsgründe‹.

18 1224D: *Quis enim versiculus est in toto tam prolixo tractatu hujus psalmi, in quo non resonet vocabulum aliquod quin recte praedicetur de Verbo Dei, de Sapientia Dei, de Filio Dei?*

19 1225D.

Rupert nicht zu trennen.[20] Die Perlen und Edelsteine des Wortes haben ihre Schönheit aus dem, wofür sie stehen.

Die in Reimprosa mit Verseinlagen geschriebenen ›Makamen‹ des arabischen Dichters Hariri († 1122), ein Erzählzyklus von 50 Abenteuern eines Landstreichers, dessen anspruchsvoll forcierte Sprachkünste und rhetorischen Mittel ein Stilideal für lange Zeit setzten, lassen den alten vor den Richter gebrachten Helden Abu Seid von Serug in seinem Lebenslauf berichten:

Mein Geschäft ist Wissenschaft, und mein Beruf
Forschung; Ehre sei den edlen Dingen!
In die Meeresstrudel der Wohlredenheit
Tauch' ich, Perlenfüll' hervorzubringen.
Alle grünen Redezweige brech' ich ab,
Andre mögen dürre Reiser bringen.
Worte kommen mir zu Hand als Silber und
Werden Gold, wie sie hindurch mir gingen.[21]

Wie das Sprechen vom Ornatus, den Colores und den Blumen der Rede in der Regel ohne eine ausbesondernd konkretisierende Bestimmung von Farben, Blumen oder Gewandbestandteilen allgemein bleibt, wird die Metapher von der Aufhöhung eines Gegenstandes zur Kunst durch Anbringung von Edelsteinen selten durch Nennung bestimmter Steine ausdifferenziert.[22] Gelegentlich heißt der Stil aber auch ›beperlt‹. Im Jün-

---

20 Zur Geschichte der Auslegung der Form von Psalm 118: Heinz Meyer, Die allegorische Deutung der Zahlenkomposition des Psalters, Frühmittelalterliche Studien 6 (1972), S. 211-231, hier S. 224. Zur Methode Heinz Meyer, Die Zahlenallegorese im Mittelalter. Methode und Gebrauch, München 1975 (Münstersche Mittelalter-Schriften 25); Heinz Meyer und Rudolf Suntrup, Zum Lexikon der Zahlenbedeutungen im Mittelalter. Einführung in die Methode und Probeartikel: Die Zahl 7, Frühmittelalterliche Studien 11 (1977), S. 1-73.

21 Friedrich Rückert übersetzte die Makamen: Die Verwandlungen des Abu Seid von Serug oder die Makamen des Hariri; Ges. Poet. Werke (wie Kap. 1, Anm. 7), Bd. 11, S. 512.

22 Belege für ›gemma‹ oder ›gemmula‹ als Stilfigur bei A. Hermann, Edelsteine, Reallexikon für Antike und Christentum 4 (1959), Sp. 505-552, hier

geren Titurel verbinden sich nach Tschionatulanders Sieg die Christen und die Heiden, *die sin lop florierten und berlden* (2764,4). Heinrich von Freiberg rühmt im ›Tristan‹ seinen Meister Gottfried, der dem Werk das Kleid einer prächtigen Rede und goldene Sprüche anlegte; es war *wol geblüemet und wol geberlt* (34). Der Priester Wernher fängt sein Marienleben in der Nachfolge des Matthäus an:

> 1303 *Mathêus ist der orthabe:*
> *der râtet, daz wir ûz tragen*
> *die margarîten an daz lieht,*
> *daz sie vertunchelt werde nieht*
> *in irdischem stoube.*[23]

Die Gebote, das Licht nicht unter den Scheffel zu stellen und die Perle nicht von den Schweinen zertreten zu lassen, fließen hier ineinander. Gottfried prangert im ›Tristan‹ Fälscher an, die *ûz der bühsen giezen / stoubine mergriezen* (v. 4671 f.), statt echte Wortperlen zu bieten.[24] Der Nachruf Frauenlobs auf

Sp. 535, 549. Zur hier von uns außer der Perle nicht in Betracht genommenen übrigen Edelsteinmetaphorik für Dichtung sei verwiesen auf Engelen, Die Edelsteine, 1978 (wie Kap. 1, Anm. 3), S. 303 f., 353 (Perle), 383-387 (Edelsteinmetaphorik für Wort, Lehre, Dichtung; das Brackenseil). Erinnert sei allein an die von Gottfried von Straßburg (4629) gerühmten *cristallinen wortelin* Hartmanns von Aue. Gottfried erfleht die Eingebung der himmlischen Musen, die *die rede durchliuhtec machent / als eine erwelte gimme* (4902 f.). Sagt Heinrich von dem Türlin von der von ihm geschmiedeten ›Crône‹: *Mit sô guoten steinen / Ist sie über als beleit* (wie Kap. 4, Anm. 81, v. 29977 f.), denkt er offenbar an die Auflage sprachlicher Figuren als Ornatus. – Die Evangelisten und Apostel schmückten die Kirche als Braut Christi durch die ihnen vom Pfingstgeist eingegebenen Zeichen und Schriften ›wie mit Edelsteinen und Kleinoden‹; Honorius Augustodunensis, Speculum ecclesiae. De omnibus sanctis; PL 172,1016A: *omnia linguarum genera per Spiritum sactum percipere meruerunt, qui sponsam Christi Ecclesiam signis et scriptis, velut gemmis et monilibus, ornaverunt.*

23 Priester Wernher, Maria. Bruchstücke und Umarbeitungen, hg. v. C. Wesle, bearbeitet durch H. Fromm, Tübingen ²1969, S. 68. Dazu Spitz (wie Kap. 3, Anm. 156), S. 150, Anm. 36.

24 Im Sinne der Stilkunst wünscht Sebastian Brunner, Die Welt ein Epos

Konrad von Würzburg rühmt, an dessen Goldschmiedemetapher anknüpfend, an Konrads Dichtgeschmeide Gold und Silber, Perlen und Edelsteine:

[...] lûter golt nâch wunsches stimel
was al sîn bluot, geveimt ûf lop.
gevult mit margarîten niht ze klein unt grop,
sîns silbers schimel
gap gimmen velsen schurc.[25]

Ein Ghasel aus dem Diwan des Hafis schwört dem Geliebten Hingegebenheit bei vierzehn Dingen und so auch *Beim Edelstein, der dir / Die Rede schmückt.*[26] Des Albrecht von Eyb ›Margarita poetica‹ vom Jahr 1472 ist eine Anthologie von Mustern der lateinischen Stilkunst, die zur Einführung auch in die Rhetorik dienen sollte.[27] Ronsard spricht von der Aufschmükkung der Rede durch sinnschwer knappe Sentenzen, die den Vers zum Leuchten bringen wie wohlgefaßte Edelsteine die Finger eines Granden.[28] Bei Gracian heißt es: »Emblemata sind die kostbaren Steine in der goldenen Fassung kunstvoller Rede«.[29] Sentenzen stehen als Edelsteine auch in der Prosa. Jean Paul stellt in der ›Vorschule der Ästhetik‹ Goethe mit seiner Prosa als den reichsten Sentenzenautor noch vor Schiller,

(1844), Regensburg ^{3}1873, S. 101 seinem Lied, daß *Perl und Demant es mit Glanz beschenken*; S. 98: *des Wortes Demant.*

25 Karl Stackmann, Bild und Bedeutung bei Frauenlob, Frühmittelalterliche Studien 6 (1972), S. 441-460, hier S. 443 f., 453-458 interpretiert den so von ihm hergestellten Text.

26 Hafis, Diwan II, S. 141; Hammer, Geschichte der schönen Redekünste, S. 269.

27 Albrecht von Eyb, Margarita poetica, Nürnberg 1472; vgl. unten S. 291.

28 Pierre de Ronsard, L' art poétique, Oeuvres complètes, hg. v. G. Cohen, Bd. 2, Paris 1950, S. 1002: *Elocution n'est autre chose qu'une proprieté et splendeur de paroles bien choisies et ornées de graves et courtes sentences qui font reluyre les vers comme les pierres precieuses bien enchassées les doigts de quelque grand seigneur*; nach Schrader, Sinne und Sinnesverknüpfungen (wie Kap. 3, Anm. 220), S. 220.

29 Der Fundort ist mir entfallen.

und doch behängt er mit diesen schweren Edelsteinen seine fliegenden Musen und seine unbekleideten Grazien nicht.[30] Im Hinblick auf das alte Problem der Rechtfertigung von historia und fictio in der Erzähldichtung gebraucht Thomas Nashe, der Dichter eines den erfundenen Lebenslauf mit historischer Darstellung durchsetzenden Schelmenromans (1594), das Bild von den in das Gold der Fiktion zu fassenden Perlen der Wahrheit: *true things are rather admirde if they be included in some wittie fiction, like to Pearles that delight more if they be deeper sette in golde.*[31]

Die Schriftreligion des Islam führte im Orient wie zu einer hohen Schreibkunst auch zu einer in anderen Kulturen unbekannten Metaphorik für die Schreibutensilien Tinte, Feder und Papier, die Schreibvorgänge und alles Geschriebene bis hin zu der Natur und Welt als einer Schönschrift.[32] Von dem Schreiben der arabischen Feder heißt es: »Wenn diese Feder die Bögen zwischen ihren Buchstaben schlägt, / verbinden sich diese, wie aufgereihte Perlen es tun«.[33] Das Eintauchen der Feder ist ein denkendes Tauchen nach Perlen der Erkenntnis: »Du siehst die Buchstaben auf des Blattes Zeilen, / teils verbunden, teils getrennt; die Verbundenen siehst du, wie sie sich umarmen, / die Getrennten siehst du als auseinanderstehende Zähne; wie Perlen sich aneinanderreihen, die an die Oberfläche holt / tau-

---

30 Kleine Nachschule zur Vorschule der Ästhetik, XI. Programm, § 17; SW 5, S. 480. Jean Paul vergleicht den poetischen Bilderwitz der Engländer und Deutschen mit dem Reflexionswitz der Franzosen anhand von Bildern aus der Alchemie: *Was sind die französischen bleichen Perlen vom dritten Wasser gegen die englischen Juwelen vom ersten Feuer!* Vorschule der Ästhetik, IX. Programm, § 50, ebd., S. 188.

31 Nach Russel Fraser, The Dark Ages and the Age of Gold, Princeton 1973, S. 275, mit Hinweis auf das Angebahntsein dieser Metapher bei Ascham († 1568). Thomas Hall spricht von der Bibel als einem Schatzhaus heiliger Edelsteine verborgener Wahrheiten und auch sprachlicher Figuren (S. 276). Der kommunistische Dichter Hugh MacDiarmid hat andere Absichten als *to combat the leper pearl of Capitalist culture* (S. 351).

32 Oben S. 92-94 und unten S. 249 f.

33 Hoenerbach, S. 199.

chendes Denken, wobei das Hirn das Meer ist; und Schwärze auf Weiße, ähnlich / den schwarzen Schönheitsmalen auf einem weißen Gesicht!«[34] Zu einer Fülle von Metaphern für die Schrift gehörend – so wie anders immer wieder Schönes in der Welt, zumal das Menschenantlitz als Geschriebenes in seinen Schriftzügen gelesen wird –, kann die geschriebene Perle auch für Stilfiguren stehen. Ist das Schöne der Schrift der Widerschein der Sprachschönheit und ihres Sinngehaltes, läßt sich von Geschriebenem metaphorisch sprechen, »als wären die Buchseiten Frauenhälse, / die sich in Ketten aus Schriftzügen präsentieren; als wären ihre Schriftzüge schwarze Muscheln, / worin rhetorische Figuren als Perlen erscheinen«.[35] Anders als in der alten Bildrede von den Bedeutungsperlen in den Sprachschalen der Muschel[36] stehen die Perlen hier für ganze Sinnfiguren, das heißt die Zweieinheit des Metaphorischen der Sprache als den Hauptgegenstand der orientalischen Rhetorik. So sagen zwei arabische Dichter in Spanien über den Brief: »Ein Brief – das Auge weidet auf der Wiese seiner Schrift / und löscht den Durst an Quellen seiner Worte; als wären seine Sinnfiguren Perlen und sein Schriftzug / Ornament der Verschönerung durch kunstfertige Hände. Mein Auge ›hütete‹ die Buchstaben, mein Herz die Worte, / wie der Liebende die aufgehenden Sterne ›hütet‹«. Und anders wieder: »Ein Brief, der an Perlen der Rhetorik / Halsbänder besitzt, von Händen nicht gefügt. Als weidete auf ihm des Geistes Auge, / so wie der Blick auf Frauenschönheit weidet!«[37] Die häufige Metapher von den Schriftzeilen als Heeresreihen verbindet sich mit der Perlenketten- und der sie abwandelnden Sternenmetapher in diesen Versen über die Schreibfeder, einen Gegenstand vieler Gedichte: »Wenn eine (Feder) auf deiner Rechten reitet, / so mager und tränenreich wie ich, hältst du sie für einen Perlenkettenverkäu-

34 Ebd., S. 200.

35 Ebd., S. 201.

36 Dazu S. 138.

37 Hoenerbach, S. 201 f.; vgl. S. 202 f.: »Durchsetzt mit rhetorischen Figuren: alle / gewichtigen davon enthält ein schmächtiger Brief!«

fer, der sich anschickt, / Ketten über Ketten auszubreiten; als widersetzten sich ihr die bösen Geschicke, / sie aber kämpfe gegen sie an mit einem stattlichen Heer; als wären die Schriftzeilen dunkle Nacht / und die Sinnfiguren in ihnen die wandernden Sterne«.[38] – Übersähe man die Schriftmetaphorik der islamischen Literatur in ihrer ganzen Fülle, hätte man vielleicht einen Schlüssel zu einem ihr eigenen Kunst- und Weltverständnis.

Den Neigungen der Rhetorik und Poetik, den rohen Stoff mit Schönem zu umkleiden und das Kunsthafte eines Gegenstandes ihm als Oberfläche aufzulegen, stand das Gegenideal des Stils der unverkleideten Wahrheit gegenüber, das, wenn auch von den Schulen nicht getragen, sich doch empfahl, wo immer es um die unverfälschte theologische Offenbarung ging.[39] Wo die Wahrheit aus sich selber leuchtet, bedarf sie keiner stilistischen Anstrahlung. Wo rhetorischer Ornat einem Werk unangemessen ist, wird eine kunstvolle Fassung abgelehnt. Des Alexander Neckam († 1217) ›De naturis rerum‹ sagt

38 Ebd., S. 204. Vgl. S. 200: »Dünnleibig (ist die Feder), als habe sie verzehrt / auf ihr (der Hand) die Liebe zu den Sinnfiguren, so daß sie abmagerte«. Oder: »Und in seiner Hand erscheint (die Feder) so mager, als wäre sie / ein Verliebter, der mit fließenden Tränen spricht; ein Verliebter, den die rhetorischen Figuren besuchen, nachdem er / um sie geweint hat wie einer, der nicht besucht wird; als trüge sie mit ihrer Tinte / einen Panzer und wäre für die Schriftzüge ein Heerführer!«

39 Die Stilgrenze verläuft auch nicht unbedingt zwischen Dichtung und Geschichte, so daß Lucan als Historiker auf der anderen Seite stünde. »Er gilt vornehmlich als Meister der *elocutio*, der nach wirkungsrhetorischer Poetik einzigen Form literarischer Kreativität, die gegebene Dinge nicht in ihrem faktischen Rohzustand zeigt, sondern ausschmückt, größer macht, als sie sind, dem Leser eindringlicher vor Augen führt. Das Mittelalter hat Lucan nicht umsonst die festen Beiworte *ardens*, *lucens*, *grandiloquus*, *adaugens* und *digrediens* gegeben«; Peter von Moos, *Poeta* und *historicus* im Mittelalter. Zum Mimesis-Problem am Beispiel einiger Urteile über Lucan, Beiträge zur Geschichte der deutschen Sprache und Literatur 98 (1976), S. 93-130, hier S. 115. Zur Stilfrage der Legende Gerhard Strunk, Kunst und Glaube in der lateinischen Heiligenlegende. Zu ihrem Selbstverständnis in den Prologen, München 1970 (Medium Aevum 12).

im Prolog allem Wortschmuck der Rhetorik ab, da die Natur aus Schöpfers Hand seiner nicht bedürfe. Den Weinstock zierten Trauben, nicht die Blätter. Der frische, ungefaßte Quell lösche den Durst am schönsten. Gewisse Edelsteine strahlten in Silber angenehmer als in Gold gefaßt. Gewisse Getränke dufteten im steinernen oder irdenen Becher schöner als in dem aus Gold. Gemeint sind die aus sich in majestätischer Erhabenheit strahlenden Wahrheiten des Werks, die einer aufschmückenden Zubereitung nicht bedürfen.[40] Sie haben ihr eigenes Licht, da Alexander Neckam über die Naturen der von Gott geschaffenen Kreaturen schreibt.

Kleinheit und Kostbarkeit in sich vereinend, steht die Perle für das Stilideal der dichten Form bei tiefem Sinn. Man konnte es erfüllt sehen in der Bibel. Eine zu Unrecht Ephraem dem Syrer zugeschriebene Predigt gegen die Häretiker über die Jungfrauengeburt Marias singt ein Lob der Perle, die bei Kleinheit Großes wirke, so wie Gottes Wort bei knapper Kürze große Geheimnisse enthalte.[41] Paulinus von Nola schätzt am Wort des hl. Amandus die knappe Form bei Sinnfülle. Wie im Honigtropfen der Duft der ganzen Wabe und im Wortsamen des Senfkorns alle seine Entfaltungskraft enthalten ist, so ist die Perle an Größe klein, an Wert dagegen groß. Paulinus nimmt sich darum vor, Amandus in der Kürze des Wortes (*parcimonia sermonis*) und der Fülle des Sinnes (*plenitudo sensus*) nachzuahmen.[42] Wenn Beda den schriftkundigen Kirchenlehrer mit einer glänzenden Perle vergleicht, da er bei der Unterweisung seiner Seelen dem

40 Alexandri Neckam, De naturis rerum, hg. v. Th. Wright, London 1863, S. 1: *Forma decens admiratione dignis naturae munifice dotata deliciis modico cultu contenta est, sibi sufficiens ad ornatum. Sic et sententiae commendabiles, serenitate majestatis radiantes, nimio verborum elegantium ornatu non egent [...] Sunt et quaedam gemmae pretiosissimae, quarum virtus majorem sortitur efficaciam, sed et fulgor scintillans gratiosius radiat, in argento, quam si auro fuerint associatae.*

41 Zu dieser Predigt oben Kap. 2, S. 37-41. Vona, S. 141: *paucis et perspicue magnam in se continet vim.*

42 Epistola 36,1 f.; PL 61,351; Vona, S. 150; Klaus Kohlwes, Christliche Dichtung und stilistische Form bei Paulinus von Nola, Bonn 1979.

Schmuck des Golds der Weisheit den noch größeren und angenehmeren Glanz einer strahlenden Perle aufsetze, ist an die Perle von Gottes Wort gedacht, welche die Lehre vom Leben in der Welt um das Wissen vom Himmlischen ergänzt.[43]

Die Kritik an allen Formen des Ornatus und dem Aufsetzen stilistischer Perlen ereifert sich Tendenzen gegenüber, den Text der Bibel in modisch-gefälligere Stile umzusetzen. Im ›Socrate chrestien‹ von J.-L. de Guez de Balzac (1652) hält Sokrates, ein christlicher Kritiker der Barockrhetorik, eine Philippika gegen die damals wuchernden Bibel- und vor allem Psalmenparaphrasen, die sich anmaßten, mit ihren Schulkünsten dem Heiligen Geist seinen Stil und seine Schreibart zu verbessern und dem ›Alten der Tage‹ die à la mode-Sprache der Salons und Höfe beizubringen, statt dem Bibelwort die Einfachheit und Majestät seiner *saincte Antiquité* zu lassen. Der barocke Pomp einer vermeintlichen Aufschönung der Wahrheit bewirke Verdunkelung statt Erhellung. Die Propheten und Apostel sträubten sich gegen modische Adaptionen durch Rhetoriker, die ihnen Epitheta und Metaphern aufsetzen zu müssen glaubten. Sie sollten aufhören, sie mit ihrer Alchemie und ihren Glasdiamanten zu beschweren: *ou, si vous voulez que j'en parle plus noblement, de vostre bon or et de vos perles Orientales: Ces ornemens les deshonorent, ces faveurs les desobligent.*[44] Die Diskrepanz zwischen Stil und Wahrheit kann nicht größer sein, als wenn jener diese zudeckt, anstatt sie zum Aufscheinen zu bringen: *Vous voulez leur rendre le visage plus agreable et vous leur ostez le coeur. Par l'addition de l'Estranger et du Superflu, vous effacez*

43 Picinelli, Mundus symbolicus (wie Kap. 3, Anm. 8), Bd. 1, lib. 12, cap. 25, nr. 239, S. 711. Zum Zusammenhang im Emblem oben S. 73 mit Anm. 55. Das Wort Bedas (ohne Stellennachweis): *Recte doctor eruditus margaritho fulgenti assimilatur, quia dum emendationem morum, dum supernorum scientiam desiderantibus, ac pie quaerentibus animis ostendit, quasi aureo ornatui majorem insuper, gratioremque fulgorem gemmae ardentis adnectit.*

44 Oeuvres de J.-L. de Guez sieur de Balzac, hg. v. L. Moreau, Bd. 2, Paris 1854, S. 1-124; die siebte Rede des Sokrates ›De quelques Paraphrases nouvelles‹ S. 51-58, hier S. 55 f.

souvent le propre et l'Essentiel.[45] Die Paraphrasten des Bibeltextes sind Alchemisten, Destillateure und Apotheker, die mit ihren Künsten der Natur solange zusetzen, bis sie aus einem kostbaren Trank eine ›sophistische Droge‹ machten. Die um 1200 positiv gemeinte Perlenschmuckmetapher der Poetik ist hier ein Euphemismus für der Sprachalchemisten *Diamans de verre.*[46] (Gottfried von Straßburg freilich verwahrt um 1210 sich schon gegen *stoubine mergriezen*, ›aus Staub gemachte Perlen‹ in der Dichtung[47]). Gottes Wort ist eine Natur, deren Gewalt aller Regeln spottet[48] und aller Kunstanwendung sich entzieht.[49]

Balzac zitiert einen ungenannten Autor schon des 16. Jahrhunderts: *Piget illorum operae qui David Psalmos suis calamistris inustos sperarunt efficere plausibiliores.*[50] Das schon von Cicero gebrauchte Bild der Anwendung von haarkräuselnden Brenneisen zur Herstellung von sprachlichen Schnörkeleien[51] mag Balzac die Assoziation von alchemistischen Brennöfen für sprachliche Manipulationen eingegeben haben.

Von einer antihöfischen Position aus konnte ein perlender Stil dem Mann von Hofe angekreidet werden. Jean Paul gebraucht *perlen* für die Sprachraffinesse eines gemeinen Höflings wie des Zeusel im ›Hesperus‹: *Er war trotz einiger Her-*

45 Ebd., S. 56.
46 Ebd., S. 55.
47 Tristan, v. 4672.
48 Balzac, Oeuvres, Bd. 2, S. 57 vom Geist Gottes: *Il n'est pas captif des regles et des preceptes. La Poësie des Pseaumes et des Cantiques n'est pas vn cours paisible, doux et naturel; il est rapide et impetueux. Ce sont des débordemens et des excez. L'effort et la violence, le desordre mesme et le tumulte, appartiennent à cette Voix qui arrache les Cedres et qui esbranle les fondemens des montagnes.* Vorher ist Gottes Wort ein allen Regeln der Musik spottender Donner. *Ce n'est pas dans ce bruit épouvantable qu'on remarque des accords et des mesures.* Balzac nimmt hier den Sturm und Drang vorweg.
49 Über die Sprachalchemisten ebd., S. 56: *Ce n'est plus l'ouvrage de la Nature, ce sont les inventions et les changemens de l'Art.*
50 Ebd., S. 57f.
51 K.E. Georges, Ausführliches lateinisch-deutsches Handwörterbuch, s.v. *calamister*; vgl. oben Anm. 1, 2.

zensgüte ein Lügner von Haus aus, nicht weil er boshaft, sondern weil er fein sein wollte; und dämpfte seinen gesunden Verstand, um witzig zu perlen.[52] In politisch umgekehrter Richtung machte sich die Kritik am perlenden Stil gegenüber demokratischem Sprachgebaren geltend. In der ersten Fassung des ›Grünen Heinrich‹ bemerkt Gottfried Keller das Aufkommen einer gelassen liberalen Denkart, die auch einen ruhig abwägenden Stil herbeiführe als die löbliche Manier, nicht mehr jede Augenblicksmeinung *steifschreierisch vorzutragen, als ob jeden Augenblick eine Perle gefunden wäre zu ungeheuerster Erbauung, welche Art derjenigen schlechter Skribenten gleicht, die alle Augenblicke ein Wort unterstreichen, einen neuen Absatz machen und ihre magere Schrift mit allen aufgehäuften interpunktorischen Mitteln überstreuen.*[53] Die Entperlung des am Tage engagierten Stils des Jungen Deutschland gilt den falschen Perlen aufgeregter Lichter. Die gute schriftliche Rede soll, in sich klar und fest, in ihrer leichten Schwere aufgesetzter Akzentuierungen nicht bedürfen. Die Absage gilt den Resten des rhetorischen Ornatus.

Unter dem Leitwort *Der Ausdruck schafft den Gedanken* bedenkt Ludwig Börne den Schaffensprozeß beim Schreiben. Die Frage, woher es komme, daß so viele deutsche Schriftsteller so schlecht schrieben, beantwortet sich ihm mit einer deutschen Treue zur Sprache und Wahrheit, die sich scheue, den Ausdruck schöner zu machen, als der Gedanke sei. Die dahinter stehende sittliche Gesinnung, daß nur Gedanken mitzuteilen seien, hält er für falsch, da die Geschichte der Ideen – selbst beim Übergang von der Antike zum Christentum – so wenig Umwälzendes zeige wie die Lebenskraft in der Natur, so daß es gut sei, früher Gedachtes in abgewandelter Form zu bringen: *Worte sind nichtswerte Muscheln, in welchen sich zuweilen Ideen als edle Perlen finden, und man soll darum die Muscheln nicht verschmähen. Zu neuen Gedanken gelangt man selten. Der geistreiche Schriftsteller unterscheidet sich von dem geist-*

52 Hesperus, 8. Hundsposttag; sw 1, S. 600.
53 Keller, Sämtliche Werke (wie Kap. 4, Anm. 107), Bd. 1, S. 616.

armen nur darin, daß er, mit größerer Empfänglichkeit begabt, schon vorhandene Ideen, deren Dasein jener gar nicht merkt, aufzufassen und sich anzueignen vermag; aber neue schafft er nicht.[54] Jeder schreibt Satzanfänge als Muscheln ohne abzusehen, ob eine Perle am Ende sich in sie noch lege, weiß von der allmählichen Verfertigung der Gedanken beim Reden,[55] vom mäeutischen Dienst der Worte, wenn sie beim Dichten als Möglichkeit von fernher in ihnen Angelegtes unerwartet aufzufinden geben. Börnes wohl eher auf den Tagesschriftsteller als auf den die Welt neu schreibenden Dichter zielende Sätze enthalten auch keine Sprachphilosophie, wie sie der neueren Wortinhaltsforschung nicht gefallen würde.[56] Sie konstatiert die mit der Sprache als Geschichtlichem verbundene Gegebenheit, daß sie dem Sprecher kraft ihrer Aufgeladenheit mit alter Tradition von Denkerfahrung in dem Maß ergiebig vordenkt, als er begabt ist, dies sich zum Gewinn werden zu lassen.

Wie der Gedanke an die Perle ein Sprachverhalten steuert, gibt im Barockroman eine Szene zu erkennen. An einem in Lohensteins ›Arminius‹ (1690) vorkommenden Perlenemblem ist seine Gebrauchsfunktion in einem Erzählkontext zu sehen, der kurz umrissen werden muß. Thusneldas Geburtstag wird mit einem Turnier gefeiert, bei dem jede Dame einem Ritter für sie mit ihrem Sinnbild aufzutreten erlaubt. Für Zirolane begehren gleich zwei Ritter, in den Schranken zu erscheinen, welche beide sie, um Streit zwischen ihnen zu unterbinden, dahin bescheidet, daß sie keinen Ritter für sich auftreten lassen werde. Während sich der eine leidend fügt, begehrt der andere ungeduldig auf, was Zirolane diesem *mit dieser nachdencklichen Frage verwieß: Ob er nicht wüste: daß Donner-Schläge die Empfängnüß der Perlen-Muscheln hinderte / oder gar verur-*

54 Bemerkungen über Sprache und Stil; Börne, Sämtliche Schriften (wie Kap. 3, Anm. 237), Bd. 1, S. 592 f.

55 Heinrich von Kleist. Über die allmähliche Verfertigung der Gedanken beim Reden, Sämtliche Werke und Briefe, hg. v. Helmut Sembdner, Bd. 2, München ²1961, S. 319-324.

56 Helmut Gipper, Denken ohne Sprache?, Düsseldorf ²1978.

sachten: daß die trächtigen gar ihre edle Frucht verschütteten? Die Dame zitiert dem ungestümen Ritter Plinius, von dem die Tradition stammt, wonach die bei Gewitter erfolgende Perlenzeugung aus dem Tau zu Mißbildungen oder Fehlgeburten führe. Zirolane setzt also auf des Ritters Bildung, wenn sie ihm über Plinius zu verstehen gibt, im Sturme sei die Perle ihres Jaworts zu seinem Kampf für sie ihr niemals abzugewinnen. Im Verdruß darüber, daß gleichwohl ein Ritter im Turnier mit ihrem Sinnbild, einer Getreideähre, auftritt, geht sie voller Gedanken von dem Schauplatz, ob der ungezügelte Siegemund, Thusneldas Bruder, ihr verblümtes Verbot gebrochen und dann der andere sich von ihr zurückgesetzt zu fühlen habe. Beim Weggehen überreicht ein Edelknabe ihr einen Zettel des Inhalts, daß der Schreiber das im Turnier ihr angetane Unrecht öffentlich rächen werde und als Erkennungszeichen werde er das beigegebene Bild im Schilde führen. *Zirolane hüllete das beygelegte Blat auf / und befand zu ihrer höchsten Verwunderung darauf ein Gemählde / welches auf dem Meere eine aufgähnende Purper-Muschel / über welche der Blitz hinfuhr / fürbildete / mit der Bey-Schrifft:* VIEL GESCHREY / WENIG WOLLE; GROSS GETÖHNE / KLEINE PERLEN.[57] Es wäre ein längeres Erzählen, wie Zirolane schließlich bei dem weiteren Turnier den Ritter mit der Perle gegen den Ritter mit der Ähre zitternd kämpfen sieht, da sie nicht zu erkennen weiß, welches Wappen wen verberge. Der Ritter mit der Perle besiegt den Ritter mit der Ähre, Siegemund schließlich; das Geheimnis um das Perlenzeichen hatte ihm eine Zofe Zirolanes zugespielt.[58] Das Emblem mit Blitz und Perle zum Lemma ›Groß Getöne, kleine Perlen‹ steht hier nicht für Dichtung, aber für eine ungestüme Sprechart, die es zügelt. Wie die Geburt der Perle bei Gewitter mißlingt das abgewogene Wort bei heftiger Gemütsbewegung. Die Erinnerung an die Perle zähmt die Leidenschaft der Rede, bändigt damit auch das Ungestüm der Liebe bis hin zu ihrer Niederlage im Turnierkampf.

---

57 Lohenstein, Arminius (wie Kap. 4, Anm. 94), T. 2, S. 162.
58 Ebd., S. 164

7. Die durchbohrte Perle

Perlen sind nicht zu reihen, sie würden denn durchbohrt. Wo immer mit Perlen umgegangen wird und wurde – es sei denn in der Goldschmiedekunst, die Perlen auch undurchbohrt verwendet –, ist das Bohren der Perlen eine handwerkliche Kunst, die ein Perlensticken oder ein Reihen zur Perlenschnur, dem Frauenschmuck, erst ermöglicht. Die der Idealgestalt der undurchbohrten Perle fehlende Tauglichkeit zur Reihung barg das Dilemma einer schwankenden Entschiedenheit in der Bevorzugung der undurchbohrten oder der durchbohrten Perle in sich. Das auch in der poetologischen Metaphorik sich spiegelnde Problem der unterschiedlichen Bewertung einer reinen oder durch Bereitschaft zur Verletzung dienstbereiten Perle ist gestellt und in dem Sinne des Künstlers, der ihr Opfer erwartet, beantwortet in einer Parabel Goethes. Offenbar aus dem Osten angeregt, hat Goethe, der seinen dichterischen durchreihten Perlenschmuck Suleika schenkte,[1] im Buch der Parabeln des ›West-Östlichen Divan‹ das Durchbohren der Perle als zu Bedenkendes zum Inhalt eines dialogischen Gleichnisses gemacht, dessen Antwortstrophe des Künstlers Fordern deutet:

Die Perle, die der Muschel entrann,
Die schönste, hochgeboren,
Zum Juwelier, dem guten Mann,
Sprach sie: ›Ich bin verloren!
Durchbohrst du mich, mein schönes All
Es ist sogleich zerrüttet,
Mit Schwestern muß ich, Fall für Fall,
Zu schlechten sein geküttet.‹

›Ich denke jetzt nur an Gewinn,
Du mußt es mir verzeihen:

1 Dazu S. 284f.; 337f.

Denn wenn ich hier nicht grausam bin,
Wie soll die Schnur sich reihen?‹[2]

Das Gleichnis des zyklischen Divan, das vierte des mit der Strophe über der Perle Herkunft aus dem Tau des Himmels eröffneten Buchs der Parabeln, spricht von der Gliedwerdung im Ganzen auch der ›hochgeborenen‹ Perle, des aus der Höhe empfangenen Gedichtes, im Zusammenhang des Kunstwerks, das ohne ihre Einreihung seine Gesamtvollkommenheit, den *Gewinn*, nicht fände. Auf einer Schnur sich zyklisch Binden durch Entsagung im Verlust des schönen Alls der Ichvollendung ist Gebot für das Gedicht, dessen Gliedschaft es verletzt, da es in seiner Vollkommenheit nicht frei steht, es aber auch hebt, da Nachbarperlen sich beglänzen und im Verein eine orchestrale Aussage bewirken, die die einzelne nicht vollbrächte. Daß die Schnur sich reihe, ist bei Goethe eine Forderung wie für die Kunst auch für Gemeinschaften, die er auch ›das Band‹ nennt.[3]

Goethe konnte nicht ahnen, daß ein ganz ähnlicher Dialog schon tausend Jahre vorher im Orient aufgezeichnet worden ist. Von der Dichterin Fahdl aus dem 9. Jahrhundert, einer freigelassenen Sklavin aus Basra, wird berichtet: *Sie saß mit Männern und Dichtern im Kreise der Abendunterhaltung des Chalifen. Ebu Dolef gab ihr eines Tages die folgenden Verse zu beantworten:*

Man sagte mir, du liebst ein noch unschuld'ges Mädchen,
Ich sprach: ich lieb das Pferd, das keiner noch bestiegen;
Wie viele Perlen sah ich nicht gereiht an Fädchen,
Die liebste mir, die man ließ undurchbohret liegen.

Sie antwortete hierauf:

So lang ein Pferd mit Zaum nicht eingeschulet gut,
Ist's kein Vergnügen für den Reiter, es zu reiten;
Die ungebohrte Perle ist ein unnütz' Gut,
Und den Besitzer schmücken nur die angereihten.[4]

---

2 Goethe, HA 2, S. 101.
3 Wilhelm Meisters Wanderjahre, Buch 3, Kap. 1; ebd. 8, S. 315.
4 Hammer-Purgstall, Literaturgeschichte der Araber 4, S. 719.

Der Kreis der zum Gespräch Versammelten läßt erwarten, daß es hier um Dichterisches ging.

Um die Argumente solcher Dialoge und das rivalisierende Nebeneinander der sich entgegenstehenden Wertschätzungen der durchbohrten und der undurchbohrten Perle zu verstehen, muß man wissen, daß im Orient die Perle von alther – und zwar in Indien, im Islam und bei den Christen – als ein Bild für jungfräuliche Reinheit steht. Der große christliche Theologe und Dichter Ephraem der Syrer († 373) bezeugt in seinen Hymnen De virginitate ein Hintergrundwissen von der Virginität als Perle, wenn er von ihrem Verlust bei Thamar und der Bewahrung dieses Schatzes bei der Tochter Jephtes und dem Evangelisten Johannes spricht.[5]

Im alten Indien, wo es den Beruf des Perlenbohrers gab,[6]

5 Des heiligen Ephraem des Syrers Hymnen De virginitate, übersetzt von Edmund Beck, Löwen 1962 (Corpus Scriptorum Christianorum Orientalium 224, Scriptores Syri 95): »Ihre Kleider zerriß Thamar, (Absaloms Schwester (2. Reg. 13,1 ff.)), als sie sah, daß ihre Perle verloren gegangen [...], ihr verborgenes Siegel der Jungfräulichkeit geraubt worden sei. – Die Menge der Perlen, die sie trug, konnte sie nicht hinweg trösten – über die eine, die wertvollste von allen« (II 4 f.; S. 5 f.). »Die Tochter Jephtes, die ihren Hals dem Schwerte bot, – fand ihren Trost in ihrer Perle (Jud. 11,37), die allen Gefahren entgangen und bei ihr geblieben war« (II 10; S. 7). »O Perle, die ihrem Besitzer verloren geht und auch nicht im Schatz des Diebes bleibt« (III 12; S. 11). Jesus liebte Johannes: »Er liebte und umarmte den keuschen Jüngling, – in dem die Perle verborgen war. – O Jungfräulichkeit! Christus hat sich herabgelassen und dich erhöht vor den Engeln« (XV 4; S. 51). Der griechisch überlieferte Sermo contra haereses de margarita gehört in die Zeit nach Ephraem nach Beck, Die Mariologie der echten Schriften Ephraems (wie Kap. 2, Anm. 11), S. 22-39, hier S. 22: »Ein Hauptanliegen der griechischen Schrift De margarita ist die theologische Begründung der Virginitas in partu«.

6 P. von Bohlen, Das alte Indien mit besonderer Rücksicht auf Aegypten, T. 2, Königsberg 1830, S. 122: »Die epischen Gedichte sind mit Perlen und Edelsteinen ausnehmend verschwenderisch. [...] Im ›Ramayana‹ [dem im 2. Jh. nach Chr. abgeschlossenen großen Epos über Rama, eine Inkarnation des Gottes Visnu] finden sich bei einem großen Heereszug sowohl Goldschmiede, Elfenbein- und Crystallarbeiter, als Juwelirer und Perlenbohrer«.

wird das Durchbohrtwerden der Perle als ein mit dem Leben in die Welt gegebener, unvermeidbarer Vollkommenheitsverlust verstanden, sobald die Kraft im Inneren schwindet, ihre reine Ganzheit zu bewahren. Im ›Pantschatantra‹, einem Lehrbuch der Lebensweisheit für Prinzen und Könige aus dem ersten Halbjahrtausend nach Christus, kann die Perle schutzlos ihrer Aufreihung nicht entgehen, wenn sie sich im Inneren selbst durchbohrt hat.

Sogar eine überaus durchsichtige, gefällige, hübsch runde, allerliebste Perle wird auf einen Faden gezogen, wenn sie durchbohrt worden ist.

Sogar ein nach Erlösung Strebender, der überaus rein ist, mit Niemandem im Streite liegt, einen guten Lebenswandel führt und Jedermann gefällt, wird wieder in die irdischen Bande geschlagen, wenn er mit sich selbst entzweit ist.[7]

Sogar eine im Innern (der Muschel) befindliche, verschlossene, wohl gerundete, außerordentlich schöne Perle geräth in Bande, wenn sie im Innern durchbohrt worden ist.[8]

Die dichterische Totenklage des Orients auf junge Mädchen gebraucht das Bild, daß Gott die in Reinheit auf die Erde gegebene und dort verborgen gebliebene Perle in die Muschel des Himmels zurückgenommen habe.[9] Im 8. Jahrhundert rühmte

7 Indische Sprüche (wie Kap. 1, Anm. 29), Bd. 1, Nr. 165.

8 Das Pañcatantram (wie Kap. 3, Anm. 78), S. 280, Nr. 64. – The Book of the Pearl (wie Kap. 9, Anm. 49), S. 307: »And among the Hindus not uncommonly the presentation of a virgin pearl and its piercing forms part of the marriage ceremony«. Vgl. S. 306: »Poets seem never to tire of using the pearl as a symbol of perfection in form, in purity, in luster, and in sweetness. But probably none has made a more lovely comparison than Owen Meredith:

As pure as a pearl,
And as perfect: a noble and innocent girl (Lucile, Pt. II, c. 6, st. 16)«.

9 Oben S. 120f.; dazu The Book of the Pearl (wie Kap. 9, Anm. 49), S. 306: »The Oriental poets unite with those of the West in their love for this gem, and those gifted writers are lavish in its use. Let us but add the lament of Shabl Abdullah on the death of Nozami:

Nozami 's gone, our fairest pearl is lost.
From purest dew, kind Heaven had given her birth,

Abdallah Ben Kais er-Rokkiat die Mädchenschönheit einer Soreja mit den Versen: *Eine Perle aus des Meer's Juwelen, / Die noch ungebohrt die Fluth verbirgt.*[10] Mehr als ein Wortspiel, eine bedingende Beziehung zwischen Reinheit und Dichtung könnte im Sinne liegen, wenn es in dem persischen Liebesroman des Nizami über die anmutige Leila heißt: »Diese undurchbohrte Perle durchbohrte die Perlen der Worte und reihte sie aneinander zu glänzenden Ketten von Versen«.[11]

Im alten Indien ist mir die Perlenbohrung mit einer klar poetologischen Deutung nicht begegnet. Des ›Pantschatantra‹ Gleichnis vom Kaufmann und dem zitherspielenden Perlenbohrer könnte aber in diese Richtung weisen. Das ›Pantscha-

---

And then had fashioned her the pearl supreme.
She softly shone, but hidden from mankind,
So God has now restored her to her shell«.

Bei Saadi heißt eine Strophe:

Die Vollkommnen sind im schlechten Kleide,
Wie die Perl' im Muschelschrein.
Der du Lebenswasser hast zu schöpfen,
Laß den Krug nur tönern sein!

Saadi. Aus dem Divan. Aus dem Persischen übertragen von Friedrich Rückert, hg. v. Annemarie Schimmel, Stuttgart 1971, S. 49.

10 Hammer-Purgstall, Literaturgeschichte der Araber 2, S. 532.

11 Nizami, Leila und Madschnun. Der berühmteste Liebesroman des Morgenlandes. Erstmals aus dem Persischen verdeutscht und mit einem Nachwort versehen von Rudolf Gelpke, Zürich 1963, S. 79; vgl. S. 237f. In des Nizami ›Die sieben Geschichten der sieben Prinzessinnen‹ wehrt die Prinzessin den ungestümen Liebhaber ab: »Nimm dir heute alles von mir außer diesem einen und einzigen, das noch nicht reif ist: meine Wange, meine Lippen, meine Brust; nur nicht die verborgene Perle. Hast du diese eine Nacht Geduld, so wirst du es nicht bereuen müssen in tausend kommenden Nächten«; Nizami, Die sieben Geschichten der sieben Prinzessinnen (wie Kap. 1, Anm. 46), S. 58. – Als Feisi XIII. († 1655) die Zähne als undurchbohrte Perlen rühmte, gab es wohl noch keine Zahnärzte mit Bohrgeräten und war nur das Undurchbohrtsein als eine Qualität der Perle mit der Perlenmetapher auf die Zähne übertragen:

Kein Juwelier berührte deinen Mundrubin,
Und undurchbohret sind der Zähne Königsperlen.

Hammer-Purgstall, Geschichte der Osmanischen Dichtkunst 3, S. 584.

tantra‹ als Lehre der Lebensweisheiten gehört zu Indiens wenigen Werken, die auf einer Wanderung über die Länder, Sprachen und Religionen hin nach Westen auch zum Besitz des abendländischen Mittelalters wurden, das es besonders zuverlässig überlieferte, auf deutsch seit 1480 auch im Buchdruck.[12] Das ›Directorium vitae humanae‹, die lateinische Version des ›Pantschatantra‹, die Johannes von Capua im 13. Jahrhundert nach einem hebräischen Text herstellte, enthält dies Gleichnis. Von einem Preis der Gerechtigkeit und des Gerechten wird das Bild dessen, der sie gering schätzt, abgehoben:

> Ich betrachtete auch den, der die Gerechtigkeit gering schätzt und der sein Ende nicht kennt, weil ihn das bißchen Vorteil, das er auf dieser Welt findet, den großen Vorteil vergessen läßt, der im Jenseits ist, so daß er den aufgibt und dem Kaufmann ähnelt, von dem es heißt: Es war ein Kaufmann, der hatte undurchbohrte Perlen. Er mietete einen Mann, der sie für hundert Solidi den Tag durchbohren sollte. Als der Kaufmann das Haus betrat, sah er eine Zither in der Ecke hängen. Der Kaufmann fragte ihn: ›Verstehst du, sie zu schlagen?‹ Er antwortete ihm: ›Ich verstehe es gut.‹ Da sagte jener: ›Nimm sie jetzt und spiele, damit wir hören!‹ Und nachdem dieser Mann sie ergriffen hatte, spielte er und hörte den ganzen Tag nicht auf und ließ die offenen Gefäße mit den Perlen liegen, bis der Tag zu Ende ging. Am Abend aber forderte er von dem Kaufmann: ›Gib mir meinen Lohn!‹ Der Kaufmann entgegnete ihm: ›Was hast du getan, daß du Lohn erhalten sollst?‹ Darauf sagte jener: ›Ich habe getan, was du mir auftrugst.‹ Da gab er ihm hundert Solidi, seine Perlen aber blieben undurchbohrt.[13]

---

12 Zur Überlieferung Theodor Benfey, Pantschatantra. Fünf Bücher indischer Fabeln, Märchen und Erzählungen. Aus dem Sanskrit übersetzt mit Einleitung und Anmerkungen, T. 1-2, Leipzig 1859; Leopold von Schröder, Indiens Literatur und Kultur in historischer Entwicklung, Leipzig 1887, S. 522-525, hier S. 524: »Die deutsche Übersetzung vertritt also eine ältere Rezension, als wir sie jetzt irgend noch in Indien selbst vorfinden, und verdient demnach in hohem Grade unser Interesse«.

13 Beispiele der Alten Weisen. Des Johann von Capua Übersetzung der hebräischen Bearbeitung des indischen Pañcatantra ins Lateinische, herausgegeben und übersetzt von G. Geissler, Berlin 1960 (Deutsche Akademie der Wissenschaften zu Berlin. Institut für Orientforschung, Veröffentlichung 52), S. 37f.

Man könnte sagen, der Perlenbohrer habe den Unbilliges umsonst verlangenden Kaufmann als den Ungerechten klug hereingelegt, könnte die Geschichte nicht auch so verstanden werden, daß nicht nur das Handwerk und die Kunst den gleichen Lohn verdienten, sondern auch das Zitherspiel im Grund ein Perlenbohren sei, wenn die Musik einen ganzen Tag lang nicht unterbrochen wird, – wie eine Kette. Ich gestehe, dies Letzte führt über den Text hinaus, mag aber als Hintergrund doch mitgedacht sein. Die Möglichkeit ihrer emblematischen Sichtbarmachung durch die Zither an der Wand mochte die Musik an die Stelle der Dichtkunst treten lassen, die dem Kaufmann fern stand. Das biblische Gleichnis von dem Kaufmann und der Perle ist wie umgekehrt, da der Kaufmann einen höheren Gewinn in der perlenwerten Kunst nicht wahrnimmt.

Das Perlenbohren verlangt eine an die Kunst reichende Fertigkeit, die Perle durch ein spitz genaues Bohren wie mit einem Diamant so wenig wie möglich zu verletzen und die Löcher auf dem kleinen Rund im Ebenmaß einander gegenüberliegend anzubringen. Wenn nun auch das Dichten ein Durchbohren der Perle heißt, muß nicht wie bei Goethe und sonst an ihre Zubereitung für das Aufreihen an der Schnur als Zweck gedacht sein. Die Tätigkeit des Perlenbohrens als solche verlangt ein Maß an handwerklicher Geduld und feiner Kunst, daß sie allein schon für das Dichten stehen kann wie bei dem persischen Dichter Abul-Maani:

Die Perlen bohrt, wer je ein Lied gesungen,
Bis Rohes gar wird, braucht es manche Stund'.

Die Perle ihrer Sinnerfüllung in der Reihe sonst entgegenführend, verselbständigt sich das Bohren zu einer eigenen Bedeutung ›Sinnerschließung, Weisheitsfindung‹ in Fällen, wo an eine Reihung der Perle nicht gedacht ist, sie vielmehr als das Aufgeschlossene nun verstreut wird:

Bohr' Perlen mit den Weisen in dem Zelte,
Und streu' sie Pilgern auf den Straßen aus.[14]

Des Hariri in Prosa reimende Makame ›Die Unterhaltung in der Moskee‹ erzählt von einer in dichterischen Formkünsten beim Wetteifer sich übertrumpfenden Gesellschaft junger Männer, in welcher der fremd Hinzugekommene beim Doppelreimen mitzuhalten keine Chance hätte, wenn nicht in der Not der am Rand sitzende Greis bereit wäre, für ihn einzuspringen: *Aber unser Gast, der aß im Dunkeln, – ließ dabei seine Augen funkeln, – und indeß seine Zähne werkten, – bohrte sein Geist Perlen, ohne daß wir es merkten. – Als er nun sein Mahl verschlungen – und seiner Perlen Zahl geschlungen, – rückte er zu mir heran plötzlich – und sprach: Aus der Noth helfen, ist ergötzlich. – Erlaube, daß ich an diesem Orte – für dich und deinen Mann von Serug antworte:*

Mach' nicht sorgenblaß das
Antlitz, reuenaß das
Auge, sondern laß das!
Was du hassest, haß' das;
Was du liebest, faß' das;
Was du brauchst, erpaß' das;
Was du hast, verpraß' das![15]

Perlen bohren heißt hier offenbar das virtuose Bosseln an einem formalen Meisterstück, dessen Inhalt leichter wiegen durfte. Perlenbohren steht für Dichten auch in einer Dankstrophe des Scheichs und Sekretärs Emirek (11. Jh.) an einen Richter, der ihn lobte:

---

14 Juwelenschnüre Abul-Maani's (des Vaters der Bedeutungen), das ist Bruchstücke eines unbekannten persischen Dichters. Gesammelt und übersetzt durch Joseph von Hammer, Wien 1822, S. 180f.

15 Hariri, Die Verwandlungen des Abu Seid von Serug; Rückert, Ges. Poet. Werke (wie Kap. 1, Anm. 7), Bd. 11, S. 327f.

Du hast mein Lob in dem gereimten Wort',
Wie eine Perle, einzige, gebohrt,
Du hast bekleidet mich mit Kleid der Ehren,
Wie Edle Edler Söhne es gewähren.[16]

Die persische Überschrift zum zweiten Teil von Lamiis Epos ›Weise und Ramin‹ verspricht *einige Worte von Weisheitsermahnungen, indem mit vollkommener Schwäche und Schamhaftigkeit durch den Diamant der Beredsamkeit die Perlen exemplarischer Weisheit gebohret werden.*[17] Die Perle als eine durch das Wort zu bewältigende thematische Aufgabe, ein dichterischer Vorwurf, erfordert zu ihrer bohrenden Bemeisterung ein genaues, bemerkenswert fein treffendes Handeln. Sanai sagt: »Wer kann Gott Dank sagen? Wer kann die Perle dieser Danksagung durchbohren?«[18] Die Perle des Worts durchbohren, heißt etwas vollkommen sagen. Hafis rühmt: »Du hast ein Ghasel gesagt, hast eine Perle durchbohrt«.[19] Des Dschami in seinem siebzigsten Jahr vollendetes, die Liebe Suleikas, der Gemahlin Potiphars, zu Joseph in Ägypten besingendes Epos ›Joseph und Suleïcha‹ spricht von Suleikas Liebesleiden:

In dieser Qual, von der ich Theilchen nur,
Die Perle zarten Wort's durchbohrend, sang,
Kam stets nur Joseph auf die Zunge ihr,
Blieb er allein nur ihrer Seele Trost.[20]

Die Herrscherhand ist die Perle, die der Diamant des Worts um ihre Huld anbohrt, in einem Panegyrikus des irakischen Dichters Ssorrdorr (11. Jh.):[21]

---

16 Hammer-Purgstall, Literaturgeschichte der Araber 6, S. 1071.
17 Hammer-Purgstall, Geschichte der Osmanischen Dichtkunst 2, S. 69.
18 Mokri, Le symbole de la perle (wie Kap. 3, Anm. 93), S. 466.
19 Ebd., S. 466.
20 Dschami, Joseph und Suleïcha (wie Kap. 3, Anm. 108), S. 151.
21 Hammer-Purgstall, Literaturgeschichte der Araber 6, S. 797: *der unter dem Namen Ssorrdorr (Perlenbeutel) berühmte Dichter.*

Ein Wort von mir eröffnet Deine Hand,
Kein Wunder! Perlen bohrt der Diamant;
Wenn reichlich strömt die Milch von Deiner Huld,
So ist d'ran auch des Melkers Zuruf schuld.[22]

Im Lob des Dichtens als Perlenbohrens gipfelt ein Zweizeilergedicht aus dem Mokataat (den Bruchstücken) des Hafis, dem man nicht ansieht, ob es fremdes oder eigenes Dichten in den Himmel hebt:

Keines weiteren Lobes bedarf fürwahr dies Gedicht nicht,
Denn durch eigenen Glanz leuchtet es hell vor der Welt.
Lob und Preis sey geweiht dem schaffenden Pinsel des Meisters,
Welcher der Braut des Worts edele Schönheit verlieh'n.
Niemals hat die Vernunft ein schöneres Muster gefunden,
Weder sah die Natur jemals ein holderes Bild.
Diese Verse sind Zauber, sie sind ein göttliches Wunder,
Worte von höherem Geist, einst Gabrielen gesandt.
Keinem gelangs je ähnliche Lieder zu dichten und singen,
Auch hat keiner je ähnliche Perlen gebohrt.[23]

Bei der *Braut des Worts* erinnert man sich des Mottos zum ›Buch Hafis‹ in dem Divan Goethes:

Sei das Wort die Braut genannt,
Bräutigam der Geist;
Diese Hochzeit hat gekannt,
Wer Hafisen preist.[24]

Auch das Übersetzen von Dichtern ist ein Perlenbohren. Wie Hafis die Perlen seiner Zweizeiler durchbohrte, so huldigte Joseph von Hammer seinem Freund, dem Hafisübersetzer Graf Carl Borromäus von Harrach, indem er sah, wie dieser die Perlen des Hafis durchbohrte, wenn er sie ins Deutsche brachte. Als er ihm seine eigene Hafisübersetzung widmete, beschloß er

22 Ebd., S. 811.
23 Hafis, Diwan II, S. 558.
24 Goethe, HA 2, S. 20.

die Zueignung an Harrach mit einem Zitat aus dessen Hafisübersetzung:

Daß stets durch deine Pfleg' veredelt ward,
Hafisens undurchbohrter Perlen Reih,
Erinnre dich.[25]

Der Übermut des Hafis kann ein dichtendes und ein deflorierendes Perlenbohren ineinander sehen. Ein Ghasel des ineins erfahrenen Verlangens nach der Geliebten und nach dem Dichten bringt die Verse (Kadr ist die heiligste Nacht des Monats Ramasan, die den Koran vom Himmel brachte):

Eine heilige Nacht, wie die Nacht Kadr,
Ganz mit dir zu verkosen, verlangt mich.
Wehe! ähnliche liebliche Perlen
In der Nacht zu durchbohren verlangt mich.[26]

Ob die undurchbohrte Perle ein Ideal von Gedicht oder die Aufgabe des Sammlers meint, sagt nicht der Titel ›Die undurchbohrte Perle des Schlosses und die Palmgerte des Jahrhunderts‹; so heißt die arabische Anthologie des Imadaddin al-Katib al-Isfahani (1125-1201), die ältere Anthologien bis in das 12. Jahrhundert hinein ergänzte.[27]

Assoziationen an ein Ohrgehänge bewirkten wohl den angestrengten Einfall in einem Ghasel von Sidi III., das der Perle die Ohren durchbohrt denkt, um sie auf den Faden reihen zu können:

---

25 Hafis, Diwan I.

26 Dazu Hammer ebd., S. 139: *Im Persischen: solche* zärtliche Klagen zu durchbohren, *d. i. zärtliche Lieder zu dichten, die Verse sind Perlen, welche der Dichter durchbohrt, um sie an dem Faden des Gasels anzureihen. Dasselbe Bild brauchen persische Dichter auch vom höchsten Liebesgenusse.* Vgl. ebd., S. 356:

Die Perle des Schatzes der Liebe ist
Noch immer, was sie war,
Der Becher der Lieb' ist versiegelt noch,
Wie er versiegelt war.

27 KLL 10, S. 4284.

O Sidi! um an Schnur gefädelt *Zu schmücken wie mein Wort,*
Hat Juwelier edenscher Perle *Die Ohren durchgebohrt.*[28]

Im deutschen Barock hat Johann Rists Lobpreis auf Justus Georg Schottel als den Perlenfischer und den Suchenden geschlossen:

Glük zu Herr Suchender; ihr habt das Eis gebrochen /
Und numehr durch die Perl ein solches Loch gestochen /
Daß man sie fassen kan. Da kriegt ihr nun zu Lohn /
Der Menschen Preis und Dank / des Himmels Ehr' und Krohn.[29]

Im Westen völlig unerwartet und kaum anders als aus einer Anregung vom Orient zu erklären, findet in der Mitte des 14. Jahrhunderts bei dem Benediktiner Petrus Berchorius sich die Rede von dem Menschen als der Perle, die vom Wort durchbohrt wird. Der christliche Theologe spricht vom Durchbohren der Menschenperle durch das Wort zu seinem Heil. Wo der Mensch als Perle nicht von Natur durch Gottes Gnade schon durchbohrt gefunden wird, bedarf er einer künstlichen Durchbohrung durch das Wort der Unterweisung, die ihn zum Dienst an Christus in der Kirche zubereitet. Die Eingliederung der durchbohrten Perle in die Kirche geschieht hier nicht durch Aufreihung in die Kette, sondern durch Einfügung als Baustein ins Gebäude.[30] Auf der gleichen Linie des Einwirkens der

---

28 Hammer-Purgstall, Geschichte der Osmanischen Dichtkunst 2, S. 439.

29 Justus Georg Schottel, Teutsche Vers- oder Reimkunst, Lüneburg 1656 (Neudruck Hildesheim und New York 1976), o. S.

30 Petrus Berchorius, Reductorium morale; Opera omnia, Bd. II, Köln 1731, lib. XI, cap. 93: De margarita, S. 446: *Margarita aliquando invenitur naturaliter perforata aliquando etiam artificialiter perforatur, et sic usibus hominum coaptatur. Sic vere sunt, qui quasi a natura sunt perforati, hoc est dictum correcti, et instructi, et per divinam gratiam penetrati, aliquando etiam artificialiter, et actualiter a Praelatis, et praedicatoribus perforantur, et disponuntur, scilicet doctrinis et correctionibus, et sic diversimode ad usus Christi, et Ecclesiae praeparantur, juxta illud: ›Paraverunt lapides in aedificium domus‹* (3. Reg. 5,18 beim Bau des Tempels Salomos).

Lehre auf die Menschenperle liegt des Petrus Berchorius alleinstehende Deutung der Entstehung der Perle in der Muschel aus dem Tau der Morgenluft, auf des Menschen Wachstum aus dem Tau der Lehre, mit dem an ihm die Gnade und die Tugend zunimmt.[31]

Älter und anderer Art ist eine christlich-theologische Auslegung der Perlendurchbohrung auf Christi Tod in der Passion. Wie Herrscher und Menschen von Vollkommenheit als ›Perlen‹ ausgezeichnet werden, so heißt auch Christus eine Perle. Bei Ephraem dem Syrer steht die Perle wie für die Jungfräulichkeit[32] oder für den Glauben auch für Christus: »Eisen und Nadel durchbohren die Perle, ähnlich jenem, der durchbohrt wurde von den Nägeln am Kreuz. Sie wird aber durch ihr Leiden zum Schmuck für den Menschen«.[33] Dies ist vorgebildet in Ephraems fünf Hymnen auf die Perle in seinem Hymnenwerk ›De fide‹, wo es im zweiten Perlenhymnus heißt:

> Deine Natur
> gleicht dem schweigenden Lamm – in seiner Milde.
> Denn wenn jemand (die Perle) durchbohrt – und nimmt und aufhängt
> am Ohr, – wie (Christus auf) Golgatha,
> dann gießt sie noch mehr – alle ihre Strahlen aus
> auf die sie Schauenden.

---

31 Ebd., S. 446 f.: *Margarita virtute coelesti ex rore coeli in ventre conchylis concipitur, sed quanto major fuerit haustus roris, tanto Margarita generabitur ibi major. [. . .] Margarita significat gratiam, et virtutem. Per aerem intelligo praedicatorem, qui debet esse vir spiritualis. Per rorem, qui inde venit, intelligo scientiam et doctrinam. Quanto ergo major ros recipitur, id est, quanto quis plus percipit, et recipit de rore doctrinae, et praedicationis, tanto vere in eo major Margarita, id est, major gratiarum, et virtutum copia generatur.* Das Weitere legt den Tau auf die Gnade und die Perle auf das menschliche Verdienst aus, das mit der empfangenen Gnadenmenge wächst.

32 Ephraem, De virginitate (wie S. 219 und Anm. 5).

33 Ebd., XI 9, S. 37.

Dargestellt ist in deiner Schönheit
die Schönheit des Sohnes, – der sich in das Leiden hüllte.
Die Nägel durchdrangen ihn, – die Nadel durchstach dich;
denn auch dich hat man durchbohrt – wie seine Hände.
Doch weil er litt, wurde er Herrscher. – Ähnlich wie durch dein Leiden
deine Schönheit sich steigert.[34]

Ähnliches finde ich erst wieder in einer Predigt über das Perlengleichnis von John Wyclif († 1384). Sie sieht die Perle Christus undurchbohrt als Gott, aber durchbohrt als Menschen, wie seine fünf Wunden zeigen. Wyclif spricht Christus die Heilkräfte der Perle für die Märtyrer, die Heiligen und Frommen in ihren Leiden zu. Die Muschelschale ist der in allen Versuchungen festgebliebene Leib Christi.[35] Von der Theologie her fand die durchbohrte Perle wohl ihren Eingang in die Emblematik, wo ein Emblem Perle mit Bohrer zum Lemma ›Quovis rotunda‹ auf die gleichbleibende Unerschütterlichkeit in allen Wechselfällen des Lebens weist.[36]

Es gibt eine hybride Weiterzeugung von Metaphern, wenn

---

34 Die Hymnen sind übersetzt durch Edmund Beck, Des heiligen Ephraem Hymnen De Fide, Löwen 1955 (Corpus Scriptorum Christianorum Orientalium 155, Scriptores Syri 74). Ephraems fünf Hymnen auf die Perle (De margarita I-V) sind die Hymnen De fide LXXXI-LXXXV; ich zitiere sie nach Perlenhymne und Strophe, hier II 11 f., S. 215 f.

35 John Wyclif, Select English Works, hg. v. T. Arnold, Bd. 1, 1869, S. 286 f.; zitiert bei Robert Max Garrett, The Pearl. An Interpretation, Seattle 1918, S. 24 f.

36 Picinelli, Mundus symbolicus (wie Kap. 3, Anm. 8), Bd. 1, lib. 12, cap. 25, Nr. 232, S. 710. Weidling, Emblematische Schatzkammer (wie Kap. 3, Anm. 59), T. 2, S. 112 bringt für die ›Constantia Christianorum‹ ein so beschriebenes Emblem: »Der gelehrte Lucarinus ließ eine Perle, neben ihr aber ein Börerlein malen und schrieb darüber: Quovus rotunda. Überall rund«. Gemeint ist: Wo immer man die ebenmäßig runde Perle anbohrt, verliert sie nichts von ihrem Schein. So soll auch der beständige Christ in Glück und Leiden unanfechtbar sein.

eine dem Verglichenen von Natur abgehende Eigenschaft des Bildspenders an es gesucht herangetragen wird. Der Tau, die Träne und der Regentropfen heißen aufgrund übereinstimmender Formqualitäten legitim auch Perlen. Schon weniger genau entspricht es der Natur des Regen- und des Tränenfalls, wenn er als Perlenschnur gesehen wird, während die am Spinnennetz gereihten Tauperlen diese Metapher natürlich nahelegen. Aber wer käme auf den Gedanken, weil Perlen durchbohrt werden, auch Tränenperlen durchbohrt werden zu lassen? Solche Einfälle hat nur eine Dichtersprache von preziöser Künstelei, am ehesten in einer Spätzeit, die der bloßen Tränenperle überdrüssig wurde. Anscheinend nicht vor Hafis († 1390) findet sich die Vorstellung von einem Durchbohren der Tränenperle mit der Wimper. Es steht bei ihm die Strophe:

> Nur wer viele Tränenperlen
> mit der Wimper Stahl durchbohrt,
> Trinket vom Rubinenweine
> aus dem perlenden Pokal.[37]

Daß Tränenperlen, wenn sie auf den Wimperspitzen hängen, als von diesen angebohrt erscheinen, verwandelt nicht die Qualität der Träne wie die Durchbohrung die Perle verändert. Höchstens kraft einer Erinnerung an überlieferte Deutungen des Perlenbohrens hätte für das Durchbohren der Träne eine Sinngebung gefunden werden können. Dies unterblieb jedoch. Für den Sinn der Hafis-Strophe ›Ehe du trinken darfst, mußt du vieles weinen‹ reichten auch undurchbohrte Perlen hin. Aus einem Spiel der Phantasie geboren, hatte die Tränenperle auf der

---

37 Muhammad Schams ad-din Hafis, Gedichte aus dem Diwan, ausgewählt und herausgegeben von Johann Christoph Bürgel, Stuttgart 1977, S. 75. Dieselben Verse übersetzte Joseph von Hammer:

> *Eh' du zum Rubin des goldnen Bechers gelangest,*
> *Werden von Wimpern gar viel Perlen der Thränen gebohrt.*

Hafis, Diwan I, S. 133.

spitzen Wimper nie eine tiefere, geschweige denn poetologische Bedeutung. Man vergaß sie aber auch nicht bis in das 18. Jahrhundert.[38]

38 Durchbohrte Perlen der Liebe sind die Tränen bei dem Zeitgenossen des Hafis, Kemal Chodschendi:

Ferhad durchbohrte nur den Stein, und ich
Durchbohre Liebesperlen, sieh' die Kunst.
Kemal, nach Samarkand schick' diese Perlen,
Daß sich das Volk darinnen wälzen möge.

Hammer, Geschichte der schönen Redekünste, S. 258, mit den Anmerkungen: *Thränen sind Perlen der Liebe, von den Spitzen der Wimpern, an denen sie hängen, durchbohrt* und *Da der Dichter hier den Perlen das Wort* wälzen *beygesellt, scheint ihm fast eine mit dem* suibus Margaritas *verwandte Idee vorgeschwebt zu haben.*

In Dschamis ›Joseph und Suleïcha‹ heißt es von Suleikas Leiden: *Mit ihrer Wimper stößt sie Perlen durch, / Blut quillt aus ihrem Herzen* (ebd., S. 328).

Eine Kasside des Dichters Ebu Omer el-Badsche enthält das Verspaar:

Es hangen Perlen-Thränen an den Wimpern,
In deren Reih' als Degen jede sticht.

Hammer-Purgstall, Literaturgeschichte der Araber 7, S. 1128.

Die Vorstellung von Perlenschnüren des Gedichtes könnte die Anregung gegeben haben für Verse von Waßleti III. im 18. Jahrhundert:

Die Thränen lagen eng' In Auges Muschel lange Zeit,
Jetzt haben Wimpern sie Für uns an Faden angereiht.

Hammer-Purgstall, Geschichte der Osmanischen Dichtkunst 4, S. 334.

8. *Gereihte Perlen*

Ihrem Charakter nach ungeeignet zum Gebrauch bei einer Geistesart, die Dichten für erlernbar hält – sie ist darum in der Rhetorik und Poetik nicht eigentlich zu Hause –, kann die am ehesten auf aus Inspiration empfangene Dichtung anwendbare Perlenmetapher doch insoweit für das Handwerkliche von Dichtung auch ihre Verwendung finden, als die in der Natur ihres Vollendetseins nicht – wie ein Edelstein durch Schliff – mehr steigerbare Perle doch einer Verarbeitung bedarf, um ihre höchste Wirkung zu gewinnen im Gefüge eines Ganzen, eines Ringes, einer Kette, einer Krone. Das schwere Letzte im Prozeß des dichterischen Schaffens ist der Gebrauch der denkenden Vernunft, die planend mitwirkt, um die Einfälle aus der Höhe (Perlen) kunstvoll organisierend in ein höheres Ganzes einzubringen. Der Dichter muß ein Goldschmied sein, die Perle unversehrt in Edelmetall zu fassen oder – mit Durchbohrung sie verletzend – sie zur Kette am Faden aufzureihen. Für das Kompositorische und das zyklisch Bindende des Dichtens boten sich diese beiden Bilder an.

Während China ein Dichten von Perlenschnüren schon in den letzten Jahrhunderten vor Christus kennt, ist die Rede vom Dichten als Aufreihen von Perlen im näheren Orient offensichtlich jünger und in der westlichen Antike unbekannt. Auf die Bewältigung von dichterischen Großformen wie das Epos wird sie nur selten angewandt. Im Prolog seines dem abendländischen Ritterroman entsprechenden Epos ›Der Mann im Pantherfell‹ aus der Zeit um 1200 spricht der Georgier Schota Rustaweli mit Demutsformeln, mit der Bitte um Inspiration und in Metaphern von den Schwierigkeiten der Meisterung des großen Beginnens seiner Heldendichtung. Der Königin Tamara Lippen und Zähne zu beschreiben – »geschliffenen Kristall zwischen Rubinen schimmernd« –, hat er mit Edelsteinen sprachlich umzugehen, getrost, daß »auch Diamant birst auf einem Amboss weichen Bleies«.[1] Die schon antike und später reiche Überlieferung von der Spaltbarkeit des Diamants allein durch Bocksblut (und im Orient statt dessen Blei) zu Splittern, die der Gemmenschneider zur Bearbeitung der Steine braucht, dient hier, so scheint es, als ein Bild für die Bezwingbarkeit des hohen Gegenstands durch seinen schwachen Dichter.[2] Seine Tränen um Tariel, den Helden, halfen die ungestaltete Überlieferung in Strophenform zu fassen:

> Ich, Rustaweli, habe sein Los in Versen besungen,
> das Herz von einer Lanze durchbohrt,
> und was bis heute nur eine Sage war,
> ist nun wie Perle an Perle fein gereiht.
>
> All meine Kunst habe ich
> in dieses Werk gelegt.
> [...]
> Diese Geschichte aus Persien,
> in der Georgier Sprache neu gefaßt,
> glich einer kostbaren Perle,
> die spielerisch von Hand zu Hand glitt.
> Ich fand sie und schloß sie in meine Verse,
> gewagtes Unterfangen!
> Die mir den Geist verzauberte,
> die Hehre, Wunderbare, heiße es gut![3]

Die spielend von Hand zu Hand gegangene Perle war die Sage, die von Mund zu Mund ging. Rustaweli als Epiker reiht die Episoden als Perlen locker bindend auf des Werkes langen Faden. – Auch später wird die Metapher noch auf das Heldenepos angewandt. Das türkische Alexanderepos, das ›Iskendername‹ (1390), beschließt sein Dichter Ahmedi mit der stolzen Genugtuung dessen, der ein großes Werk mit Glück vollendet:

---

1 Schota Rustaweli, Der Mann im Pantherfell. Übertragung aus dem Georgischen und Nachwort von Ruth Neukomm, Zürich 1974, S. 482.
2 Zu Diamant und Blei: Ohly, Diamant und Bocksblut (wie Kap. 1, Anm. 6), S. 29-43.
3 Schota Rustaweli, (wie Anm. 1), S. 483.

Dank sey Gott, daß diese Perlenreihen
Lieblich angefädelt worden,
Gott sey Dank, daß diese edlen Steine
Einem Kenner dargebracht sind worden.
Solch' Gemälde, voll von Glanz und Licht,
Mahlen China's größte Künstler nicht.
Worte schön und Phrasen reich,
Verse, abgewogen gleich,
Rosenbeet mit aufgeblühten Rosen,
Frischen Tulpen, Hyazinthen.[4]

Dem vor der Aufgabe einer Großform stehenden Dichter wird das Schwere bald bewußt, etwa Gustave Flaubert im Angang an ein Epos und ein Drama. Sein Brief an Louise Colet vom 26. August 1853 bringt Reflexionen über seine Gegenstände und die Mühen seines Schaffens. »Ich empfinde ein Jucken nach einem Epos«.[5] Das Schreiben aus sich heraus erbringe lyrikartig im Wurf gelungene Sätze, doch das Ganze fehle, das Zusammengehaltensein der Perlen durch den Faden. »Wenn man dagegen eine erdachte Sache schreibt, wie sehr muß sich dann alles aus der Konzeption ergeben, wie hängt noch das kleinste Komma vom allgemeinen Plan ab, wie sehr teilt sich die Aufmerksamkeit! Man darf den Horizont nicht aus den Augen verlieren und muß gleichzeitig auf seine Füße achten. Das De-

4 Hammer-Purgstall, Geschichte der Osmanischen Dichtkunst 1, S. 91; vgl. S. 92: *Das Iskendername ist ein cyclisches Gedicht im weitesten Sinne des Wortes, indem dasselbe nicht nur den Cyklus der Thaten Alexander's umfaßt, sondern in demselben auch der Cyclus der Weltgeschichte morgenländischer Philosophie und Mystik verschmilzt. Ein poetischer Äquator der Weltgeschichte, ein mystischer Meridian des Universums der Philosophie.* Hammer-Purgstall selber nimmt die Fadenmetapher auf: *Die Verflechtung der einzelnen Gesänge (Dasitan), die Abbrechung und Wiederaufnehmung des Fadens der Geschichte erinnert an die Manier Ariosts und seine Vorgänger; diese anschauende Verwirrung ist keine zufällige, sondern eine geflissentliche, eine wohlbedachte Anordnung des poetischen und philosophischen Panorama der Geschichte und der Natur.* Zur Edelsteinreihemetapher am Ende des ›Iskendername‹ oben S. 106f.

5 Gustave Flaubert, Briefe, herausgegeben und übersetzt von H. Scheffel, Stuttgart 1964, S. 286.

tail ist grausam, besonders wenn man es liebt wie ich. Die Halskette besteht aus Perlen, aber erst der Faden ergibt die Kette. Perlen auffädeln, ohne eine einzige zu verlieren, und mit der anderen Hand immer den Faden halten, das ist gerade das Kunststück«.[6]

Daß die Arbeit an einem Drama als ein Perlenreihen angesehen werde könne, wird man nicht erwarten, wo es sich um klassisch geschlossene Dramenformen handelt. Bei die Elemente des Geschehens lockerer aggregierenden Arten des Dramas mochte die Metapher sich empfehlen wie wieder für Flaubert, der über drei Jahrzehnte um die Gestalt seines großen Dramas ›Die Versuchung des heiligen Antonius‹ rang (es erschien 1874). Nach Goethes Vorbild in ›Faust II‹ durch nach Charakter und Geschichte sehr verschiedene Welten führend, leistete es von der Anlage her Flauberts Bestreben, ihm eine Einheit zu gewinnen, anhaltenden Widerstand. Seine Briefe seufzen über die Not mit Perle und Faden, so am 16. Januar 1852 an Louise Colet:

> Da ich ein Thema gewählt hatte, das mir für Lyrismus, Bewegungen, Verwirrungen völlige Freiheit ließ, befand ich mich ganz mit meinem Wesen in Übereinstimmung und brauchte nur vorwärtszugehen. Nie werde ich solche Berauschungen am Stil wieder erreichen, wie ich sie mir dabei achtzehn Monate hindurch gönnte. Mit welcher Begeisterung ich die Perlen meines Colliers schliff! Ich vergaß dabei nur eines, den Faden. Zweiter Versuch und schlimmer noch als der erste. Jetzt bin ich an meinem dritten. Es ist an der Zeit, etwas zu vollbringen oder sich aus dem Fenster zu stürzen.[7]

---

6 Ebd., S. 287.

7 Ebd., S. 181. Vier Jahre später, am 23. September 1856, heißt es dazu im Brief an Louis Bouilhet, der die Perlenmetapher eigenwillig variiert hatte: »Ich arbeite immer noch daran, und ich entwickele die Hauptgestalt immer mehr. Man erkennt jetzt bestimmt einen Plan, doch viele Dinge fehlen noch daran. Was den Stil angeht, so war es sehr freundlich von Dir, das einen Perlendünnpfiff zu nennen. Dünnpfiff ist schon möglich, doch die Perlen waren ziemlich rar. Ich habe alles neu geschrieben, abgesehen vielleicht von zwei bis drei Seiten« (ebd., S. 347).

Als 1967 in Paris Maurice Béjart unter Barrault Flauberts ›Antonius‹ inszenierte, war Barrault begeistert über die Art, mit der Béjarts Regie den

Das Reihen von Perlen meint häufiger als die Komposition einer großen Form wie Epos oder Drama das Binden eines Verses an den andern im Gedicht, das überlegte Nebeneinanderstellen und Verknüpfen einzeln entstandener Gedichte zu gesammelter Aussage und Erkenntnis in der Form des Zyklus, das Zusammensehen des Ertrages eines Lebens oder das Sichtbarmachen der Einheit im Vielen eines verbindenden Erfahrens im Sinne einer fortgehenden Lebenslinie. Auch dieses zeigt der Orient. In dem persischen Liebesroman ›Leila und Madschnun‹ des Nizami vom Jahr 1188 besitzt das anmutige Mädchen Leila wie der von ihr geliebte Madschnun ein im Dichten seltenes Geschick. »Diese undurchbohrte Perle durchbohrte die Perlen der Worte und reihte sie aneinander zu glänzenden Ketten von Versen. Im geheimen sammelte sie nun alles, was ihr von den Versen Madschnuns bald hier, bald dort zu Ohren kam, lernte sie auswendig und dichtete dann darauf ihre Antworten«.[8] Auf Zettelchen geschrieben, überläßt sie das Gedichtete dem Wind. Und Madschnun tut das Gleiche: »Die Liebe glühte in ihm. Wenn sie auflohte, ergriff sie auch von seiner Zunge Besitz, dann strömten die Worte von selbst über seine Lippen, aufgereiht in Verse wie Perlen auf einer Schnur. Achtlos verstreute er sie und gab sie als Spielzeug dem Wind. Was kümmerte das den Dichter? War er nicht reich? War er nicht frei?«[9] Nach langer Trennung von Leilas Brief erschüttert, ist er besorgt um eine Antwort: »›Ich will Leila antworten‹, sagte

---

Faden für die Perlen des Dramas schuf: »Im Fall von Béjart empfand ich nur Begeisterung und Freude [...] Béjart war Flaubert treu geblieben, wußte aber die durch das Thema gestellten Fallen zu vermeiden [...] Ein Satz bei Flaubert liefert den Schlüssel: ›Nicht die Perlen machen das Collier, sondern der Faden.‹ Das war Béjart gelungen. Durch eine bemerkenswert sichere Auswahl der Mittel verstand er es, mit großer Reinheit, allein durch die Bewegungen von Menschen im Raum, jenen Faden aufzuspulen, den Flaubert mit den Mitteln eines Schriftstellers gesponnen hatte«. Jean-Louis Barrault, Erinnerungen für morgen. Aus dem Französischen von Ruth Henry, Frankfurt am Main 1973, S. 348f.

8 Nizami, Leila und Madschnun (wie Kap. 7, Anm. 11), S. 79f.

9 Ebd., S. 196.

er, ›jetzt sofort! Ich muß . . .‹ Aber – womit? Dieser Dichter, dessen Perlen jedermann in den Zelten und auf den Bazaren Arabiens feilbot, hatte ja seine Verse selber nie aufgeschrieben!«[10] Er läßt sich ein Schreibgerät bringen. »Er kauerte auf die Erde nieder und, das Papier auf den Knien, schrieb, nein malte er mit zärtlicher Sorgfalt Zeichen um Zeichen. Was er sagen wollte, mußte er sich nicht lange überlegen. Wie alt waren doch in seinem Herzen diese Liebe und dieses Leid! Nun holte er sie wie ein Taucher aus seinem Innern hervor, breitete die Steine am Tageslicht aus und verflocht sie zu einem Halsband der Buchstaben und Worte, der Punkte und Bogen und Schleifen. So schuf er Stück um Stück ein Bild seines Schmerzes«.[11] In der Wüste, wo ein Jüngling Madschnun aufsucht, wird er von dem Erfahrenen in der Liebe unterwiesen: »Die Verse, mit denen Madschnun ihn beschenkte, waren wunderbare Perlen. Sie alle, die dieser Weltenwanderer fallen ließ, hob der Jüngling auf und verwahrte sie sorgfältig in der Schatztruhe seines Gedächtnisses«.[12]

Die aus Nizamis ›Leila und Madschnun‹-Roman in seinem Lebenskontext bezeugte Rede vom Perlenhalsband des Gedichtes ist dem Orient altvertraut. Aus der Zeit vom 6. bis zum 19. Jahrhundert begegneten mir Zeugnisse aus der persischen, der arabischen, der türkischen und der spanisch jüdischen und arabischen Literatur, sei es für die Reihung der Versperlen im einzelnen Gedicht, sei es für zyklische Verbindungen in einem geschlossenen Werkganzen oder in hier anthologischen, dort kompendienhaften Sammlungen verschiedenster Art, die mit Vorliebe einen ›Perlenschnur‹- und ›Halsband‹-Titel tragen.[13] Von dem großen Dichter Alkama el-Fihl (um 545 n. Chr.) wird berichtet, wie die Beurteiler der von ihm gesungenen Kasside sie lobten, sie sei *eine Perlenschnur der Zeit*. Als er ein Jahr später mit einer anderen Kasside sich ihrem Urteil stellte, meinten

10 Ebd., S. 237.
11 Ebd., S. 238.
12 Ebd., S. 289.
13 Eine Liste solcher Buchtitel S. 269-271.

sie, dies seien *zwei Perlenschnüre der Zeit.*[14] Als man dem in Kairo lebenden syrischen Dichter Ebu Temman († 840) nahelegte, aus einer seiner schönsten Kassiden ein unwürdiges Verspaar auszuschneiden, sagte er, der Dichter liebe seine Verse wie der Vater seine Kinder, häßliche und schöne und alle wie seine rechtmäßigen, und er schrieb die Verse:

Ich bringe dir von meiner Zunge Formen
Zwei Schnüre voll mit Perlen angereiht,
Die eine ist dem Innersten entwunden,
Die and're folget matt dem Geist der Zeit.
Er wähnet beide gleich in ihrem Werthe,
Des Dichters Herz ist seinem Sohn und Herz geweiht.[15]

Ähnlich wie Schota Rustaweli die losen Perlen der mündlichen Sagen in die feste Kette des Epos einzubinden suchte,[16] spricht ein Gedicht von Habyb ibn Aus, das Ravius ins Lateinische übersetzte, von der Aufgabe, das Verlorengehen des Werts von Einzelperlen einer ungebundenen Rede durch ihre Einfügung in das Halsband des Gedichtes zu verhüten:

Sane rhythmi et Musae haud cessant
instar habere lineae unionibus consertae.
Soluta oratione, margaritae sunt; quas si nexueris
carmine, existunt torques et monilia.
Diffugiunt inter eos celsissimae virtutum, nisi queis
funiculi poematum perennia injecerint vincula.[17]

Angesichts des locker aggregierenden Charakters von mehr oder weniger lose Sprüche und Bilder durch das Geheimsame vornehmlich, wenn nicht allein der Form zur Einheit bringenden Gedichtarten des Ostens wie etwa des Ghasels lag es nahe,

14 Hammer-Purgstall, Literaturgeschichte der Araber 1, S. 377. Wie *Zeit* hier zu verstehen sei, ist nicht ersichtlich.
15 Ebd. 3, S. 721.
16 Oben S. 234.
17 S. F. Ravius, Specimen arabicum continens descriptionem et excerpta libri Achmedis Teifaschii de gemmis et lapidibus pretiosis, Utrecht 1784, S. 8.

eine so körnige Struktur im Bild der Perlenschnur zu fassen. Die arabische Dichterin Merjem aus Andalusien († nach 1009) schrieb, als Ibnol-Mohammed sie in einem Gedicht als Perle gerühmt hatte, in ihrem Gegenlob an ihn zurück:

Wie dank' ich dir für das, was du gemeint,
Für Perlenschnur, womit du mich umsäumt,
Mit Schmuck hast du geschmücket meinen Scheitel
Wogegen and'rer Schmuck nur leer und eitel.[18]

Fallen gelassene Perlen, die Frauen sich zum Halsband machen könnten, sieht der andalusische Dichter Mohammed Ben Ahmed el-Harun (um 1058) in seinen Versen:

Bei Gott, die Perlen, die ich ließ zum Lobe fallen,
Sie dienten Schönen wohl zum Halsband' statt Korallen,
Und wenn die Augen sie mit meinen Versen schminkten,
Sie weiter des Kohols nicht zu bedürfen dünkten.[19]

Die Schmuckfunktion des Dichterworts steht hier im Vordergrund. Der Wesir in Andalusien Ibn Dschobeir (11. Jh.) schrieb, nachdem der Dichter Ibn Chakan ihn besucht, zu seinem Ruhm:

Bei Gott! wie schön, wann er in Versen oder Prose
Die Perlen reihet an, sie hinstreut lose.[20]

Während die losen Perlen offenbar für eine ungebundene Rede stehen, stehen für Dichtung in Versen die gereihten Perlen. Um das Jahr 1030 schrieb in Cordoba der Araber Ibn-Hazm al-Andalusi als Meisterwerk das lebensweise vollkommene Buch ›Von der Liebe und den Liebenden‹ und gab ihm den Titel ›Das Halsband der Taube‹.[21]

18 Hammer-Purgstall, Literaturgeschichte der Araber 5, S. 847 f.
19 Ebd. 6, S. 796.
20 Ebd., S. 135.
21 Ibn-Hazm al-Andalusi, Das Halsband der Taube. Von der Liebe und den Liebenden. Aus dem arabischen Urtext übertragen von Max Weisweiler, Frankfurt am Main 1961.

Aus der jüdischen Tradition ist der spanische Dichter und Philosoph Salomo Ibn Gabirol (genannt Avencebrol, 1021/22 bis um 1070) aufzuführen,[22] dessen Werk an Edelsteinmetaphern für die Dichtung reich ist.[23] Nicht zweifelsfrei ist ihm zugeschrieben eine Gedichtsammlung ›Die Perlenlese‹.[24] Er und ihm Benachbarte lieben die Perlenschnurmetapher für die locker aus Zweizeilern gefügte Dichtform, deren durchgehender Kettenreim stärker als eine Gedankenfolge bindet.[25] In ei-

---

Im ›Buch dichterischer Vergleiche der Andalus-Araber‹ heißt es von der Taube: »Oh! Die mit dem Halsband, im Singen angenehmer / meinen Ohren als der reine Saiten(klang)«; Hoenerbach, S. 55; vgl. über die Turteltaube: »Eine mit Halsband, die sich auszeichnete mit ihrem Gesang [...] Als wären die Regentropfen auf ihrer Zeichnung lautere Tränen auf dem Halsband eines Mädchens« (S. 56); »Eine mit Halsband, deren Flügel morgens der Tau benetzt / mit Perlen, die weder Schnur noch Band angehören [...] Als wären die Regenspritzer auf ihren Flügeln / Perlen, die beim Einfädeln schmelzen [...] Du siehst die Regentropfen wie Perlen auf ihr; / wenn sie sich schüttelt im Dickicht, streut sie diese aus. Hat sie die Perlen verteilt, so sammeln die Wolken neue / auf ihr: da verglich ich sie mit einer trunkenen Sängerin, die gegen eine zweite ebensolche mit ihren Halsbändern stößt / und die verstreuten Perlen nicht wieder haben will vor eitlem Stolz!« (S. 57); an anderer Stelle heißt es von des Dichters Versen: »Sie sind, wenn ich mit ihnen jemanden kennzeichne, / wie die Halsbänder der Tauben an den Hälsen« (S. 107).

22 Wilhelm Totok, Handbuch der Geschichte der Philosophie, Bd. 2, Frankfurt am Main 1973, S. 296-298; Frederick P. Bargebuhr, Salomo Ibn Gabirol. Ostwestliches Dichtertum, Wiesbaden 1976.

23 Ebd., S. 134, 387, 405, 409, 416, 646.

24 S. Ibn Gabirol's Choice of Pearls. Translated from the Hebrew by A. Cohen, New York 1925 (nicht eingesehen); zur Autorschaft A. Marx, Gabirol's Authorship of the Choice of Pearls, Hebrew Union College Annual 4 (1927), S. 433-448. Weitere Literatur bei Bargebuhr (wie Anm. 22), S. 60, Anm. 16. Sein Werk ›Die Königskrone‹ wurde ins Deutsche, Englische, Französische, Italienische und Spanische übersetzt; Totok (wie Anm. 22), S. 298. Zu einer hebräischen Übersetzung aus dem Arabischen der dem Salomo Ibn Gabirol zugeschriebenen ›Perlenlese‹ (›Mibhar ha-peninim‹) aus der Zeit vor 1338 s. Histoire littéraire de la France XXXI, Paris 1893, S. 355 f.; G. Sarton, Introduction to the History of Science, Bd. 1, Washington 1927, S. 704 f.

25 Bargebuhr (wie Anm. 22), S. 3 f. zur arabischen und der hiervon abgelei-

nem des Selbstlobs vollen Gedicht des Angriffs auf einen Dichterkollegen stellt sich Moses ibn at-Taquana hoch über die Vorgänger, die erblassen und ihn preisen müßten,

---

teten hebräischen Dichtung Spaniens: »Sie weigert sich, Prosa in Versen zu sein. Das gängige Symbol für ein Gedicht ist die Kette aufgereihter Perlen: jeder ihrer Zweizeiler ist ein Kleinkunstwerk in sich, ein Abwandlungswunder«; S. 127: »Ihre einzelnen Zweizeiler bilden im allgemeinen eine in sich fest gefügte Einheit, entbehren aber oftmals einer Einfügung in den Gesamtbau der Gedichte; mehr entspricht aber auch kaum dem Angestrebten. Die eigentliche Verfestigung ist im allgemeinen der durchgehende Kettenreim (seltsamerweise meist konsonantisch beginnend); wenn das einschlägige Bild für solche Dichtung die Perlenkette war, ist der Reim ihre Schnur (auf arabisch *nazm* ›das Aufreihen‹)«. – Ders., The Alhambra. A Cycle of Studies on the Eleventh Century in Moorish Spain, Berlin 1968, S. 237 f.: »the Arabic kasida is in many ways a rather loose sequence of units perfect in themselves, linked only by the monorhyme. The comparison with a string of pearls, within which the individual gem may gain as much as it loses, is thus the appropriate one. The order intended by the poet for these kasidas was frequently not entirely clear, and one sometimes even receives the impression that the poet has deliberately upset their logical order [...] Long-lived oral tradition and the habit of quoting individual distichs may have added to the confusion«.

Entsprechend wird die Poetik des Ghasels charakterisiert bei Solbrig, Hammer-Purgstall und Goethe (wie Kap. 4, Anm. 82), S. 102: »Die einzelnen Distichen eines Ghasels haben Sentenz- und Spruchcharakter und durch Verwendung eines bestimmten Bildes eine in sich geschlossene Struktur. Es ist die Assoziierung der Bilder, zusammen mit dem Klangfaden des Reimes, die dem Ghasel seine innere Einheit gibt [...] Jedes Distichon in einem persischen Gedicht bildet also in sich eine vollendet durchgearbeitete und selbstständige Miniatur oder eine ›Perle‹, und das Ganze des Gedichts wird einem ›Perlenhalsband‹ vergleichbar [...] Ein Ghasel ist wie Filigranarbeit, voll fein ziselierter Details, ohne logische Folge der Einzelverse, ohne dramatisches Moment, ohne die Linearität, welche der Europäer in einem Gedicht erwartet«. – Bürgel im Vorwort seiner Übersetzung aus Hafis Diwan (wie Kap. 7, Anm. 37), S. 16: »Ein altes Ideal arabischer Dichtung lautete, jeder Vers solle ein in sich abgeschlossenes Ganzes bilden, wie eine Perle an einer Kette. Der einzelne Vers ist hier also wichtiger als das Ganze des Gedichtes«.

Wie an den ›Katenen‹-Namen einer locker aggregierenden Form der Exegese hier zu denken ist, so verglich das ältere Judentum mit dem Aneinanderreihen von Perlen eine Predigtform, in der viele Bibelstellen aneinan-

Wären sie jetzt wohl am Leben und könnten sie selber es sehen,
welche Juwelen zu welch Perlen an Schnüren ich reih.[26]

Bei solchem Stolz nimmt es nicht wunder, wenn Ibn Gabirol mit seinem grammatischen Lehrgedicht ›Die Halskette‹[27] diese als Schmuck sich selber umlegt. Ihm vorgetan hatte es al-Mutanabbi mit den Versen:

Ist ja die Zeit ein Rhapsode, verlautend mein Halsketten-Schmuckwerk;
hab ein Gedicht ich verfaßt, Künder wird dessen die Zeit.[28]

Den Namen des Gedichts über die hebräische Sprache begründet Ibn Gabirol:

Drum teilt ich's ein in zehn Abteilungen
und macht' ihm einen Kranz wie eine Umfassung:

Spruchgold an Spruchgold, Versperle an Versperle,
wie Perlmutter an Edelsteinen
[...]

Ich nannt' es ›Kette‹, die ich den Menschen schenkte vom Angebinde.
Wie eine Kett' auch legt' ich's um den Hals.[29]

Der persische Dichter Mohammed Ben Said Ben Mohammed Ben er-Resas (†1176) schrieb im Gedicht an einen seiner Freunde:

Des Liedes Perlen bringe ich Dir dar
In Knoten, schön geschlungenen fürwahr![30]

---

dergereiht wurden; F. Hauck, Art. μαργαρίτης in Gerhard Kittel, Theologisches Wörterbuch zum Neuen Testament, Bd. 4, S. 476.

26 Bargebuhr (wie Anm. 22), S. 683.

27 Ebd., S. 691: »Der Titel ›Das Halsband‹ (*'iqd*) ist geläufig unter den Arabern«. Die Übersetzung von Gabirols ›Halsband‹ S. 692-695.

28 Ebd., S. 691.

29 Ebd., S. 694.

30 Hammer-Purgstall, Literaturgeschichte der Araber 7, S. 1023.

In die Preisgegebenheit der Dichter an die Willkür orientalischer Despoten, welche Unwillfährige köpften, schickt sich der persische Dichter Abul-Maani mit dem lyrischen Rat:

Sicheren Laufes schwimmt als Nachen im Meere der Großmuth,
Wer zu Seinem Lob' reihet die Perlen des Lied's.[31]

Des persischen Dichters Saadi seit dem 17. Jahrhundert wiederholt übersetzter ›Rosengarten‹ (›Golestan‹, verfaßt 1258), ein Werk der Lehrbeispiele für Tugenden und Gegebenheiten des Lebens am Hof und im Haus, läßt aus den in Prosa erzählten exemplarischen Situationen als geistige Frucht jeweils ein Versgedicht hervorspringen,[32] so daß die kristalline Verdichtung eines Lebensmomentes durch ein Dichterwort auf jeder Seite und in langer Reihe sich ereignet. Saadi nennt am Schluß die epigrammatischen Sinngedichte Perlen: *dem hellen Verstande der Leute von Einsicht, gegen die der Rede Angesicht gerichtet ist, kann es nicht verborgen sein, daß die heilsame Perle der guten Lehre angereiht ist an den Faden des schönen Ausdrucks*, um dem Geist des Lesers sich angenehm zu machen.[33] Der Perle Botschaft am Faden der schönen Form, die bittere Arznei des guten Rats im *Honig des feinen Redeschmucks* sind die Verssinnsprüche, die der ›Rosengarten‹ aus den Prosastücken zieht. Fände die dem Leser entgegenkommende Form der am Faden der Prosa aufgereihten Spruchperlen keine geneigte Aufnahme, bliebe doch des Dichters Amt: *Des Boten Pflicht ist Botschaft nur zu bringen*. So der Schluß des ›Rosengarten‹. Das in der Dichtung des Ostens wie des Westens gleich didaktische 13. Jahrhundert reiht die Sprüche als Perlenkette, während das westliche Mittelalter, dem die Perle nicht aus der Natur vertraut ist, dieses Bild nicht kennt. Von Bord Ibn Ahmed Ibn Bord stammen die Verse:

31 Juwelenschnüre Abul-Maani's (wie Kap. 7, Anm. 14), S. 12.
32 Ein Beispiel oben Kap. 5, Anm. 6.
33 Sadi's Rosengarten (wie Kap. 3, Anm. 157), S. 225.

Höre Deines Dieners Verse *Wenn Du wünschest Zauberei,*
Du wirst nicht nur Worte wählen, *Sondern Perlen auch dabei,*
Knoten hab' ich Dir geschürzet, *Deines Halses werth er sei.*[34]

Vom Ungenügen seines Lobgedichts auf Sultan Ssalah-eddin sagt Ibn Kasim el-Hamewi:

Kann es mir wohl genügen, daß ich stehe
Und schreibe an das Thor ›Ssalah-eddin‹,
Und daß ich Deine Eigenschaften reihe
An eine Schnur wie Perlen und Rubin;
Ich bin zu schwach, ein Loblied Dir zu singen,
Das ganz ausspräche Deinen Geist und Sinn.[35]

Solche den mittelalterlichen Dichtern im christlichen Abendland geläufigen Demutsformeln nehmen sich im Orient ganz außergewöhnlich aus, wo – wie sonst Lobgedichte auf Gott, auf Frauen, Herrscher und die Hierarchie in allen Rängen, auf Freunde, Städte und sonst Lobenswertes weithin den Ton bestimmen – auch Dichter durch bedenkenlose Selbsterhebung in den allgemeinen Lobeshimmel sich versetzen. Das Heraustreten des Autors im Gedichtschluß mit der Nennung seines Namens dient dem unverhohlenen Eigenlob des Dichters, das wie viele byzantinistische Dichtungstraditionen bis ins 19. Jahrhundert fortlebt, gerade auch wo der Dichter sich als Perlenfädler feiert.

Der osmanische Dichter Baki († 1600) deutet den Faden der Perlenschnur als die Bedeutung, die dem Wort durch seine Aufreihung gegeben wird, in seinem Panegyrikus auf den Sohn des Mufti:

34 Hammer-Purgstall, Literaturgeschichte der Araber 7, S. 1151.
35 Ebd., S. 1177. Den Wert von Perlenschnüren haben die Worte des Propheten nach Mohammed Ben Ahmed ed-Demawendi (ebd., S. 1160):
Sein Wort ist Wein, ist Tropfe von der Wolke,
Hat einer Schnur gereihter Perlen Werth.

Die Welt schließt auf ihr Muschelohr dem Perlenregen
Der Vers', um sie als Perlen dann hineinzulegen.
Mit diesem Schmucke ist der Hals der Welt beladen,
Das Wort ist Edelstein und die Bedeutung Faden.[36]

Dieser Gedanke mag auch einschwingen in die Unterscheidung von Wort und Sinn in diesen Versen Bakis:

Für die Juwelenschnur von Baki's Wort und Sinn,
Verschmäht das Herz der reinsten Perlen Werth und Huld.[37]

Gereihte Perlen werden allenthalben auch in die Natur hineingesehen, in den Regen und den Brunnen, auf der Wiese und auf der Rose, wie im arabisch-spanischen ›Buch dichterischer Vergleiche‹,[38] so daß Gedichtschnüre über einen solchen metapho-

---

36 Hammer-Purgstall, Geschichte der Osmanischen Dichtkunst 2, S. 370. Noch der türkische Dichter Rifaatbeg, damals stellvertretender Botschafter in Wien, schrieb 1835 ein Gedicht auf die Geburt des Prinzen Nisameddin und rühmte sich seines Gelingens:

Die Perlen anzureih'n, hat dem Rifaat geglücket,
Sultan Nisameddin hat diese Welt geschmücket.

Ebd. 4, S. 487.

37 Baki's Diwan, S. 117. Andere Belege aus Baki halten sich im Üblichen des Selbstlobs, so in dem Ghaselschluß (S. 112):

Wie Baki reihe einer Perlen an,
Wenn anders einer so sie reihen kann.

In Bakis Lobkasside auf den Mufti Tschelebi heißt es (S. 14):

Ich fasse für die Welt als Halsband im Paian
Die schwersten Perlen auf dem feinsten Faden an.

38 »Du hältst den Regen in der Luft für aufgereihte Perlen, / und auf den Gartenwangen für verstreute Perlen«; Hoenerbach, S. 32, Anm. 126; im Garten zeigt der Blüten und der Blumen Lächeln »eine Art von Perlen- und Korallenschnur« (S. 45); die Wiesen haben Blumen, »die den Perlen an Hälsen ähneln« (S. 49); die Erde hat ein Aussehen, »als hätten Juwelen sich an sie gewandt / auf der Flucht vor der Perlenbüchsen Schlund« (S. 52); von Gartenzisternen: »Als wäre das gurgelnde Wasser aus ihren Schlünden / Streu von Perlen, die schmelzen, sobald man sie zusammenfädeln will« (S. 69); vom Schöpfrad: »Träufelnd ist's eine Perlenschnur, die in Streu sich löst« (S. 71).

Der ägyptische Dichter Ibnes-Saati († 1207) schrieb:

rischen Doppelschritt eine besondere Atmosphäre empfangen können. Im großen Rosengedicht des Kiatibi († 1435) bringt es das Thema mit sich, daß die Rose, eine Perlenträgerin wie Frauen, das Bild liefert:

O Herr, zu deinem Lobe weih' ich Verse
Wie Thauesperlen reihen sich auf Rosen.[39]

Es waren Perlen Thau's, gereihet wie Korallen,
Die von dem Ost berührt zur Erde niederfallen.

Hammer-Purgstall, Literaturgeschichte der Araber 7, S. 907. Bei Edgar Allan Poe (in ›To ---‹) kommt vor: ›*dew / That hangs like chains of pearl on Hermon hill*‹; Werke, Bd. 4, Gedichte. Drama. Essays. Marginalien. Deutsch von Richard Kruse u. a., Olten und Freiburg im Breisgau 1973, S. 162; laut Thomas Olive Mabbot (Hg.), Collected Works of Edgar Allan Poe, Bd. 1, Cambridge Mass. 1969, S. 408 mit Anm. S. 878 ein inkorrektes Zitat aus George Peele, ›David and Bethsabe‹ (1599), v. 46 f. – In des irakischen Dichters Ssahib Ben Abbad prächtiger Beschreibung einer Gewitterwolke stehen die Verse:

Jeder Tropfe, welcher ihr entfloß,
Eine Perle aus der Muschel Schoß;
Wären sie nicht flüssig, schmückten sie
Hals und Ohr in schönster Harmonie.

Hammer-Purgstall, Literaturgeschichte der Araber 5, S. 487; vgl. S. 906 die Verse: *Die Wolke lasset dicht die Thränen fallen, / Als rollten nieder Perlen und Korallen*. Eine Winterkasside von Atha III. († 1825) sieht gereihte Perlen in der Herbstnatur gegeben:

Die Wiesenblumen sind an Fäden angereiht,
Mit (Regen) Perlen schmücket ihr Harem die Zeit.

Hammer-Purgstall, Geschichte der Osmanischen Dichtkunst 4, S. 455.

39 Hammer, Geschichte der schönen Redekünste, S. 282.

Wo es taut in der Welt und Perlen bekannt sind, gibt es die Tauperlenmetapher. Auch die Tauperlenkette kennt eine japanische Strophe schon des 10. Jahrhunderts:

Was für ein Märchenbild,
die Weide im Frühlingsmorgen!
Auf den seidenen Fäden ihrer Zweige
hat sie den rinnenden Tau
zu Perlenketten gereiht.

Liebe, Tod und Vollmondnächte. Japanische Gedichte. Übertragen von Manfred Hausmann, Frankfurt am Main 1963, S. 14.

Die Auszeichnung ›Der Perlenhafte‹ konnten Dichter als Beinamen tragen. Wie der osmanische Dichter Dürri aus dem 16. Jahrhundert den Beinamen ›der Perlenhafte‹ trug,[40] so hieß ›der Perlenhafte‹ auch der Dichter Leali, von dem diese knappe Strophe stammt:

Wenn der Perlende die Perlen
Seiner Verse fädelt an,
Hat er's nur den Perlenschnüren
Deiner Zähne nachgethan.[41]

Daß die im Osten wie später im Westen zur Schönheitsbeschreibung gehörige Perlenmetapher für die Zähne zwischen den Lippen von Rubinen oder Korallen zum Bild der Zahnperlenschnüre sich erweiterte,[42] das wiederum wie hier als Versgedichtmetapher herzuhalten hatte, ist natürlich gesucht und spät, aber nicht völlig überraschend, da das Spiel mit den Wort- und Zahnperlen im Mund im Orient schon lange auf der

40 Hammer-Purgstall, Geschichte der Osmanischen Dichtkunst 1, S. 233.

41 Ebd., S. 294.

42 Ein Preis der Geliebten enthält das Verspaar: *Und wenn sie lachend zeigt die Zähne, / Des Halsband's Perlen ich sie wähne*; Hammer-Purgstall, Literaturgeschichte der Araber 7, S. 1191. – Der syrische Dichter Hebetollah Ibnol-Kadi (um 1200) schrieb: *Wenn ich die Zähne seh' als Perlen wohl gereiht, / So bleibt kein Zweifel mir, daß Ihr die einz'gen seid*; ebd., S. 958. – Der persische Dichter Scherifi beginnt eine Kasside:

Wenn der seelennährende Mund anfanget zu lächeln,
Seh ich an purpurner Schnur glänzende Perlen gereiht.

Hammer, Geschichte der schönen Redekünste, S. 252. Die Zahnperlen werden als aufgereiht gesehen auch in den Versen Nasmis († 1588):

Nasmi, gedenkst du der Zähne, der Perlen am Faden,
Steigen aus Sehnsucht die Seufzer bis zu den Plejaden.

Im Diwan von Feisi VIII. aus Kallipolis stehen die Verse:

Die Lippen sind Rubin von Bedachschan,
Den Juwelier kaum hat gerühret an,
Die Zähne sind der Perlen Schnur,
Gereihet für die Kund'gen nur.

Hammer-Purgstall, Geschichte der Osmanischen Dichtkunst 3, S. 63 (Nasmi), S. 331 (Feisi).

Schwelle lag.[43] Bei Baki vermischen sich gar noch die Zahn-, die Tränen- und die Perlenschnüre des Gedichts:

In Hoffnung von der Schnur der Perlen deiner Zähne,
Die Thränen Perl' an Perl' hab' angereihet ich.[44]

Der syrische Dichter el-Wawa (10. Jh.) schrieb die Strophe:

Sie klagte über Trennung und die Wimpern
Sie gossen eine Schnur von Perlen aus,
Der Augen schwarze Schminke war
Die Schrift, von Thränen halb gelöschet aus.[45]

Bei solcher Gebräuchlichkeit der Perlenschnurmetapher müßte es wunder nehmen, wenn nicht auch in der Schriftzeile eine Perlenreihe gesehen würde, zumal die Schreib- und Schriftmetaphorik im Islam mit Üppigkeit ausgebildet ist.[46] Der Dichter Suleiman Ben Wehb (10. Jh.) spricht von dem Schwert seiner Schreibfeder,

Von dem auf das Papier manch' Wunder fällt,
Wie Perlen, wohlgeordnet, wohlgezählt,
Das künstlich schönen Vers in Prose flicht,
Entschleiernd der Beredsamkeit Gesicht.[47]

Von dem Schönschreiber Ibnol Bewwab (†1022 oder 1031), dem man das Verdienst zuspricht, den neuen arabischen Schriftzügen der Neschirschrift ihre Rundung und Vollendung gegeben zu haben, wird berichtet, daß er bei der Erklärung ihm vorgelegter Verse schrieb:

Ich dachte, als ich sah' die schönen Zeilen,
Sie seien Sterne oder Perlenreih';
Geschrieben wie des Gartens Blumenzeilen.[48]

---

43 Dazu S. 101-106.
44 Baki's Diwan, S. 113.
45 Hammer-Purgstall, Literaturgeschichte der Araber 5, S. 771.
46 Dazu S. 92-94 und 208-210.
47 Hammer-Purgstall, Literaturgeschichte der Araber 4, S. 582.
48 Ebd. 5, S. 497.

Im Gedicht auf eine als kleiner Mann gedachte Schreibfeder sagt Ebul-Hasan Mohammed el-Misri: *Das was er spricht ist Chrysolith und Perlenschnur.*[49] Über Chathath el-Nisami sagte man: *er pflanzte mit seiner Feder Perlen in den Grund der Blätter und spreitete darüber Pfauenflügel aus.*[50] El-Bari el-Dschurdschani schrieb den Vers: *Er streuet Perlen aus, wann er ergreift den Kiel.*[51] Ebu Nassr el-Dscholi (11./12. Jh.) hat *mit schöner Perlenschrift Worte wie Perlen angereiht.*[52] Mohammed Ben Ishak el-Bochari schreibt über sein Dichten bei blutigen Tränen:

Als mein Liebchen war hinweggegangen
Und mich übermannte das Verlangen,
Streut' ich Perlen hin auf das Papier,
Und Rubinen hingen an den Wangen.[53]

Die Gedichte des Prinzen Chalil, seines Schülers, rühmend, sagt eine berühmte Kasside Ißmets von Buchara († 1425) zu ihrem Lob:

Auf wohllinierten Zeilen sind darin
Als Fäden Verseperlen angereiht.[54]

Das Akustische einer Lautreihe betont die Rede von einem Singmädchen in dem arabisch-spanischen ›Buch dichterischer Vergleiche‹ aus dem 11. Jahrhundert: »Eine Tonfolge wie eine Perlenkette, / deren Anordnung allein die Ohren sehn!«[55]

---

49 Ebd. 4, S. 863.
50 Ebd. 6, S. 1008.
51 Ebd., S. 1034.
52 Ebd., S. 1077; sein Gedicht *Die Nächt' entlocken meinen Augen Perlen* meint die Tränen.
53 Ebd. 7, S. 1163.
54 Hammer, Geschichte der schönen Redekünste, S. 277. – An das Schreiben könnte auch gedacht sein, wenn der arabische Dichter el-Welid Ibn Ibadet el-Bohtori († 897) im Lobgedicht auf einen an Wohlredenheit vollkommenen Wesir sagt: *Die Worte reihen sich gleich Perlen, den gezählten*; Hammer-Purgstall, Literaturgeschichte der Araber 4, S. 647.
55 Hoenerbach, S. 98.

Wenn in der gleichen Metaphernanthologie die Heilkraft des Gedichts für Liebende im Zusammenhang mit Perlenlobketten zur Sprache kommt, ist nicht eine perlenspezifische Dichtungstherapie im Spiel, sondern diese Vorstellung nur in der für das Arabische üblichen körnig lockeren Gedankenreihung angefügt: »Kostbare Perlen des Lobes: (ihr Dichter) ließ sie werden / zu Halsgeschmeiden an dir, geordnet wie Perlen sind! Wenn das zehrende Fieber der Trennung uns quält, / werden sie rezitiert und heilen uns vom Trennungsfieber! Und wenn die Nacht mir zu lang wird, suche ich ihre Gesellschaft / in ihr, wie Nachtreisende diejenige des Mondes suchen!«[56] Daß die im Orient häufige Seidentuch- oder Gewandmetapher für eine Dichtung, mit der sich eine Frau zum Schmuck bekleidet, mit der Geschmeidemetapher sich verbindet, so daß verschiedene Zierden sich versammeln (und damit am Ende einander Abtrag tun), bezeugt einmal die frühe spanische Tradition: »Du glaubst, durch die Verse ein schönes Gewand zu tragen, / und hältst sie für ein schmuckes Halsband auf dir«.[57]

Als Rupert von Deutz die 176 Verse des 118. Psalms als eine Edelsteinkette mit zweiundzwanzig gliedernd eingefügten Perlen erklärte, sah er ein auf den Rosenkranz vorausweisendes Gebilde. Der spätmittelalterliche, aus je 15 Vaterunser- und Gloria- sowie 150 Ave-›Perlen‹ (ob nun aus Koralle, Holz oder anderem Material) bestehende katholische Rosenkranz zeigt die Perle als Metapher für das Wort konkretisiert, da jede Perle für einen Gebetstext steht, der, wie die Reihe durch die Finger gleitet, abgebetet wird. Schnüre mit Betkügelchen nach Art des Rosenkranzes und mit diesem Namen gab es offenbar auch im Orient, so daß er wie die Perlenkette als Metapher dienen konnte wie im 16. Jahrhundert bei dem türkischen Dichter Baki, der vom Abbeten des Rosenkranzes der Sterne spricht,[58] wie Spätere im All hängende Perlenschnüre von Gestirnen se-

56 Ebd., S. 103.
57 Ebd., S. 107.
58 Baki's Diwan, S. 24, Anm. 4.

hen.[59] Bestanden Ketten aus 104 Perlen (so im Iran und bei den Kurden), so bedeuteten sie nach Marco Polos Bericht aus Indien die am Morgen und am Abend zu verrichtenden 104 Gebete.[60]

Die Tradition eines halben Jahrtausends großer Dichtung Persiens hallt nach bei dem von Goethe hochgelobten[61] letzten Klassiker dieser Welt, bei Dschami (1414-1492). Autor auch eines Werks ›Die Goldkette‹, begründet Dschami in seiner mystisch-philosophischen Dichtung ›Rosenkranz der Gerechten‹ den Titel seines Werks durch die Beschreibung seiner Tätigkeit als Dichter, der die Perlen der Inspiration durchbohrt und zyklisch ordnet. Das Werk ist wie der Rosenkranz in vierzig Knoten oder Abschnitte eingeteilt, die jeweils wieder drei Teile haben. Selten spricht ein Dichter so ausführlich von seiner Entrückung auf das Dach des Himmels, seiner Inspiration durch einen Perlenregen mit der Empfängnis in des Ohres Muschel und seinem dichterischen Verfahren des Bohrens der Perlen und ihrer mit Knoten abteilenden Reihung auf der Schnur des Glaubens.

Veranlassung der Aneinanderreihung der Perlen dieses Rosenkranzes.

An einem Abend, als die Nacht	*Ihr schwarzes Zelt schon ausgespannt,*
Woran die Sterne und die Schnuppen	*Als Gold und Silberpfähle glänzten,*
Und in dem moschusfarbnen Käficht	*Die Welt zu enge ward dem Herzen,*
Zerriß ich diesen engen Käficht	*Und setzt' den Fuß aufs Himmelsdach.*
Ich fand das Urbild dieser Welt	*Und der nachfolgenden Gedanken.*
Entschuldigung ward der Vernunft,	*Zu schwach dieß Alles auszumessen,*

59 Unten S. 265-268.

60 Mokri, Le symbole de la perle (wie Kap. 3, Anm. 93), S. 470.

61 Goethe, Noten und Abhandlungen zu besserem Verständnis des west-östlichen Divans, HA 2, S. 159 f., 162.

Denn Licht auf Licht erglänzte Weisheit,
Und Huld auf Huld entstiegen Wolken.
Sein Kiesel schließt Juwelen ein,
Und Seine Wolken regnen Perlen.
Es regnet deren auf mein Haupt
Mehr als zu sammeln ich vermag;
Ich klagte, daß von diesem Schatze
Kein Antheil mir verbleiben soll,
Ich macht' der Seele Ohr zur Muschel,
Und füllt' des Herzens Sack mit Perlen.
Die Perlen bohrte ich alsdann
Mit der Betrachtung Diamant,
Wie oft vom Morgen bis zum Abend,
Vom Abend bis zum Morgenroth!
Wie oft reiht' ich nicht Knot' an Knoten
Wie oft band ich nicht Schnür' an Schnüre
Zum Rosenkranz für die Gerechten,
Weßhalb ich so mein Werk genannt.
Die Heil'gen legten Hand daran,
Sie sangen: Herr, wir preisen dich!
Korallen aus dem Meer Vernunft,
Gesetze von des Himmels Tafel.
Der Faden formt den Kreis des Glaubens,
Er ist der Tocht der Wahrheitskerze,
Und jeder Knoten ist auf andre
Besondere Manier gefaßt.
Die Zahl derselben steigt auf vierzig,
Ein jeder bannt Unwissenheit.
So sind es vierzig Siegespforten
Den Weg zum Heiligsten eröffnend.[62]

Seinen Rosenkranz über alle Perlenschnüre stellend, denkt Dschami gar an einen Neid des Himmels, der den Rosenkranz der Plejaden in seinen Händen hält. Noch Jahrhunderte rühmt man Dichter von Perlenrosenkränzen,[63] und im Westen streben

62 Hammer, Geschichte der schönen Redekünste, S. 323. Die Gliederung des Werks in die vierzig Abschnitte, die sich mit Mystik, Moral, Erziehung, Religion, Staatsführung und den Tugenden befassen, S. 322f.

63 Ghalibdede aus Konstantinopel sagt von Weled, dem Sohn des berühmten Dschelaleddin Rumi:

Sultan Weled hat angereiht Die Perlen des Sinnes,
Er führte einen Rosenkranz Vom Herzen zum Herzen.

Im 18. Jahrhundert schließt ein Ghasel von Rahmi IV.:

Laß, Rahmi, nun als Rosenkranz die Verse fallen,
Und zieh' den Faden an jemenischer Korallen.

Hammer-Purgstall, Geschichte der Osmanischen Dichtkunst 4, S. 396 (Ghalibdede), S. 239 (Rahmi).

orientkundige Dichter noch des 19. Jahrhunderts ihnen nach. In seinem Sinnspruchwerk reiht Friedrich Rückert die im Einzelnen das Ganze zeigenden Epigramme auf den Rosenkranz seiner ›Weisheit des Brahmanen‹.[64] Die neunundneunzig Namen Allahs macht der englische Dichter, Journalist und Kenner Indiens und Japans Edwin Arnold (1832-1904), der wie ein Buddha-Epos ›The Light of Asia‹ auch ein Christusepos ›The Light of the World‹ geschrieben hat, zum Gegenstand einer dichterischen Huldigung auch an den Islam. Sein in Schottland »in der Denkart eines indischen Mohammedaners« geschriebener Zyklus von 99 Gedichten auf alle Namen Allahs erschien 1882 als ›Pearls of the Faith or Islam's Rosary being the Ninety-nine Beautiful Names of Allah‹.[65] Die Perlen meinen offenbar mehr als nur die neunundneunzig »beads of the rosary«[66] der Mohammedaner, doch wird ihr Sinn nicht expliziert. – Das Dichten von auf Rosenkränze gereihten Perlen blieb offenbar auf religiöse und philosophische Gegenstände beschränkt.

Sieht man vom arabischen und jüdischen Spanien im Mittel-

---

64 Rückert eröffnet die gut zweieinhalbtausend Verssprüche seiner ›Weisheit des Brahmanen‹ mit der Einführung des fiktiven indischen Brahmanen, der all seine Weisheiten im Buch der Natur gelesen habe und nun auf seinen Rosenkranz aufreihe, dessen Kügelchen hier freilich nicht wie üblich ›Perlen‹ heißen:

Ein indischer Brahman, geboren auf der Flur,
Der nichts gelesen als den Weda der Natur [...]
Er hat die Eigenheit, nur Einzelnes zu sehn,
Doch alles Einzelne als Ganzes zu verstehn.
Woran er immer nur sieht schimmern einen Glanz,
Wird ein Betkügelchen an seinem Rosenkranz.

Rückert, Ges. Poet. Werke (wie Kap. 1, Anm. 7), Bd. 8, S. 5.

65 Edwin Arnold, Poetical Works Containing The Light of Asia, The Indian Song of Songs, Pearls of the Faith, New York o. J., mit eigener Paginierung.

66 Die Vorrede nimmt mit diesem Terminus auf das islamische Rosenkranzbeten der 99 Namen Allahs Bezug (S. 3); der Koran heißt wiederholt »the Perspicuous Book« (S. 4, 66); der Schöpfer schuf »Coral and pearl« und andere Edelsteine (S. 20); der Schimmel von Mohammeds Himmelfahrt trägt Perlen und Smaragde in seinem Haar (S. 50).

alter ab, haben die gereihten Perlen als Dichtmetapher im Westen anscheinend erst im 18. Jahrhundert Aufnahme gefunden, wobei islamische Einwirkungen erst seit Herder auszumachen sind. Zu bemerken ist, daß vornehmlich dem Westen eigen die Vorstellung von der Perle als einem Augenblick der Zeit ist, so daß das Bild einer Schnur von Zeitperlen nur dort auf Dichterisches bezogen worden ist. Aus dem Orient weiß ich nur – und in westlicher Überlieferung – berichtet, daß die Inder die Perlen für etwas Himmlisches hielten und jeden glücklichen Tag, den sie erlebten, eine Perle nannten,[67] während aus der arabischen Dichtung ein Vers des Ebu Sad Manssur Ben Sehl el-Dschuni (11./12. Jh.) aus einem Gedicht über die von der Nacht auferlegte Trennung des Zusammenseins bei Tage zu nennen wäre: *Der Tage Reih'n sind Perlen zum Genuß, / Und in den Nächten senden wir euch Gruß.*[68]

Das Bild der Kette von Zeitperlen stammt vielleicht aus Johann Georg Hamanns ›Biblischen Betrachtungen‹ vom Jahr 1758, wo er feststellt: *Jeder Augenblick der Zeit ist vollkommen rund; daß eine Schnur aus denselben wird, hängt von dem Faden her, den die Vorsehung durch denselben gezogen und der ihm eine genaue Verbindung giebt, die unser schwaches Auge uns nicht beobachten läst. Dieser Faden macht den Zusammenhang der Augenblicke und Theile so fest und unauflöslich, so ineinander gewachsen, daß alles aus einem Stück besteht und zu bestehen scheint.*[69] Hamanns Vorstellung von den Augenblicken, die als Geschenk des *Herrn der Zeit* dank seiner Vorsehung ihre *Wichtigkeit* für uns gewinnen, hat zum Hintergrund wohl die englische Tradition der ›Occasional Meditations‹, die seit dem 17. Jahrhundert – am bekanntesten wurden die ›Occasional Meditations‹ des Bischofs Joseph Hall († 1656) – zur Be-

67 Lohenstein, Arminius (wie Kap. 4, Anm. 94), T. 2, S. 411: *weil die Indianer sie für was himmlisches hielten / und ieden glücklichen Tag mit einer Perle bezeichneten.*

68 Hammer-Purgstall, Literaturgeschichte der Araber 6, S. 1073.

69 Johann Georg Hamann, Sämtliche Werke, hg. v. Josef Nadler, Bd. 1, Wien 1949, S. 125 f.

trachtung der dem Menschen nach Gottes Willen zufallenden Augenblicke Anleitungen gaben. Hamann schrieb die ›Biblischen Betrachtungen‹ bei seinem Aufenthalt in London 1758.

In den an die englische Tradition der Occasional Meditations anknüpfenden ›Zufälligen Andachten‹ Christian Scrivers (1706) will die 22. Andacht über ›Die Perlen-Schnur‹, diese möge den Frauen allein zur gottseligen Erinnerung dienen. Wie die Muschel die Perle aus des Himmels Tau empfängt: *Also sollen unsere Hertzen begierig und offen seyn, den himmlischen Gnaden-Thau auffzufangen, wann derselbe bey der Predigt des Worts herunterfällt. Wie die Perlen an eine Schnur gezogen, und zum Schmuck umgebunden werden; So soll man die theuren Sprüche der Schrifft, die den Kern, Safft und Krafft der himmlischen Weißheit in sich haben, an der Schnur seines Gedächtnisses zusammen fassen, daß man im Leben und Sterben sich derselben bedienen könne.*[70] Die auf dem Faden des Gedächtnisses gereihten Perlen sind ins Wort oder Bild geprägte Zeitausschnitte. Als Perlen auf dieser Art Schnur betrachtet, sind die Episoden des Epos und die Gedichte des Zyklus als Glieder des Werks unter dem Aspekt der Zeit gesehen, insofern ihre endgültige Simultaneität in der Kette die Folge der Aufreihung des im Gang der Zeit einander Stück für Stück Gefolgten ist. Wie bloß für körnige Lockerheit der Ordnung als einen Zustand unter Absehung von seinem Zustandekommen kann die Rede von den gereihten Perlen um so eher auch für das in der Zeit Gewordene stehen, als die Perlenkette auch als Zeitmetapher dienen kann wie bei den Perlen auf dem Faden des Gedächtnisses. Die Metapher Perle für einen kleinen Zeitteil ist eine bedeutend-schöne Variante der vielgebrauchten Rede vom Zeittropfen, der nicht nur im Zeitenfluß oder -meer verrinnt oder den Stein aushöhlt, sondern den höchsten Wert der Zeit in sich

70 Christian Scriver, Gottholds zufälliger Andachten 400 bey Betrachtung mancherley Dinge der Kunst und Natur, Helmstädt 1706, S. 457f. Dazu Dietmar Peil, Zur ›angewandten Emblematik‹ in protestantischen Erbauungsbüchern. Dilherr – Arndt – Francisci – Scriver, Heidelberg 1978 (Beihefte zum Euphorion 11).

versammelt halten kann wie in dem Wort des Augustinus: *caro mihi valent stillae temporum*[71] (»Kostbar ist mir jeder Tropfen Zeit«). In Jean Pauls ›Schulmeisterlein Maria Wutz‹ wird diesem vom Erzähler zugerufen: *Schiffe fröhlich über deinen verdünstenden Tropfen Zeit, du kannst es; aber wir könnens nicht alle.*[72] Andere, konzentrierte Tropfen erfüllter Zeit sind Perlen Jean Pauls nach seinem Tod erschienene ›Selberlebensbeschreibung‹ gedenkt des Himmels des ersten Kusses: *es war eine Einzigperle von Minute, etwas, das nie da war, nie wiederkam; eine ganze sehnsüchtige Vergangenheit und Zukunft-Traum war in einen Augenblick zusammen eingepreßt; – und im Finstern hinter den geschloßnen Augen entfaltete sich das Feuerwerk des Lebens für* einen *Blick und war dahin. Aber ich hab' es doch nicht vergessen, das Unvergeßliche.*[73] Das Wort Einzigperle kommt vom lateinischen *unio* ›Perle‹ und dem darauf gegründeten Glauben, die Muschel bringe nur eine Perle hervor.[74] In einem Ghasel des Ghalibdede aus Konstantinopel († 1795) auf den Reigen heißt es: *Perlen wirft die Zeit aus in den Reigen.*[75] In Gottfried Kellers Gedicht ›Die Zeit geht nicht‹ steht diese Strophe:

Es blitzt ein Tropfen Morgentau
Im Strahl des Sonnenlichts –

---

71 Confessiones XI 2,2.

72 Jean Paul, SW 1, S. 453. Als Zeittropfen sieht George Herbert († 1633) die wie eine Wasseruhr tropfenden Tränen über den jeden Tag von uns gestorbenen und doch überlebten Tod, insofern unser Gestern stets in unserem Heute starb (Lucus Nr. 23 ›Consolatio‹):

5 *Viuimus in praesens: hesternam viuere vitam*
Nemo potest: hodie vita sepulta prior
[...]
9 *Dum lacrymas, it vita: tuus tibi clepsydra fletus,*
Et numerat mortes singula gutta pares.

The Works of George Herbert. Edited with a Commentary by F. E. Hutchinson, Oxford 1941, S. 415.

73 Jean Paul, SW 6, S. 1099, vgl. S. 128.

74 Dazu unten S. 334.

75 Hammer-Purgstall, Geschichte der Osmanischen Dichtkunst 4, S. 392.

Ein Tag kann eine Perle sein
Und hundert Jahre – Nichts![76]

Oder, mit Umhängung der Schnur aus der Vergangenheit in die Zukunft, im ›Grünen Heinrich‹ beim Aufbruch von der Mutter zu einer Schülerunternehmung über Pfingsten: *da vergaß ich alles und lebte nur dem Augenblicke, welcher, Perle für Perle, von der glänzenden Schnur der nächsten Erwartung fiel.*[77] Da Gottfried Keller mit den Schriften Ludwig Feuerbachs vertraut war, könnte er die Anregung zur Perle als Augenblicks-Metapher von diesem empfangen haben.[78] Im frühen Aufschwung

76 Keller, Sämtliche Werke (wie Kap. 4, Anm. 107), Bd. 3, S. 260. Das Gedicht entstand 1849. Zur Entrückung aus der Zeit im Augenblick der Ewigkeit von Glück Paula Ritzler, ›Ein Tag kann eine Perle sein.‹ Über das Wesen des Glücks bei Gottfried Keller, in: Gottfried Keller-Gesellschaft. Vierzigster Jahresbericht 1971, Zürich 1972, S. 3-19.

77 Keller, Sämtliche Werke, Bd. 1, S. 145.

78 Feuerbach schreibt in den ›Gedanken über Tod und Unsterblichkeit‹ (1830) über das individuelle Selbstbewußtsein allein aus dem Empfinden (Ludwig Feuerbach, Sämtliche Werke, hg. v. Wilhelm Bolin und Friedrich Jodl, Bd. 11, hg. v. Hans-Martin Sass, Neudruck Stuttgart-Bad Cannstadt 1962, S. 127f.): *Aber von der Empfindung ist die Zeit unabsonderlich; wo kein Jetzt, da ist auch keine Empfindung; ich empfinde nur dadurch, daß ich in diesem verschwindenden Jetzt, in diesem vergänglichen Augenblick empfinde [...] Man stellt sich die Zeit nur unter der Dimension der Länge als eine ununterbrochene fortfließende Linie vor; aber den ausschließenden Augenblick kann man sich, als ein Begränztes und Geschloßnes, vorstellen, gleichsam wie eine Perle, einen Wassertropfen, der in seiner Absonderung von dem ununterbrochnen Fluß die Gestalt der Kugel annimmt. Ich empfinde nur dadurch, daß ich gleichsam aus dem an sich gleichen und ununterbrochenen Fluß der Zeit die Perle des Augenblicks absondere, und in den engen Raum desselben mein Sein zusammenfassend einschließe [...] ich fühle eben nur dadurch, daß mein ganzes Sein gesammelt gleichsam, getrieben und gedrängt ist in einen einzelnen Zeitpunkt, daß in einem Jetzt mein ganzes Sein geeint, und in dieser Sammlung gegenwärtig ist.* Es folgt die Brennglasmetapher: *so entsteht nur durch die Zusammendrängung meines ganzen Seins auf den Brennpunkt eines Augenblicks in mir das Feuer der Empfindung*. So auch S. 282: *Vom Brennglase der Zeit zusammengedrängt auf die Erde / Wird das himmlische Licht Feuer des Lebens allein.*

der Liebe erinnert Clemens Brentano Luise Hensel an eine unvergeßliche Stunde: *Nur solche Momente hat man wirklich erlebt, alles andere ist ein Strom, in dem wir schwimmen; dies aber sind die Perlen, die Muscheln, die Fische, die Wasserblumen.*[79]

Die Zeitperle findet sich noch einmal in Friedrich Georg Jüngers Gedichtzyklus ›Die Perlenschnur‹[80] – *Kyklos! Kyklos!*[81] heißt ein Vers und *Wiederkehr! Wiederkehr!*[82] antwortet ein anderer –, der der Grazie huldigt, an der die Notwendigkeit nicht sichtbar wird, als ob es sie nicht gäbe, auch im tanzartigen Gang der Zeit, für den die Horen als *des Zeitlaufs Mädchen* stehen:

Lieblich allein ist das Flüchtige,
Ist des Flüchtigen Wiederkehr.
Flaum und Hauch und Tau
Und ein Husch und im Nu und des Lichtes
Glanz und Duft und die Wiederkehr.
Die Anmut ist wie ein Blitz, der durchs Gras geht,
Und wenn die Horen tanzen, entfliehn sie.
Halte sie nicht! Du kannst sie nicht halten.
Des Jahres Schnur – ein Perlenspiel,
Das durch der Jungfrauen Hände geht.[83]

Das Versprechen der Wiederkehr der Zeitperle im mythischen Perlenspiel-Reigen der Horen-Jungfrauen verwandelt das ehern Notwendige des Fortganges der Zeit im Spiel, das es in ein Vertrauen öffnet auf das fortan Bewahrtbleiben der Lebensbewegung im Mit- und Ausschreiten der Tanzfigur der Horen.

Hier ist kein Anfang mehr,
Hier hört nichts auf.[84]

---

79 Brief vom Januar 1817, in: Clemens Brentano, Dichter über ihre Dichtungen, hg. v. W. Vortriede und G. Bartenschlager, München 1970, S. 44.
80 Friedrich Georg Jünger, Ring der Jahre. Gedichte, Frankfurt am Main 1954, S. 141-174.
81 Ebd., S. 146.
82 Ebd., S. 149.
83 Ebd., S. 144 f. Der Zyklus erschien 1947. Ende 1943 war Hermann Hesses ›Glasperlenspiel‹ in Zürich erschienen, daher das Wort Perlenspiel?
84 Ebd., S. 146.

Wird eine Folge der Zeitperlen Gegenstand einer Erzählung, erscheint die Geschichte als ein Perlenbach. Hier ist die Zeitperle wohl auch ein Tropfen im Bach der Zeit. Doch ist zu bedenken, daß Perlenbäche die Perlen führenden Flüßchen und Bäche verschiedener Gegenden in Deutschland hießen, in denen die Landesherren für ihre Staatskasse Perlenfischerei betrieben.[85] In Jean Pauls ›Titan‹ offenbart Liane sich der Mutter; sie spricht über ihre Liebe zu Albano: *Sie führte, so weit sie nur konnte, die Mutter den reinen, lichten Perlenbach ihrer Geschichte und Liebe hinauf und sagte alles, was wir wissen.*[86] Wir wissen es aus anderer Perspektive. Die Liebende lebte Perlen der Zeit, während das Unwetter der Verschwörung gegen sie sich schon zusammenbraute. Wieder im Gespräch mit ihrer Mutter gebraucht Liane in der Rückschau auf ihre Liebe zu Albano selbst die Perlenmetapher für die Zeit: *sie malte ihr Albanos glühendes, großes Herz, und wie er die Opfer verdiene und die ›Perlenstunden‹, die sie zusammen gelebt. ›Im Grunde ist‹ (sagte sie heiter, aber so, daß dem Zuhörer Tränen ankamen) ›ja nichts davon vorbei, Erinnerungen dauern länger als die Gegenwart, wie ich Blüten viele Jahre konservieret habe, aber keine*

85 Den Absolutismus durch Aufreihung von Beispielen für Absurditäten im Herrschaftsrecht, wo Harmloses verpönt und Schlimmes die Regel ist, verurteilend, sagt Jean Paul im ›Kampanertal‹ zum siebten Gebot: *Kein Graf, der die Perlenbäche seiner Grafschaft durch einen Kniegalgen zu Regalien erklären kann und soll, kann doch die elendeste Perlenschnur einer Hofdame zerreißen und einige davon als Perlenfänger in seine Tasche laufen lassen;* sw 4, S. 679. Nicht so zu verstehen ist der Perlenbach im ›Jubelsenior‹: *Welchen schönen Perlenbach von Freudentränen sieht jetzt der glückliche Genius der Erde unter Nachtigallentönen und Freudenfesten niederfallen!* Ebd., S. 555.

86 Ebd. 3, S. 407. Am 3. September 1796 schrieb Jean Paul an Juliane von Krüdener im Gedenken an eine Stunde: *Wie ein Perlenbach rinnt die Rede klar und ohne Wellen aus Ihrem sanften Herzen und die Thränen, die die Vorsehung hineingeworfen, schimmern darin in liegende Perlen verwandelt. Die glänzende Stunde wird noch weit ihren Wiederschein werfen, auf manche Stunde* (Jean Paul, Sämtliche Werke. Historisch-kritische Ausgabe, Abt. 3, Bd. 2 (Briefe 1794-1797), Berlin 1958, S. 240).

Früchte‹.[87] Die einst im überraschenden Erfahren des glücklichen Augenblicks gelebte Perlenstunde gewann Dauer durch Unvergeßbarkeit. Vorher, als Albano um Liane seinen ersten Schmerz in der Welt leidet und, nach einem Weinen, in das zauberische Land hinaustritt, das ihn sonst aufs Höchste erhoben hätte, heißt es: *Hier auf diesem sonst seligen Boden sah er die zerrissene, zertretene Perlenschnur seiner künftigen Tage liegen. ›O, wie wir an diesem Abende hätten selig sein können!‹ dacht' er.*[88]

Das Zerreißen der Perlenschnur zeigt den Bruch der auf Dauer angelegten Liebe an, deren kostbar gelebte Stunden kostbare im Kommenden verhießen. Mächtige Einwirkung von außen – das Zertreten der Perlen im ›Titan‹ – oder eine die Aussicht auf Dauer verschleißende Ermüdung kann die Kette der Verbundenheit zum Reißen bringen, wenn die mit Unruhe Erwartete ausbleibt, wie in einem größeren Fragment von Rilke:

Perlen entrollen. Weh, riß eine der Schnüre?
Aber was hülf es, reih ich sie wieder: du fehlst mir,
starke Schließe, die sie verhielte, Geliebte.

War es nicht Zeit?[89]

Wo im Orient selten genug von einer Schnur ablaufende Perlen ins Spiel gebracht werden, hat es mit ihnen eine harmlose Bewandtnis, wie wenn die von dem Mund der Schönen rinnenden Worte als von der Kette ablaufende Perlen gesehen werden, so bei dem arabischen Wesir in Andalusien Dschafer Ben Osman el-Masshafi (10. Jh.), der dabei wiederum wie andere oft die Wort- und Zahnperlen zusammensieht:

Sie sprach, ich dacht', von ihrem Halsband' fallen
Die Worte als die Perlen und Korallen;

---

87 Jean Paul, SW 3, S. 451.
88 Ebd., S. 438.
89 Rainer Maria Rilke, Sämtliche Werke, besorgt durch Ernst Zinn, Bd. 2, Wiesbaden 1963, S. 42 f.

Sie lachte, und da schien es wieder mir,
Als wären Perlen ihrer Zähne Zier.[90]

Friedrich Bodenstedt († 1892), als Übersetzer des Omar Chajjâm und des Hafis mit der persischen Literatur vertraut, vermochte dem Motiv noch einmal Neues abzugewinnen. Er widmete ihm ein eigenes Gedicht und deutete die Schnur auf die Geliebte, an der all sein Dichten hängt. Wie die Geliebte, wenn auch nicht unbedingt jedes Gedicht anregend und empfangend, doch als der Zusammenhang des ganzen Schaffens ihm scheint, erfährt das früher objektiver von dem Erfordernis des Werks oder von dem Vorgehen des Künstlers her gesehene Motiv eine Wendung ins Subjektive und Vergängliche, dem das Werk sich überantwortet, wo es dem eigenen Formzusammenhang nicht mehr vertraut.

O, sieh die Perlen auf der Schnur,
In lichtem funkelndem Gestrahl –
Zerreiß das seidne Fädchen nur:
Die Perlen fallen allzumal!

Du siehst sie fallen, suche nur
Und sammle sie mit ems'ger Hand –
Zerrissen ist die seidne Schnur,
Die alle schön zusammenband. –

Und was in meinen Liedern klingt,
Und meine ganze Herzenswelt:
Du bist's, um die sich Alles schlingt,
Die Alles schön zusammenhält.

O halte fest, zerreiße nicht!
Die Perlen fallen mit der Schnur –
Und nur durch dich lebt mein Gedicht,
Und auch durch dich ich selber nur![91]

90 Hammer-Purgstall, Literaturgeschichte der Araber 5, S. 805.
91 Friedrich Bodenstedt, Gesammelte Schriften in 12 Bänden, Bd. 9 (Alte und neue Gedichte, Bd. 1), Berlin 1867, S. 210.

Das Reißen der Perlenschnur – vor Jean Paul anscheinend dichterisch nicht gegeben – zeigt eine Krise des Vertrauens in die Erfahrung des Gefühls an, die eine Verstörung auch der Zeiterfahrung nach sich zieht, wo immer die *Schnur* des *Gedächtnisses* oder die glänzende *Schnur der nächsten Erwartung*, das Eingebundensein der kostbaren Perlen des Augenblicks in eine einheitliche Zeit und Form sich auflöst. Die Zeitperlen in der Perlenschnur des dichterischen Zusammenhangs (Lianes lichter *Perlenbach ihrer Geschichte und Liebe*) entrollen mit dem Bruch des Vertrauens in die Liebe und damit in die Geschichte.[92] Es ist das Thema auch des Chorgesangs der in ›Wilhelm Meisters Wanderjahre‹ als »das Band« begriffenen Gemeinschaft mit der unheimlich Gewesenes und Kommendes ins Auge fassenden Strophe:

›Denn die Bande sind zerrissen,
Das Vertrauen ist verletzt;
Kann ich sagen, kann ich wissen,
Welchem Zufall ausgesetzt
Ich nun scheiden, ich nun wandern,
Wie die Witwe trauervoll,
Statt dem einen mit dem andern
Fort und fort mich wenden soll!‹[93]

Von gespenstischer Unheimlichkeit ist die Szene in der Mummenschanz von ›Faust II‹, wenn der Knabe Lenker als Verkörperung der sich verschwendenden Poesie seine Gaben als Juwelen unter die Hofgesellschaft ausschnippt und dabei auch ruft: *›Da springt eine Perlenschnur hervor!‹* Damit ist Poesie

92 Zum dichterischen Vorgehen Wolframs von Eschenbach, der im ›Parzival‹ seinen mit der Abkehr von Gott für Jahre aus allem Bewußtsein von der Zeit gefallenen Helden durch Trevrizent in die Geschichte – des Kirchenjahrs, der Familie, des Grals, des Heiles, seiner selbst – und damit zu Gott zurückführt, vgl. Friedrich Ohly, Cor amantis non angustum, in: F.O., Schriften zur mittelalterlichen Bedeutungsforschung, Darmstadt 1977, hier S. 153 f.
93 HA 8, S. 317.

gemeint.[94] Dem in der Menge Haschenden aber, der das zum Greifen ihm metaphorisch Hingezauberte mißverstehend konkretisiert, verwandelt, da er *der Schale Wesen* nicht ergründet, das Ergriffene sich in der Hand zu einem ihn verstörenden Unwert:

Es löst sich auf das Perlenband,
Ihm krabbeln Käfer in der Hand,
Er wirft sie weg, der arme Tropf,
Und sie umsummen ihm den Kopf.[95]

In einer poetologischen Abhandlung ›Berechnungen I‹ spricht Arno Schmidt über die Aufgabe des Autors, aus dem *persönlich-gemütlichen Halbchaos* von Kleinbruchstücken im Prozeß des Sich-Erinnerns *eine klare gegliederte Kette zu bilden.* Das Muster liefert ihm die bekannte Selbstbiographie von Kügelgen, *weil sein unvergleichliches Malerauge [. . .] diese Perlenschnur von Miniaturen aneinanderreihte; und er vor allem ehrlich genug war, auch äußerlich lauter kleinste Abschnitte zu machen.* Arno Schmidt experimentiert damit, das *Kristallgitter* der betreffenden Erinnerung sichtbar zu machen, ohne die damalige Bildintensität der Wahrnehmung zu schwächen: *im Leser würde theoretisch solchermaßen zwangsweise die* Illusion eigener Erinnerung *suggestiv erzeugt werden!*[96] Schmidt leugnet die Einheit des epischen Flusses einer fortlaufenden Handlung, ja eines Kontinuums überhaupt: *Es gibt diesen epischen Fluß, auch der Gegenwart, gar nicht. Jeder vergleiche sein eigenes beschädigtes Tagesmosaik! Die Ereignisse unseres Lebens springen vielmehr. Auf dem Bindfaden der Bedeutungslosigkeit, der allgegenwärtigen langen Weile, ist die Perlenkette kleiner Erlebniseinheiten, innerer und äußerer, aufgereiht. Von Mitternacht zu Mitternacht ist gar nicht ›1 Tag‹, sondern ›1440 Minu-*

94 HA 3, S. 174, v. 5584; Werner Keller, Goethes dichterische Bildlichkeit, München 1972, S. 87.
95 Ebd., v. 5598-5601.
96 Berechnungen I; Arno Schmidt, Rosen & Porree, Karlsruhe 1959, S. 283-292, hier S. 285 f.

ten‹ (und von diesen wiederum sind höchstens 50 belangvoll!). Aus dieser porösen Struktur auch unserer Gegenwartsempfindung ergibt sich ein löcheriges Dasein [...] Eben dafür, daß unser Gedächtnis, ein mitleidiges Sieb, so Vieles durchfallen läßt, ist meine Prosa der sparsam-reinliche Ausdruck.[97] Gemessen an Jean Pauls oder Gottfried Kellers Zeitperlen, den hochkarätigen Konzentraten überaugenblicklich gültiger, Ewigkeit an sich ziehender Erfahrungen, haben Arno Schmidts Ketten von Zeitperlen auf dem Bindfaden der Bedeutungslosigkeit eine inflationäre Abwertung erlitten, aus der durch Siebung des Bemerkens und des Gedächtnisses überhaupt Wertes zur Bewahrung in Texten auszulesen, ein nüchterneres, von den Abläufen der Gehirnbiologie des Sich-Erinnerns mitbedingtes Unterfangen ist.

Als Bild für Natürliches wie Tau und Regen, für die Tränen oder Zahnreihen, für das ein Leben Zusammenhaltende, die Seele und die Liebe, fand die Perlenkettenmetapher Anwendung auf heimisch Vertrautes bis ins Innerliche, ohne daß ihr Kunstcharakter aktualisiert worden wäre wie bei der Rede von Dichtungen als Halsband oder Perlenreihe, welche die Kunstgestalt eines Schmucks und auch seine Bestimmung zum Geschenk heraushebt. Erweitert wird der Horizont ins Kosmische, wenn Konstellationen des Himmels wie die Plejaden als Perlenschnur gesehen werden. So schon im Orient, etwa bei Nizami, wo es in ›Die sieben Geschichten der sieben Prinzessinnen‹ (1197) heißt: »Es dämmerte, aber noch waren die Perlenschnüre der Sterne nicht dünner geworden«.[98] Und der unersättliche Hafis brachte es im sich selbst erhebenden Gedichtschluß fertig, sich zu denken, wie der Himmel seine gereihten Reime mit dem Perlenband der Plejaden belohnen werde:

Ghaselen sangst du, Hafis, Perlen
hast du gereiht. Komm, singe froh!

---

97 Ebd., S. 290f.

98 Nizami, Die sieben Geschichten der sieben Prinzessinnen (wie Kap. 1, Anm. 46), S. 46.

Auf dein Gebinde streut bewundernd
der Himmel der Plejaden Band.[99]

Im Westen findet sich das Bild dann bei Jean Paul. Er träumt davon, daß *vollends die Planeten an eine Perlenschnur gefädelt und einander genähert* wären *[...], und der unersättliche innere Mensch würde sich, eben weil der äußere so sehr ersättlich ist, von einer Kugel zur andern sehnen und begeben.*[100] Ohne solches Herzverlangen sieht in ›Des Luftschiffers Gianozzo Seebuch‹ der Ballonfahrer die *Paternosterschnuren von Welten* über sich.[101]

Mit dem auch sonst gelegentlich bezeugten Bild[102] hat es eine

99 Hafis, Diwan, hg. Bürgel (wie Kap. 7, Anm. 37), S. 68. Hammer übersetzt die Verse:
Lieder hast du gesungen Hafis, und Perlen gebohret,
Werth, daß Pleiaden der Himmel verstreue.
und bemerkt dazu: *Hier vergleicht Hafis seine Verse mit Perlen, die er durchbohret, um sie an der goldnen Schnur des Liedes anzureihen, auch die Pleiaden sind Perlen, Perlen des Himmels, aber höchstens gut genug um auf die Perlen des Liedes ausgestreut zu werden* (Hafis, Diwan 1, S. 15).

100 Das Kampaner Tal (1797); Jean Paul, sw 4, S. 586.

101 Komischer Anhang zum Titan; ebd. 3, S. 961.

102 Des Matthias Claudius Gedicht ›Die Sternseherin Lise‹ sagt von den Sternen:
Sie gehn da, hin und her zerstreut
Als Lämmer auf der Flur;
In Rudeln auch, und aufgereiht
Wie Perlen an der Schnur.
Matthias Claudius, Sämtliche Werke, hg. v. Jost Perfahl u. a., München 1968, S. 595. Friedrich Klinkhart, Die Edelsteine und insbesondere der Diamant im Spiegel der Poesie, Zeitschrift für den deutschen Unterricht 19 (1905), S. 440-447, hier S. 444, zitiert eine Strophe aus den ›Wilden Rosen‹ Saphirs:
Holde Nacht, du Mohrenfürstin,
Hast um Hals und Haar und Wangen
Tausend Sterne, wie die Perlen
Und wie Diamanten, hangen.
Die Metapher ist hier dahin erweitert, daß das Sternengeschmeide von der Nacht als Frau getragen wird. – Heinrich Heine scheint sie dementieren zu wollen in seinem Gedicht ›Kluge Sterne‹. Er lobt die Sterne, weil sie sich in Entrückung halten. Denn die Blumen zertritt der Fuß, und die Perlen,

poetologische Bewandtnis bei Friedrich Rückert, dem es sicher im Orient begegnet war. Sein Zyklus ›Angereihte Perlen‹,[103] eine Kette von achtzig Sinnsprüchen in der Form des Cherubinischen Wandersmanns des Angelus Silesius, sprengt, obgleich traditionsgemäß sich anlassend, doch den Bildbereich des Juweliers in seiner Werkstatt in einer nur im Schlußspruch angezeigten Richtung:

Die Liebe, die zum Kranz am Himmel reiht Plejaden,
Hält diese Perlen auch am unsichtbaren Faden.

In der Sammlung ›Bausteine zu einem Pantheon‹ stehen neben den ›Angereihten Perlen‹ Gedichte, welche die Edelsteinreihen und Perlenketten, die der Dichter nachschafft, als die vom Schöpfer im Kosmos aufgehängten Ketten der Gestirne und der Welten zeigen. Die Terzinendichtung ›Edelstein und Perle‹ (1817)[104] verbindet in beiden Himmlisches und Irdisches, und der Engel spricht:

Ich selb auch halte jene Kette nur,
Wo Stern an Stern, statt Edelsteine pranget.
Ich selber auch entfalte jene Schnur,

Die Perlen ruhn in Meerestruhn,
Doch weiß man sie aufzuspüren;
Man bohrt ein Loch und spannt sie ins Joch,
Ins Joch von seidenen Schnüren.

Heine, hg. Briegleb, Bd. 4, S. 409, aus dem Zyklus ›Zur Ollea‹ in ›Neue Gedichte‹. Allein zu stehen scheint mir Heine mit der Vorstellung, es sei der Reim der Faden, auf dem sich Perlenverse reihten. Er sah den jüdischen Spanier Jehuda al-Levi im 12. Jahrhundert in seiner Geschichtsklage über den Untergang Jerusalems seine Tränenperlen dichten (ebd., Bd. 6,1, S. 146; vgl. oben S. 126):

Perlentränen, die verbunden
Durch des Reimes goldnen Faden,
Aus der Dichtkunst güldnen Schmiede
Als ein Lied hervorgegangen.

103 Friedrich Rückert, Gesammelte Gedichte, Erlangen ²1836, S. 22-26.

104 Ebd., S. 135-179.

An der als Perlen Welten hangen, alle
Entnommen aus der Muschel der Natur.[105]

Des Dichters Gebet im Gedicht ›Zum Anfang‹ zeigt das Bild der Gemeinschaft mit der alten Gewebemetapher assoziativ verbunden:

Eine Reihe Lobgesanges, Dankgebet's ein Faden,
Zieht sich hin vom Duft des Abends zu des Morgens Scheine.
Eine Schnur, woran geordnet dir zum Preise hangen
Aller Himmel Sterne, samt den Blüten aller Haine.
Eine Schnur, woran das Meer die Perlen seiner Andacht,
Und der Erdgrund reihet seiner Inbrunst Edelsteine.
Gib, daß in das Lobgeweb', das neu die Schöpfung täglich
Dir aus tausend Fäden wirkt, ich wirken dürf' auch meine![106]

Gerichtet an den *Geist der Liebe, Weltenseele, Vaterohr*, verbindet dies Gebet den Makro- und den Mikrokosmos, die Stimme des Dichters und der Dichter aller Zeiten, zu einem hymnischen Gewoge. Solche Nachbargedichte erwecken bei dem Titel ›Angereihte Perlen‹ kosmische Assoziationen und Erinnerungen an die dem 17. und 18. Jahrhundert vertrauten Bildkonzepte der aurea catena Homeri und der Verkettung aller Dinge. Hier tut der Perlen aufreihende Dichter es dem Weltenschöpfer, nicht dem Juwelier in seiner Werkstatt nach. Ins schweigend Handwerkliche des Ordnens von je in sich vollkommen Gegebenem zum Ganzen bricht hier der psalmodierende Ton einer weltfrommen Aufregung im Nachschaffen der Schöpfung, das in so kosmischem Bezug kaum je im Orient und auch im Westen nicht gesehen wurde.

105 Ebd., S. 173.
106 Ebd., S. 5. Wollte man vom berühmten Dichter-Siebengestirn im Frankreich des 16. Jahrhunderts ›La Pléjade‹ sagen, diese literarische Wirk- und Zielgemeinschaft habe der Faden des einigenden Bestrebens mit den Perlen des Gelingens ihrer Kunstwerke zu einer Plejaden-Perlenschnur verbunden, kränkte man vielleicht das Selbstgefühl dieser Großen, die in Freiheit nebeneinander als Sternbild leuchteten. Noch Gobineaus Roman mit dem Titel ›Les Pléjades‹ (1874) hegte elitäre Vorstellungen.

Halsband- und Perlenschnur-Buchtitel gab es im Nahen und Mittleren Orient sowie im arabischen Spanien von mindestens dem 10. Jahrhundert an bis in die Neuzeit. Einige, die mir begegneten, liste ich hier auf:

›Das einzigartige Halsband‹ heißt eine in Cordoba entstandene Anthologie der arabischen Literatur des Ostens, die von Ibn Abd Rabbih al-Andalusi (860-940) geschrieben wurde.[107]

›Die Perlenschnur‹ heißt das arabisch-christliche Geschichtswerk des Patriarchen von Alexandrien Eutychios († 940) mit dem arabischen Namen Said ibn Bitriq, der ein großangelegtes, Profan- und Kirchengeschichte umfassendes Annalenwerk nach dem Muster der byzantinischen Chronographie, eine Weltchronik von der Erschaffung der Welt bis zum Jahr 938, verfaßte.[108]

›Der Juwelenknoten‹ heißt das einzelne, Bücher der Monographen in ein großes Ganzes vereinende Werk des spanischen Dichters Ibn Abd rebbihi († 951).[109]

›Das mit Edelsteinen und Perlen wechselweise besetzte Halsband‹, eine Abhandlung über Stilfragen der Dichtung, verfaßte der Geschichtsschreiber el-Morsebani († 988).[110]

›Das Buch der Halsbänder und einzigen Perlen‹ wird dem Geschichtsschreiber Ibnol-Kufi, desgleichen einem Philologen Ibnol-Kufi († 959) zugeschrieben.[111]

Ein ›Buch der einzigen Perlen und der Halsbänder‹ hinterließ der dichtende und gelehrte Fürst von Dschurdschan und Thaberistan Kabus Ben Weschmgir († 1012), eine Sammlung von Weisheitssprüchen über die Regierungskunst und Herrscherethik für Könige.[112]

›Gereihte Perlen des Wahrheitsschatzes‹ sind ein Verswerk des persischen Dichters Naßir Chosru aus Isphahan († 1039).[113]

---

107 KLL 11, S. 4876 f.
›Die Perlenschnur‹, das vieraktige Schauspiel ›Ratnavali‹ des indischen Kaisers Harsa Siladitya (reg. 606-647) trägt seinen Titel nach dem Namen der Hauptheldin und der in ihrem Besitz befindlichen Perlenkette; KLL 18, S. 8023.

108 KLL 15, S. 6653.

109 Hammer-Purgstall, Literaturgeschichte der Araber 4, S. 14.

110 Ebd. 5, S. 518.

111 Ebd., S. 534, 545.

112 Ebd., S. 71.

113 Hammer, Geschichte der schönen Redekünste, S. 43.

›Die Reihe der Juwelen in der Sendschreibensammlung Ibn Thahirs‹ verfaßte der andalusische Geschichtsschreiber Ibn Besam († 1147).[114]

›Perlen- und Korallenschnur‹, eine Fortsetzung zweier älterer biographischer Werke, schrieb der Geschichtsschreiber Ebu Amru Ibnol-Imam (um 1155).[115]

›Die Perlen des Halsbandes und die Stirnenhaare der Nutzen‹ sind ein Geschichtswerk des spanischen Geschichtsschreibers und Philologen Mohammed Ben Ahmed es-Solemi († um 1161).[116]

›Die wohlgeordneten Perlen in der Geschichte von Andalus‹ sind ein historisches Werk des Geschichtsschreibers Mohammed Ben Ali Ben Mohammed el-Hamadani aus Cadix († 1199).[117]

›Gereihte Korallen in der Klage über die Brüder der Zeit‹ verfaßte der andalusische Dichter und Reisebeschreiber Mohammed († 1213).[118]

Gefaßt in Perlenschnur und in Rubinen, / Sind selbe als das Blut Osman's erschienen, so schrieb Mohammed Ben Abdolasis († 1221), als der mit der eigenen Hand des Chalifen Osman geschriebene und mit seinem Blut besprengte Koran freigegeben wurde.[119]

›Die wohlgereihten Perlen in Anordnung der Poesie‹ hinterließ neben einem Diwan der Dichter und Grammatiker Ali Ben Ismail Ben Ibrahim Ibn Dschobbaret es-Sachaiw († 1234).[120]

Das ›Buch des Perlenanreihers‹ ist ein zehnbändiger Kommentar zu den beiden großen arabischen Dichtern Ebu Temmam und Motenebbi von dem vielseitig gebildeten Kammerpräsidenten von Irbil, Ebul Berekat Mobarek († 1239).[121]

›Die Anreihung der Perlen in dem Unterschiede des Moslim und Bochari‹ verfaßte der andalusische Botaniker Ahmed Ibner-Rumijet († 1239).[122]

›Perlen der Halsbänder und Stirnenhaare der Nutzanwendungen‹ heißt eine spanische Geschichte von el-Emir es-Selam († im 13. Jh.).[123]

›Verstreute Perlen‹ und ›Juwelenreihen‹ werden genannt unter den Werken des Mir Alischir in Persien (15. Jh.).[124]

---

114 Hammer-Purgstall, Literaturgeschichte der Araber 7, S. 843.
115 Ebd., S. 687.
116 Ebd., S. 747.
117 Ebd., S. 701.
118 Ebd., S. 481.
119 Ebd., S. 246.
120 Ebd., S. 613.
121 Ebd., S. 718.
122 Ebd., S. 562.
123 Ebd., S. 729.
124 Hammer, Geschichte der schönen Redekünste, S. 311.

›Die goldene Kette‹ heißt eines der sieben Bücher in der ›Heerwagen‹-Sammlung[125] von Werken des Dschami († 1492).[126]

›Die Perlen der einzigen Juwelenknoten in den nützlichen Lebensbeschreibungen berühmter Männer‹ sind drei Bände mit Lebensbeschreibungen von Zeitgenossen, verfaßt von Takijeddin Ahmed B. Ali el-Makrisi († 1441).[127]

Die ›Reihe von Goldperlen über die Beaugenscheinigung der berühmten Männer‹ sind Lebensbeschreibungen von dem Scheich Deschelaleddin Sojuthi († 1505).[128]

›Die Juwelenschnur‹, das gereimte Glossar des Chodscha Aini von Aintab (türkisch, arabisch und persisch) erschien 1834.[129]

Die hier gereihten und die vorher schon vorgekommenen Werktitel dieser Art sind sicher nur ein Teil des – orientalischen Traditionskonstanten gemäß – über tausend Jahre hin Überlieferten. Diese wurden vorwiegend anthologieartigen oder ein Ganzes überschauenden Sammelwerken vorangestellt, Blütenlesen aus der Dichtung, Werken der Philologie und der Geschichte, Zyklen von Lebensbeschreibungen und Weisheitslehren. Literarische Einzelwerke tragen den Titel selten, während den Dichtern die Anwendung der Perlenschnurmetapher auf Stil- und Formqualitäten ihrer eigenen und fremder Dichtungen sonst durchaus geläufig ist.

Eine Übernahme der Halsband- oder Perlenschnurmetapher für Dichtung ist im christlichen Westen in den früheren Zeiten offenbar nicht geschehen. Nur auf ein bisher unbegriffenes Phänomen vermöchte bei Kenntnis der orientalischen Tradition vielleicht ein Licht zu fallen, wenn man bedenkt, daß Wolfram von Eschenbach und der ihn ausdichtende ›Jüngere Titurel‹ (um 1260-1275) eine bedeutende Lehre der rechten Lebensführung als auf dem ›Brackenseil‹, das heißt dem mit Perlen und Edelsteinen besetzten Halsband und der gleich kostba-

125 Ebd., S. 314; KLL 20, S. 8593 f.
126 Zu ihm oben S. 252.
127 Hammer-Purgstall, Literaturgeschichte der Araber 1, S. CL.
128 Ebd.
129 Hammer-Purgstall, Geschichte der Osmanischen Dichtkunst 4, S. 600.

ren Leine eines Spürhunds aufgezeichnet vorführen. Die Perlen und die Edelsteine des Halsbands und der Leine sind konkretisierte Metaphern für die auch inschriftlich auf dem Band stehenden Tugendlehren.[130] Aus dem Orient kommende Motive und deren frappierende Abwandlungen sind bei Wolfram von Eschenbach heute nicht mehr eine Überraschung.[131]

Das Konzept der gereihten Dichtperlen ist sonst im Abendland wohl erst im 18. Jahrhundert offenbar als aus dem Orient neu aufgenommenes Bildungsgut in einen literarischen Verkehr gekommen, wobei die dichterische Verwendung hinter seinem literaturkritisch-gelehrten Gebrauch durchaus zurücksteht, der hier zuerst betrachtet sei. Wie kein anderer im Deutschland des 18. Jahrhunderts den Orient ins dichtungsgeschichtliche Bewußtsein einbringend, bezeichnet Herder, über Länder und Zeiten hindenkend, den Stil eines alten Buches der hebräischen Poesie mit einer aus ihrer Welt genommenen Metapher. In seinem Dialog über das Buch Hiob antwortet Euthyphron auf die Klage des Alciphron, er wisse von dem *Faden des Gesprächs* in diesem Buch noch nichts zu finden, mit dem Hinweis auf die eine deutliche Fortleitung der Idee nicht kennende Redeweise der Morgenländer, die bei ihren Zusammenkünften in Ruhe lange Reden in solchen Versen liebten. *Es sind Perlen aus der Tiefe des Meers; leicht gereihet, aber köstlich: Schätze der Wissenschaft und Weisheit in Sprüchen ältester Zeit.*[132] Zur Reihung eignen sich dichterische Kleingebilde,

130 Ohly, Die Suche in Dichtungen des Mittelalters (wie Kap. 1, Anm. 8), S. 179; Engelen, Die Edelsteine, 1978 (wie Kap. 1, Anm. 3), S. 383-387 (›Edelsteinmetaphorik für Wort, Lehre, Dichtung – Das Brackenseil‹).

131 Joachim Bumke, Die Wolfram von Eschenbach-Forschung seit 1945. Bericht und Bibliographie, München 1970, S. 432 (Register s. v. ›orientalische Motive‹).

132 Vom Geist der Ebräischen Poesie (1782); Herder, SW 11, S. 281. – In der gleichen Schrift gebraucht Herder den Begriff ›Anreihung‹ für die Ausbildung einer Sprache in der Geschichte, wie sie die phönizische durch den Warenhandel und die arabische durch die Philosophie erfuhren. Das im Mittelpunkt der einstigen Kultur entstandene und von vielen Seiten von ihr angeregte Althebräische hat als Sprache eine solche geschichtliche An-

sprachliche Bedeutungskonzentrate aus Erfahrungen, Sinnsprüche von der Art der Sprüche Salomos, all das gedankenträchtig Gnomologische, in dem Herder eine Gabe des Orients sah. Er gebraucht zwei verschiedene Metaphern, um die Kleinform und die größere zu unterscheiden: *Die Perlenschnüre morgenländischer Sentenzen sind aller Welt bekannt, und der schöne Teppich ihrer lehrenden höheren Dichtkunst, der seine reichgestickten Blumen mit so vieler Pracht ausbreitet, dünkt ihnen königlich und göttlich.*[133]

Ob Autoren ihre Gedanken reihen oder streuen, ist für Herder ein Gesichtspunkt seiner Literaturkritik. Das systemlose Ungereihtlassen von Gedanken wird zum Vorwurf in einer Rezension des jungen Herder über ein philosophisches Werk des Abts Trüblet, die so beginnt: *Was man von den Characteren des Bruyere zu urtheilen pflegt, es wären Perlen die nicht aufgefädelt worden, das kann man auch von den Gedanken eines mehr wizzigen als Philosophischen Trüblets sagen. Kein System, aber doch viel Quintessenz scharfsinniger Beobachtungen und sinnreicher Einfälle.*[134] Den gleichen Mangel empfindet Herder gegenüber Hamann: *Weil er aber die Spinnengewebe der Systeme haßt: so ist jeder Gedanke eine unaufgefädelte Perle.*[135] Die ›Bi-

---

reihung nicht erfahren. *E. [. . .] Hätte sie fortgelebt; es hätte alles an sie gereihet werden können, was an die Arabische gereihet ist, die sich mit Recht rühmen kann, eine der reichsten und gebildetsten Sprachen der Welt zu seyn. A. Die Rabbinen haben ja an sie gereihet. E. Nicht eben Perlen, auch leider nicht nach dem Genius ihrer uralten Bildung. Das arme Volk war in die Welt zerstreuet: Die meisten bildeten also ihren Ausdruck nach dem Genius der Sprachen unter denen sie lebten und es ward ein trauriges Gemisch, an das wir hier nicht denken mögen*; ebd., S. 229.

133 Vom Geist der Ebräischen Poesie, T. 2 (1783); ebd. 12, S. 14.

134 Recensionen und Anzeigen aus den Königsbergschen Gelehrten und Politischen Zeitungen 1764-1766; ebd. 1, S. 123. Herder empfahl seine Übersetzung der Briefschrift von Hemsterhuis ›Über das Verlangen‹ in der Vorerinnerung mit den Worten: *Habe Jemand ein System, welches er wolle, es wäre übel, wenn er die schöne Reihe ächter philosophischer Perlen in diesem Briefe nicht liebgewönne oder wenigstens werthhielte*; ebd. 15, S. 56.

135 Über die neuere Deutsche Litteratur (1767); ebd., S. 228.

bliothek der schönen Wissenschaften‹ hält er für verbesserbar, *wenn man die Nachrichten und Urtheile, wie zerstreuete Perlen in einen Halsschmuck sammlen und bei der Critik der Dichter härter seyn wollte.*[136]

Wie die Perlenschnurmetapher dem körnig lockeren Aggregat von Reimverspaaren in lyrischen Formen der orientalischen Sprachen, die ein Thema in frei schweifenden Assoziationen weit umkreisen, adäquat war, so erkannte Schopenhauer sie als auch für westliche Lyrik angemessen, wo er Gedichte wie Oden des Horaz und Lieder Goethes vor dem Vorwurf, *daß sie des rechten Zusammenhangs entbehrten und voller Gedankensprünge wären*, mit der Sichtbarmachung ihrer subjektiven Stimmungseinheit zu bewahren suchte. *Allein hier ist der logische Zusammenhang absichtlich vernachlässigt, um ersetzt zu werden durch die Einheit der darin ausgedrückten Grundempfindung und Stimmung, als welche gerade dadurch mehr hervortritt, indem sie wie eine Schnur durch die gesonderten Perlen geht und den schnellen Wechsel der Gegenstände der Betrachtung so vermittelt, wie in der Musik den Übergang aus einer Tonart in die andere der Septimenackord, durch welchen der in ihm fortklingende Grundton zur Dominante der neuen Tonart wird. Am deutlichsten, nämlich bis zur Übertreibung, findet man die bezeichnete Eigenschaft in der Canzone des Petrarka, welche anhebt: ›Mai non vo' più cantar, com' io soleva‹.*[137]

---

136 Ebd., S. 146. Die Art, wie der Evangelist Matthäus Christi Reden und Gleichnisse in Gruppen ordnet, so daß ihr Ensemble erst das intendierte Ganze ausmacht, erkennt Herder als einen Vorzug: *So unterstützen sie einander, und sind nicht wie bei Lukas zerstreuete Perlen*; Christliche Schriften, 2. Sammlung (1796); ebd. 19, S. 223.

137 Arthur Schopenhauer, Sämtliche Werke, hg. v. Arthur Hübscher, durchgesehen von Angelika Hübscher, Mannheim ^{4}1988, Bd. 3, S. 493. Die Zeit ist der Faden, wo Schopenhauers ›Nachträge zur Lehre von der Nichtigkeit des Daseyns‹ den Menschen bestrebt zeigen, dem steten Wechsel seiner fließenden Materie durch die Weitergabe der Form des Leibes mittels des Geschlechtstriebs eine Dauer zu verleihen. *Vergleichen kann man diesen Trieb dem Faden einer Perlenschnur, wo denn jene sich rasch succedirenden Individuen den Perlen entsprächen. Wenn man, in der Phantasie,*

Goethe schrieb einen Chiffre-Brief Mariannes von Willemer als Muster von dergleichen Verständigung zwischen Liebenden über ein gemeinsames Drittes in ein aus Hafis zusammengeschriebenes Gedicht um und vermerkt zu diesem Verfahren: *herrliche zerstreute Stellen des unschätzbaren Dichters werden durch Leidenschaft und Gefühl verbunden, Neigung und Wahl verleihen dem Ganzen ein inneres Leben, und die Entfernten finden ein tröstliches Ergeben, indem sie ihre Trauer mit Perlen seiner Worte schmücken.*[138]

Nicht nur der Lyriker bindet das von ihm über die Zeit gestreut Geschriebene im nachhinein zum Zyklus. Das Moment des Aufreihens von einzeln über eine lange Folge von Zeiten hin Entstandenem hebt Joseph Görres in seiner Rezension von ›Des Knaben Wunderhorn‹ als Charakteristikum dieser großen Reichtum bergenden Sammlung älterer deutscher Poesie hervor. Die Zuwendung der Romantik zum vor dem Vergessen zu rettenden Vergangenen erbrachte das Konzept eines die Zeugnisse der poetischen Volksgeschichte bewahrenden geschichtlichen Großzyklus wie des ›Wunderhorns‹, der Wertstücke vor ihrem Wort vergessener Autoren zu versammeln hatte. Görres schreibt: *Hat die Muschel ihre Perle hervorgebracht, dann mag sie selbst verwesen, ihr Kleinod bleibt zurück im Perlmutterglanze liegend. Viele solcher Perlen sind hier in eine Schnur gereiht, ihr Bestes haben viele auf einander folgende Zeitalter dargebracht, indem sie vorübergegangen, ein bedeutender Überrest vom Leben und Dichten und Trachten der Nation ist hier aufbewahrt, und es möchte nicht schwer seyn, die allgemeinen Lineamente ihrer Persönlichkeit aus diesen Elementen heraus zu zeichnen.*[139] Die Vorstellung von den gereihten Perlen hat,

---

diese Succession beschleunigt und in der ganzen Reihe, eben wie in den Einzelnen, immer nur die Form bleibend, den Stoff stets wechselnd erblickt; so wird man inne, daß wir nur ein Quasi-Daseyn haben (§147a); ebd., Bd. 6, S. 308.

138 Noten und Abhandlungen zu besserem Verständnis des west-östlichen Divans; HA 2, S. 194.

139 Joseph Görres, Gesammelte Schriften, herausgegeben im Auftrage der Görres-Gesellschaft, Bd. 4, hg. v. Leo Just, Köln 1955, S. 30.

wenngleich die Sammlung nicht nach der Geschichte ordnet, eine vorher nur keimhaft angelegte historische Dimension gewonnen, derart freilich, daß sie gleichrangige Schätze der Vergangenheit zu einer simultanen, aber nicht wie im Museum geschichtssystematisch geordneten Präsenz bringt. Die Metapher sieht das aus der Geschichte Gehobene mit Kunst so arrangiert, daß das Gesamte ein Gegenwartskunstwerk wurde. Als solches weist auch die Metapher vom edelsteingeschmückten Wunderhorn es aus. Achim von Arnim und Clemens Brentano setzten an die Spitze von ›Des Knaben Wunderhorn‹ dessen Bild und das Gedicht ›Das Wunderhorn‹, in dessen heutig goldenes Ganze die alten Lieder als Edelsteine eingesetzt sind:

> *Gar mancher schöne Stein*
> *Gelegt ins Gold hinein,*
> *Viel Perlen und Rubin*
> *Die Augen auf sich ziehn.*[140]

Jean Paul beklagt, daß die in der Allgemeinen deutschen Bibliothek gebrachten Romanbesprechungen des Musäus nun vergessen würden: *es ist aber schade, daß man jetzo diese launigen Rezensionen ihren Büchern und ihrer Bibliothek nachsterben läßt, ohne diese untergesunkenen Perlen aus dem Wuste aufzuheben und einzufädeln.*[141] Das ›Einfädeln‹ meint hier die Zusammenstellung einer auswählenden Ausgabe.

Jean Paul erörtert, was der Romandichter früher zu schaffen habe, die Charaktere oder die Geschichte, und entscheidet zugunsten einer Vorplanung der Charaktere, die beim Walten der Zufälle in der Geschichte eine stille und leitende Einheit, wie der Seele im bewegten Körper, garantieren. Dafür, daß die Charaktere das unsichtbar Tragende und Verbindende unter der sichtbaren Oberfläche der Geschehensabläufe bilden, sind ihm zwei Vergleiche gut, die den gemeinsamen Gedanken, daß das

---

140 Des Knaben Wunderhorn. Alte deutsche Lieder, gesammelt von Achim von Arnim und Clemens Brentano, Bd. 1-3, Heidelberg 1806-1808.

141 Vorschule der Ästhetik, VII. Programm, § 34; Jean Paul, SW 5, S. 134, Anm. 2.

Dichterische im Eigensten zu fliegen oder zu schweben habe, glücklich und überraschend variieren: *Der Dichter versteckt seine durchsichtigen Flügel unter die dicken Flügeldecken des Körperreichs, zumal im ruhigen Gehen; wenn er aber die Flügel über der Erde bewegt, so hält er die Decken wenigstens aufgespannt, wenn auch ungeregt. – Sogar das Märchen heftet seine Glanztautropfen und Perlen an das unsichtbare Nachsommergespinste einer freien Bedeutung an.*[142] Unter der stehenden Decke des Geschehens heben die Flügel der Phantasie die Helden auf die als Möglichkeit in ihnen angelegten Höhen. *Sogar* im Märchen, dem man anders als dem Roman Überraschendes zugute hält, werden die Geschehnisse vom unsichtbaren Netz einer vorbestimmten Kunstgestalt gehalten, das seine *Glanztautropfen und Perlen* – die verdeutlichende Variation durch Perle legt das Bild auf Dichterisches fest – im locker gefügten Muster ihrer *freien*, märchenhaft wunderbar schwebenden Bedeutungen ausgespannt hält. Perlen sind die so unverhofften wie seltsam plangerechten Ereignisse des Märchens. Sie hängen nicht aufgereiht am Zyklusfaden, sondern sind geheftet ins Gespinst der Handlung. Angewandt auf den Roman bedarf die Metapher von den gereihten Perlen eines Ausbaus zur Metapher vom beperlten Netz oder Gespinst, womit sie der dem Roman eher angemessenen Gewebe- als einer Gefügemetapher näherkommt. Das Konzept der Reihung wird den Romanautoren parodierend – wenn Flaschen, Erbsen und Bäume an die Stelle der Perlen treten – ausgetrieben, soweit jedenfalls die Liebe in Betracht steht: *Desgleichen: verschonet uns mit einer langen Reiheschank von Liebetränken (philtris), mit einer goldnen Erbskette aufgefädelter verliebter Herzen, mit einer Baumschnur umhalseter Wesen – die Liebe sieht sich ungern vervielfacht aufgeführt, bloß weil sie nur in ihrem höchsten Grade ideal ergreift, der aber wenige Wiederholungen erlaubt. Die Freundschaft hingegen verlangt und achtet Genossenschaft; ein Gärtchen mit zwei Liebenden und deren Kindern in den Blu-*

142 Vorschule der Ästhetik, XII. Programm, §74; ebd., S. 268.

men und ein Schlachtfeld voll verbunden kämpfender Freunde erheben gleich hoch.[143] Der lyrische Zyklus kann die eine gleiche Liebe feiern. Eine Kette von Liebesgeschichten, wie sie der Novellenzyklus kennt oder wie beim Einbau von Novellen in den Roman (›Wilhelm Meisters Wanderjahre‹), verbietet sich für Jean Paul, der keine Novelle schrieb, im Angesicht der idealen Höhe, auf welcher er die Liebe ansetzt. Der Charakter dieses Gegenstandes bestimmt die Form.[144]

Die alte Metapher zieht nicht mehr – wie eine zur Unzeit ausgespielte Karte –, wenn sie in satirischer Absicht gattungswidrig auf ein Gemeinschaftsvorhaben von ›Novellenmachern‹ angewandt wird, die ihr arglos stilisiertes Zusammensein zu literarisieren sich anschicken. Wo in Eichendorffs von Literatursatire durchsetzter Erzählung ›Viel Lärmen um Nichts‹ der Plan einer Novelle entworfen wird, die, dem geschriebenen Leben der Tradition absagend, einfach und natürlich der vorhandenen Konstellation entsprechen soll – die Gräfin Aurora (die Poesie) ist mit dem Herrn Publikum zu vermählen –, da kann auch der ›junge Mann‹ sich das Zusammenfinden des Paars nicht anders als in alten Bildern vorstellen: *Dieses Tappen, dieses Fliehen und Schmachten der wachsenden Leidenschaft ist der goldene Faden, an den sich von selbst, gleich Perlen, die köstlichsten Gespräche über Liebe, Schönheit, Ehe reihen - o, teuerste Freunde, ich bin so voller Abhandlungen!*[145] Eben gereihte Abhandlungen widersprächen dem Gattungscharakter der Novelle.[146]

---

143 Ebd., S. 269f.

144 Goethe greift zur Fadenmetapher, wo er in einer *Vergleichung* das Orientalische an Jean Pauls Dichtart heraushebt: *Ein so begabter Geist blickt, nach eigentlichst orientalischer Weise, munter und kühn in seiner Welt umher, erschafft die seltsamsten Bezüge, verknüpft das Unverträgliche, jedoch dergestalt, daß ein geheimer ethischer Faden sich mitschlinge, wodurch das Ganze zu einer gewissen Einheit geleitet wird.* Noten und Abhandlungen zu besserem Verständnis des west-östlichen Divans; HA 2, S. 184.

145 Eichendorff, Neue Gesamtausgabe, hg. v. Gerhart Baumann in Verbindung mit Siegfried Grosse, Bd. 2, Stuttgart ^{3}1978, S. 450.

146 In fragmentarischen Memoirenentwürfen steht dagegen Eichendorffs

Für die Wortfolge in der Prosa gebraucht die Metapher erst Heine. Der Bundestagsbeschluß von 1835 hatte seine Schriftstellerei mit dem Interdikt belegt, und Heine schreibt, er habe wie ein Kind geweint: *Ich hatte mir so viel Mühe gegeben mit der deutschen Sprache, mit dem Akkusativ und Dativ, ich wußte die Worte so schön an einander zu reihen, wie Perl an Perl, ich fand schon Vergnügen an dieser Beschäftigung [...] Und nun ward mir das Schreiben verboten!*[147] Kurz voran ging ein Selbstlob seiner äußerst schönen, vortrefflichen Prosa als Form der Darstellung seiner Gedanken.

Wie das Dichten kann schließlich auch das Lesen im Buch ein Auffädeln von Perlen heißen, ohne daß an ein auswählendes Sammeln nach Geschmack wie für eine Anthologie gedacht ist. Wo Jeremias Gotthelf in ›Anne Bäbi Jowäger‹ über die schon den Kirchenvätern vertraute Lehre von den zwei Büchern, in denen Gott sich offenbarte, dem Buch der Schrift in der Bibel und dem Buch der Natur in der Schöpfung, spricht, bezeugt er eine vor dem 19. Jahrhundert nicht bekannte Umdeutung des Buches der Natur in ein innerweltliches ›Buch des Lebens‹, das dem von Montaigne und Späteren so genannten ›Buch der Welt‹ verwandt ist. Das Buch der Schrift und das des Lebens wollen mit beiden Augen ineins gelesen werden, so daß eins vom anderen ausgelegt wird. *Wer aber nur im Leben lesen kann, liest und liest und kömmt nie zum Verständnis, findet Satz um Satz, aber nie deren Sinn, zieht Perlen um Perlen an einen unendlichen Faden, aber zu einer Kette kömmt er nicht, läuft und läuft, aber an den Ausweg gelangt er nicht, sucht, und*

---

angemessener Vorsatz: *In dies alles einen epischen Geschichtsfaden hineinbringen*; ebd., S. 1080. – Berthold Auerbach erzählt vom Freundschaftsbund der Knaben Ivo und Clemens. Dieser schloß die Erzählung einer märchenhaften Sage. *Ivo betrachtete ihn mit heiterer Miene. Ach, es war gar zu schön, was Clemens erzählte. Wie eine glänzende Perlenschnur reihten sich seine lieben Worte an einander.* Berthold Auerbach, Gesammelte Schriften, Bd. 1, Stuttgart und Augsburg 1857, S. 344.

147 Über den Denunzianten. Eine Vorrede zum dritten Teil des Salons; Heine, hg. Briegleb, Bd. 5, S. 27.

das Rechte findet er nicht.[148] Perlen aus dem ›Buch des Lebens‹ auf einen Faden ohne Sinn und Ende ziehen, zeugt von einem einäugigen, defizienten Lesen, da so in der Welt Gott nicht gefunden wird. Ohne Mitlesen der Bibel fehlt dem Lesen im Buch der Welt eine Erleuchtung, entpuppt das Perlenziehen als lesendes Leben ohne Sinnschließe, die es zur Kette machte, sich als ein heilloser Ungewinn. Das Perlenziehen auf einen Faden ohne Ende steht für eine theologische Vergeblichkeit des Lesens in dem irdischen Buch des Lebens. Das verwandte Bild für einen solchen Sinnverlust ist das der reißenden Kette, deren Perlen aus dem Sinn verbürgenden Gefüge in die Unordnung entrollen, ihre Sprachqualität verlieren.

Wunder nimmt es nicht, wenn ein Orientalist wie Joseph von Hammer-Purgstall, der in langen Jahrzehnten ungezählte Orientalia in den Handschriften gelesen und in seinen Literaturgeschichten über zehntausend Autoren der persischen, osmanischen und arabischen Literaturen vorgeführt hat, in seiner eigenen Schreibart, sei es in bewußtem Stilspiel, sei es unwillkürlich, östliche Eigenheiten des Ausdrucks angenommen hat und zuweilen die Orientalität seines Gegenstandes gar überbietet. Dafür, daß sie auch auf seine philologisch-wissenschaftliche Quellenbehandlung Einfluß genommen haben, sei ein Beispiel hier gebracht.

Als Joseph von Hammer 1822 etwa tausend Zweizeiler des persischen Lyrikers Abul-Maani sammelte und übersetzte und sich vor der Aufgabe befand, den in ungeordneter Streuung überlieferten Bestand an Versen in eine Gestalt zu bringen, griff er zu der Form der Edelsteinreihe, und so erschien das Buch unter dem Titel ›Juwelenschnüre Abul Maani's‹.[149] Die den persischen Ghaselen eigene locker körnige Fügung von Zwei-

148 Anne Bäbi Jowäger, T. 2; Jeremias Gotthelf, Sämtliche Werke in 24 Bänden, hg. v. Rudolf Hunziker und Hans Bloesch, Bd. 6, bearbeitet von Alfred Ineichen, Erlenbach – Zürich 1921, S. 63 f.

149 Juwelenschnüre Abul-Maani's (des Vaters der Bedeutungen), das ist Bruchstücke eines unbekannten persischen Dichters. Gesammelt und übersetzt durch Joseph von Hammer, Wien 1822.

zeilern mit abgeschlossenen, unzusammenhängenden Gedanken, die das Band der Form zusammenhält, ermutigte ihn zu dem Verfahren, *die vorhandenen Juwelen aus einander zu lesen, und die jeglicher Art an eine besondere Schnur zu reihen, ohne sich viel darum zu bekümmern, ob in der ursprünglichen Fassung nicht zwischen zwey hier aufeinander folgenden Edelsteinen, andere angereiht gewesen seyn mögen.*[150] Hammer ordnete die Gedichte in zwölf mit je einem Edelstein charakterisierte und inhaltlich bestimmte Gruppen in dieser Folge:

1. *Saphire. Lob Gottes*
2. *Diamanten. Fürstenlob*
3. *Corallen. Spottgedichte*
4. *Smaragde. Frühlingsgedichte*
5. *Türkisse. Klaggedichte*
6. *Amethyste. Trinkgedichte*
7. *Perlen. Schönheitslob*
8. *Granaten. Liebeserklärungen*
9. *Rubine. Genuß und Trennung*
10. *Rauchtopase. Schmerz und Wahnsinn der Liebe*
11. *Achate. Liebespflichten*
12. *Carneole. Buch des Rathes.*

Weiter: *Mehr als hundert Distichen sind unübersetzt geblieben, weil sie als Zotten sich besser für eine Schnur von Saubohnen, als für eine Schnur edler Steine poetischen Halsgeschmeides eigneten.*[151] Die zwölf Gruppen als einsinnige Schnuren aus je glei-

---

150 Ebd., S. xf. Joseph von Hammer gefällt sich darin, dem Abul-Maani als letzte eine Strophe anzudichten, die sich als ein verirrter Edelstein verrät (S. 196):

Ich bin genennet Jussuf Hammer,
Doch heiß' ich nicht für Alle gleich;
Den Freunden Jussuf *in der Kammer,*
Die Feinde trifft des Hammers *Streich.*

151 Ebd., S. XII f. Auf in der Geschichte der Edelsteinallegorese begründete Sinnbeziehungen zwischen den einzelnen Steinen und den ihnen zugeordneten Themenbereichen beziehungsweise spontan hergestellte Entsprechungen ist hier nicht einzugehen. Der hier den Trinkliedern mit ihrem Lob des Weines zugeordnete Amethyst hat eine schon antike Tradi-

chen Steinen sehend, glaubte Hammer ein System gefunden zu haben, nach dem zehntausende von persischen Distichen mit Sinn geordnet werden könnten.[152] Den Orientalisten führt die östliche Metapher der gereihten Perlen auf das Generalkonzept von zwölf Juwelenschnüren, auf welche aufgereiht die ebenso breite wie konstante lyrische Überlieferung des Orients nach Themen gegliedert werden könnte. Mit dem metaphorischen Konzept der zwölf Juwelenschnüre rivalisiert das andere *der zwölf edlen Steine des Brustschildes persischer Poesie* (nach den Edelsteinen auf dem Brustschild des jüdischen Hohenpriesters, Ex. 28,17-20).[153] Es wirft ein Licht sowohl auf die stupende thematische Konstanz der Lyrik des Orients über so lange Epochen hin als auf die Bildungsschatzvorstellungen des frühen 19. Jahrhunderts, daß derart durchaus statische und eine geschichtliche Betrachtung völlig ausschließende Bildvorstellungen wie die der Juwelenschnüre und des Edelsteinbrustschildes für eine systematische Thesaurierung der Überlieferungsschätze des Orients gefunden werden konnten.

Seine Hafis-Übersetzung widmete Hammer seinem Freund Karl Borromäus von Harrach mit dem Schlußvers unter seiner Prosawidmung:

Daß stets durch deine Pfleg' veredelt ward,
Hafisens undurchbohrter Perlen Reih',
Erinnre dich.[154]

---

tion als Abwehrmittel gegen Trunkenheit; dazu Meier, Gemma spiritalis (wie Kap. 1, Anm. 3), S. 434-437.

152 Juwelenschnüre Abul-Maani's, S. XIII.

153 Ebd., S. XIII f. Er hat *den Glanz dieser Lichter und Tugenden in ein Urim und Tumim persischer Dichtkunst zusammen zu drängen, wie der Brustschild des Mithras, für ewig strahlend in Klarheit und Wahrheit. Dieser Schmuck sey vorbehalten einem in die Geheimnisse persischer Sprache eingeweihten hohen Priester westöstlicher Poesie, welcher wie Göthe die Tiara als Hierophante zu tragen versteht; dem Hermeneuten genügt es hiermit, den Wink gegeben zu haben, wie die Edelsteine des Brustschildes zu fassen seyen.*

154 Hafis, Diwan 1; s. o. S. 226 f.; Solbrig, Hammer-Purgstall und Goethe (wie Kap. 4, Anm. 82), S. 91, 111.

In der Vorrede seiner Hafisübersetzung von 1812 beschreibt Hammer den locker aggregierten Formcharakter des Ghasels, um unangemessenen Erwartungen des westlichen Publikums an eine auch gedankliche Geschlossenheit des streng in der Form gebundenen Gedichtes vorzubeugen. Er spricht von den Polen,

> *um die sich die Welt Hafisens zwischen Sonnen und Monden, Morgensternen und Plejaden jauchzend herumdreht. Oder um dem Dichter selbst eines seiner schönsten Bilder abzuborgen, seine Verse sind köstliche Zahlperlen von Meisterhand gebohrt, und an dem Goldfaden des Gasels gereiht, als Haar- und Hals- und Händeschmuck der Schönheit und der Freude. Nehmet dieselben als solche an, begehret nicht, daß die Perlenschnur ein Venusgürtel sei, worinn [. . .] Worte durch die Hand der Charitinnen zu einem schönen Ganzen verwoben sind; fordert nicht, daß Perle an Perle wie Silbertropfen zusammengeschmolzen ein Kunstgeschmeide ununterbrochenen Zusammenhangs darstellen.*
>
> *Diese Einheit eines schönen Ganzen, diese Vollendung des Kunstwerks in einem Guße werdet Ihr in Hafisens Gedichten fast überall vermissen; wenn Ihr hingegen das schöne Gebäude auflöset, und die einzelnen Verse verstreuet, so mögt ihr dieselben als eben so viele köstliche Perlen mit Vergnügen bewundern.*
>
> *Invenies etiam disjecti membra Poetae.*[155]

Indem er die für Lyrik des Westens als angemessen befundenen Gebäude-, Metallguß- und Gewebemetaphern als für die östliche Lyrik untauglich darstellt, bezeugt Hammer an historischen Beispielen die Unbeliebigkeit und Nichtvertauschbarkeit von Dichtmetaphern.

Als Sammler einer Anthologie schrieb er 1819 auf dem Titelblatt und im Vorwort von ›Morgenländisches Kleeblatt bestehend aus parsischen Hymnen, arabischen Elegien, türkischen Eklogen‹, er habe die Gedichte *aufgelesen* und *zerstreute Perlen morgenländischer Dichtkunst und Sittenlehre an einen Faden* gereiht.[156] Seine arabische Elegie ›Der gestirnte Himmel‹ nennt

---

155 Hafis, Diwan 1, S. xxxvf.

156 Hammer, Morgenländisches Kleeblatt (wie Kap. 3, Anm. 166), Zueignung.

ein Sternbild ›Perlenknoten‹ als das Bild eines *innig geknüpften Vereins* zwischen Dichtern Arabiens und Persiens.

Aber der persische, stolz auf wohlgereihete Verse,
Freut sich der Perlenschnur, die wie Pleiaden erglänzt,
Fodert heraus zum Kampfe des Liedes Sohre die Verklärte,
Sie, die der Sterne Reihn führet mit Lyragetön:
Einst ein Mädchen geschmückt mit Tugend und Schönheit auf Erden,
Nun als Morgenstern unter die Sterne versetzt.[157]

Noch der persische Dichter Muhammad Iqbal († 1938), dessen ›Botschaft des Ostens‹ sich ›als Antwort auf Goethes West-Östlichen Divan‹ verstand, spricht im Vorwort über Rückerts Verdienste um die Dichtung des Orients und nennt die östlichen Werke, aus denen er »die Perlen der Weisheit gefunden und aufgereiht« habe.[158]

Deutsche Lyriker sehen ihr Dichten selten als ein Perlenreihen. In Goethes ›Divan‹ am ehesten zu erwarten, findet sich dort das Bild in einem Dankgedicht an Suleika.[159] Es spricht von der Erwiderung des von der Geliebten verschwenderisch

157 Ebd., S. 44. Anton Theodor Hartmann, der Übersetzer von Dschamis ›Medschnun und Leila‹, befaßt sich mit ›Betrachtungen über die Naturschilderungen der Perser durch einzelne charakteristische Proben erläutert‹ und sagt dabei über die Perser: *Diese Asiaten, die alle Erscheinungen, die ihre Augen entzücken, und ihre Phantasie beleben, in den anschaulichsten Bildern zu vergegenwärtigen eilen, und alle todte Gestalten mit demselben Feuer, das sie durchglühet, zu beseelen streben, reihen die funkelndsten Edelsteine zu Einem Schmuck, bilden die gewürzreichsten, farbigsten Blumen und Pflanzen zu den verschlungensten Kränzen, und ketten die kühnsten Gleichnisse, die ausdrucksvollsten Metaphern an einander, um die höchste Pracht, die gefälligste Anmuth in erhabenen Gestalten und lieblichen Gebilden hervortreten zu lassen.* Medschnun und Leila. Ein persischer Liebesroman von Dschami. 2 Bändchen. Aus dem Französischen übersetzt, mit einer Einleitung, Anmerkungen und drei Beilagen versehen von Anton Theodor Hartmann, Amsterdam 1808, Bd. 2, S. 128 f. Mounir Fendri, Halbmond, Kreuz und Schibboleth. Heinrich Heine und der islamische Orient, Hamburg 1980, S. 102 f.

158 Iqbal, Botschaft des Ostens (wie Kap. 3, Anm. 182), S. 6.

159 Goethe, HA 2, S. 70 f.; mehr dazu S. 337 f.

Geschenkten in einem lyrischen Neuerschaffen dessen, was der Empfangende nennt *die bunte Schnur meines Glücks, / Geklöppelt tausendfadig / Von dir, o Suleika*. Das seltsame Bild wurde gewählt wohl im Verlangen, das Empfangene in einer es steigernden Verwandlung wiederschenken zu können als ein Perlenhalsband. Auch die Perlen dazu sind eine Gabe der Geliebten.

Hier nun dagegen
Dichtrische Perlen,
Die mir deiner Leidenschaft
Gewaltige Brandung
Warf an des Lebens
Verödeten Strand aus.
Mit spitzen Fingern
Zierlich gelesen,
Durchreiht mit juwelenem
Goldschmuck,
Nimm sie an deinen Hals,
An deinen Busen!
Die Regentropfen Allahs,
Gereift in bescheidener Muschel.

Vorgefundene Motive, das an den Strand Geworfensein, das Reihen zum Halsband, seine Hingabe als Geschenk, am Ende der Perle Herkunft aus dem Himmel, finden sich zusammen in dieser Strophe, die, ohne ein Vorwissen zu erwarten, auch das aus der Tradition Empfangene durch für uns unversehens reizvolle Abwandlungen erscheinen läßt, als wäre es im Augenblick gegriffen. Auch das von der mehr als privaten Geschichte dem Dichter zum Empfangen Zugeworfene will in bescheidener Empfängnis angenommen und ›neu erschaffen‹, als gesteigertes Geschenk in die Zeit zurückgegeben werden. Ohne die Kultur der Kunst – *Mit spitzen Fingern / Zierlich gelesen* – wird das Erbe nicht erworbener Besitz.

9. Dichtungen auf Margareten

Das lateinische Wort für Perle ›margarita‹ hat immer wieder den Anlaß dafür gegeben, Frauen des Namens Margareta mit der Perle in einem Sinnbezug zu sehen. Schon die Legenda aurea des 13. Jahrhunderts charakterisiert, den Namen der Hl. Margareta von der Perle herleitend, die Heilige von den Eigenschaften der Perle her.[1] Das hat zur Folge, daß hohen Trägerinnen dieses Namens nicht nur durch ein feierndes Spiel mit Umschreibungen wie Perle und Margaritenblume, sondern auch mit Dichtungen gehuldigt werden konnte, die einer Margarete-Perle als der Inspiration eines Werks gedenken oder als Gedichte über Perlen Frauen mit dem Namen Margarete zugeeignet werden. Der über den Namen gehende dichtmetaphorische Bezug der Perle auf solche Denkmäler ist in der Regel locker, vermag aber auf solche Dichtungen doch auch ein Licht zu werfen.

Der erste, der eine Frau des Namens Margarete zum Sinnbild einer Inspiration, der Inspiration durch Frauenliebe, machte, war ein Engländer des 14. Jahrhunderts. Die erste englische Prosadichtung des Mittelalters, ›The Testament of Love‹ des Thomas Usk, spricht von der Perle auf einem Höhepunkt des Werks. Thomas Usk schrieb es im Gefängnis, wo ihn der Herzog von Gloucester bis zur Hinrichtung im Jahr 1388 festhielt, so daß man das ›Testament of Love‹ vergleichen konnte mit des Boethius im Gefängnis Theoderichs des Großen vor der Hin-

---

1 Jacobus de Voragine, Legenda aurea, aus dem Lateinischen übersetzt von Richard Benz, Heidelberg [8]1975, S. 463: »Margareta hat ihren Namen von einem gar köstlichen Edelstein, der Margarita genannt ist; dieser Stein ist weiß und klein und voll Kräfte. Also war Sanct Margareta weiß durch ihre jungfräuliche Reinheit; klein durch ihre Demut; voll Kräfte durch die Wunder, die sie wirkte«. Die medizinischen Wirkungen der Perle bei Blutfluß, Herzleiden und zur Geistesstärkung werden auch auf Kräfte der Heiligen gedeutet.

richtung geschriebenem Werk ›De consolatione Philosophiae‹ Als Akrostichon der Kapitelanfänge des ›Testament of Love‹ entdeckte man fünfhundert Jahre nach des Dichters Tod: MARGARETE OF VIRTUE HAE MERCY ON THIN USK, ›Perle der Tugend, erbarme dich deines Usk‹. »Ihm erschien in seiner Gefangenschaft die Liebe wie die Philosophie dem Boethius [...] Margarete stellt offenbar gleichzeitig die Gnade Gottes, die sichtbare Kirche, die Philosophie, die Liebe und die Geliebte dar«.[2] Thomas Usk akzentuiert selbst die Bedeutung der Stelle der besonderen Heraushebung der schon vorher eingeführten Margarete in einer Erklärung des Aufbaus seines Werkes zu Beginn des dritten und letzten Buchs.[3] Das Werk gehe einen Dreischritt durch drei Zeiten und Bücher: den Abweg, der zu Sünde und Hölle führt; die Umkehr von diesem Abweg auf den rechten Weg der Zeit der Gnade;[4] die Auferstehung am Ende der Vergänglichkeit in die ewige Freude, Herrlichkeit und Ruhe. Das erste Buch des ›Testament of Love‹ zeigt den Irrtum, das zweite die Umkehr, das dritte die Freude und Seligkeit der Vollkommenheit.[5] Die Analogie zu den drei Teilen Inferno, Purgatorio und Paradiso in Dantes ›Divina Comedia‹ liegt auf der Hand. Man wird darüber hinaus Anregungen von Dante her in Be-

---

2 Ewald Standop, in: Ewald Standop und Edgar Mertner, Englische Literaturgeschichte, Heidelberg 1967, S. 158.

3 Thomas Usk, The Testament of Love, hg. v. W. W. Skeat, in: Chaucerian and other Pieces, Oxford 1897, S. 1-145.

4 Zum falschen und rechten Weg Wolfgang Harms, Homo viator in bivio. Studien zur Bildlichkeit des Weges, München 1970 (Medium aevum. Philologische Studien 21).

5 Usk, The Testament of Love, S. 102,24 ff.: *So this leude book, in three maters, accordaunt to tho tymes, lightly by a good inseër may ben understonde; as in the firste, Errour of misse-goinge is shewed, with sorowful pyne punisshed, that cryed after mercy. In the seconde, is Grace in good waye proved, whiche is faylinge without desert, thilke first misse amendinge, in correccion of tho erroures, and even way to bringe, with comfort of welfare in-to amendement wexinge. And in the thirde, Joye and blisse graunted to him that wel can deserve it, and hath savour of understandinge in the tyme of grace. Thus in Joye, of my thirde boke, shal the mater be til it ende.*

tracht ziehen, wenn Thomas Usk die schon vorher eingeführte Margarete im Beginn des Dritten Buches heraushebt, da auch Dantes Beatrice erst auf der Schwelle des Paradiso Bedeutung für das Werk gewinnt.

Aus besonderem Grunde bindet Thomas Usk den Fortgang an die Margarete-Perle (er nennt sie oft mit diesem Doppelnamen).[6] Er geht dabei aus von den Erforschern der proprietates rerum, die von den Perlen neben anderem berichten, daß die besten an den Küsten Britanniens aus dem Himmelstau entstehen – womit ein Licht auf die von Usk erdichtete Margarete fällt. (Bedenken, hinter ihr auch eine Frau aus Fleisch und Blut zu sehen,[7] sind unbegründet).[8] Sie schreiben ihnen drei hervorragende – in der Tradition unter den medizinischen Wirkungen der Perle aufgeführte – Kräfte zu, die Thomas Usk auf drei Arten von Philosophie verweisen sieht: die der Natur mit den Gegenständen des Quadriviums, die der Moral mit den Kardinaltugenden als Gegenstand und die des Erkennens mit den Gegenständen des Triviums.[9] Sein drittes, mit scholastischer

6 Siehe unten Anm. 10-12.

7 W. W. Skeat (wie Anm. 3), S. XXVIII f., lehnt dies entschieden ab.

8 S. K. Heninger, The Margarite-Pearl Allegory in Thomas Usk's ›Testament of Love‹, Speculum 32 (1957), S. 92-98, erweist die auch dieses einschließende Komplexität von ›Margarite‹; vgl. schon C. S. Lewis, The Allegory of Love, Oxford [2]1938, S. 225: »Margaret does not cease to be a woman by becoming a symbol of grace [...] Margarite will be sometimes a mortal woman, and at other times the Church or Philosophy«.

9 Usk, The Testament of Love, S. 102,42 ff.: *These clerkes that treten of kyndes, und studien out the propertee there of thinges, sayn: the Margarite is a litel whyt perle, throughout holowe and rounde and vertuous; and on the seesydes, in the more Britayne, in muskleshelles, of the hevenly dewe, the best ben engendred; in whiche by experience ben founde three fayre vertues. Oon is, it yeveth comfort to the feling spirites in bodily persones of reson. Another is good; it is profitable helthe ayenst passions of sorie mens hertes. And the thirde, it is nedeful and noble in staunching of bloode, there els to moche wolde out renne. To whiche perle and vertues me list to lyken at this tyme Philosophie, with her three speces, that is, natural, and moral, and resonable; of whiche thinges hereth what sayn these grete clerkes. Philosophie is knowing of devynly and manly thinges joyned with studie of good living.*

Gliederungsfreude klar geführtes Buch erbaut eine ideale, auf Leib und Seele gleich bedachte Welt der Philosophie und Liebe und Gerechtigkeit,[10] über deren Dichter und über deren Wahrheit das inspirierende Licht von ›Margarite-perle‹ leuchtet,[11] die Erde und Himmel, Buchstaben und Geist, Frau und Gnade, Menschen- und Gottesliebe aus der Kraft eines Herzens[12] in seinem Werk verbindet, dessen perlenhafte Erkenntnis sich darstellt in dem letzten Satz *Charitè is love; and love is charitè.*[13]

Für das auf der Hand liegende und gleichwohl nicht greifbare, vom Begriff der Sublimierung eher verstellte als erhellte Geheimnis der das geistige Werk des Mannes inspirierenden

10 Ebd., S. 104,96 ff.: *Now than, as I have declared: my book acordeth with discripcion of three thinges; and the Margarit in vertue is lykened to Philosophy, with her three speces. In whiche maters ever twey ben acordaunt with bodily reson, and the thirde with the soule. But in conclusion of my boke and of this Margarite-perle in knittinge togider, Lawe by three sondrye maners shal be lykened; that is to saye, lawe, right, and custome, which I wol declare.*

11 Unter des Dichters Schlußgebeten und Demutsformeln steht der Satz: *I have mad therfore as I coude, but not sufficiently as I wolde, and as mater yave me sentence; for my dul wit is hindred by stepmoder of foryeting and with cloude of unconning, that stoppeth the light of my Margarite-perle, wherfore it may not shyne on me as it shulde* (Ebd., S. 144,84).

12 Ebd., S. 102,34 f.: *But special cause I have in my herte to make this proces of a Margarit-perle*; S. 145,96 f.: *Also I praye, that every man parfitly mowe knowe thorow what intencion of herte this tretys have I drawe.*

13 Ebd., S. 145,96 f.: *Also I praye, that every man parfitly mowe knowe thorow what intencion of herte this tretys have I drave. How was it, that sightful manna in deserte to children of Israel was spirituel mete? Bodily also it was, for mennes bodies it norisshed; and yet, neverthelater, Crist it signifyed. Right so a jewel betokeneth a gemme, and that is a stoon vertuous or els a perle. Margarite, a woman, betokeneth grace, lerning, or wisdom of god, or els holy church. If breed, thorow vertue, is mad holy flesshe, what is that our god sayth? ›It is the spirit that yeveth lyf; the flesshe, of nothing it profiteth.‹ Flesshe is flesshly understandinge; flessh without grace and love naught is worth. ›The letter sleeth; the spirit yeveth lyfelich understanding.‹ Charitè is love; and love is charitè.*

God graunt us al[le] therin to be frended!
And thus THE TESTAMENT OF LOVE is ended.

Kraft der Frauenliebe, die über das Medium dieses Geheimnisses Ansichten und Entwürfe von Möglichkeiten der gelebten Welt als ihr Beweggrund trägt, kann das inspirierende Licht von Margarete-Perle als ein besondere Möglichkeiten bezeichnendes Symbol stehn. Das sinnlich-geistige Sensorium des Menschen, das Kunst und andere Werke eines überaus komplex beschaffenen Geistes ermöglicht, ist etwas Unbekanntes, dem die Sprache nur ahnungsweise gerecht wird mit dem Bild vom Einfall oder Einfluß von Licht oder Feuchte als Empfängnis einer wunderbar gestaltbildenden Wirkung aus einem als Gott, Natur oder Mensch erfahrenen Himmel, dessen Tau und Sonne auch der Perle Ursprung – die Inkarnation zu einer gesteigerten Gestalt – im Element der leiblichen Natur ermöglicht. Der Frauenname Margarete kann für die inspirierend dichterische Wirkung einer Liebe stehen, deren biographischer Erfahrungskern die Wurzeln für ein Blühen austreibt, in dem sich Boden und Licht verbinden. Inspirierte Metamorphose von Erfahrung verlangt Verschwiegenheit. Der biographische Grund ist mit seinem Innersten nicht anders als über Metamorphose durch Sprache und andere Kunst ans Licht zu bringen. Das Wunder der Verwandlung in der Muschel geschieht auf dunklem Meeresgrund, wohin kein Licht der Sonne dringt. Es gibt Schlüssel in der Hand, die zu gebrauchen sich verbietet. Goethe dichtete einen solchen in ›Wilhelm Meisters Wanderjahren‹. Wolfram von Eschenbach schließt einen Beweggrund seines Dichtens auf, wenn er die Vollendung seines ›Parzival‹ bedenkt mit dessen letztem Satz: *ist daz durh ein wîp geschehn, / diu muoz mir süezer worte jehn.*[14] »Wenn das im Gedenken an eine Frau geschah, wird sie mir ein heilbringendes Dichten zugestehn«. Wolfram reicht der Phantasie einen Schlüssel, der am Ende, wo Dichter ihren Dank an die Quelle ihrer Inspiration aussprechen, ein Geheimnis seines Werks verschließt. Das Inspirierende aus Beatrice, Diotima und Sophie will aus Dantes, Hölderlins und des Novalis Werken wahrge-

14 Parzival 827,29f., hg. v. Karl Lachmann, Berlin und Leipzig 1926.

nommen werden. Sie haben diese Frauen ausgeprägt zur dauernden Reinheit ihres Wesens. Thomas Usk hat eine Frau als Margarete-Perle als einen Beweggrund seines Werkes verewigt. Albrecht von Eyb erklärt den Titel seiner ›Margarita poetica‹[15] vom Jahr 1459 aus einer Eigenschaft der Perle, will sein Werk aber zunächst als Dankeszeichen für seine Mutter Margarita von Wolmershausen, der er seine Einführung in die Literatur verdankt, verstanden wissen.[16]

Im 16. Jahrhundert waren vor allem vier Herrscherinnen Gegenstand dichterischer Huldigungen, die sie als Perlen feierten. Die erste, Margarete von Österreich (1480-1530), Tochter des späteren Kaisers Maximilian I., stand als Herzogin von Savoyen und Regentin der Niederlande in Macht und hohem Ansehen. Die zweite, Margarete von Navarra (1492-1549), eine Schwester des Königs Franz I. und selbst eine Dichterin von Namen, war die bedeutendste Frau ihrer Zeit in Frankreich. Die dritte, Margarete von Frankreich, die Schwester Heinrichs II. und Herzogin von Savoyen († 1574) wurde als eine Gönnerin vor allem durch Pierre de Ronsard verewigt. Die vierte Margarete, wieder Königin von Navarra (1553-1615), Tochter Heinrichs II. und Katharinas von Medici, war eine berühmte Schönheit. Der auf die Perle wie auf die Margaritenblume auslegbare Name dieser hochgestellten Damen gab bei seiner Etymologese nicht nur ein beständiges Thema der Margaretenpanegyrik ab, sondern fungierte auch als Dichtmetapher, wenn Gedichte auf diese Frauen sich als Perlen oder Blumen präsentierten.

Jean Lemaire de Belges, der im Dienst der Regentin der Nie-

---

15 Vgl. oben S. 207 mit Anm. 27.

16 Am Ende des Widmungsschreibens an Johann, Pfalzgrafen bei Rhein und Herzog von Bayern, bei der Bitte um dessen Billigung des Titels. Ich zitiere den Erstdruck Nürnberg 1472 (bei Johann Sensenschmid) nach der Photokopie im Institutum Erasmianum in Münster: *Nunc hoc unum princeps clementissime, aequo fer animo velim, ut meum huic sit operi consecrare nomen. Margarita poetica haud absque re opus clarissimum tibi nomen sume, tum a genetrice mea dignissima, domina Margarita de wolmershausen, femina quidem clarissima, a qua tanquam magistra optima literarum prima hausi elementa.*

derlande Margarete d'Austria stand, hat 1504 in der Tradition der Goldschmiedemetapher für Dichtkunst zu ihrem Preis eine Edelsteinkrone ›La covronne margaritiqve‹[17] verfaßt. Jedem Buchstaben des Namens Marguerite ist ein Edelsteinkapitel derart gewidmet, daß der Name nicht nur des Steins, sondern auch der durch ihn repräsentierten Tugend und einer für sie exemplarischen Frau aus der Geschichte mit diesem Buchstaben beginnt.[18] Es folgen also aufeinander:

---

17 Jean Lemaire de Belges, Œuvres, Bd. 4, hg. v. Auguste Jean Stecher, Löwen 1891 (Neudruck Hildesheim und New York 1972), S. 10-167; dazu Ohly, Diamant und Bocksblut (wie Kap. 1, Anm. 6), S. 96 f.; François Rigolot, Poétique et Onomastique. L'Exemple de la Renaissance, Genf 1977, S. 33-35; eine vielseitige Analyse des Werks bei Pierre Jodogne, Jean Lemaire de Belges, écrivain franco-bourguignon, Brüssel 1972, S. 215-254, zu den Quellen der Edelsteinbeschreibungen S. 229-241. – Jean Lemaire de Belges deutet den Namen seiner Gönnerin Margarete von Österreich auf die Blume und die Perle in den ›Briefen des Grünen Liebhabers‹ (nach 1505). Er nennt sie *la fleur des fleurs, le chois des marguerites* (v. 28), *la fleur des fleurs, le paragon des gemmes* (v. 370). Jean Lemaire de Belges, Die Briefe des Grünen Liebhabers. Übersetzt und eingeleitet von Herrad Spilling, München 1970 (Klassische Texte des Romanischen Mittelalters in zweisprachigen Ausgaben 8). Perle als Bezeichnung für eine Dame Margareta findet sich mehrfach bei Anne d'Urfé, Oeuvres morales et spirituelles inédites, hg. v. Y. Le Hir, Genf 1977. – Jacques de Marche dichtete für Margarete von Österreich ›La vertu du diamant et de la Margarite‹; Jean Lemaire de Belges, Œuvres, Bd. 4, S. 70, Anm. 2.

18 Ein formales Vorbild hatte die Edelsteinkrone des Jean Lemaire de Belges im Jahr 1478 in der Dichtung des Jean Molinet ›Le chappellet des dames‹ (Jodogne, wie Anm. 17, S. 221 f.). Die Gedichte des Jean Molinet auf Margarete von Österreich (1493), die Prinzessin Margarete von Kastilien (1497) und andere Margareten rühmen diese Margaretenblumen nicht als Perlen (Les faictz et dictz de Jean Molinet, hg. v. Noël Dupire, Bd. 1-3, Paris 1936-1939, hier Bd. 1, S. 265-268, 341-344). Seine Dichtung ›Le chappellet des dames‹, die einen irdischen, nur von Tau befeuchteten Paradiesgarten auf einem Bergesgipfel, den allegorische Figuren hoher Tugenden und ihre als würdig erwählten irdischen Schützlinge bewohnen, schildert, läßt Vertus auf ihrem Thron einen Kranz aus den fünf Tugendblumen Marguerite, Ancollye, Rose, Ypericon (Jenette) und Englentier, deren Anfangsbuchstaben MARIE ergeben, flechten. Als Tugenden sind den Blumen zugeordnet Mundicité, Amour, Recouvrance, Instruction und Esperance. Die

M	Margarite (Perle)	Moderation	Marguerite
A	Adamas	Animosité bonne	Artemis
R	Rubis	Rectitude	Radegonde
G	Gorgonie (Koralle)	Grace	Gilla
U	Verneris gemma (Amethyst)	Vrbanité	Vesta
E	Esmeraude	Erudition	Eryphile
R	Radiane	Regnative prudence	Rachel
I	Iaspe	Innocence	Ingebergue
T	Topace	Tolerance	Theodolinde
E	Escarboucle	Experience	Elisa

Wie schon 1482 in Paris bei der Verlobung einer Margarete mit dem Dauphin der Abbé von St. Bertin eine Lobrede auf die fünf

---

jeweils in einem Gedicht auf diese Blumen und dann Maria gipfelnde Prosaexegese dieses Tugendblumenkranzes – *tu auras par ordre et en brief la totalle signifiance* –, die jede Blume auf exemplarisch tugendhafte Frauen aus der Geschichte auslegt, deren Namen den Anfangsbuchstaben auch ihrer Tugendblume haben, singt unter der Blume Marguerite ein Lob von neun hervorragenden Margareten, angefangen bei der Hl. Margarete. Auf die Perle wird dabei nicht angespielt, es sei denn im Verborgenen mit der Bildung dieser Margaretenblume aus der Erde und aus dem Tau des Himmels, wie die Perle aus diesem und dem Meer entsteht: *la marguerite, laquelle croist auprés de la terre dont elle tire partie de sa substance et partie de la rousee du ciel.* ›Le chappellet des dames‹, Bd. 1, S. 100-126, der Margaretenpreis S. 107-110, 123, das Zitat S. 107. Die Auslegung der biblischen Mariengeschichte auf Maria von Burgund und Herzogin von Österreich (S. 122-126) gehört zu dem Erstaunlichsten, was eine Bibelexegese je erbrachte. Sie ist hier nicht vorzuführen. – Wolfgang Harms weist hin auf einen Einblattdruck von 1632, in dem »*Gustavvs Adolphvs, Martinvs Luthervs* und *Iohannes Georgius* in der Weise als Vorkämpfer des Protestantismus gefeiert werden, daß mit jedem ihrer Buchstaben je fünf für sie bezeichnende Wörter (Attribute, Exempelfiguren usw.) gebildet werden«; in der Rezension von Günter Hess, Deutsch-lateinische Narrenzunft, in: Beiträge zur Geschichte der deutschen Sprache und Literatur 97 (1975), S. 157. – Zur Methode der Namensexegese durch Auslegung der Buchstaben auf Tugenden und exemplarische Gestalten der Geschichte in französischen Dichtungen des 15. und 16. Jahrhunderts Jodogne (wie Anm. 17), S. 221.

Perlen Belgiens in Gestalt der fünf Margareten, die Frauen seiner Herrscher wurden, gehalten hatte,[19] so feiert das der Perle (Margarite) gewidmete Kapitel Lemaires in der fiktiven Rede des Robert Gaguin Margarete von Österreich und Burgund, die Herzogin von Savoyen (Marguerite) als die verkörperte Tugend der Mäßigung (Moderation) unter dem Leitvers:

Gaguin icy de Moderation
Fait alliance auec la Margarite,
Et le concorde au nom de Marguerite
Pour commencer sa couronnation.[20]

Die Königin Margarete von Navarra und Schwester Franz I. von Frankreich war selbst eine nicht unbedeutende Dichterin, und es hatte seinen eigenen Reiz, daß 1547 ihre Versdichtungen

---

19 Jean Lemaire de Belges, Œuvres (wie Anm. 17), Bd. 4, S. 63, Anm. 3.

20 Ebd., S. 62. Über die Entstehung, die Fundorte, berühmte Trägerinnen, die Heilkräfte und das Vorkommen der Perle im Evangelium S. 64-66; das Lob Margaretes als *noble nature* wie die Perle S. 63, 66-69; die Rede schließt (S. 68 f.): *Par ainsi, icelle tresnoble gemme apres auoir prins sa croissance moderee sans enormité excessiue, comme la precieuse perle ou Margarite est touiours demouree clere en son regard, ronde en ses faits, et precieuse en son estimation: et ha prins sa naissance de rosee celeste, auguste et Imperiale, dedens le clos dune tresnoble escaille sa genitrice sur le prochain riuage de la mer Britannique quant au corps: Mais quant à l'ame, elle est vraye Orientale. Cest doncques la perle de valeur inestimable, appetee par tous les princes du monde: cest la Margarite pour qui Cesar eut bien empris de passer la mer: Cest l'vnion qui nha point de second ne de parangon, par lequel tant de bonnes paix, alliances, concordes et vnions ont esté faites entre les hvmains, qui trop seroit difficile à le raconter. Et à brief dire, cest la tresclere gemme qui remedie à maintes passions, et conforte tous cœurs desolez. Parquoy il est facile à conclure, que tout ainsi que moderation est le plus beau don des Dieux, et la Margarite la premiere et la principale entre les pierres precieuses: Aussi est la Princesse Marguerite la plus noble et la plus illustre dame du monde: Et par consequent il sensuit, que dame Vertu par vne haute et parfonde aduision luy veult dedier ceste couronne.* – Es folgt (S. 69 f.) ein Lob der Perle Margarete von Dänemark, 1363 Königin von Norwegen, später wieder das der Margarete von Österreich als Perle (152 f.), die auch mit der Margaretenblume verglichen wird (S. 155).

in zwei Bänden mit dem Titel ›Les Marguerites de la Marguerite des Princesses‹ erschienen waren,[21] wobei offen blieb, ob ›Perle‹ oder ›Blume‹ hier für die hochgestellte Dichterin und ihre Werke stehe. Für die Perle spricht, daß eine dieser Dichtungen, ›Le Miroir de lame pecheresse‹, zuerst anonym 1531 in Alençon erschienen war mit einer Erklärung zu der als Braut von Jesus angenommenen Sünderin auf dem Titelblatt: *La Marguerite tres noble et precieuse sest preposee a ceulx qui de bon cueur la cherchoint.*[22] Die Perle Christus heißt hier Marguerite. Während Ronsard aus dem Titel der Dichtungen Margaretes *la plus belle fleur d'eslite* las, ließen andere es in der Schwebe, ob sie die Perle oder die Blume hierin erkannten. Ein der Königin von Navarra anonym gewidmetes Werk zeigt eine Miniatur: »Le roi tient dans sa main une *marguerite*, et au-dessous de l'écusson des armes de Navarre on lit cette devise latine: *Inveni unam preciosam Margaritam quam intimo corde collegi*«.[23] De la Haye, der Herausgeber von Margaretes Dichtungen, unterbreitete sie ihr in einem Eröffnungsgedicht als Edelsteine wie als Blumen mit der Bitte,

Et que trop plus ses sacrez monuments
Estimeras que vrays clers Diamants,
Que fins Rubis, ny que Perles d'eslite,
Et que l'odeur de ceste MARGUERITE
Satisfera à tres nobles esprits
Plus que nul autre, et mettras à mespris
Baume, Ambre et Musq, et l'Œillet et la Rose,
Et toutes fleurs que la hault Ciel arrose
Sur les matins.[24]

---

21 Unter diesem Titel hg. v. Félix Frank, Bd. 1-4, Paris 1873 (Cabinet du Bibliophile 16).

22 Frank zitiert den Titel ebd. 1, S. LXXXVI. Die Ausgabe Paris 1533 hat den Titel: ›Le Miroir de tres chrestienne Princesse Marguerite de France, Royne de Navarre, Duchesse D'alençon et de Berry: auquel elle voit et son neant et son tout‹; Frank, ebd., S. LXXXVII.

23 Ebd., S. XCIII.

24 Ebd., S. 8.

Die gleiche Assoziation von Blume und Perle ergibt die erste Strophe des Margarete gewidmeten Eröffnungssonetts von Maurice Scève zum zweiten Band der Originalausgabe:

La Marguerite, où la celeste Aurore
De ses couleurs print l'imitation,
S'esclot icy en la perfection,
Qui saintement ce Monde emperle et dore.[25]

Ein Reiz liegt in den schwebenden Übergängen von Blume zu Perle in den Huldigungen an die Königin und ihre Kunst.[26] Margaretes von Navarra Gedicht ›Le Navire‹[27] ist ein Gespräch mit dem ihr in der Vision erscheinenden verstorbenen Bruder, König Franz I. von Frankreich, der in brüderlicher Zuwendung zu ihr von der vollkommenen Gottesliebe spricht. Margarete soll mit der Bibel in der Hand sich auf die Freuden des Himmels zubereiten, da Gott von seinen Erwählten in der Schrift sich finden läßt. Es macht erstaunen, daß im Gedicht der protestantischen Margarete der katholisch gebliebene Bruder ihr aus dem Himmel zuruft:

Margueritte, et pourquoy n'as tu trouvé
La margueritte et perle evangelicque,
Que l'Escripture a si fort aprouvée:
Elle guerit le mal du pere anticque,
Rendant la chair à l'esprit tant subjecte,
Que de charnelle elle est faicte autenticque.[28]

25 Ebd. 3, S. 166.
26 Daß die Bedeutungen ›Perle‹ und ›Margarite‹ (Blume) so schillernd changieren konnten, mag dazu beigetragen haben, daß im niederländischen Sprichwort den Schweinen statt Perlen Blumen vorgeworfen werden, wie auch die Bildzeugnisse zeigen; so Lutz Röhrich, Lexikon der sprichwörtlichen Redensarten Bd. 2, Freiburg im Breisgau, Basel und Wien 1974, S. 715 f. mit Bilddenkmälern.
27 Les dernières poésies de Marguerite de Navarre, hg. v. Abel Lefranc, Paris 1896, S. 385-439.
28 Ebd., S. 397. Dazu Lefranc, Les idées religieuses de Marguerite de Navarre (wie Kap. 3, Anm. 41), S. 116: »Il est piquant de voir François Ier [...] recommander avec instance à Marguerite l'étude de la Bible, et se faire au-

Es blieb Margarete vorbehalten, die margarita evangelica des Hieronymus als den in ihrem Namen ihr vorgezeigten Weg zum Heil sich aus dem Himmel verkündigen zu lassen. Als Blume und als Perle wird Margarete von Navarra wieder gefeiert von Joachim Du Bellay († 1560).[29]

Pierre de Ronsard versammelte all sein Blumen- und Perlenlob auf seine Gönnerin Margarete von Frankreich, die Schwester Heinrichs II. und Herzogin von Savoyen,[30] bis hin in seine Dichtung auf ihren Tod (1574) ›Le tombeau de Marguerite de

---

près d'elle de défenseur des opinions des novateurs qu'il persécutait de son vivant«.

29 Joachim Du Bellay widmet seinen Zyklus von 115 Sonetten ›L'Olive‹ (1550) Margarete als seine dichterischen Blumen:

Ce sont mes vers, que les chastes Carites
Ont emaillez de plus de cent couleurs
Pour aler voir la fleur des MARGUERITES.

Joachim du Bellay, Œuvres poétiques, hg. v. Henri Chamard, Bd. 1, Paris 1982, S. 10. Zu dem ›L'Olive‹-Zyklus Rigolot (wie Anm. 17), S. 129-154, hier S. 132. Du Bellays Ode ›Les deux Marguerites‹ auf Margarete von Navarra und ihre Nichte Margarete, duchesse de Berry (zuerst 1551 im ›Tombeau de Marguerite de Valois, Royne de Navarre‹) besingt diese alle Blumen der Mythologie ausstechenden Blumen und alle Perlen Indiens übertreffenden Perlen, um sein Monument für die jüngst verstorbene und in den Himmel erhobene *Marguerite saincte* (v. 63) zu dichten. Ebd., Bd. 4, Paris 1983, S. 156-163. Du Bellay feiert Margarete in Versen seines ›Discours au Roy sur le faict de ses quatre estats‹:

659 *Que pleust à Dieu qu'icy je peusse mettre encore*
La tante que le Ciel de ses graces honnore,
L'unique Marguerite en couleur et valleur,
Qui est de nostre temps et la perle et la fleur.

Ebd., Bd. 6, Paris 1991, S. 229.

30 Ronsards Elegie auf die Abreise der Königin von Schottland (1561) schließt mit der Klage, daß er Margarete von Frankreich († 1574), die Schwester Heinrichs II., verloren habe,

109 *Une maitresse, une perle de prix,*
Et une fleur, la fleur des bons espris,
Une divine et rare Margarite,
Qui pour la France en la Savoye habite,
Et meintenant une Royne je pers,
Qui fut l'honneur de France et de mes vers.

France, Duchesse de Savoye‹, die von ihrem Grab (*tombe saincte*) spricht als von dem einer Heiligen. Er verkündet ihr ein

---

Pierre de Ronsard, Œuvres complètes, hg. v. Paul Laumonier, Bd. 1-16, Paris 1914-1955, hier Bd. 12, S. 199. Der gleichen Marguerite de France, duchesse de Berry, gedachte Ronsard zwei Jahre später in der ›Compleinte à la Royne Mere du Roy‹ ganz ähnlich (ebd., S. 179):

129 *Fleur et perle de prix, Marguerite perfaicte,*
Apres que la bonté de Nature t'eut faite,
Assemblant pour t'orner une confection
De ce qui est plus rare en la perfection,
Elle en rompit le moulle, à fin que sans pareille
Tu fusses icy bas du monde la merveille.

Das von Ariost stammende Bild (ebd., S. 179, Anm. 3), daß der Himmel den Model, nach dem sie gebildet wurde, zerbrach, um ihre Einmaligkeit zu sichern, kehrt wieder in Ronsards Dichtung auf den Tod Margaretes ›Le Tombeau de Marguerite de France Duchesse de Savoye‹ von 1575 (ebd., Bd. 17,1, révisée et complétée par I. Silver et R. Lebègue, Paris 1959, S. 65-84, hier S. 82):

395 *Et que le ciel la feit si parfaicte et si belle,*
Que pour n'en faire plus en rompit le modelle,
Ne laissant pour exemple aux Princesses sinon
Le desir d'imiter le vol de son renom.

Vgl. im Sonett II,18 der ›Sonets pour Helene‹ die zweite Strophe (ebd., Bd. 17,2, Paris 1959, S. 261; dazu S. 122, Anm. 1):

Toute vertu divine acquise et naturelle
Se loge en ton esprit. La Nature et les Cieux
Ont versé dessus toy leurs dons à qui mieux mieux:
Puis pour n'en faire plus ont rompu le modelle.

Nach Sonett II,11 (S. 256) kam Helene als übermenschlich Himmlische auf die Erde:

Dieu, pour favoriser ce monde vicieux,
Te feit tomber en terre, et dessus la plus belle
Et plus parfaite idee il traça la modelle
De ton corps, dont il fut luymesmes envieux.

Das Hirtendrama ›Bergerie‹(1564) nennt Margarete als Gattin des Herzogs von Savoyen die »von der Gnade«, das heißt dem Tau, Genährte (ebd., Bd. 13, S. 121):

897 *A son dextre costé je vy sa femme assise,*
Fleur et perle d'honneur que nostre siecle prise,
La tante de Carlin, que la Grace a nourry,
La fille de François et la soeur de Henry,

Fest der jährlichen Verehrung, und wie in der Legende die Umgebung des Sterbeortes eines Heiligen sich verzuckern kann[31] und alle Bäume um ihn duften, so erwartet es der Dichter für Savoyen – Margarete starb in Turin –:

417 *Pour marquer sa grandeur puissent à l'advenir*
Les rochers de Savoye en succre devenir,
En canelle les bois, les torrens en rosée,
Et que sa tombe en soit en tous temps arrousée,
Et que, pour signaler de son corps la valeur,
Y naisse de son nom et la perle et la fleur.[32]

Der auf ihr Grab fallende Tau soll in Perlen und Blumen sich verwandeln. Das ihren Sterbeort auszeichnende, Margarete mit der Aura einer Heiligen umgebende und die Bedeutung ihres Namens verewigende neue Wunder hebt die bloße Naturmythe auf die Ebene von etwas Sakralem. Wie ›bloß‹ dichterisch die Verse Ronsards zunächst anmuten mögen, sind sie doch – und Wolframs ›Willehalm‹ zeigt es wie eine ganze Reihe anderer Dichtungen des Mittelalters – aus einem Zeug gemacht, mit welchem dichterische Heilige bis hin zur kultischen Verehrung durch die Kirche gebracht werden konnten. Am Ende des pan-

---

La mere des vertus, qui justement merite
D'estre ensemble une perle et une marguerite.

Das Lob Margaretes beschließt den ersten Teil der ›Bergerie‹.

Erst nach dem Tod Margaretes (1574) wird Ronsard ein Lobredner auch Margaretes von Navarra. In der ›Elegie‹ (1578) heißt sie *la belle et chaste Marguerite, / Perle et fleur des François, immortelle Charite, / Des divines beautez le patron eternel* (ebd., Bd. 17,2, S. 175, v. 27ff.). Das Gedicht ›La Charite‹ (1578) ist gewidmet ›A la Marguerite et unique Perle de France, la Royne de Navarre‹ (ebd., S. 166). Ronsards Perlensonett (Les Amours, Nr. 70) gehört keiner Margarete, sondern Cassandra Salviati; ebd., Bd. 4, S. 71f.

31 Wolfram von Eschenbach sagt im ›Willehalm‹ von Vivianz, seine Zehe, in das Meer geworfen, würde alles Salz verzuckern (62,11-14), von seiner Sterbestätte, alle Bäume würden wie brennendes Aloeholz duften (69,12-16), und vom Sterbeplatz des Tesereiz, von seinem Zucker könnten sich die Bienen weit im Umkreis nähren (87,30-88,11).

32 Ronsard, Œuvres complètes, Bd. 17,1, S. 83.

egyrischen Margaretenkults der Dichter Frankreichs steht die Stiftung einer hagiographischen Mythe, ganz nach dem Sinn Ronsards, der überzeugt ist, daß schon die Götter der Antike ein Werk der Dichter waren. Schon ein Jahrzehnt vor Margaretes Tod hatte Ronsard in einem Gedicht verherrlicht

109 *Ainsi et la vertu, la grace et le merite*
De la saincte et divine et chaste Marguerite.[33]

Und es war eben dieser Preis der vom Himmel dazu Erwählten, auf der Erde als ein Wunder der Welt zu erscheinen (134 *Tu fusses icy bas du monde la merveille*), an den Ronsard eine Betrachtung über die Vergöttlichung von Menschen durch das Wort der Dichter anschloß:

143 *Si est ce que les vers ont aux hommes mortels*
Jadis fait eriger et temples et autels.
Ceres n'a pas esté Déesse renommée
Pour avoir de son bled nostre terre semée,
Ny Pallas pour avoir monstré l'art de filler,
Escarder les toisons, ou l'huile distiller:
Les livres seulement, de mortelles Princesses
(Et non pas leurs mestiers) les ont faites Déesses.
Les livres ont à Mars les armes fait porter,
Le trident à Neptun, la foudre à Jupiter,
Les æsles à Mercure, et leur belle memoire
Sans les vers periroit au fonde l'onde noire.[34]

Der Anspruch, daß Dichter die Götter in Mythen erschaffen, steht auch hinter Ronsards Versuch einer hagiographisch eingefärbten Mythologisierung Margaretes, die mit dem Wunder von Tau und Perle auf ihrem Grabe auch die alte Naturmythe in eine neue Dimension hob.[35]

Margarete von Navarra, die Tochter Heinrichs II. und Katharinas von Medici, war schon mit einundzwanzig Jahren (1574)

33 Ebd., Bd. 12, S. 178, in ›Compleinte à la Royne mere du Roy‹.
34 Ebd., S. 179f.
35 Hier ist nicht der Ort, Ronsard seinen Platz in einer Tradition zu geben, in der mittelalterliche Dichter von Legenden Heilige geschaffen haben.

die Empfängerin einer Dichtung des Jean de la Taille (um 1533 bis um 1608) ›Le blason de la Marguerite et des autres pierres précieuses‹, die auch sie wie die früheren Margareten als Perle und als Blume rühmt:

Mais sur toutes pierres d'élite
Je veux chanter la Marguerite;
C'est une perle et une fleur,
Qui en noblesse, honneur et grace,
Qui en beauté, qui en valeur
Les perles d'Orient efface,
Tant soient elles a nos esprits
De grand'merveille et de grand prix.

Plus que toutes pierres du monde
La Marguerite est blanche et ronde,
Qui née aux coquilles de mer
De rondes écailles consiste,
A qui la Lune et Juppiter
Donnent de purger le sang triste:
Sa grace gist en sa rondeur,
En sa blanche et vifve splendeur.

De ce nom j'honore une Royne,
En grace et beauté souveraine,
Qui a plus de force et d'effect
Que tant de pierres qu'on admire,
Qui tous cueurs par sa grace attrait,
Comme à soy la Pantaure attire
Toutes pierres, et qui estaint
Des plus belles pierres le taint.[36]

36 Jean de la Taille, Seigneur de Bondaroy, Œuvres, hg. v. René de Maulde, Bd. 1-4, Paris 1878-1882 (Neudruck Genf 1968), Bd. 3, S. CCXIII. – Des Jean de la Taille Edelsteingedicht führt 18 Edelsteine in ihren Eigenschaften und Wirkkräften vor. Sein auf eine Unbekannte gedichteter ›Blason de la Marguerite‹ feiert die Geliebte als die Margaritenblume. Seine vier Strophen (Ebd. S. CXLVIII-CLI) enden mit dem Refrain:

J'aurois tousjours au cueur écritte
Sur toutes fleurs la Marguerite.

Eine Sammlung seiner Liebessonette eröffnet die Widmung an Margarete von Navarra:

Eines der drei an den ›Blason des pierres précieuses‹ (1574) angehängten Sonette – es hat den Titel ›Estreines a une damoiselle, dont le nom tourné porte: Estime l'heur de grace‹ (der Name Marguerite steckt im Anagramm) – wünscht der dank dem Himmel ihm Begegneten (nun noch Margarete von Navarra?) eine Dankesgabe darzubringen, die es in der Schwebe läßt, ob auch die Hingabe des Gedichts als Perle oder Blume zu verstehen wäre:

Estant la perle et fleur des Marguerites,
Que puis-je offrir digne de voz merites?
Dois-je donner des fleurs à une fleur?

A une perle offrir des perles mesmes?
Je ne vous puis, aiant desjà mon cueur,
Mieux estrener que vous donner moy-mesme.[37]

Zwei Jahre später (1576) erschien der erste große Edelstein-Gedichtzyklus der Neuzeit, ›Les amours et nouveaux eschanges des pierres précieuses‹ von Rémy Belleau, der das antike und mittelalterliche Steinwissen auf eigene Art vermittelt und abwandelt, wobei das Hauptnovum seiner Edelsteingedichte die von ihm erfundenen Steinentstehungsmythen waren.[38] Belleaus hierin der vierundzwanzigjährigen Margarete von Valois, Königin von Navarra, seiner Gönnerin, gewidmetes dreißigstrophiges Gedicht ›La Perle‹[39] handelt nicht nur von der Perle

A la plus belle et gente Marguerite
Qui soit en France et perle et fleur d'élite,
Bondaroy donne et son livre et son cueur,
N'ayant present de plus haulte valeur.

Ebd., S. CLXXVII. – Tatham Ambersley Daley, Jean de la Taille (1533-1608). Étude Historique et Littéraire, Paris 1934, S. 71, 75, 225, 233 f.

37 Jean de la Taille, Œuvres, Bd. 1, S. CLXXXVIII.

38 Alexander Eckhardt, Rémy Belleau, Budapest 1917, S. 140-144.

39 Rémy Belleau, Les amours et nouveaux eschanges des pierres précieuses, hg. v. M. F. Verdier, Genf und Paris 1973, S. 85-94. Zu den Quellen Literatur bei Ohly, Diamant und Bocksblut (wie Kap. 1, Anm. 6), S. 42, Anm. 105. – Belleaus zunächst Ronsard, später dem Seigneur de Baïf ge-

in der Belleauschen Art, die Steine bald Metamorphosen erleben, bald sprechen, bald Liebesempfindungen und andere geheime Neigungen erfahren zu lassen, aber auch ihre magischen Kräfte und übrigen Eigenschaften nicht zu vergessen, sondern versteht sich auch als Darbringung einer poetischen Perle zur Preisung der Empfängerin, die sie als Ohrgehänge oder – so war die italienische Mode – sie auf der Stirne tragen möge. Die erste und die vorletzte Strophe lauten:

1 *Je veus de main industrieuse*
Sur les bords de l'onde fameuse
Choisir une Perle de pris,
Une Perlette dont la gloire
Sur les colomnes de Mémoire
Immortelle emporte le pris.

139 *Or va doncques, Perle d'eslite,*
Va trouver ceste MARGUERITE*,*
Des beautez la Perle et la fleur,
Et fay tant que tu trouves place
A son oreille ou sur la face,
A fin der gaigner sa faveur.

Schließlich hat auch Du Bartas (1544-1590) Margarete von Navarra *et la perle et la fleur des François* genannt.[40]

Das dichterische Perlenspiel um die Margareten aus den höchsten Ständen beherrschten nur poetae docti, die über die Traditionsschätze der Antike und eines zum Boden der Renaissance gehörenden Mittelalters mit Phantasie souverän verfügten wie die Erfinder von Perlen- und Margaretenmythen.[41] Die

---

widmetes Gedicht ›L'huistre‹ betrachtet am Ursprung der Perle aus dem Tau in der Muschel die Verbindung von Himmel und Erde, ohne mit dem Perlennamen *marguerite* Gedanken an eine Margarete zu verbinden. Drei Stein-Gedichte von Rémy Belleau, ›Huistre‹ (1556), ›Perle‹ (1576) und ›La Pierre d'aymant ou Calamite‹ (der Magnet), auch in: French Renaissance Scientific Poetry (wie Kap. 3, Anm. 8), S. 38-50, dazu ebd., S. 9.

40 Guillaume de Salluste Sieur Du Bartas, The Works, hg. v. Urban T. Holmes u. a., Bd. 1-3, Chapel Hill 1940, hier Bd. 3, S. 477.

41 Im Jahr 1596 hat des Thomas Lodge Erzählung ›A Margarite of Ame-

schon in der französischen Renaissance sich abzeichnende Gefahr, ins Topische abzusinken, blieb eine Drohung auch dort, wo Reden auf niedere Margareten aus bescheidenerem Mund in Kasualfällen erwartet wurden. Gleichwohl ist zu bedenken, daß beim ständischen Sinken von Kulturgut es in der empfangenden Schicht doch stets das Neue ist, das mit einer jeweils eigenen Frische aufgenommen wird. Der bei ihrem bürgerlichen Leichenbegängnis einer Margarete als Perle gedenkende Prediger wurde von der Hörergemeinde darob gewiß nicht weniger bewundert als in ihrer Welt die Autoren großer ›Tombeau‹-Dichtungen auf fürstliche Margareten. Topisch wird hier zur Rede Stehendes zunächst in der gleichen sozialen Schicht, während seine Aufnahme durch eine andere Schicht im neuen auch Bildungskontext es wieder auffrischt, ehe es seinen Reiz auch dort verlieren mag.

Das 17. Jahrhundert zählt wie auch vorher das elfte oder das vierzehnte zu denen, wo nahezu jeder Lebensgedanke an den Tod rührt und die Intensität des Lebens vom Gedanken an seine Vergänglichkeit hervorgetrieben wird. Die barocken Leichenbegängnisse waren eine Augen- und Ohrenfeier hochöffentlichen Charakters, eine Demonstration des Todes, während das Leben im Gesamtkunstwerk des Fests sich darzustellen hatte. Das barockliterarisch ausgebaute Genus der Leichenrede liebte an den Namen des Verstorbenen und seine Deutung anknüpfende Redeteile, so auch bei einer gestorbenen Margarete. Die mächtigen barocken Schatzhäuser von Handreichungen für die bildenden oder die Redekünste, so auch Christian Weidlings ›Emblematische Schatzkammer‹ (1702) mit ihren Anweisungen, *wie man sich derselben bey Abdanckungen, Hoff- und Rathsreden, Hochzeit-, Tauff- und Trau-Sermonen, auch vor-*

---

rica‹ die Figur einer Margarita als die einer reinen Perle vorgeführt, die in christlich humanistischem Vertrauen in die Tugend bei einer Umwelt von Verderbnis und Gewalt dem Machtwahnsinn des Arsadachus heiligmäßig unschuldig zum Opfer fallen mußte. Arthur F. Kinney, Humanist Poetics, Thought, Rhetoric, and Fiction in Sixteenth-Century England, Amherst 1986, S. 399-404.

nehmlich Predigten nützlich bedienen könne (Titelblatt), geben eine Handhabe auch für den Fall, daß ein Mensch in blühenden Jahren dem flüchtigen Leben entrissen wurde. Dem Brauch, des Hinscheidens hochgestellter Persönlichkeiten durch Erfindungen von Kasualemblemen zu gedenken, wurde auch beim Tode Margaretes, der Tochter König Philipps III. von Spanien, gehuldigt: *Bey der Leichbegangniß Margarittae Phil. III. Königs in Spanien Tochter, entwarff der berühmte Famianus Strada unter andern ingenieusen Sinnbildern auch dieses, er ließ nemlich eine in einen güldenen Ring eingefaßte Perle mahlen, mit der sinnreichen Uberschrifft: Deseruisse juvat mare, Es schadet mir nichts, daß ich aus denen Meeres-Wellen entgangen bin.*[42] Anweisungen zur Erläuterung und der Predigtanwendung erklären, daß die Goldfassung des Jenseits den Wert der aus dem Meer der Welt genommenen Perle erhöhe. Der Bezug auf den Namen Margarete löst sich erst in der Verallgemeinerung am Ende.[43] In Yorkshire (England) trug ein altes Epitaph die Inschrift:

---

42 Weidling, Emblematische Schatzkammer (wie Kap. 3, Anm. 59), T. 1, S. 741.

43 Ebd., S. 741 f.: *Also hat ein gläubiger Christ nicht Ursache sich für den Tode zu entsetzen, weil er weiß, daß durch denselben er aus diesen unsichern Welt-Meer in das Schloß der Sicherheit, aus dieser Zeitligkeit in die unendliche Ewigkeit soll versetzet werden.*

Christian Weidlings ›Emblematischer Lob- und Trauerredner‹, Leipzig 1705, S. 337-342 empfiehlt unter den Titeln ›Eine durch den Todt geraubte Tugend-Perle‹ oder ›Die in die göttliche Crone versetzte Tugend-Perle‹ Trauerreden auf adlige Damen des Namens Margarete. Er beschreibt zehn Perlenembleme mit ihren Lemmata, darunter das des Famianus Strada auf Margarete von Spanien, und gibt Anweisungen zu ihrer Verwendung in der Rede.

Zur Verbreitung des Emblems trug bei Picinelli, Mundus symbolicus (wie Kap. 3, Anm. 8), lib. 12, cap. 25, nr. 236, S. 710: *Cum Margaritha, Hispaniarum Regina, et Philippi* III. *Conjunx, e vivis eximeretur, P. Famianus Strada, ad illius nomen alludens, margaritham pinxit quae aureo annulo inserta, epigraphen tulit:* DESERUISSE JUVAT MARE. *Mens Emblematis erat: sicuti margaritha, e mari sublata, pretiosissimi metalli amplexu digna efficitur; ita Reginam illam, superato vitae praesentis pelago, intra aureum ae-*

In shells and gold pearls are not kept alone,
A Margaret here lies beneath a stone.[44]

Auch die Hochzeit von Margareten war ein Kasualfall, aus ihrem Namen sich zu angemessenen Festgedichten anregen zu lassen.[45] Als der Helmstädter Theologe Friedrich Weise 1705 die Jungfer Margaretha Elisabeth Schmidt ehelichte, druckte man auf diesen Tag das Festgedicht ›Die köstliche Tugend-Perle‹ von Eisenhart, das auf den Namen des Bräutigams ebenso sinnig anspielt – *Weise wissen, was behag't: / Ja der König aller Weisen / Weiß die Tugend recht zu preisen* (Salomo) – , wie es auch den Brautnamen umspielt:

Unser Weise kann sich laben:
Edle Perlen, edle Gaben
Bringt Ihm Seine Margaris.

Sie weiß Ihrem schönen Namen
In der That selbst nachzuahmen;
Sie wird in der Kinder-Zucht,
Zur Bevölkerung der Erden,
Eine Perlen-Mutter werden:
Wie der Baum, so ist die Frucht.[46]

ternitatis et gloriae coelestis circulum receptam esse. Felices itaque, ac fortunatos illos, qui cum S. Petro Apostolo, instar margaritharum, e mundi hujus oceano eluctati, Christum sequuntur: hac enim ratione ad honorum et gloriae incrementa longe amplissima promoventur.

44 The Book of the Pearl (wie Anm. 49), S. 306.

45 Zum literarischen Brauch, bei Casualien ein Thema der Rede aus den etymologisierenden ›Allusionen‹ auf den Namen des zu Feiernden oder zu Betrauernden zu gewinnen Wulf Segebrecht, Das Gelegenheitsgedicht. Ein Beitrag zur Geschichte und Poetik der deutschen Lyrik, Stuttgart 1977, S. 115-119, hier S. 116: es »wird kaum einmal eine ›Margarete‹ verheiratet oder begraben, die nicht in den entsprechenden Casualcarmina der ›Perle‹ verglichen würde, der sie ihren Namen verdankt«; dazu zwei Beispiele S. 355, Anm. 20.

46 Christian Friedrich Weichmann, Poesie der Nieder-Sachsen, T. 3, Hamburg 1726, S. 129 f. *Perlen-Mutter* ist in der Zeit geläufig für ›Perlmutter‹. Der vierte Teil der Poesie der Niedersachsen (Hamburg 1732, S. 126 ff.)

Die Rede des Jakob Zetzke auf die Vermählung der Catharina Margaretha von Kannacher (1665) sieht die Braut als ihren schönsten Schmuck die reine Perle des in der Taufe ihr gegebenen Namens tragen.

> *Dann gleichwie diejenigen schnecken, die wir insgemein perlen-mutter heissen, am meeres-ufer den lieblichen thau des himmels auffangen, von welchen solche köstliche frucht der perlen gezeuget wird. Also ist der Herr bräutigam dessen mehr als allzugewiß, daß seine gegen-*

---

bringt in einer Ode Brandenburgs auf die Segenskraft der Eltern zur Hochzeit des Maximilian von Schütz mit Margareta von Fabrice am 17. April 1732 einen von Perlen umwundenen Blumenkranz, den die 13. Strophe deutet:

Die Bluhmen sind voll schöner Strahlen;
Die Perlen unvergleichlich-rein:
Doch lasst der Bluhmen Anmuth prahlen;
Und lasst die Perlen schätzbar seyn.
Die aller Bluhmen Schmuck besieget,
Die alle Perlen überwieget,
Ist unsere Freundin MARGARIS.
Ja! ruft die Wahrheit: mehr denn dies.

Die Perle steht für verschiedene Vollkommenheiten, so für die Liebe, die Tugend und die Schönheit in dem Lied der Göttin des Glücks über die Liebe in einer Festschilderung von Lohensteins ›Arminius‹ (wie Kap. 4, Anm. 94), T. 2, S. 1406 in der 3. und 6. Strophe:

Des Menschen Seele taug allein /
Das Bild der Lieb' in sich zu pregen /
Sein Hertz ist nur ein würdig Schrein /
Solch' eine Perl hinein zu legen.
Die Tugend und die Schönheit sind
Zwey Perlen

Ein weitreichendes Wissen von der Perle nutzt Christian Weise dazu, im ›Politischen Redner‹ (1683) eine Muster-Hochzeitspredigt für eine Braut mit Namen Margareta zu verfassen, die das von der Natur der Perle und von ihrer Bedeutung für Große der Geschichte Überlieferte auf die hier zur Rede stehende Braut und das entsprechende Glück ihres Bräutigams hin auslegt. Christian Weise, Politischer Redner, das ist kurtze und eigentliche Nachricht, wie ein sorgfältiger Hofmeister seine Untergebenen zu der Wohlredenheit anführen soll, Leipzig 1683 (Nachdruck Kronberg 1974), S. 771-779.

wärtige perle, vermöge sorgfältigen fleisses dero hochgeehrten Fr. mutter durch den himmlischen thau des göttlichen wortes also durchgearbeitet sey, daß sich über solcher in ihr seltener tugend nicht unbillig zu verwundern. Hiernechst wie die perlen, welche im abgrunde liegen, sehr durchläuchtig sind, hergegen die auff dem wasser schweben, bey weitem jener glantz nicht beykommen, kan sich Herr bräutigam eine unzurücktreibliche hoffnung machen, von dieser seiner werthen perle, welche von ihrer zarten jugend an, niemahlen zum hochfahrenden geist, der sich Gott und menschen zuwider machet, vielmehr zu der hohen leuten anständigsten demuth, gehalten worden, deroselben, in künfftiger beysammenlebung, nutzbahrer krafft zu geniessen.[47]

Es ist des Bräutigams, diese seine Perle in Acht zu halten, *da ein klarer Himmel klare Perlen bereite*, während Essig die Perlen auflöst, *wie mit einer solchen speise die egyptische Königin Cleopatra ihren bedienenden Antonius ehemals getrotzet.*[48] – Schließlich bleibt zu erwähnen, daß noch im Jahr 1908 die Autoren Kunz und Stevenson ihr größeres wissenschaftliches Werk ›The Book of the Pearl‹ gewidmet haben ›To Margaret, the Pearl‹.[49] Unser Blick auf den okkasionellen Gebrauch der

47 Johann Christian Lünig, Grosser Herren, vornehmer Ministren und anderer berühmten Männer gehaltene Reden, T. 9, Leipzig 1717, S. 222.

48 Ebd., S. 223. Nach Plinius verfärbt die Perle sich, wenn sie bei Unwetter entsteht, und trank Cleopatra eine kostbare in Essig aufgelöste Perle. Nichts weiß Plinius und die gesamte Überlieferung bis in die frühe Neuzeit davon, daß der Tau von der Muschel am Meeresufer empfangen werde und daß es auf dem Wasser schwimmende Perlen gebe. Beides dürfte aus der Bildkunst, nicht aus Texten stammen. Die Bilder zum ›Defensorium‹ des Franz von Retz zeigen die Schnecken unter dem Tau am Strand. Die Emblematik hat oft eine auf dem Meer schwimmende offene Muschel mit Perle dargestellt, da die Verwandlung des Taus in die Perle auf dem Meeresgrund sich der Umsetzung ins Bild entzog. Hier machen die Bildkünste Naturgeschichte.

49 George Frederick Kunz und Charles Hugh Stevenson, The Book of the Pearl. The History, Art, Science, and Industry of the Queen of Gems, New York 1908: *To Margaret, the Pearl. As a slight mark of appreciation by the authors of her Father's generous encouragement of science, art, engineering, technology, and literature.*

moralisierenden Etymologese des Namens Margarete auf die Perle hin[50] hat von den selteneren Fällen, in denen sie auch einen dichtmetaphorischen Aspekt hat, weggeführt.

50 Zur literarischen Namenetymologese Uwe Ruberg, Verfahren und Funktionen des Etymologisierens in der mittelhochdeutschen Literatur, in: Verbum et Signum (wie Kap. 3, Anm. 42), Bd. 1, S. 295-330 (mit Literatur).

10. *Die Muschelgeburt der Venus*

Erst die Renaissance, deren Malerei die Muschelgeburt der Venus sich zum Thema machte, führte zu einer Zusammenschau von Venus und der gleich ihr muschelgeborenen Margarete und damit weiter zu der Frage nach dem Ursprung des Schönen aus dem gestaltlosen Element. Die Verbindung zwischen Venus und der Perle hat um 1550 ein Sonett in ›Les Amours‹ von Pierre de Ronsard auf eine wie üblich als Blume und Perle gefeierte Margarete – ohne auf mehr als ihre Frauenschönheit zielende Gedanken – hergestellt:

D'un Ocëan qui nostre jour limite
Jusques à l'autre, on ne voit point de fleur,
Qui de beaulté, de grace et de valeur,
Puisse combatre au teint de Marguerite.

Si riche gemme en Orient eslite
Comme est son lustre affiné de bon heur
N'emperla point de le Conche l'honneur
Où s'apparut Venus encore petite.[1]

Auch ein Gedicht des Hofdichters Jean Dorat auf König Heinrichs Hochzeit mit Margarete von Navarra (* 1572) stellt deren alle Perlen beschämende Schönheit zur Muschelgeburt der Venus und erfindet abenteuerliche Zusammenhänge:

Venus estant enclose en sa conque natale,
Comme vn poulsin enclos dans sa coquille ouale,
La rosee du ciel d'où conceue elle estoit,
Qui de sa geniture infantine restoit,
La plus pure et la plus en blancheur treluisante
Entra en lieu de laict dans la bouche à l'infante:
Mais la conque beant la Deesse à iour vint,

1 Ronsard, Œuvres complètes (wie Kap. 9, Anm. 30), Bd. 4, S. 154 (Sonett 162); vgl. S. 78 das Sonett 77 auf eine Marguerite-Blume.

Et soudain l'humeur tendre, à l'air pierre deuint.
La forme qu'elle auoit neantmoins point ne quitte,
D'vn crystalin luisant, que le Grec Marguerite,
Le François nomme Perle, et pource que ce laict
Auoit pleu à Venus, maintenant il lui plaist,
Des vierges l'ornement que sa faueur caresse.
Ceste gemme auala vn iour en sa grossesse
CATHERINE *mangeant vn huistre d'appetit,*
Et tel fut le manger, tel enfant naistre on vit,
Vne pucelle à qui Marguerite ou Perline
Le nom resta de là, ainsi que l'argentine
Blancheur reste en sa face, en lustre surpassant
Tout ce qu'en Orient de perles va naissant.[2]

Die perlengleiche Herkunft der Göttin Venus aus der mit Himmlischem getränkten Muschel und die Geburt der Herrscherin Margarete als ihrer Nachfahrin aus diesem gleichen wunderbaren Ursprung dienten als Erklärungen dafür, daß mit diesen Gestalten eine unglaubliche Schönheit in die Welt getreten sei, wie hyperbolisch-panegyrisch dies bei Margarete vielleicht immer zu verstehen war. Die mythische Konkretisierung der Perlenentstehung in den beiden hohen Frauen zeigt eine Neigung an, die Herkunft des Schönen aus einer Einwirkung des Himmels in das Irdische zu erklären. Analoges konnte schon im Vorgang der Weltschöpfung gefunden werden, wenn Gottes Geist über den Wassern schwebte und die Welt und die Schönheit wie eine Venus aus der Muschel des Chaos kommen ließ. Die Brücke zu diesem Gedanken bildet die Geburt der Venus aus der Muschel im Gedicht ›Amovr et Beavté nez ensemble‹ von Amadis Jamyn († 1592), das die Welt aus der Muschel des Chaos hervorgegangen sieht:

Je crois que la beauté nasquit aueq Amour
Et qu'ils furent tous deux conçeus en mesme iour;
Car tout ce qui est beau soudain est agreable
Et la beauté surtout est vne chose aimable;

2 Jean Dorat, Œuvres poétiques, hg. v. Ch. Marty-Laveaux (Neudruck Genf o. J.), S. 14.

Cela fait que l'on chante Amour estre enfanté
De Venus qui se dit deesse de beauté,
Car Venus qui nasquit d'vne conque marine
Est la beauté qui prist du chaos origine
Lorsque l'esprit de Dieu porté dessus les eaux
Fit le monde et beauté naistre comme iumeaux;
Le monde et la beauté, l'vn masle et l'autre fille,
Sortis du noir chaos comme d'vne coquille.[3]

Gedanken an Venus und eine Margarete-Perle als Inbegriff der Schönheit aus der Muschel mochten der Phantasie den Aufflug zu der Anschauung erleichtern, bei der Schöpfung habe sich die Welt und auch der Mensch als Perle aus der Muschel des Alls gelöst ins Dasein.[4] Darf man, einmal auf die Gedankenspur ge-

---

3 Amadis Jamyn, Œuvres poétiques, Paris 1878 (Neudruck Genf 1967), S. 270. Margarete von Frankreich, die Schwester König Karls IX., preist Jamyn in einem Sonett als Blume und als Perle, nicht ohne sie über Venus zu erheben als die vom Himmel Begnadete, die die Welt verschönt; ebd., S. 40:

Qvi te voit Marguerite, vn astre de la France,
Sœur de nostre Monarque, il voit en vne fleur,
En vne perle unique (admirable valeur)
Mille prez, mille fleurs emprunter leur naissance:

Mille perles il voit en heureuse abondance
Qui passent d'Orient la richesse et l'honneur,
Mille et mille vertus graces de ta grandeur,
Qui dans ton braue esprit ont choisi demeurance.

C'est le vray paradis que l'en doit rechercher:
Venus mere d'Amour n'est digne en approcher
Tant s'en faut qu'vne moindre approche à ton merite.

Hé, mais qui penseroit qu'un thresor si diuers
En vne seule fleur embellist l'Uniuers?
Ceste faveur du Ciel est seule à Marguerite.

4 Ironisch gebrochen erscheint die Vorstellung in Musils ›Mann ohne Eigenschaften‹, wenn von den Gesprächen zwischen Ulrich und Diotima berichtet wird: *Es kam eigentlich immer so, daß Diotima zu sprechen begann, als ob Gott den Menschen am siebenten Tage als Perle in die Weltmuschel hineingesetzt hätte, worauf er daran erinnerte, daß der Mensch ein Häuf-*

führt, in Michelangelos Erschaffung Adams an der Decke der Sistina sehen, wie Gott aus der Muschel, die Eva noch zurückhält, Adam wie eine Perle in die Welt entließ?[5]

Den im All dahinschwebenden Gott-Vater der Erschaffung Adams sah man umfangen von einer Wolke oder einem Weltenmantel, dessen Muschelgestalt erst Charles de Tolnay bemerkte, ohne daß der Bildgedanke ihn zur Perle weitergeführt hätte, obwohl er das Gewand des Schöpfers als »perlig-weiß« im violetten muschelgestaltigen Mantel beschrieb.[6]

Die Muschelmetapher für Gott als den die Welt als Perle aus sich entlassenden Schöpfer erfuhr eine grandiose Umkehrung,

---

lein von Pünktchen auf der äußersten Rinde eines Zwergglobus sei. Robert Musil, Der Mann ohne Eigenschaften, hg. v. A. Frisé, Reinbek bei Hamburg ^{5}1960, S. 280.

5 Michelangelos Fresko entstand 1511, Jamyn wurde geboren erst 1538. Die mit aller Vorsicht hier assoziierte Frage ist natürlich ohne Heranziehung der Schöpferikonographie des 15. Jahrhunderts und der hier nur am Rande (über Margarete) in unser Vorhaben hineinreichenden mythologischen Venustraditionen samt ihrer Philosophie nicht zu beantworten.

6 Charles de Tolnay, The Sistine Ceiling, Michelangelo, Bd. 2, Princeton ^{2}1949, S. 34f.: »In the ›Creation of Adam‹ God the Father no longer has a human aspect, but a celestial nature; He is a kind of anthropomorphic cloud which slowly floats [...] This whole group is enveloped by a large mantle swelling in the wind and forming a huge shell [...] This is another metaphor in which Michelangelo returns to the original significance of the shell as it occurs in the ancient myths, that is, as a symbol of protection and fertility at the same time«. Ebd., S. 135: »The representation of God the Father creating Adam with a spherically inflated mantle is completely different from all earlier representations of God in this scene. Michelangelo approached the ancient representations of Zeus or of the God Caelus in which the gods hold in their hands the ›mantle of Heaven‹ spherically inflated«. Ebd., S. 136:» Michelangelo seems to have been the first to reintroduce the ancient conception of the mantle of heaven, replacing the geometric and static conception of the celestial spheres of the Middle Ages and the early Renaissance«. Die Farben beschreibt er ebd., S. 37: »The soft and light gray-lilac chiton of God the Father, which in the lighter areas goes over into a pearly white, is surrounded by the violet shell-shaped mantle«.

wenn die Gottmuschel einen Tau zu empfangen hatte, den als Perle auszubilden ihr aufgegeben war. Biblisch fundiert und hundertfach bezeugt war schon der Tau als eine Metapher für Gottes aus der Höhe herniederkommende und vom Menschen aufzunehmende Gnade, als mit der ihr als großer Dichterin eigenen Kühnheit ihrer Bildgedanken Catharina Regina von Greiffenberg in ihrem Sonett ›Auf die Erleuchtung des Blinden am Wege‹ die Bewegungsrichtung des Motivs so umdrehte, daß nicht der Himmel auf die Erde wirkte, sondern der Tau des Glaubens als des Blinden ›schwache Allmacht‹ auf die Allmacht Gottes derart einwirkt, daß sie ihre Muschel zur Perlenbildung anregt. Die Gott bewegende Kraft des Glaubens konnte mächtiger nicht gesehen sein:

wer überwindet GOtt? der Glaube thut's allein.
Er ist der Gottheit-Weg / auch Ziel' und Willens finder.
Er ist ihr unterstand / in dem sie herrlich würkt.
Die Allmacht-Muschel sich dem Glaubens-Thau aufschliest:
zu Wunder-Perlen bald Vertrauens-Krafft erspriest,
Die / biß vollkommen sie / sein Schutzes-Schal bezirkt.
Das Pulfer kracht / so bald ein Fünklein Feur drein fällt:
die Allmacht macht / wann sich der Glaube zu ihr hält.[7]

Der Glaube stimuliert die Gottesmuschel zu ihrer Möglichkeit der Perlenbildung, mit der sie dem ihr Anvertrauten wiederum zu seiner höchsten Qualität verhilft.

Das Drängen zum Mythus, das schon die Übertragung der Naturmythe von Tau und Perle auf einen Mythus von der Ge-

---

7 Catharina Regina von Greiffenberg, Geistliche Sonette, Lieder und Gedichte, Nürnberg 1662 (Neudruck Darmstadt 1967), S. 126. Ein Sonett auf ›Die tröstliche GOttes Gnade‹ kehrt diese Bewegung wieder um, wenn die Muschel sich zur Herabkunft des Taus der Gnade auftut (ebd., S. 41):

durch die trüben Trübsal wolken / blickt dein Gnaden-Angesicht.
deiner Gnaden milder Thau / ist in saurer Angst sehr süsse:
thu mich / wie der Perlen-Schneck / auf / damit ich ihn geniesse.
meines Geists begeiste Nadel nach dir / ihrem Stern / sich richt.

Peter Maurice Daly, Die Metaphorik in den ›Sonetten‹ der Catharina Regina von Greiffenberg, Zürich 1964, S. 58f.

burt der Venus aus der von einem Tropfen des Himmels getränkten Muschel hervorgetrieben hatte, sollte an ein noch weiteres Ziel gelangen, wenn der späten Renaissancefassung des Venusmythus am Ende noch eine Priorität vor der Naturmythe von Tau und Perle zugesprochen wurde. Das tut ein Gedicht der Anthologie des Béroalde de Verville (1556-1629?) ›Alliance‹, das die Natur eine Anregung zur Perlenbildung aus dem Tau erst aus ihrem Neid auf die übernatürliche Geburt der Venus aus einem Himmelstropfen empfangen läßt:

Lors que Vénus prit naissance,
Une céleste substance
Dessus la mer dégoutta,
Qui dedans une coquille
La fit la plus belle fille,
Qu'oncques le monde porta.

La nature dépitée
De se voir outrepassée,
Voulut imiter les cieux,
Et décuisant la rousée
Dans les nacres assemblée,
Faire un chef-d'œuvre comme eux.

Die Venus nachgeschaffene Perle der Natur war schön in ihrem bleichen Glanz, stand aber an Allseitigkeit des Schönen Venus nach, bis endlich die Natur dem himmlischen Geheimnis auf die Spur kam und das rundum vollkommen Schöne an Menschenbildung in Geist und Körper schuf, das nicht zu übertreffen war, – die im Gedicht geliebte Frau:

Vous belle qui de ma vie
Tenez la flamme asservie
Sous votre perfection,
Vous êtes cette Déesse
Dont la beauté et sagesse
Mérite admiration.

Vous êtes la perle heureuse
Que mon âme langoureuse

Adore dévotement,
Celle pour qui je soupire,
Celle que seule j'admire
Sous l'enclos du firmament.[8]

Auch solche Privatmythologie – und kaum erst seit der stärker am Menschen orientierten Renaissance wollen auch private und sonst personenbezogene Motivationen des künstlerischen Mythologisierens in Betracht gezogen sein – signalisiert eine bis ins 18. Jahrhundert gehende Tendenz, Natürliches durch Steigerung ins Mythologische aufzuhöhen.

Eine Verwandtschaft der Naturmythe von Tau und Perle mit dem Venusmythus mußte erst einmal wahrgenommen sein,[9] ehe die Mythenkritik des 18. Jahrhunderts beide in einem Atem als gleich unglaubwürdig beiseite schieben konnte:

> *So wenig als jemand glaubet die Heydnische Venus sey aus dem Schaum des Meeres in einer Perlen-Muschel empfangen und ausgehekket worden, und als sie heraus gekrochen, hätte diese ihr statt eines Schiffes dienen müssen, sie auf die Insul Cypern zu führen: So wenig ist auch zu glauben, daß die Perlen-Mutter- und andere schwere Perlen-Muscheln, aus der Tieffe, sich oben auf das Meer erheben solten, den Thau des Himmels aufzufangen, um dadurch beschwängert zu werden, und die Perlen hervor zu bringen. Dennoch hat dieses zuerst Plinius [...] in die Welt geschrieben.*[10]

In der Dichtersprache des Barock muß der Vergleich früher schon gezogen sein, denn Männlings ›Poetisches Lexikon‹, das

8 Béroalde de Verville, Anthologie poétique, hg. v. V.L. Saulnier, Paris 1945, S. 29-31.

9 Im 17. Jahrhundert erklärt Pierre de Rosnel, Le Mercure Indien, ou le Trésor des Indes, Paris 1672, S. 160, den Brauch der Alten, Venus Perlen zu opfern, damit, daß Venus, vom Himmel herabgestiegen und im Meer Gestalt geworden, der Perlenentstehung aus dem Tau entspreche. Nach The Book of the Pearl (wie Kap. 9, Anm. 49), S. 306.

10 J. Chr. Kundmann, Rariora Naturae et Artis item in Re Medica oder Seltenheiten der Natur und Kunst, Breslau und Leipzig 1737, 116, Sp. 429-444 über die *sehr zweiffelhaffte Generation der Perlen.*

sachbegründete dichterische Redewendungen aus dem deutschen Barock zur Nachahmung zusammenstellte, nennt Venus und die Perle gern verbunden.[11]

11 Joh. Chr. Männling, Poetisches Lexicon Darinnen die Schönsten Realia und auserlesensten Phrases Aus denen berühmtesten Poeten Schlesiens So dann Eine vollständige Historia Mythologica Derer Heydnischen Götter und Göttinnen, Frankfurt und Leipzig 1719, S. 304, stellt unter ›Perlen‹ neben anderen diese dichterischen Wendungen bereit: *Die Perlen sind die Thränen, so die erzürnte See zu Steinen hat gemacht. Selbst die Venus ist in Perlen genesen. Selbst eine Muschel war der Venus ihre Schooß. Mit Perlen ziehet sie die girren Tauben groß. Und hat die Perlen ihr zum Antlitz auserlesen, als die Natur ihr Bild aus Helffenbeine goß. Davon die Liebe selbst den Perlen-Titul führt, die weisser als der Schnee, und heller als Granat. Doch Aeolus zerstückt die Schönheit in Ternat.*

11. Metapher und mythische Metamorphose

Verbindet ein metaphorisches Vergleichen nicht Abstraktes mit Konkretem, sondern ein Ding mit einem Ding, dann kann die Intensität des Hineinschauens des einen in das andere so mächtig werden, daß das eine mit dem anderen nicht nur kraft einer metaphorischen Sprachmagie geradezu wie eine Identität gewinnt, wenn eine suggestive Kontemplation das eine in das andere so übergehen läßt, als widerführe ihm eine Verwandlung. Die mit Intensität über sie hinausführende Steigerung der Metapher ist die Metamorphose, die von zwei verglichenen Dingen das eine in das andere überführt. Die Sprache geht dann vom Metaphorischen in das Mythische hinüber, dessen Metamorphosen sich dem Experiment entziehen, das an den Tag brächte, daß nur Verglichenes sich nicht verwandelt. Die Perlenmetapher sei unser Beispiel. Die über die Räume und die Zeiten hin mit der Perle am häufigsten metaphorisch verglichenen Dinge sind der Tau, der Regen, die Träne und der Zahn. Tauperlen, Regenperlen, Tränenperlen und Zahnperlen kennen wohl alle kulturgeschichtlich mit der Perle bekannten Sprachen und Literaturen des Ostens und des Westens, wenn auch Vorlieben für die eine oder die andere mit den Epochen und den Kulturen wechseln. Wer je eine Perle sah und einem Tautropfen begegnet, kann bei einiger Phantasie die Tauperlenmetapher finden, so wohl auch schon ein Kind. Allerorts verbreitet, kann sie in spontaner Polygenese an vielen Orten aufgekommen sein. So auch die anderen Perlenmetaphern. Zeugnisse für sie ließen sich wohl beliebig häufen. Im Laufe der Geschichte ergab es sich nun aber, daß in allen vier Fällen – bei Tau und Regen, Zahn und Träne – Überlieferungen aufgekommen sind, die eine Verwandlung sei es des Regen- oder Tautropfens, sei es der Träne oder auch des Zahns in eine Perle zu berichten haben.

Indien allein kennt eine Metamorphose des Regentropfens im Bambusrohr zur Perle. Die geographische Verbreitung der

Bambuspflanze mag es mit bedingen. Der bedeutendste Autor über die Perlen im ganzen Mittelalter ist der Universalgelehrte Al-Beruni (973-1048),[1] ein in Persien geborener Araber, der in Indien griechische Philosophie gelehrt hat und in Afghanistan gestorben ist, wo er gegen Ende seines Lebens sein Edelsteinbuch als alter Mann vollendete. Sein in vielen Hinsichten bedeutendes Kapitel über die Perle[2] spricht über die Entstehung der Perle in der Muschel, in der Stirn des Elephanten und im Rohr des Bambus. Für das Letzte beruft er sich auf ›Märchen der Inder‹, welche sagten, »daß Perlen im Stirnfleisch von Elephanten außerordentlicher Qualität gefunden werden und daß diese Elephanten durch ihre graue Farbe und einen Duft von indischem Jasmin ausgezeichnet seien. Gleicherweise behaupten sie, daß Perlen an der Erde gefunden werden, wo die Bambusspitzen unten bei den Wurzeln wachsen. Sie beschreiben dies genauer, indem sie sagen, daß diese Spitzen rot sind und daß, wenn sie saftige Sprößlinge sind, die nicht aufrecht stehen, und Regen auf sie fällt zur Zeit der Konstellationen Ghafr und Zubana, aus den Regentropfen in den Röhren Perlen entstehen, welche fest werden, wenn die Bambusrohre reif sind«.[3] Während der indische Glaube an eine Entstehung der Perle in der Stirn des Elephanten[4] anderweitige Traditionen über Perlen in Drachen-, Schlangen- oder Fischköpfen nur adaptiert, ist die von Al-Beruni ebenso ungläubig berichtete, aber in indischen

1 Über ihn The Encyclopaedia of Islam Bd. 1, Leiden und London ²1960, S. 1236-1238; Al-Birunis Steinbuch. Mit Erläuterungen übersetzt von Taki ed-Din al-Hilali, Leipzig 1941, S. VII-XV; S. H. Nasr, An Introduction to Islamic Cosmological Doctrines, Cambridge 1964, S. 105-174, 293-295 (Literatur).

2 F. Krenkow, The Chapter on Pearls in the Book on Precious Stones by Al-Beruni, Islamic Culture (Hyderabad, Deccan) 15 (1941), S. 399-421; 16 (1942), S. 21-36. Die Einleitung (S. 399-402) berichtet über Überlieferung und Edition, Entstehung und Charakter des Werkes; das Übrige bietet eine Übersetzung des Perlenkapitels Al-Berunis aus dem Arabischen ins Englische.

3 Ebd., S. 406.

4 Dazu auch Kap. 5, Anm. 6.

Quellen auch sonst bezeugte[5] Verwandlung des Regentropfens im Bambusrohr zur Perle nicht über das Indische hinaus gewandert. Wie die Perlenmetapher für den Regentropfen gibt es also eine Geschichte über dessen Metamorphose in die Perle im

5 S.M. Tagore, Mani-Málá or Treatise on Gems, Calcutta 1879, hat die Sanskritliteratur, die Wissenschaften der Hindus, Perser und Araber samt der Steinkunde Europas als Liebhaber ein Leben lang studiert und eine Menge von Edelsteinwissen der klassischen Literatur der Hindus in vier Sprachen (Sanskrit, Englisch, Hindi und Bengali) veröffentlicht, freilich ohne die Quellen anders als in einer Liste von über hundert ausgeschöpften Werken des Orients nachzuweisen. Man kann Tagores Belegen also nicht entnehmen, ob sie tausend Jahre vor oder tausend Jahre nach Christus entstanden und ob seine Wiedergaben in jedem Fall genau sind. Er berichtet über die Perlen aus dem Bambus (Bd. 1, S. 307f., Nr. 295-298): »Im Bambus entstehende Perlen sind klar wie der Mond und haben die Gestalt einer Kakkolfrucht. Sie sind allgemein willkommen bei den Göttern. Durch seltene Verdienste können einige in den Besitz von einer oder zwei gelangen. – Es gibt fünf Bambusarten entsprechend dem Übergewicht des einen oder des anderen der fünf Elemente in ihnen; danach sind auch die Bambusperlen in fünf verschiedene Gruppen gegliedert. – Erdige Perlen sind schwer und fleckenlos; kraftgeborene Perlen sind sehr leicht; luftige Perlen sind äußerst zerbrechlich und dick; himmlische Perlen sind sehr zart und leicht. – Wässrige Perlen sind kühl und äußerst weiß. Alle diese Arten sind überlegen, und sie zu tragen schützt vor Krankheit«.

Eine Art Summe der indischen Überlieferungen über die Perlenherkunft zieht der erst dem 13. oder 14. Jahrhundert zugehörige ›König der Wörterbücher‹, der Raganighantu des Arztes Narahari aus Kaschmir, vgl. Die indischen Mineralien, ihre Namen und die ihnen zugeschriebenen Kräfte. Narahari's Raganighantu Varga XIII, Sanskrit und Deutsch, hg. v. R. Garbe, Leipzig 1882; deutsche Übersetzung des Perlenabschnitts (Nr. 152-158), S. 73 ff. Er weiß für die Perle fünfundzwanzig Namen, darunter Wörter für ›Stern‹ und ›Frucht des – aus den Wolken in die Muschel gefallenen – Tropfens‹. Über die Herkunft der Perle heißt es: »Die Perle wird auf achtfache Art gewonnen: aus dem Kopfe des Elephanten, der Schlange, des Fisches und des Ebers, aus dem Innern des Rohres, der Süßwasser-Muschel, der Wolke und – wie bekannt – der Perlenmuschel [...] Wenn auch allerdings die sieben (ersten) Sorten nicht oft zu haben sind, ist doch die aus der Perlenmuschel stammende Perle massenhaft zu finden«. Die Perle als gefallenen und im Meer erloschenen Stern fand ich erst im Emblemwerk des Giovanni Ferro von 1623 wieder.

Bambusrohr, obwohl eine Überprüfung sie nicht stützen kann.[6] Die ein offenbares Verlangen nach einer Steigerung der Naturmetapher zu einer kleinen Naturverwandlungsmythe erfüllende Überlieferung hat hier wie sonst eine durch alle Skepsis auf lange Zeit hin unzerstörbare Lebenskraft.[7]

Der Vordere und Mittlere Orient kennen eine andere Perle aus dem Regen. Die seit dem arabischen sogenannten Steinbuch des Aristoteles im 9. Jahrhundert verbreitete Tradition, welche die Perle nicht aus dem Tau des Himmels, sondern aus Tropfen des vom Wind gepeitschten Meers im Irdischen allein

---

6 R. Garbe S. 75, Anm. 4 kommentiert die Gewinnung der Perle »aus dem Innern des Rohres« nach dem Handwörterbuch der einen und angewandten Chemie VIII, 465: »Tabascheer werden gewisse kieselige steinartige Konkretionen in den Knoten des Bambusrohres genannt, welche Ähnlichkeit mit einer leichten auf Wasser schwimmenden Varietät des Hydrophan genannten Opal haben«. Al-Beruni setzt den oben S. 319 zitierten Text über die Bambusperle skeptisch fort: »Tabashir wird aus ihnen (den Bambusröhren) gewonnen, und wenn die Küstenbewohner in den Tabashirröhren etwas finden sollten, nachdem sie sie verbrennen und aufsplittern, würde man das wohl wissen und die Art solcher Perlen auch bekannt sein. Und selbst wenn es solche Elephanten- oder Bambusperlen gäbe, wären die, die dem Meer entstammten, immer noch die Muschelperlen (Sadafi)«; Krenkow (wie Anm. 2), S. 406.

Daß die Biologie und die Medizin Perlen nicht unähnliche, normale oder krankhafte Gebilde der Naturgeschichte kennen (etwa auch Skrofeln im Schweinefleisch und Steine in inneren Organen nicht nur des Menschen; zur Edelsteinentstehung aus tierischen und pflanzlichen Substanzen und in Tieren Meier, Gemma spiritalis (wie Kap. 1, Anm. 3), S. 325-330, 336-339), und daß die hier in Betracht gezogenen Verwandlungen sich auch mit Befruchtungsvorstellungen verbinden können oder metaphorische Perlenbezeichnungen für nicht perlenartige Gebilde mit im Spiel gewesen sein mögen, liefert nur Hinweise auf mögliche natürliche Ansatzpunkte einer mythisierenden Phantasie, die im Ergebnis sie aber vergessen macht, so daß diesem etwas Wunderbares anhaftet.

7 Zu den Auswirkungen naturwissenschaftlicher Skepsis gegenüber altem Traditionsgut für die Metaphorik und Allegorese Ohly, Diamant und Bocksblut (wie Kap. 1, Anm. 6), bes. S. 114 ff.; Christel Meier, Argumentationsformen kritischer Reflexion zwischen Naturwissenschaft und Allegorese, Frühmittelalterliche Studien 12 (1978), S. 116-159.

gezeugt sein läßt, begegnet seit dem 12. Jahrhundert im Orient in Annäherung an den Ursprung der Perle aus dem Tau so abgewandelt, daß die zur Meeresfläche aufgestiegene Muschel einen Tropfen des Frühlingsregens auffängt, um ihn auf dem Meeresgrund in eine Perle zu verwandeln.[8] Der kritischen Reflexion sind solche Verwandlungen enthoben, wenn sie als Gottes Werk verstanden werden wie im Buch der Edelsteine des Ägypters Mohammed ben Manssur[9] (nach 1270), dessen Eingangspreis des Schöpfers ihn rühmt als den *Weltenschmükker [. . .], dessen Allmachtsfeder ein Bild auf die Wasser gezeichnet woraus die Perle des hellsten Wassers entstanden, und dessen*

8 Ich zitiere nur den frühsten mir bekannten Zeugen der auch später noch verbreiteten Variante. Um 1175 schrieb in Syrien der arabische Wirtschaftler Jafar ibn Ali al-Dimishqui eine große Handels- und Warenlehre mit reichen Informationen auch über die Edelsteinware, darunter die Perle. Neben dem aus dem Steinbuch des Aristoteles Bekannten berichtet er über die Entstehung der Perle auch dieses (nach Julius Ruska, Das Steinbuch des Aristoteles. Mit literargeschichtlichen Untersuchungen nach der Handschrift der Bibliothèque Nationale herausgegeben und übersetzt, Heidelberg 1912, S. 131, Anm. 5; die Übersetzung aus dem Arabischen verdanke ich Ernst Ludwig Dietrich †, Wiesbaden): »Ihre Entstehung ist gegenüber den anderen durchschimmernden Juwelen sonderlich, weil die anderen aus dem Erdstaub entstehen, sie jedoch animalisch sind, und dies, weil der Regen auf das Persische Meer im Frühjahr herabfällt, da steigt dann ein Tier von kleinem Körperumfang aus dem Meeresgrund hervor auf seine Oberfläche und öffnet seine beiden Ohren wie zwei Fischflossen, da fängt es mit ihnen beiden von dem an jenem Ort und zu jener Zeit fallenden Regen einzelne Tropfen auf. Und wenn es sie bei ihrem Herabfallen spürt, während es gerade wie ein Durstiger ist, so fängt es (etwas) von ihnen auf; und hat es sich satt getrunken, so schließt es sich über ihnen kräftig zusammen aus Furcht um sie, daß es sich mit etwas vom Meerwasser vermische. Dann läßt es sich hinab in den Meeresgrund, wo es (vorher) war, und verweilt dort, bis jenes (aufgefangene) Wasser reif wird und sich zu großen oder kleinen Perlen verdichtet, dies entsprechend der Reinheit der Tropfen und ihrer Größe«.

9 Auszüge aus dem persischen Werke ›Buch der Edelsteine‹ von Mohammed Ben Manssur, übersetzt von J. v. Hammer, Fundgruben des Orients (wie Kap. 3, Anm. 139) 6 (1818), S. 126-143.

Schöpfungspinsel dem Staub Farbe gegeben, so daß er ins reinste Gold verwandelt worden.

> *Die Wassertropfen, die aus Wolkenlenden fallen,*
> *Verkehret seine Hand in Perlen und Korallen;*
> *Durch seiner Strahlen Wärme wird gestocktes Blut,*
> *In Felsenadern flüssig als Rubinengluth.*[10]

Es nimmt einen nicht wunder, daß die schwerer vorstellbare Verwandlung von Zähnen in Perlen auf der Welt nur einmal, und in Indien wiederum, bezeugt ist. Die Zähne einer mythischen Gestalt fallen aus der Höhe in Muscheln auf dem Wasser, so daß der meist wiederkehrende Grundgedanke einer Verwandlung des aus der Höhe Empfangenen in der Tiefe auch hier gewahrt ist. Aus Indien Überliefertes ungewissen Alters sagt: »Die Reihen der Zähne Azuras – so weiß – fielen in die klaren Wasser des Vaters der Ströme wie eine vom Busen der blauen Tiefe gerissene Sternenkette. – Die Zähne, schön in ihrem Glanz wie der Vollmond, die Samen aller Edelsteine, gelangten in Austern, Muscheln usf. – Wohin immer sie fielen,

---

10 Ebd., S. 113f. [recte 127f.] – Bei einem Vergleich von Träne und Perle bleibt es, wo die Mythe vom Perlenursprung aus dem Frühlingsregen über dem östlichen Meer in einem modernen Gedicht herangezogen wird. Der lyrische Zyklus einer orientalischen Geschichte ›The Light of the Haram‹, die Prinz Feramorz im königlichen Garten vor der geliebten Lalla Rookh singt – in Thomas Moores Reihe orientalisierender Geschichten ›Lalla Rookh‹ (1817) –, hat im Gedicht über ein irdisches Liebesparadies die Strophe:

> *Here maidens are sighing, and fragrant their sigh*
> *As the flower of the Ambra just op'd by a bee;*
> *And precious their tears as that rain from the sky,*
> *Which turns into pearls as it falls in the sea.*
> *Oh! think what the kiss and the smile must be worth,*
> *When the sigh and the tear are so perfect in bliss,*
> *And own if there be an Elysium on earth,*
> *It is this, it is this.*

Thomas Moore, The Poetical Works, collected by himself, Bd. 4, Leipzig 1842, S. 40. Ohne Nachweis erwähnt in The Book of the Pearl (wie Kap. 9, Anm. 49), S. 37.

waren die Wasser beständig von Wolken verdeckt. Die in Austern gelangenden Samen verwandelten sich in Perlen«.[11]
Auf die historische Frage, ob Mythen Metaphern oder Metaphern Mythen anregen, wird es sicher keine allgemeine Antwort geben. An beide Möglichkeiten ist zu denken. Kamen des Herakles und Samsons Siege über den Löwen aus ihren Löwenkräften oder kommt die Rede von der Löwenkraft aus solchen Geschichten? Ich denke an ein Vorausgehen der Metapher.[12]

---

11 S. M. Tagore (wie Anm. 5), Bd. 2, S. 541, Nr. 27ff. Zu Azura vgl. die Anmerkung in Bd. 1, S. 289; hier erwähnt Tagore »the five classes of beings, viz. gods, men, Gandharvas and Asuras, serpents and Pitris«.

12 A. Demandt, Metaphern für Geschichte, München 1978, S. 427f.: »Die historische Betrachtung der einzelnen Bildfelder hat gezeigt, daß alle Grund-Metaphern für Geschichte auf kosmologische Denkbilder für Welt und Zeit zurückführen. Weltenriese und Weltenbaum, die in der eurasiatischen Mythologie verbreitet sind, gehen der organischen Staats- und Geschichtsauffassung voraus. Die Idee einer kosmischen Erneuerung durch die Geburt des Aion liegt dem christlichen Geschichtsverständnis und der Geburts-Metaphorik Marxens zugrunde«. Für den anspruchsvollen Begriff der Geschichte Zutreffendes muß nicht in andern Fällen gelten.

12. *Perlen als Tränen Auroras*

Die Entstehung der Mythe vom Ursprung der Perlen aus den Tränen Auroras läßt sich offenbar genau verfolgen. Aufgrund der Tauträenenmetapher lag es nahe, den Tau der Morgenröte Aurora zuzuschreiben und mit ihrem Weinen zu verbinden, wie Ovid es in den ›Metamorphosen‹ tut, wenn bei Auroras Klage um ihren gegen Achilles gefallenen Sohn Memnon ihre Tränen auf die Erde tauen:

luctibus est Aurora suis intenta, piasque
nunc quoque dat lacrimas et toto rorat in orbe.[1]

Der Morgentau wird verstanden als Tränen Auroras auch im ›Ovide moralisé‹, wenn Auroras Tränen um Memnon weiter alle Tage beim Aufgehen des Morgensternes fallen.[2] Im 16. Jahrhun-

1 Met. XIII 621 f. – Zur Tränenregenmetapher im Lateinischen und Mittelhochdeutschen Werner Fechter, Lateinische Dichtkunst und deutsches Mittelalter. Forschungen über Ausdrucksmittel, poetische Technik und Stil mittelhochdeutscher Dichtungen, Berlin 1964 (Philologische Studien und Quellen 23), S. 38-41; das Mittelalter verbindet die Regen- mit der Taumetapher für die Träne in Wolframs Parzifal, wo Herzeloyde ihre Augen mit *ir herzen jâmers touwe* auf den Knaben regnen läßt, und bei Aldhelm: *tristia rorifluis umectant imbribus ora* (Fechter, S. 38, 40). Die Ovidstelle und das Folgende nach R. Besser, Über Rémy Belleaus Steingedicht ›Les Amours et Nouveaux Eschanges des Pierres Précieuses‹ nebst einem einleitenden Überblick über die Entwicklung des an die Edelsteine geknüpften Aberglaubens, Zeitschrift für neufranzösische Sprache und Literatur 8 (1886), S. 185-250, hier S. 228 ff.

2 Ovide moralisé, hg. v. C. de Boer, Bd. 4, Amsterdam 1936, S. 349:

XII 4504 *Achilles a Troïlus mort*
Et Memmona, par la cui mort
Dame Aurora, sa mere, plore
Et plora tous jors mes à l'ore
Que l'estoile jornal esclaire.

dert erinnert sich Rémy Belleau Ovids in seinem Hymnus ›L'Huistre‹ auf die Erzeugerin der Perlen, der die Auster Auroras Tränentau auffangen sieht:

Voyés comme elle est béante,
A fin de succer les pleurs
De l'Aurore, larmoyante
Les rousoyantes douceurs,
Quand de sa couche pourpree
Elle bigarre l'entree
Du matin de ses couleurs.[3]

Wenn die bis an den Rand mit Himmelstau (*celeste arrosement*) sich füllende Muschel dann in sich die Perlen von himmlischer Natur ausbildet, so entspricht das nur der Tradition nach Plinius. Die Tränen der Aurora sind eine punktuell gebrauchte Morgentaumetapher, ohne daß der Mythus von Auroras Tränen eine eigene Beziehung zu der Perlengenese hätte. Erst das spätere dreißigstrophige Gedicht ›La Perle‹ in dem großen Edelstein-Gedichtzyklus Belleaus (erschienen 1576), den aller Tradition des Steinwissens gegenüber vor allem unterscheidet, daß Belleau je neue Mythen der Edelsteinentstehung erfunden hat,[4] stellt nun eine solche Beziehung her. Dort kann die Perle eine Tochter der Aurora heißen, da ein Auroramythus für die Zwecke einer mythologischen Herleitung der Perle adaptiert wird. Ovids Metamorphosen berichten nur kurz, wie Cephalus Aurora durch Zurückweisung ihrer Liebe kränkte (VII 711-713). Belleau dagegen überführt seine Metapher der aurorischen Morgentautränen ins Mythologische, indem er Aurora

---

Der ›Ovide moralisé en prose‹ berichtet verdeutlichend vom Tod Memnons, *filz de la belle Aurora, qui pour sa mort plora piteusement et tous iours mais en plorera à l'eure que l'estoille journal s'apparoist et nous esclaire par chacun matin*; hg. v. C. de Boer, Amsterdam 1954, S. 321.

3 Rémy Belleau, Œuvres poétiques, hg. v. Ch. Marty-Laveaux, Bd. 1, Genf o. J., S. 56; auch in Ronsard, Œuvres complètes (wie Kap. 9, Anm. 30), Bd. 7, S. 334 ff.

4 Zu Belleaus ›La Perle‹ oben S. 302 f.

über des Cephalus Verschmähen ihrer Liebe Tränen weinen läßt, die in der Muschel Perlen werden. Statt der von Ovid bezeugten Tautränen Auroras um den toten Sohn erfindet Belleau eine um Cephalus weinende Aurora, wo sie doch bei Ovid mit trockener Rache Cephalus von fernher straft.[5] Die Naturmythe von Tau und Perle steigerte Belleau zum Mythus einer Göttin. Eine Strophe über die Entstehung des Taus im Himmel ist hierin noch verhalten:

19 *Divine et céleste semence,*
Qui tient sa première naissance
Du Ciel et des Astres voisins,
Empruntant du sein de l'Aurore
Son beau teint, quand elle colore
Le matin de ses doigts rosins.[6]

Nach Beschreibung der Hochzeit des Taus mit der Muschel[7] bringt Belleau, auf Gehörtes sich berufend, seine eigene Erfindung:

5 Ohne Tränen ist Aurora noch in Ronsards großer Ode IV 16 ›Le ravissement de Cephale‹ (1550); Œuvres complètes, Bd. 2, S. 133-147, die auch den antiken Mythus erheblich abwandelt (dazu die Anmerkungen des Herausgebers). Aurora sieht Cephalus über den von ihm verschuldeten Tod seiner Frau Procris weinen und klagen (v. 117-136). Seine Tränen bewegen sie zur Liebe (v. 176 *Elle ne fait que gémir*). Da Cephalus dem leidenschaftlichen Ansturm ihrer Liebe sich verweigert, entführt sie ihn mit Liebesgewalt in den Himmel (v. 233-248), so daß ihr Verlangen sich ganz erfüllt.

6 Belleau, Les Amours (wie Kap. 9, Anm. 39), S. 86.

7 Das schon bei Plinius angedeutete Moment der Heiligen Hochzeit von Himmel und Erde, wenn Tau und Muschel sich verbanden, haben spätere Zeiten verdeutlicht wie im 16. Jahrhundert Du Bartas, wenn er in ›La Magnificence‹ von Salomos Kenntnissen des kosmischen Geschehens spricht,

353 *Si le suant baiser du ciel, alement doux,*
Est des perles le pere, et des huistres l'espoux.

Du Bartas, The Works (wie Kap. 9, Anm. 40), Bd. 3, S. 380. Zur Heiligen Hochzeit bei der Verbindung von Regen (oder Tau) und Erde Fechter, Lateinische Dichtkunst (wie Anm. 1), S. 90-106.

Qui ne soit vray, l'on dit encore
La Perle fille de l'Aurore,
Quand pour alléger ses douleurs
Soupirant après son Céphale,
Dedans la mer orientale
Pleurant s'emperlèrent ses pleurs;

Larmes que les conques perleuses,
Du fruit le leur mère amoureuses,
Mirent au fond de leur berceau;
Puis rondes les emmaillotèrent
Et nourrices les allaitèrent
Du fécond germe de ceste eau.[8]

Die Metamorphose der Naturvorgänge – ›Nouveaux Eschanges‹ nennt sie der Buchtitel – in Göttergeschichten hebt sie aus der ewigen Wiederkehr des Naturgeschehens ins mythisch Gewesene, das die Edelsteine nun verbürgen.[9] Belleau läßt auch andere Steine dem Schweiß, dem Blut und den Tränen der Götter entstammen.[10] Er weckt damit Gedanken an das Vollkommene als eine Frucht des Leidens, Adams schon und Evas und der antiken Götter, wenn die Natur mit ihrer Verwandlungskraft sich seiner annimmt. Kein Gott weint Perlen, aber weint er, können seine aus der Höhe fallenden Tränen dank der Erde

8 Belleau, Les Amours (wie Kap. 9, Anm. 39), S. 88 f.

9 Die Widmung an Heinrich III. bittet um die Lektüre *de ceste mienne et nouvelle invention d'escrire des Pierres, tantost les déguisant sous une feinte métamorphose, tantost les faisant parler, et quelquefois les animant de passions amoureuses et autres affections secrètes, sans toutesfois oublier leur force, ny leur propriété particulière* (ebd., S. 4 f.). Wenn er den Alten und dem Beispiel des Pseudo-Orpheus folgen will, dann

Non pour vous déguiser dessous un masque feint
La simple vérité, qui ne se cache point,
Mais bien pour admirer la noble architecture
De ce gemmeux thrésor, miracle de Nature,
Qui a mis et renclos d'effets divins et forts
Tant de rares vertus dedans ces petits corps (ebd., S. 17).

10 Zu Belleaus Mythologie der Steine Verdier, ebd., S. XLI-XLV.

Perlen werden. Hier sind Gedanken in einer Richtung angebahnt, die mit der Schwelle zum 19. Jahrhundert im Verstehen der Perle als des Produktes eines innerirdischen Leidens endet.[11]

11 Dazu Kap. 14: ›Dichtung als notwendige Frucht eines Leidens‹. – Ob das mythische Konzept Belleaus oder die Metapher schon Ovids dahintersteht, ist im Kontext nicht auszumachen, wenn ein Gedichtbrief der Madame Deshoulières von 1694, der Reflexionen über das Nichtgenügen aller Edelstein- und Farbenmetaphern zum Lob der Comtesse d'Alegre anstellt, von den Perlen spricht, *que font les larmes de l'Aurore / Lorsqu'elle les répand dans le sein de Thétis*; Poesies de Madame et de Mademoiselle Deshoulières. Nouvelle édition, Bd. 2, Brüssel 1745, S. 92.

13. Tau und Perle

Jetzt komme, Feuer![1] So hebt Hölderlins Gesang ›Der Ister‹ an. Von des Hrabanus Maurus Pfingsthymnus ›Veni, creator spiritus‹ geht ein tausend Jahre überspannender Bogen der Tradition bis hin zu Klopstock, Milton und Hölderlin, den letzten Dichtern, welche um die Begeisterung aus dem heiligen Geiste beten, wenn sie dichten. *Weihe sie, Geist Schöpfer,*[2] ruft Klopstock im Anfang des Messias und meint seine Dichtkunst. Hölderlins *Jetzt komme, Feuer!* meint mit der Sonne zugleich das Dichten. Die Gegenwart hat die Inspiration verloren. Drei Jahrtausende, von Homer an, beteten Dichter um die göttliche Begabung. Der Musenanruf, das Gebet um den heiligen Geist, der Kult des Enthusiasmus sind verstummt. Die Geschichte der dichterischen Inspiration und ihrer Wirkungen als Frömmigkeits- und Stilgeschichte ist noch ungeschrieben. Die Gründe und Folgen des Inspirationsverlustes, das Unheimliche ihres Versiegens, ja schon Vergessenseins, sind uns noch kaum bewußt geworden. Als Philologe versuche ich mich der Frage von der Sprache, von ihrem Sprechen über Dichtung her zu nähern.

Vor bald zweitausend Jahren berichtet Plinius in seiner ›Naturgeschichte‹, daß der bei günstiger Stunde vom Himmel fallende Tropfen Taus von der auf dem Meere schwimmenden Muschel, die sich für ihn öffnet, aufgenommen und auf den Meeresgrund hinabgebracht wird, wo der Tau in die Perle sich verwandelt. Der Glaube an die Herkunft der Perle aus einer Hochzeit des Himmels und der Erde – schon Plinius sagt, die Perle habe mehr vom Himmel als vom Meere – ist ohne Unterbrechung und mit einer hundert Namen zählenden Zeugen-

1 Hölderlin, Sämtliche Werke (wie Kap. 3, Anm. 233), Bd. 2, Stuttgart 1951, S. 190.

2 Friedrich Gottlieb Klopstock, Ausgewählte Werke, hg. v. Karl August Schleiden, München 1962, S. 197.

reihe bis in das 18. Jahrhundert immer wieder ausgesprochen und besungen worden. Der ›Physiologus‹ hat ihn vom 2. Jahrhundert an über die ganze Welt verbreitet. Es gibt eine rechte Theologie der Perle in der frühen Kirche, bei Clemens von Alexandrien, bei Origenes und am schönsten bei Ephraem dem Syrer. Die Naturmythe vom Ursprung der Perle aus dem Himmel dient immer wieder zur Sprachwerdung von solchen Mysterien wie der Inspiration, der Inkarnation, der unbefleckten Empfängnis Mariae, der Verkündigung an Maria, um diese theologischen Themen nur zu nennen, die vor allem im 17. Jahrhundert im Zusammenhang mit Tau und Perle lebendig blieben. Das 17. Jahrhundert nahm auch eine vorher allein in der griechischen Welt bekannte Mythe von der Entstehung der Perle aus dem Blitz auf, der sich in der Muschel mit dem Wasser zur Perle verbinde. Das alte Indien hat verwandte Mythen von einer Entstehung der Perle in den Wolken. Seine Überlieferungen vom Ursprung der Perle aus der Stirn des Elephanten oder aus dem Regentropfen im Bambusrohr[3] hat der Westen nicht aufgenommen. Der himmlische Ursprung der Perle wird im Mittelalter durch Isidor und Hrabanus Maurus, durch die Steinbücher und durch die Tierbücher, in den großen Enzyklopädien und an vielen andern Stellen überliefert. Die Reisebeschreibungen der Orientfahrer, die vom 9. Jahrhundert bis hin zu Olearius und Chardin, die Goethe das Wissen von Tau und Perle übermittelten, nach Persien, Indien, Ceylon und bis China fuhren, versäumten über tausend Jahre hin kaum einmal, auf die Perle und ihren Ursprung einzugehen. Die Marienverehrung hat im Zusammenhang mit Mariae Verkündigung und der unbefleckten Empfängnis dann auch die Kunstgeschichte zu bildlichen Darstellungen der Mythe von Tau und Perle vom späteren Mittelalter an getrieben, die in Hunderten von Perlenemblemen des 15. bis 19. Jahrhunderts durch die Emblembücher eine eigene Überlieferungsreihe fanden. Hierbei ergibt sich, daß die Emblematik, deren Ursprung man im 16. Jahrhundert ansetzt, schon eine

3 Dazu S. 193, Anm.; S. 318-321.

handschriftliche, nicht unerheblich in das Mittelalter zurückreichende Vorgeschichte hat.

Die seit Origenes bezeugte christliche Allegorese der Naturmythe von Tau und Perle hat bis in das 18. Jahrhundert angedauert und neben dem naturgeschichtlichen Traditionsstrang, der vor allem mit der Renaissance einen mächtigen Aufschwung nahm, sich fortbehauptet. Im Abendland ohne Wirkung blieben islamische Erklärungen der Perle aus den Tränen Adams und Evas über den Tod von Abel oder aus Tränen der Engel. Ich erwähne nur eine theologisch erstaunliche äthiopische Legende, nach welcher Maria als weiße Perle schon in der rechten Lende Adams ruhte und in der Reihe der Generationen von Mann zu Mann bis zu Joachim weitergetragen wurde, aus dem die Perle Wohnung nahm im Schoße Annas. Die von Gott seit der Schöpfung in die Lende Adams gelegte Perle steht hier für die selten bezeugte – bei Goethe einmal wiederkehrende und von ihm so genannte – Konzeption der Erbgnade, die von Adam bis Maria weitergegeben wurde.

Das dichterisch und geistig bewegteste Leben haben verschiedene Überlieferungen von Tau und Perle, Regen und Perle sowie sturmgepeitschten Meerestropfen und Perle vielleicht im orientalischen Mittelalter zwischen dem Roten Meer und Indien genossen, das in einer rätselhaften Osmose Geistesbewegungen des Westens mitlebt. Höhepunkte liegen hier bei den großen Dichtern Persiens. Die Parabel des Dichters Saadi aus dem 13. Jahrhundert über Tau und Perle ist Goethe im Zuge der nicht unbedeutenden Rezeptionsgeschichte der Dichtung des Orients im 17. und vor allem im 18. Jahrhundert, bei der neben Sir William Jones auch Herder eine eigene Rolle spielte, gleich auf drei verschiedenen Wegen zugekommen. So begegnet sie uns denn in Goethes ›Divan‹:

Vom Himmel sank in wilder Meere Schauer
Ein Tropfe bangend, gräßlich schlug die Flut,
Doch lohnte Gott bescheidnen Glaubensmut
Und gab dem Tropfen Kraft und Dauer.
Ihn schloß die stille Muschel ein.
Und nun, zu ew'gem Ruhm und Lohne,

Die Perle glänzt an unsers Kaisers Krone
Mit holdem Blick und mildem Schein.[4]

Anhand der Mythen vom Ursprung der Perle ergibt sich die Frage, inwieweit das Sprechen und Denken auch der Dichtung das von der Naturwissenschaft Erkannte in sich welterhellend aufnimmt oder sich dem verweigert. Emblembücher des Barock sprechen öfter aus, daß sie an von der Tradition geprägten Bildern festhalten, obwohl sie als im Widerspruch zu der Natur erwiesen wurden, weil im überliefert Falschen mehr Sinn aufscheinen könne als im neu Erkannten. Das Problem ist alt und wird um das Jahr 1000 – zur Zeit Notkers – erörtert im ›Edelsteinbuch‹ Al-Berunis.[5] Er zitiert über hundert Perlenmetaphern aus der Dichtung der vorangegangenen Jahrhunderte, um die Übereinstimmung der Perlenmetaphorik der Dichter mit der wahren Natur der Perle kritisch zu überprüfen. Es bedürfte eines Erdbebens, um Perlmuscheln vom Meeresgrund zu lösen, während die Dichter schrieben – und so noch Goethe –, daß Muscheln mit Perlen von der Brandung an den Strand geworfen würden. Al-Beruni gibt ein Muster der kritischen Wechselseitigkeit der Erhellung der Dichtung aus der Natur und der Natur aus der Dichtung, die als Metaphernkritik beide Gebiete reinigend durchdringt und auf eine metaphorische Wirklichkeit parallel zur Natur zielt. Die Frage konnte auch eine theologische Relevanz gewinnen, wie im 17. Jahrhundert bei dem Jesuiten Théophile Raynaud. Sein Wörterbuch der Marienmetaphorik überprüft die verschiedensten Überlieferungen über die Herkunft der Perle unter dem Gesichtspunkt ihrer mariologischen Deutbarkeit. Er ist mit Anstrengung bemüht, die in der Geschichte entstandene Kluft zwischen der theologischen Wahrheit des Dogmas und der naturgeschichtlichen Wahrheit der es zur Sprache bringenden Metapher zu schließen. Es gilt ihm, Dogma und Sprache so zur Übereinstimmung zu bringen, daß die Metapher die theologi-

4 Goethe, HA 2, S. 100.
5 Hierzu S. 319.

sche und die naturwissenschaftliche Wirklichkeit zugleich trifft. Die Naturmetapher muß naturwahr sein, um eine Glaubenswahrheit aussprechen zu können. Er distanziert sich von der frühchristlichen Erklärung des Ursprungs der Perle aus der Verbindung des Blitzes mit dem Meerwasser in der Muschel mit der Bemerkung, die Kirchenväter gebrauchten häufig geläufige, wenn auch falsche, dem Verstehen des Volkes angemessene Geschichten zur Erklärung von Mysterien. Die erstrebte Übereinstimmung zwischen Glaubens- und Naturwahrheit sucht Raynaud durch Heranziehung der berühmtesten Naturforscher des 16. und 17. Jahrhunderts und unter Zurückweisung der antiken und mittelalterlichen Mythen zu gewinnen. Der Jesuitenpater stellt sich gegen die Kirchenväter und das ganze Mittelalter, gegen einen bis ins 19. Jahrhundert weitergetragenen Glauben an der Perle Ursprung, um sich auf die Seite der Naturforscher zu stellen, die für die Entstehung der Perle in der Muschel kein von außen hinzutretendes Prinzip in Anspruch nehmen. »So also hat auch die selige Jungfrau unter Ausschluß jeder Einwirkung eines geschaffenen Vaters Christus allein aus ihrer eigenen Substanz hervorgebracht«.[6] Auch die antike Etymologie des Perlennamens ›unio‹ (da die Muschel nur eine Perle trage) wird naturgeschichtlich widerlegt und abgelöst durch eine neue, auf die wahre Entstehung der Perle gegründete Erklärung ihres Namens ›unio‹, der nun auf die vollkommene Kreis- und Kugelform der Perle aufgrund ihres Entstehungsprozesses hinweist.

Théophile Raynaud sucht einen nahen Kontakt mit der Naturgeschichte seiner Zeit, um Widersprüche zwischen Theologie und Naturwissenschaft auf dem Feld der theologischen Bildersprache abzubauen. Er wirkt an dem der Sprache dauernd Aufgegebenen, der Metapher durch Verpflichtung auf Wahrheit im Gebiet ihrer dinglichen Herkunft geistige Sauberkeit und Frische zu erhalten und diese Qualitäten wieder dem von

6 Raynaud, Opera (wie Kap. 2, Anm. 31), Bd. VII, S. 389: *Similiter ergo Beata Virgo, exclusa quacumque patris creati efficacitate, produxit Christum de sua substantia sola.*

ihr Bedeuteten zugute kommen zu lassen. Die Unaussprechlichkeit vieler Wahrheiten der Naturwissenschaften unserer Tage in der bisherigen Sprache unterbindet die Auffrischung und Bereicherung der Metaphorik aus neuentdeckter Wahrheit heute so stark, daß man die Folgen noch gar nicht absieht. – Etwas weiteres vermag wie an Raynauds auch an des Marracci barockem Lexikon der Marienmetaphern uns bewußt zu werden, das mit ihren Quellen nicht weniger als etwa 70 Muschel-, Perlen-, Tau- und Blitzmetaphern für Maria nachweist.[7] Die barocken Wörterbücher der Marienmetaphorik sind die hybride Endgestalt des in Litaneien und artverwandter Mariendichtung des Mittelalters Angelegten. Sie veranschaulichen, wie die Fülle aller Aspekte eines menschlichen oder göttlichen Phänomens – wie das Ganze von Erfahrungen wie Liebe, Sünde oder Tod – nur in der Summe der es bezeichnenden Namen, Attribute und Metaphern annähernd erfaßt wird. Das hermeneutische Prinzip der Seinserhellung aus der Metaphorik ist der ontologische Grund der litaneihaft reihenden religiösen Dichtform. Das vielseitig Unbegreifliche wird annähernd aussprechbar im ganzen Spektrum aller dem Buch des Seins entnehmbaren und anwendbaren Bezeichnungen, die jeweils eine der Eigenschaften des göttlichen oder menschlichen Phänomenes treffen und das Ganze nur in der Summe durch die Sprache zu fassen versuchen können. Die barocken Summen der Marienmetaphern, in denen auch die Perlenmetaphern stehen, die auf der Perle Ursprung weisen, bilden ein gefülltes Mosaik von Numinosem mit unendlich erweiterbaren Rändern. Die Summe der Metaphern für ein der eindeutigen Definition durch Unerschöpflichkeit sich entziehendes Phänomen, wie eine Gottheit oder eine Erfahrung wie die Liebe, ist der höchste Grad der Annäherung an seine vollständige Beschreibung. Die Theologie hat solche dichterischen oder systematischen Summen immer wieder als eine notwendige Form hervorgebracht. Etwas Verwandtes sind Emblembücher, die Embleme etwa nur des Herzens oder nur der Liebe bringen. Es ist etwas Erstaunliches, daß

7 Hierzu oben Kap. 3, Anm. 9.

noch nie – soweit ich sehe – ein Philologe den Versuch gemacht hat, die Summe der Metaphorik für das Entstehen von Dichtung zu ziehen. Das Mosaik der Dichtmetaphorik ist überaus reich besetzt und wandelt sich von Epoche zu Epoche, vom Orient zum Abendland, von Gattung zu Gattung, ist ein anderes in der Rhetorik und Poetik, wo Handwerksmetaphern wie Text, Struktur und ähnliche das Feld beherrschen, und ein anderes im Reden von der inspirierten Dichtung. Eine von hundert Metaphern für das Werden des Gedichtes ist das Bild vom Entstehen der Perle aus dem Tau des Himmels in der Muschel. Sie trifft das Wesen der gemeinten Sache nur, wenn die Entstehung des Gedichts aus der Wirkung einer Empfängnis von oben erkannt wird. Den Metaphern für das Gedicht als Perle im Orient, vor allem des mittelalterlichen Persien, kann hier nicht nachgegangen werden, wo ich den Blick allein auf den Nachhall in Goethes ›Divan‹ richte. Wie der persische Dichter Saadi aus dem 13. Jahrhundert hat Goethe das Schaffen des Dichters mit dem Ballen des Wassers zur Perle aus Gottes Kraft verglichen. Der ›Westöstliche Divan‹ variiert den Gedanken auch außerhalb der von Saadi übernommenen Parabel von Tau und Perle. Im ›Buch der Sprüche‹ heißt es:

Die Flut der Leidenschaft, sie stürmt vergebens
Ans unbezwungne feste Land. –
Sie wirft poetische Perlen an den Strand,
Und das ist schon Gewinn des Lebens.[8]

Die Leidenschaft stürmt ans Unbezwungene, das vergeblich Angelaufene, das Kraft anstauende Land. Die Uferlinie zwischen Leidenschaft und Unbezwungenheit ist der Ort des schöpferischen Sprungs in die Gestalt. Gereiftes macht sich frei, das Tiefe kommt an den Tag, das Leben wirft poetische Perlen an den Strand. ›Mächtiges Überraschen‹ hieß es in den Sonetten vom Jahr 1807, da war *das Blinken / Des Wellenschlags am Fels, ein neues Leben.*[9] Das Buch des Sängers läßt

8 Goethe, HA 2, S. 58.
9 Ebd. 1, S. 294.

den Künstler *In den Euphrat greifen [...] Schöpft des Dichters reine Hand, / Wasser wird sich ballen.*[10] Poetische Perlen als Gewinn des Lebens sind kein Zuwachs, sondern Rettung in das höhere Sein. Die Perlen werden geworfen, in schwellendem Überfluß. Frei geworden aus der harten Muschelschale fallen mit der Woge sie ans Land. Wer dächte nicht an die vollen Büschelzweige der Kastanie mit den Früchten *Umschalet stachlig grün* des ›Buchs Suleika‹, die wie Perlen von der Flut gewiegt und reif *geballet* (*Wasser wird sich ballen*) als poetische Kerne zu fallen bereit sind.

Sie hängen längst geballet,
Still, unbekannt mit sich,
Ein Ast, der schaukelnd wallet,
Wiegt sie geduldiglich.

Doch immer reift von innen
Und schwillt der braune Kern,
Er möchte Luft gewinnen
Und säh' die Sonne gern.

Die Schale platzt, und nieder
Macht er sich freudig los;
So fallen meine Lieder
Gehäuft in deinen Schoß.[11]

Dies Gedicht entstand drei Tage nach der zweiten Perlenstrophe Goethes, einem Dank für Suleika. Das Datum stützt unsere Vermutung, daß die geworfenen Perlen und die fallenden Kerne poetologisch verwandt sind. Das Bild des Balles und das der Perle sind im folgenden Lied verbunden, beide geworfene, verwandelte Leidenschaft:

Wenn du, Suleika,
Mich überschwenglich beglückst,
Deine Leidenschaft mir zuwirfst,

10 Ebd. 2, S. 16.
11 Ebd., S. 77.

Als wär's ein Ball,
Daß ich ihn fange,
Dir zurückwerfe
Mein gewidmetes Ich;
Das ist ein Augenblick!
[...]
Hier nun dagegen
Dichtrische Perlen,
Die mir deiner Leidenschaft
Gewaltige Brandung
Warf an des Lebens
Verödeten Strand aus.
Mit spitzen Fingern
Zierlich gelesen,
Durchreiht mit juwelenem
Goldschmuck,
Nimm sie an deinen Hals,
An deinen Busen!
Die Regentropfen Allahs,
Gereift in bescheidener Muschel.[12]

Gereiht und durchsetzt mit Gold an Hals und Busen, ward Brandung still, das Elementare ein Juwel. Die Perle allein ist nicht genug, sie muß sich reihen, das heißt durchbohren lassen, auf einer Schnur sich zyklisch binden durch Entsagung. Eine persische Metapher für den lyrischen Zyklus aufgreifend, läßt Goethe die Perle vor der Durchbohrung den Verlust ihrer Vollkommenheit beklagen und den Goldschmied antworten:

Du mußt es mir verzeihen:
Denn wenn ich jetzt nicht grausam bin,
Wie soll die Schnur sich reihen?[13]

Damit stehen wir wieder im Buch der Parabeln. Sein Einsatz mit dem Tau- und Perlen-Gleichnis des Saadi kommt nicht unverhofft, ist vorbereitet im ›Buch der Sprüche‹ und im ›Buch Suleika‹. Der Parabel Lakonismus ist nicht kryptisch, er vertraut auf Kenner, deren Erinnerung Verkürztes füllt. Das An-

12 Ebd., S. 70f.
13 Ebd., S. 101.

spielen des Themas regt ein Gedanken-Fortspiel an, lädt ein und schließt nicht aus, will hörend ausgesonnen sein.

Im dialogisch geführten ›Buch Suleika‹ spricht der Dichter in dem ›Hochbild‹ überschriebenen Gleichnis von seinem Stand der Ferne zur Geliebten. Die Sonne und der Regenbogen, Helios und Iris, bleiben nach dem Schicksal ihrer Natur bei ihrem Leben füreinander doch geschieden. Für Helios ist Iris unerreichbar, denn ihr Dasein gewinnt Farbe aus der Durchstrahlung nur bei einem fernen Stand der Sonne. Das Licht als Sonnengott erleidet die Erfahrung des Naturgesetzes, daß, von seinem Strahlenblick durchdrungen, die Feuchte, ihn widerspiegelnd, nur im Farbenbogen aufstrahlt, wenn das Licht ihm fernsteht. Diese Ferne allein gibt Raum dem Wunder der Verwandlung, daß Tropfen, die Tränen heißen, zu Perlen werden. Vom Lichte ungetroffen, blieben *meine Herzenstränen grau.*[14] Himmel und Wolke, Licht und Feuchte bedürfen einander, damit im lieblos Unmenschlichen des Kosmos die Farbe des Menschlichen sich ergebe, wenn das Licht ins Trübe einfällt. Die Wahrung der Distanz gibt Raum für über die Ferne gewirkte Wunder einer steigernden Erweckung zu der ›Hochbild‹ heißenden Möglichkeit des Daseins, die Blick und Gegenblick über die Distanz entbinden.

Nun fühlt sie tief des Blicks Gewalten,
Und unverwandt schaut sie hinauf;
Die Perlen wollen sich gestalten:
Denn jede nahm sein Bildnis auf.

Und so, umkränzt von Farb' und Bogen,
Erheitert leuchtet ihr Gesicht,
Entgegen kommt er ihr gezogen;
Doch er, doch ach! erreicht sie nicht.[15]

Goethe beglaubigt Erkenntnisse der Farbenlehre durch seine Göttermythe von Helios und Iris. Die Mythisierung des Naturgesetzes verwandelt es in ein Gleichnis menschlicher Erfah-

14 Ebd., S. 82.
15 Ebd., S. 81.

rung. Doch Goethe schuf den Mythos, damit das Naturgesetz nicht unmittelbar als Gleichnis menschlicher Erfahrung stehe. Das Gedicht tut einen Dreischritt metaphorischer Erkenntnis: von der Natur über die Mythe hin zum Menschen, einen Dreischritt auch beim Sprechen von der Perle: Das Abregnen aus der Wolke ist mythisiert zu der Göttin Weinen, und die Tropfen sind ihre Tränen. Es sind hier zunächst Perlen genannte Tränen, die der Strahl des Helios küßt: *Und häufiger quillt ihr Tränenguß; / Er sendet Lust in ihre Trauer / Und jeder Perle Kuß auf Kuß*. Die vorher metaphorisch Perlen nur genannten Tränen der Iris werden wirklich Perlen als Augen, die auf Helios zurückschauen, indem sie ihn farbig spiegeln. Der mythisierend zunächst zur Tränenperle erhöhte natürliche Tropfen der Wolke erfährt das Wunder der Verwandlung in dem Augenblick, wo des Gottes Lichtkuß ihn erweckt zu seiner letzten Bestimmung, im farbigen Abglanz Gott zu spiegeln. Auch diese Perle ist ein wunderbar entsprungnes Reines, das einer Empfängnis, hier des Lichtes aus der Höhe, im Irdischen verdankt wird, doch hier nicht niedriger als im Luftraum. Wolkengeborene Perlen, die wie hier die Erde nie berühren, kennt sonst allein das alte Indien in Überlieferungen, die Goethe kaum gekannt hat. Seine Mythe ist ihm ganz eigen, der eine Erkenntnis seiner Farbenlehre hier im Bild von Helios und Iris, dem Liebenden und der unerreichbaren Geliebten, Gestalt hat werden lassen. Die Geschiedenheit der Liebenden ist überwunden in der Perle durch Zurückschenken eines empfangenen Lichts. Goethe geht hier einen eigenen Weg, Naturerkenntnis in Sprache für Menschliches zu verwandeln. Er geht den Weg über eine neue Mythe und hält fest an der Perle Herkunft aus der Höhe. Ähnlich schuf Herder, vielleicht nach einem Gemälde Tizians, eine neue Mythe, als er die aus dem Haar der Anadyomene-Aphrodite ins Meer zurückfallenden Tropfen von Muscheln aufgenommen und in Perlen verwandelt werden ließ: *Aus der Welle des unruhigen Meeres stiegst du hervor, vom lauen Zephyr getragen; da legten sich die Wellen, deine sittsame Gegenwart machte sie zum Spiegel der Lüfte. Bescheiden trocknetest du dein Haar, und jeder fallende Tropfe deines irrdischen*

Ursprunges ward ein Geschenk, eine Perle der Muschel, die dich wollüstig in ihrem Schoos wiegte.[16]

In der schon im zweiten und dritten Jahrhundert bei Origenes und im ›Physiologus‹ ausgedacht vorliegenden christlichen Naturauslegung in Form der Allegorese wird das Naturgegebene durchsichtig gemacht auf Bedeutungsdimensionen hin, die durch ebenso methodische wie schöpferische Geistesbewegungen gefunden und erschlossen werden. Die spirituelle Transparenz des Seienden in der Natur ergibt sich durch eine tätige Betrachtung, die dem vordergründigen Ding durch Aufdeckung seines hintergründigen Sinns die produktive Perspektive auf in ihm angelegte Bedeutungshorizonte hinzuverleiht. Das phantasievolle Hineinsehen einer spirituellen Welt in das Natürliche macht das Ding zu einem Kern von Bedeutungssphären, gibt seinem Mikrokosmos von Natur durch Transparentmachung die makrokosmische Dimension einer geistigen Welt. Der Geistesblick durchschaut das Seiende auf seinen Sinn hin. Dessen Findung ist jedoch keine Urentdeckung und kann original allein insofern heißen, als sein Sinn in der Schöpfungsorigo von Gott ins Ding gedacht war und das im Wort von ihm Geoffenbarte durch Wiederfinden vom es schon Wissenden aus der stummen Sprache der Natur herausgehört wird. In der Wahrnehmung des Einklanges der Offenbarung durch das Wort und ihrer spirituell-entdeckenden Wiederfindung im Buche der Natur ist auch dessen verhaltene, der Auslegung bedürftige Sprache als die Gottes garantiert. Daß anderthalb Jahrtausende bei dieser Art der spirituellen Seinserhellung blieben, hat seinen theologischen Grund im Christentum, das schon in seiner Frühgeschichte die Schöpfung neben der Bibel als diese in einer anderen Sprache bestätigende Offenbarung zu lesen und auszulegen gewohnt war. Das Lesen der Natur mit dem Auge der Bibel, das wissende Suchen und Wiederfinden der gleichen Offenbarung in der Schöpfung als der zweiten Sprache Gottes, hat Wort und Welt, die hätten auseinanderfallen

16 Briefe zu Beförderung der Humanität, 6. Sammlung, SW 17, S. 356f.

können, fest verbunden. Auch ist es menschlich, im Wiederfinden ein geistiges Glück zu erfahren, da es die Welt von einem Standpunkt aus im Sinne der mit ihm gegebenen Welt-Anschauung erweitert. Es macht den Charakter einer Epoche, in welchem Maß sie sich in allem ihr Eigenen wiederfindet. Eine schöpferische Störung dieser Einheit, ihres Stils, an dem sie hängen muß, bringt ihr die Krise. Goethes Gedicht ›Wiederfinden‹ spricht vom Unheimlichen der Einsamkeit für Schöpfer und Geschöpfe nach einem Erinnern und Wiederfinden ausschließenden Schöpfungsakt, in dem *das All mit Machtgebärde / In die Wirklichkeiten brach*. Als Gott sich schaffend die Welt von seiner Brust gerissen, war er und war das Neue *Ohne Sehnsucht, ohne Klang*.

Stumm war alles, still und öde,
Einsam Gott zum erstenmal!
Da erschuf er Morgenröte,
Die erbarmte sich der Qual;
Sie entwickelte dem Trüben
Ein erklingend Farbenspiel,
Und nun konnte wieder lieben,
Was erst auseinander fiel.[17]

Die Möglichkeit des Wiederfindens ist eine Bedingung für Kultur. Greifen Tradition und Gründung nicht ineinander, macht schöpferische Veränderung die Welt unkenntlich bis zur Verhinderung des Wiederfindens, bricht Einsamkeit herein. Es sei denn, eine Morgenröte *erbarmte sich der Qual* und ließe zum und im Geschaffenen ein Vertrauen wieder gewinnen, in ihm am Ende nach Langem auch ein neues Wiederfinden. Das wechselseitige Sich-Wiederfinden von Wort und Welt über die Spiritualisierung der Schöpfung Gottes hat zunächst einmal die Neuzeit, unsicher geworden, absterben lassen und unter Erkenntniszwängen aufgegeben.

17 HA 2, S. 83.

14. Dichtung als notwendige Frucht eines Leidens

Die vormoderne Zeit wird man nicht charakterisiert finden durch den Inhalt unseres Themas ›Dichtung als notwendige Frucht eines Leidens‹. Die von der Antike bis an das 18. Jahrhundert heran wirksame Rhetorik und Poetik lehrt die Dichtung als etwas nach handwerklichen Regeln Machbares, und auch wo die Poeten um die Dichterweihe in der Antike und im Christentum um die Inspiration aus dem Geist Gottes beten, trägt sie ein getrostes Vertrauen in die Leistbarkeit des ihnen von oben Aufgetragenen, in dessen Dienst sie treten mit ihrem Beginnen, etwas durch das Herkommen und die Gattung sanktioniertem Objektiven zu einer paradigmatischen Geltung zu verhelfen. In einem Umfeld von Gesellschaftsbezogenheit der Literatur klingt es wie eine wunderbar fremde Stimme, wenn im 13. Jahrhundert Konrad von Würzburg in dem nach Zeitbrauch Kunstfragen erörternden Prolog des ›Partonopier und Meliur‹-Romans von tauglichen Dichtern seiner Spätzeit spricht, die jedoch keinen hohen Ruhm erwürben, da es ihrer so viele gebe wie die Lerchen, auf deren die Welt verschönendes Lied man wenig achte, da es zuviel ertöne und allenthalben. Ein Meister der hohen Dichtkunst solle gleichwohl nicht schweigen, auch in einer Welt von Toren, im Gedanken an die Nachtigall, die singe im Gehölz, auch wenn sie niemand höre, ihrem Gesang um seiner selbst willen so hingegeben, daß es ihr ans Leben gehe, *daz si ze tôde singet sich.*[1]

1 Konrads von Würzburg Partonopier und Meliur, hg. v. Karl Bartsch, Wien 1871 (Neudruck Berlin 1970 mit Nachwort von Rainer Gruenter), v. 78-87 (Lerche), 122-134 (Nachtigall); Verena Doebele-Flügel, Die Lerche. Motivgeschichtliche Untersuchungen zur deutschen Literatur, Berlin 1977, S. 144-150. Auch wenn keiner mehr lebte, ihn zu hören, sänge Konrad wie die Nachtigall, die es noch zum Lied treibe selbst in der Gefangenschaft unter einem über sie gestürzten Laubzelt (in Konrads ›Trojanerkrieg‹-Prolog; Doebele-Flügel, S. 361 f., Anm. 193). Noch Eichendorff sagt

Die süße Leidenschaft der sich verzehrenden Hingabe der Nachtigall an ihren Gesang aus Liebe hat nach Ovid wohl keiner so ins Wort gebracht wie der Franziskaner Johann Peckham (†1292), dessen Nachtigall-Dichtung auf den liturgischen Tagzeitengesang die sich zu Tode singende Nachtigall der Seele als ein Vorbild hinstellt, da sie von vor Tagesanbruch durch die Horen bis in den Abend im Gesang sich opfert, so wie die Seele in den Horen über Christi Lebensstufen von der Geburt bis zum Begräbnis sich erschöpfend singen soll. Von den 87 Strophen dieser Philomena-Dichtung[2] bringe ich nur fünf:

De hac ave legitur,
quod, cum deprehendit
Mortem sibi proximam,
arborem ascendit
Summoque diluculo
sursum rostrum tendit
Diversisque cantibus
totam se impendit.

Cantilenis dulcibus
praevenit auroram,
Sed cum dies rutilat
circa primam horam,
Elevatur altius
vocem in sonoram,
In cantando nesciens
pausam sive moram.

Circa vero tertiam
quasi modum nescit,
Quia semper gaudium
cordis eius crescit,
Fere guttur rumpitur,
sic vox invalescit,
Et quo cantat amplius,
et plus inardescit.

Et cum in meridie
sol est in fervore,
Tunc disrumpit viscera
nimio clamore,
O c i, o c i clamitat
illo suo more
Sicque sensim deficit
cantus prae labore.

Sic quassatis organis
huius philomenae,
Rostro tantum palpitans

in ›Dichter und ihre Gesellen‹ I 9 (Neue Gesamtausgabe (wie Kap. 8, Anm. 145), Bd. 2, S. 571): *Aber [...] die Seele des Dichters ist wie eine Nachtigall, je tiefer man ihren Käfig verhängt, je schöner schlägt sie.*

2 Lateinische Hymnendichter des Mittelalters, hg. v. C. Blume und G. M. Dreves, Leipzig 1907 (Analecta hymnica Medii Aevi, F. 2, Bd. 50; Neudruck Frankfurt am Main 1961), S. 602-610.

fit exsanguis paene,
Sed ad nonam veniens
moritur iam plene,
Cum totius corporis
disrumpuntur venae.

Übersetzung: Von der Nachtigall ist zu lesen, daß, wenn sie das Ende nahen fühlt, sie des Baumes Höhe sucht und vor Tagesanbruch ihren Schnabel hochstellt und ganz ihrem Gesang sich hingibt.

Der Morgendämmerung kommt mit süßen Liedern sie zuvor, doch wenn der Tag sich um die erste Hore rötet, läßt sie die Stimme höher schwellen und weiß vor Singen kein Ruh noch Ende.

Um die dritte Hore ist alles Maß vergessen, weil ihr Herz vor Jauchzen immer schwillt, ihre Kehle will gleich bersten, wie die Stimme Kraft gewinnt, und wie ihr Gesang sich hindehnt, nimmt er zu an Glut.

Wenn die Sonne um den Mittag Hitze siedet, will das Innerste vor des Klanges Drang ihr reißen. ›Oci, oci‹ ruft sie, wie es ihre Art, und schon will ihr vor Anstrengung die Stimme brechen.

Wie die Nachtigall die Bälge ihrer Orgel preßt, ringt ihre Kehle blutlos schon um Ton, und wenn die neunte Stunde kam, stirbt sie vollends, sind am ganzen Leib die Adern ihr gesprungen.

Hier steht die Nachtigall für die mystische Liebeskraft des Hohenlieds, die sich aufzehrt in der Inbrunst des Verlangens der Seele nach dem göttlichen Bräutigam und für sich die Nachtigallstimme sucht, wo das eigene Vermögen nicht genügt. Im Bild der im Alleingefühl ihrer Gabe des Sichübersteigens durch die Kunst sich in den Tod singenden Nachtigall meldet sich im Zeitalter der Mystik eine von der Welt absehende Subjektivität des Dichters an, die beim Aufkommen der Neuzeit sich mit den Konzepten einer Pathologie des Dichters unter dem ›furor poeticus‹, der Erleidenskraft des Enthusiasmus und schließlich einer sich genial verschwärmenden Melancholie manifestiert hat.

Die Nachtigallmetapher für den weltvergessen im Lied sich aus dem Leben singenden Dichter soll auf den Weg unseres methodischen Verfahrens führen, der Antwort auf die Frage nach einer spezifischen Qualität von Dichtung – hier: ›notwendige Frucht eines Leidens‹ – anhand der Metaphorik nachzugehen, mit der die Dichter selbst ihr Künstlertum und ihre Kunst charakterisieren. Dies bislang so gut wie ungeübte philologische Verfahren basiert auf der sprachphilosophischen Erkenntnis, daß das Eigentliche von Gegebenheiten des Menschlichen wie Liebe und Tod, wie Schuld und Gnade, aber auch wie Kunst von der Begriffssprache kaum berührt, geschweige denn getroffen oder ausgeschöpft wird, so daß die Metapher als unentbehrliches Instrument der Seinsaufschließung über sprachliche Wahrheitsfindung eine mäeutische Funktion ausübt, die der Literaturwissenschaftler zu respektieren hat, indem er die Erkenntnis schürfende Leistung der Metaphorik zu einem hermeneutischen Prinzip seines literarhistorischen Verfahrens macht und so die Sprach- und Literaturwissenschaft verbindet.

Aus der überaus reichen Fülle von Metaphern für die Dichtkunst eine einzige herausgreifend, die Perle, gewahren wir alsbald, daß sie allein schon auf eine Vielzahl von Aspekten der Dichtkunst angewendet werden konnte, je nachdem ob ihre naturkundliche Entstehung oder ihre Gewinnung, sei es durch den Taucher, sei es durch ihr Auflesen am Strand, ob ihre Herauslösung aus der Muschel oder ihre Auflösung in Essig, ob ihre undurchbohrte Reinheit oder die zur Reihung auf den Faden der Kette durchbohrte Perle in Betracht gezogen wird, ob ihre Funktion in der Fabel von Hahn und Perle oder im Bibelwort von den Perlen, die nicht vor die Säue zu werfen sind, ihre Verwendung als Geschenk oder als Ohrgehänge, ihr Ort in der Krone oder in der Pfütze, das Zerreißen der Perlenschnur oder die Perlenfälschung, die medizinische Anwendung der Perle oder ihr unverdauter Durchgang durch den Taubenmagen in den Blick genommen wird.

Die Perlenschnurmetapher für Kompositions- und Stilformen der Dichtung, die – im alten China, bei den Persern, den Arabern, den Türken und im arabisch-jüdischen Spanien von alther geläufig – im übrigen Europa erst im 18. Jahrhundert Fuß gefaßt hat, ist mit der Nachtigallmetapher eine erstaunliche Verbindung eingegangen in einer Strophe, deren kühne Erfindung alles früher Überlieferte vergißt, mit einem erschreckenden Bild auch alle frühere Sinnkapazität der Perlenschnurmetapher durch den Gedanken an ein Aufgereihtsein der Dichter, die sich zu Tode sangen, überschreitet. ›Unaussprechlich‹ überschrieb Annette von Droste-Hülshoff eine Strophe, die vom Osten angeweht, doch nicht entlehnt ist. Ein Wort nur in der nie mit sich zufriedenen Sprache über das Unaussprechliche der Dichtung, deren Sprache wieder nur eine Stimme im Gesamt der Künste ist, die das Unfaßbare angehen, als könnten sie es je zu Ende fassen, kann die Perle für einen Klang im nie genügenden Sich-zu-Tode-Singen stehen, dessen Nichthingereichthaben doch im Opfer sich genügt.

unaussprechlich

Die Nachtigall in den Kampf sich gab
Mit der Lerche, der schwebenden Stimme,
Daß ihre Reize besängen sie
Und all ihre süße Gebärde;
Doch die Nachtigallen reihten sich
Und die Lerchen, wie Perlenschnüre,
All lagen sie tot in Gras und Strauch,
Verhaucht im süßen Gesange.[3]

3 Annette von Droste-Hülshoff, Sämtliche Werke, hg. v. Günther Weydt und Winfried Woesler, Bd. 2, München 1978, S. 41. – Plinius und die Tierkunde des Mittelalters kennen ein Wettsingen zwischen Nachtigallen, bei dem die Unterliegende aus der Macht ihres Singverlangens sich zu Tode singt; Doebele-Flügel, Die Lerche (wie Anm. 1), S. 361, Anm. 192. Lateinische und deutsche Gedichte des Mittelalters stellen die Nachtigall und die Lerche in der Regel ohne vergleichende Bewertung nebeneinander (ebd., S. 49-52, 69-72, 79-85, 108-111, 126f., 142ff., 164, 174f., 177f., 208, 211, 225, 236f., 250). Andere geben der Nachtigall den Vorzug vor der Lerche, der nächstbesten Sängerin, doch kaum je bei einem Wettstreit (ebd., S. 86ff., 91, 94, 96, 182). Der Singvogelmetapher für den Dichter folgend –

Die Droste läßt zum ersten Mal die Nachtigall zusammen mit der Lerche sich zu Tode singen. Im Beiläufigen liegt oft die offenbarendste Figur. Die Strophen ihrer ›Klänge aus dem Orient‹, die sie zunächst ›Sprachübungen‹ nannte, haben meist ein Adjektiv zur Überschrift. *Das Nachdenken über den engsten und ursprünglichsten Sinn mancher Adjektiven und der Einfall, ihn in kleinen Bildern darzustellen, veranlaßten diese flüchtigen Skizzen.*[4] Die Strophe ›unaussprechlich‹ stellt alles über Lerche und Nachtigall Gedichtete in den Schatten ihrer bestürzenden Radikalität und des auch im Umkreis nicht gelüfteten Geheimnisses um das bis in beider Tod Besungene (*ihre Reize* und *all ihre süße Gebärde*; kaum doch einer Frau, oder der Sängerinnen selbst, also der Dichter?). Die Droste bringt die Nachtigallmetapher in eine unerhörte Verbindung mit der Perlenschnurmetapher, deren je vorheriger Gebrauch im Vergleich mit den Versen der Droste immer harmlos war. Ihr Dichten geht ans Leben.[5] Kühner nie als hier ließ sich von Perlenschnü-

---

schon Gottfried von Straßburg rühmt die Minnesänger als die Nachtigallen –, bringt Konrad von Würzburg (†1287) überraschend und für viele Jahrhunderte einzigartig einen Vergleich des Rangs der Nachtigall und der Lerche, bei dem diese unterliegt (s. o. S. 343). Die poetologisch gemeinten Vergleiche von Nachtigall und Lerche in der Dichtung des 17. und 18. Jahrhunderts (Doebele-Flügel, S. 164-169) haben nichts von ähnlicher Intensität.

4 Droste-Hülshoff, Sämtliche Werke, Bd. 2, S. 715.

5 Das die ›Klänge aus dem Orient‹ eröffnende Gedicht über die Perle meint mit der Mädchen-Perle, in der sich der Himmel spiegelt, am Ende vielleicht auch mit die Dichterin (ebd., S. 35):

O Nacht! du goldgesticktes Zelt!
O Mond! du Silberlampe!
Das du die ganze Welt umhüllst,
Und die du allen leuchtest!

Wo birgt, in deinen Falten, sich
Die allerreinste Perle?
Wo widerstrahlt dein träumend Licht
Im allerklarsten Spiegel?
[. . .]
Und, milde Lampe, schauend tief

ren sprechen, wo die Vollendungen des Unvollendeten – so ist die Kunst – sich reihen.

Wir beschränken unser Aufmerken auf eine einzige Eigenschaft der Perle, ihren Ursprung aus ihrer Entstehung, und haben auch da schon wieder einzusehen, wie mit der Geschichte der naturwissenschaftlichen Vorstellungen von der Perlenherkunft auch ihre poetologischen Deutungen einem geschichtlichen Wandel unterlagen. Die Naturmythe des Plinius von der Entstehung der Perle aus dem Tau und die verwandte Herleitung aus dem Blitz, die beide an die Herkunft der Perle aus einer Hochzeit des Himmels und der Erde glauben und bis in die Goethezeit hundertfach überliefert wurden, dienten, wo immer in der Perle das Gedicht gesehen wurde, als Beglaubigungen seiner Herkunft aus einer Inspiration des Himmels, die vom Dichter im Irdischen empfangen werde. Ein erstaunlicher Gleichgang von Literaturgeschichte und Naturgeschichte dokumentiert sich darin, daß mit dem Verlöschen der naturgeschichtlichen Überlieferung, daß die Perle mehr vom Himmel als vom Meere habe, im 18. Jahrhundert auch der Untergang des Glaubens an die göttliche Dichterbegabung aus der Inspiration verbunden ist. Als in der Naturwissenschaft des 18. Jahrhunderts die Erklärung der Perle aus einer Erkrankung der Muschel sich durchsetzte, entsprach dem eine neue Vorstellung von der Dichtung als der notwendigen Frucht eines Leidens, die wir anhand dieser Metapher nun verfolgen. *Fängt nicht überall das Beste mit Kranckheit an?*[6] so fragte sich Novalis.

Zu den ausgreifenden Kapiteln über die Edelsteine in Daniel Casper von Lohensteins historischem Kolossalroman ›Großmüthiger Feldherr Arminius‹ gehört im Rahmen einer großen Festbeschreibung die Szene eines Elefantentanzes. Während

---

In ihres Spiegels Klarheit,
Erblicktest du ein Bild darin?
Und war es, ach, das meine?

6 Novalis, Schriften, Bd. 3, Das philosophische Werk II, hg. v. Richard Samuel in Zusammenarbeit mit Hans-Joachim Mähl und Gerhard Schulz, Stuttgart 1968, S. 589.

vier die Elemente und die Himmelsrichtungen bezeichnende Elefanten tanzen, singen auf ihnen Juno für die Luft und Vesta für das Feuer als lyrische Einlagen fungierende Lieder eines Wettstreites über die Entstehung der Perle. Während Junos Sonett der Perle Herkunft aus dem Tau der Luft besingt

So bleibt nun wahr: die Muschel-Töchter sind
ein Brutt der Lufft / und der Gestirne Kind

und Vestas Sonett für ihre Entstehung mit Hilfe des Feuers streitet – das Feuer gibt

die Perl' in Muschel-Schalen /
In Brüste Milch, die Lieb' in Seel' und Blut:
Ja Lieben selbst ist meine reinste Glut,

tritt das auf einem weißen Elefanten sitzende Indien auf und singt ein fünfstrophiges Lied über die Perle, das überraschend zum ersten Mal auf eine Theorie der Perlenentstehung als Produkt der Krankheit anspielt, die es freilich sogleich verurteilt als

Verläumbdung / die die Perlen zwar
Für krancker Schnecken Drüsen hält.[7]

Ein Sangeswettstreit über die Perlenentstehung wurde erst möglich, nachdem im 16. Jahrhundert die bis dahin unangefochtene Lehre von der Herkunft der Perle aus dem Tau des Himmels Widerspruch gefunden hatte und verschiedene, auch phantastische Theorien über einen endogenen Perlenursprung

---

7 Lohenstein, Arminius (wie Kap. 4, Anm. 94), T. 1, S. 1376f. In ihrem Preislied auf Thusnelda muß auch Indien rühmen, daß die deutsche aller Perlen schönste sei:

Wiewol nun Purper / Perle / Stern
Thußneldens Schönheit giebet nach:
So übersteigt doch hundertfach
Die Schalen / ihres Geistes Kern.
Denn ihre Tugend ist ihr Schatz / der Leib die Höle /
Die Muschel die Gestalt / die Perle selbst die Seele.

in der Muschel nun eine Epoche lang unter sich und mit der antiken Perlenentstehungsmythe rivalisierten. Lohenstein, der als erster Dichter ein Wissen von Theorien über die Perle als Frucht einer kranken Muschel anzeigt, tut sie als *Verläumbdung* ab. Durchzusetzen vermochten sie sich auch erst im 18. Jahrhundert. Linné hat eine Vorstellung aufgenommen, die vereinzelt schon die Spätantike und dann allein das 12. Jahrhundert in Byzanz schon einmal kannte, daß nämlich eine durch Anbohrung verletzte Muschel zur Heilung ihre Wunde mit einer Perle überziehe. Der König von Schweden ließ auf Rat Linnés in Mengen angebohrte Muscheln ins Meer versenken in der Hoffnung, mit solcher Perlenzucht die Staatsfinanzen zu vermehren. Und im Jahr 1711 hat Réaumur in der Pariser Akademie mit einem Vortrag einer schon seit der Renaissance vertretenen Theorie der Perlenbildung aus der Muschel endogenen Kräften zum Durchbruch in der Wissenschaft verholfen. Die Spuren in der Dichtung lassen nicht lange auf sich warten, wo nun eine Tradition von zwei Jahrtausenden zu Ende geht, die an den Ursprung der Perle aus dem Himmel glaubte im Sinne schon des Plinius, der sagte, daß die Perle mehr vom Himmel als vom Meere habe. Mit dem Auslaufen dieses Glaubens hat die Welt auch den Glauben an die dichterische Inspiration verloren, insofern sie bis zu Klopstock als eine himmlische verstanden wurde. Die Perle und das Gedicht sind künftig nicht mehr ein Geschenk aus der Verbindung des Himmels mit der Erde wie bis hin zu Goethes ›Hochbild‹,[8] sondern beide sind nur die Frucht eines vom Himmel unberührten Leidens.[9]

---

8 Dazu oben S. 339f.

9 Solch Diktum möge niemand skandalisieren. Die Geschichte kennt keine radikalen Auf- und Untergänge ohne breite Zonen der langsam auf- und ableuchtenden Dämmerungen, als welche auch die Zeit der Morgenröte oder Aufklärung sich begriff. Der Einzelne tritt nie aus einer, aus seiner Dämmerung, dem Eigentümlichsten der Geschichte. Auch Leitfossilien lösen sich nur langsam, aber doch schließlich ab. Natürlich findet man auch später Musenanrufe, vielleicht auch noch ein Dichtergebet um Inspiration. Aber wie ist es dann zu deuten, etwa ein Musenanruf Dantes als Motto vor dem ›Doktor Faustus‹ Thomas Manns?

Bahnbrechend hat der für naturwissenschaftliche Umbrüche sensible Jean Paul von Anfang an dem neuen Verstehen sich verschrieben, was nicht heißt, daß Apokryphes nun bei ihm ganz ausgeschlossen wäre. Davon zeugt ein Wort im ›Jubelsenior‹ vom Jahr 1797. Ein Gedanke macht die Tränen der auf ihr Leben zurückblickenden Greisin süß: *das war jedes glückliche Kind, das sie erzogen hatte, und jeder Schmerz, den sie ertragen hatte und der durch die stille Geduld zu einer Tugend geworden war, wie die Perlenmuschel das in sie geworfne Sandkorn, das sie drückt, mit Glanz umzieht und zur Perle macht.*[10]

Bei der Vorstellung von der durch das Sandkorn als Fremdkörper in der Muschel verursachten Erkrankung ist zu bemerken, daß es in die Muschel nicht gefallen, sondern ›geworfen‹ ist, denn auch bei einem auf dem Meeresgrund unruhigen Fluten denkt man eher an ein Hinein-Fallen als ein Hinein-Geworfenwerden. Jean Paul aber hält an dem in die Muschel geworfenen Sandkorn auch in späteren Belegen fest, obwohl er es nirgendwo begründet, offenbar an eine emblematische Überlieferung sich erinnernd, nach welcher der Krebs in die Schalen einer lauernden Auster Steinchen wirft, um ihr Sichschließen zu verhindern und die Wehrlose so zu überwinden.[11] Das der

10 Der Jubelsenior; Jean Paul, SW 4, S. 521.

11 Emblemata. Handbuch zur Sinnbildkunst des XVI. und XVII. Jahrhunderts, hg. v. Arthur Henkel und Albrecht Schöne, Stuttgart 1967, Sp. 725 f. Über den Krebs, der die Muschel überlistet, indem er ihr einen Stein einklemmt, berichtet im 9. Jahrhundert schon Pseudo-Aristoteles, von dem der arabische Steinkundler Achmed Teifaschi die Geschichte übernommen hat; Ravius, Specimen arabicum (wie Kap. 8, Anm. 17), S. 47 ff. Sie hat auch in der Emblematik ihren Platz. Unter dem Lemma *Ne claudar* steht sie für solche, denen der Dämon Skrupel eingibt, so daß sie sich für die Religion nicht schließen. Die dem mit einem Steinchen nahenden Krebs sich rechtzeitig verschließende Muschel steht unter dem Lemma *Vitat fallacias* für die kluge Abwehr der Häretiker und taugt als Titel philosophischer Schriften. Unter dem Lemma *Claustro tuta suo* paßt sie für die eingeschlossene Zurückgezogenheit der Jungfrau. Die geöffnet den Tau erwartende Muschel wird dem Krebs zur Beute, so wie der den Weltfreuden sich Auftuende des Teufels Opfer wird (*Rorem quaerendo*). Der Krebs verschlingt die Perle in der Muschel so wie der Teufel im Kloster Streit sät und es an-

Perlmuschel *ins Leben geworfene scharfe oder rohe Sandkorn*[12] steht nicht für natürliche Unbilden, sondern meint das schicksalhaft und auf den Tod gefährdend ans empfindlich Innere des Lebens Greifende, das von außen eintritt. Die zu überwindende Krise ist kein endogenes, sondern ein verletzend zugefügtes Leiden. Das will bedacht sein, wo der Dichter die Muschel ist, die, eine Perle mit stiller Geduld erschaffend, alle Kraft ans Überleben bietet.

Auf das neue Wissen vom Leiden der Muschel am Werden der Perle spielt auch ›Dr. Katzenbergers Badereise‹ vom Jahr 1809 an, wo zwei Temperamente, ein in der Liebe fühlendes und daher leidendes und ein die inneren Bewegungen gefühllos wie nach einer Exerzieranweisung exekutierendes, knapp zu vergleichen sind. Der durch Erfahrung glatte Nieß genießt den Herzensharm, während Theudobach sein Gefühl mit Schmerz durchleidet: *Ordentlich mit Lust schmilzt er in Tränen und schnalzt wie ein lustiger Fisch. Das Gefühl, das bei einem mathematischen Theudobach eine drückende Perle in der Auster ist, trägt er als eine schmückende außen an sich.*[13] Des Einen Schmerz gelittener Ersterfahrung – man möchte es übertragen auf den Dichter – geht, ausgebildete Gestalt geworden, durch des andern Hand wie Schmuck. Der Reim von ›drückend‹ auf ›schmückend‹ scheint etwas auszusagen vom werdenden und vom gewordenen Gedicht. Man lebt mit Wert- und Schauperlen, die in anderen wuchsen.

Im Schluß des ›Jubelsenior‹ gedenkt Jean Paul im Rückblick auf sein Werk von diesem und das heißt auch von den Menschen, die er in ihm schuf und zu ihrer Bestimmung führte, vorsichtig sich zu lösen. Wie im 16. Jahrhundert Du Bartas am

greift: *Nec unio servat ab hoste*. Johann Michael von der Ketten, Apelles Symbolicus, Amsterdam und Danzig 1699, T. 1, S. 720, Nr. 75; S. 722, Nr. 85, 86; T. 2, S. 86, Nr. 171; S. 87, Nr. 182. Weitere sechs Embleme mit dem Krebs- und Muschel-Motiv bei Picinelli, Mundus symbolicus (wie Kap. 3, Anm. 8), Bd. 1, lib. 6, cap. 13, nr. 48-51, 53 f.

12 Vorschule der Ästhetik; Jean Paul, sw 5, S. 77.

13 Dr. Katzenbergers Badereise, 36. Summula; sw 6, S. 231 f.

Ende seines Epos über die Schöpfungswoche Gott sein Werk als Weltgemälde noch einmal betrachten und für gut befinden läßt, betrachtet hier der Dichter als Maler noch einmal sein *Tableau*, das ihm vollkommen scheint, wenngleich er noch einmal überprüfen zu sollen glaubt, ob nicht am Ende ihm ein Strich noch fehle: *Als Artist lös' ich mich von der Familie ab, als Mensch und Gast verquick' ich mich erst recht mit ihr: denn ich gehe vor acht Tagen nicht aus Neulandpreis, die ich auf eine kritische Beschneidung des Herzens, der Ohren und der Lippen dieses Werkleins verwenden will, und trage noch, wo Ausschweifungen fehlen, die nötigsten gleichsam als Extravasate und Speckgeschwülste im mystischen Körper nach, oder in einer schönern Metapher, ich putz' ihn mit Garnituren von Barockperlen.*[14] Unversehens von der Gemälde- zur anthropomorphen Körpermetapher übergegangen – und dann in die Gemäldemetapher wieder zurückführend –, erwägt Jean Paul Erweiterungen am geschaffenen Leib, welche der Arzt als seine Gesundheit gefährdend diagnostizieren würde: Ausschweifungen (nicht Abschweifungen-Disgressiones), Extravasate und Speckgeschwülste. Es ist nicht die einzige Stelle, wo Jean Paul von unschöner Krankheitsmetaphorik mit einem *oder in einer schönern Metapher* zur Perlenmetapher hinführt,[15] und zwar nicht so überraschend, denn schon Jean Paul versteht die Perle auch als ein Produkt der Krankheit, und die birnenförmig oder sonst unregelmäßig ausgebeulten Barockperlen gelten als von der klassischen abweichende Fehlbildungen. Daß Garnituren von Barockperlen den Dichtungskörper ›putzen‹ sollen, erinnert an den Usus des poetischen Ornatus. Doch kein Wort von ungefähr verlierend, spielt Jean Paul vorausdeutend auf andres an, denn auf das *Ende der Geschichte* läßt er den ›Appendix des Appendix‹ – schon der ›Jubelsenior‹ hat den Untertitel ›Appendix‹ (nach den ›Biographischen Belustigungen‹) – mit dem Titel ›Meine Christnacht‹[16] folgen und erst dann steht *Ende*. Er ge-

14 Der Jubelsenior; sw 4, S. 540f.

15 Unten S. 361.

16 sw 4, S. 545-559.

braucht die Krankheitsmetaphern, um den unklassischen Auswuchs (Appendix) am Werkende anzukündigen, auf dessen erster Seite der Autor *eine Freiheitsmütze auf dem Kopfe* hat. Er macht sich aus seiner Barockperle um so weniger ein ästhetisches Gewissen, als wie andere Appendices Jean Pauls auch dieser erst den Höhepunkt des Werkes bietet.

In der ›Vorschule der Ästhetik‹ (1804) kommt Jean Paul überraschend auf die Perle, wo er die griechische Dichtkunst und als eine Bedingung ihrer Schönheit ihre Ruhe und Heiterkeit bespricht, die wie ein unverrückt blauer Äther über ihre Welt und Zeit sich breitet und das Ewige zu ahnen gibt. Jean Paul räumt ein, aber nur im Bild, die Griechen hätten von der unruhigen Bewegung aus dem Leiden und von der Suche im Streben wohl gewußt, sie in der Dichtung aber in heitere Ruhe überführt, wenn er an der Perle zeigt, was die Poesie der Griechen erbringen kann und soll. Sie bannt Tod und Leiden durch eine apotheotische Verwandlung, so daß Götterblut aus poetischen Wunden kommt. *Poesie soll, wie sie auch in Spanien sonst hieß, die fröhliche Wissenschaft sein und wie ein Tod zu Göttern und Seligen machen. Aus poetischen Wunden soll nur Ichor fließen, und wie die Perlmuschel muß sie jedes ins Leben geworfene scharfe oder rohe Sandkorn mit Perlmaterie überziehen.* Wie der Schmerz ihrer Verwundung eine Muschel zur Aufbietung aller Kraft der schönen Überwindung provoziert, so muß die Welt der Dichtung *die beste sein, worin jeder Schmerz sich in eine größere Freude auflöset.* Das verletzend ins Leben der Muschel eingefallene Sandkorn bewirkt nicht als eine bleibende Dissonanz den Tod, sondern erweckt zu einer schönen Harmonie. Die Kunst erhebt über das Leiden, *wo wir Menschen auf Bergen gleichen, um welche das, was unten im wirklichen Leben mit schweren Tropfen auffällt, oben nur als Staubregen spielet. Daher ist ein jedes Gedicht unpoetisch, wie eine Musik unrichtig, die mit Dissonanzen schließet.*[17]

---

17 Vorschule der Ästhetik, IV. Programm, § 19; SW 5, S. 77. – Im komischen Kapitel über die in ihr Eigenes freigeschwommenen *Dichtinnen* (Dichterin würde an Männliches erinnern) erwägt Jean Paul drei Möglichkeiten des

In der ›Kleinen Nachschule‹ zur Vorschule der Ästhetik erregt sich Jean Paul mokierend über dichterische Formenspiele wie das Akrostichon, den Abecedarius, das Nichtverwenden bestimmter Buchstaben in einem Gedicht und vor allem über ein Verfahren der Romankomposition, bei dem die Geschichten um vorgegebene Haupt- oder Wurzelwörter herum erfunden werden, so wie Kotzebue die Geschichte seines Vaters um zwölf vorgegebene Wörter herum verfaßte. Das der Poetik nicht geläufige Verfahren wird anhand verschiedener Metaphern erläutert und beurteilt. Jedes Romankapitel reiht sich um ein Hauptwort, wie der *historische Faden* auf einem hölzernen Zwirnstern aufgewickelt wird, so daß sich ein *Geschichtknäul* ergibt. Oder: Romantiker meinten Wunderwerke an Willkür und Allmacht zu verrichten, wenn sie ihr Vorhaben mit einem Wurzelwort vorauskündeten und dann *um einige abgesteckte Wort-pfähle efeuartig hinkrochen und hinausliefen*. Eine derart sich selbst enthüllende Willkür prozediert wie Maurer, die *einen Roman nach gegebenen, willkürlich-ausgestreuten Hauptwörtern hinmauern, die man ihnen wie Endreime zum Daranbauen vorgelegt*. Die Maurermetapher, die Landbaumetapher und die Spinnmetapher für Dichten werden je so spezifisch abgewandelt, daß sie, statt verschiedene Dichtverfahren zu illustrieren, alle als auf ein eigenartiges, metaphorisch oder begrifflich vorher nicht bezeichnetes Verfahren anwendbar erscheinen. Die Überschrift des Paragraphen ›Romanen-Musaik‹ und die Rede vom *romantischen Musaiker* ergänzen die Metapherngruppe, die das neue Phänomen erläuternd und satirisch angeht, um die weitere, nicht näher ausgeführte vom Mosaikleger, der um vorgegebene Werk-Wörter herum das Ganze auszukomponieren hat. Wenn in diesem Zusammenhang auch die Perlenmetapher anwendbar werden sollte, bedurfte auch sie ei-

---

Mannes, sie als Perlenaustern zu betrachten. Der eine Verehrer schätzt sie als Perlenauster *mit Perlen oder Glanzgedanken*, der andere bloß zum Verschlingen mit Augen und Lippen, der dritte, der Ehemann, schlicht als Auster eines anderen Geschlechts. So in der 11. oder Jubilate-Vorlesung der Vorschule der Ästhetik, ebd., S. 437.

ner in ihrer Geschichte nicht vorgegebenen Modifikation zur Darstellung dessen, wie Undichterisches dichterisch gemacht wird: *Wenigstens nicht vorher sagen sollten es uns die Schreiber, daß solche fremde Körper nicht sowohl wie Wachsperlen – die man in Perlenmuscheln einlegt zum Überzuge mit echter Perlenmaterie – als wie tote Tiere im Bienenstock zum Überzuge mit Wachs bei Schwierigkeit des Herausschaffens, – daß, sag' ich, fremde Wurzelworte das Geschichtliche, wie sonst dieses die Worte, erzeugt haben.*[18] Erst die Kenntnis eines angeblichen Verfahrens, unechte Perlen in scheinbar echte zu verwandeln, macht die Perlenmetapher hier verständlich. Darum gab Jean Paul ihrer ersten Anwendung in seiner frühen Satire ›Flüchtige Muthmaßungen über die menschlichen Tugenden‹ eine Anmerkung zur Erklärung bei. Es ging um dies: Wenn die Begierde, Exempel nachzuahmen, in der Gesellschaft einen Umgang suchen läßt, von dessen Tugenden gefärbt zu werden man bemüht ist, wird man *falschen Perlen* ähnlich, *welche von ächten Muscheln mit einer ächten Perlenhaut veredelt und überkleistert werden.* Bei seiner vermeintlich naturwissenschaftlichen Erklärung dieses Bildes folgt Jean Paul der irrigen Meinung des Plinius, die Muscheln stiegen im Frühjahr aus dem Meere auf, um aus dem Tau Befruchtung zu empfangen. Mit Berufung auf eine unbekannte Quelle hält er als erster in der zweitausendjährigen Überlieferung diesen Naturvorgang für derart manipulierbar, daß der Muschel statt des Taus eine falsche Perle zur Veredlung untergeschoben werden könne. *Bekanntlich legen die Sineser falsche aus Perlenmutter gearbeitete Perlen in die geöfneten Muscheln, die im Frühlinge aus dem Meere heraufkriechen. Das andere Jahr finden sie die falschen Perlen mit der gedachten Haut bekleidet in ihnen.*[19] Sonst un-

18 Kleine Nachschule zur ästhetischen Vorschule; sw 5, S. 460 f. Vgl. in den Palingenesien; sw 4, S. 809: *Sobald die Ideen, die im Bienenkorbe unsers Kopfes Honig machen, einen fremden Körper, eine verreckte Maus etc. nicht über das Flugbrett werfen können, so überziehen sie solche wenigstens mit Wachs, damit sie nicht stinke.*

19 Über die menschlichen Tugenden; sw Abt. II 1, S. 844.

bezeugt ist auch die Vorstellung, daß die Muscheln im Frühjahr auf den Strand gekrochen kämen. Der Wunsch war wohl der Vater des Gedankens. Mit Rezepturen zur Perlenfälschung von alther beschäftigt, greift die menschliche Tücke hierbei am Ende auch zur Indienstnahme einer vermeintlich natürlichen Leistungskraft der Muschel, wie das vom Krebs geworfene Sandkorn auch das Kuckucksei der Wachsperle mit Perlenglanz zu überschönen. Dem unschuldigen Krebs mit seiner List es nachtuend, haben die Fälscher und die Unternehmer der Perlenzucht mit Hilfe einer Anbohrung der Muschel, als einmal bekannt war, daß man durch Antun eines Leides ihr die Ausbildung des Schönen abzupressen vermöge, mit solchen Praktiken ihren Nutzen zu suchen nicht gezögert. Auch wenn solche Prozeduren nur ein literarisches Leben geführt haben sollten – die Traditionen der Rezeptur zur Perlenfälschung und -behandlung haben, aus welchen Motiven immer, auf Phantastisches ungern verzichtet –, verraten solche Phantasien doch geheime Richtungen des Bestrebens.

Während die alte Metapher von der mit Süße überzuckerten Pille der nützlichen Wahrheit[20] den Dichter als Arzt den heilsamen Kern seines Werkes vermitteln läßt, gehört die Metapher von der mit dem Schein der Echtheit überzogenen Perle in das Feld der nicht helfenden sondern betrügenden Täuschung, die verspricht, was sie nicht gibt, wie wenn der gemeine Hofmann wichtig Lügen *perlt*.[21] Sie gehört nicht in die Poetik, sondern in die Literaturkritik. Ihr Urteil im Kapitel über die romantische Romankomposition vernichtet das mit einer Fülle von Metaphern schon Gerügte, wenn Jean Paul auch noch zum Dichter als Schöpfer übergeht: *Wahrlich der echte Dichter trifft überall nur Erdklöße und Rippen an, aber er behaucht sie, und Adams und Evas werden daraus, indes der unechte das Lebendige wie-*

20 Hubert Gersch, Geheimpoetik. Die ›Continuatio des abentheurlichen Simplicissimi‹ interpretiert als Grimmelshausens verschlüsselter Kommentar zu seinem Roman, Tübingen 1973 (Studien zur deutschen Literatur 35), S. 67-74.

21 Jean Paul, Hesperus; sw 1, S. 600, vgl. S. 213 f.

der zur Erde macht und die Rippe zum Gerippe.[22] Es gibt echte und unechte Dichter, nicht anders als bei den Perlen. Unecht ist auch das Verfahren der Perlenzüchter, die mit raffinierter Kunst natürliche Leidensvorgänge provozieren, um aus der Meisterung Gewinn zu ziehen, die von der gepeinigten Kreatur geleistet wird. Ein solches Modell nährt seine Herren.

Das Gedicht reift im Verborgenen, in Perlenbänken, wie die Muschelkolonien auf dem Meeresboden heißen. Der Rang eines Autors wird durch seine Perlenbänke ausgewiesen, seinen Schatz an Anlage, Geduld und Reifung. Die im Jüngling Albano angelegten hohen Gaben – hier nicht poetischer Natur – erkennt der Freundesblick Dians, wenn er *feurig zu ihm trat und mit wenigen Blicken dem tiefen, aber reinen Meere des Jünglings auf den grünenden Boden und auf die Perlenbänke sah.*[23] Mit Perlenbänken, das heißt Einfallsreichtum nicht gesegnete Skribenten täuschen ärmlich Reichtum vor. Zum neuen poetischen Mystizismus der Romantik äußert sich Jean Paul in Zwielichtereien, die durch Erinnerung an die wahre, mit der Tat gelebte Mystik seinen Satz *Das Mystische ist das Allerheiligste des Romantischen* vor eine relativierende Folie stellen. Einer Zeit der Herz- und Stofflosigkeit kommt das Mystische erwünscht, *sie läßt statt der romantischen Dämmerungsschmetterlinge besser die mystischen Nachtschmetterlinge ausflattern, oder mit andern Worten, sie taucht sich jetzo nicht zur romantischen Perlenbank unter, sondern glücklicher in die mystische Nebelbank ein.*[24] Perlenbank, Dämmerung und Tiefgang stehen für das Dichterische der Romantik, dessen Anspruch der durch Nebelbank, Nacht und Flachgang charakterisierte Mystizismus nicht genügt. In einer Welt ohne Herz und Gott erdenken der philosophische Absolutismus und der Mystizismus zwar *einen Abgrund nach oben und einen nach unten, [. . .] in welche beide wir hangend schauen*, doch um nach wirbelnder Umgetriebenheit im leer gefundenen Raum *sogar das Nichts* zu

22 Vorschule der Ästhetik; sw 5, S. 461.
23 Titan, 24. Zykel; sw 3, S. 129.
24 Vorschule der Ästhetik; sw 5, S. 426.

sehen. Anders als die Nebelbänke bergen die Perlenbänke dichterische Weltsubstanz. Jean Paul polemisiert im ›Museum‹ (1814) gegen romantische Romanschreiber – ›poetische Leerdärme‹ –, die ihre Bücher aufdickten durch einen über die Blätter zerflockten lockeren Satz in großen Typen, als wären sie voll wie die von Klopstock, Baader oder Kant. Er empfiehlt: *die kleine Perlschrift sollte den Mangel ihrer Perlenbank einschleiern [. . .] Himmel, würden nicht manche Schreiber am schönsten so unendlich klein und eng abgedruckt, daß sie typographisch so wenig zu lesen wären als ästhetisch?*[25]

Kurz vor der Jahrhundertwende schreibt Jean Paul in den ›Palingenesien‹ ein Kapitel mit dem Titel ›Mens sana in corpore insano‹, dessen Umkehrung der antiken Maxime auf die unverhältnismäßige Ausbildung des Kopfes bei dem späteren Gelehrten zielt, der besser denkt als handelt, so daß *gerade die körperliche Gebrechlichkeit uns an Vorsätzen erstattet, was sie uns an Taten benimmt. Genie und Krankheit sind so sehr Milchbrüder, daß in unsern Tagen Männer von Talent sich häufig den giftigsten Ausschweifungen unterziehen, bloß weil sie ihrer satirischen Schärfe mit ihrer skorbutischen, und mit den Nervenfiebern den Nervengeistern nachzuhelfen denken: so impfte Linné auf dieselbe Art den Perlenmuscheln – die desto mehr Perlen ballen und liefern, je kränker sie sind – künstliche fruchtbringende Krankheiten ein.*[26]

Dichtung ist eine Perle, wo immer sie eine Versöhnung mit dem Leiden des Lebens stiftet. Unter das Motto der Vergebung und Versöhnung hat Jean Paul die Ausbildung der Perle schon im ›Hesperus‹ gestellt. Im Augenblick, wo Flamin und Viktor ihre bis auf den Grund verstörte Freundschaft in einer Verfassung bis zu Lebensfluchtgedanken gehender Trostlosigkeit mit unverhofftem innerem Zwang neu finden und in der Bewegung tiefster Erschütterung mit Tränen sich in den Armen liegend wissen: *Nun verlassen wir uns nicht mehr, nun wollen wir ewig so bleiben*, besiegelt Jean Paul das eben Geschehene mit dem

25 Vorrede zum ›Museum‹; SW Abt. II 2, S. 881.
26 Palingenesien; SW 4, S. 765.

gültigen Gepräge einer nun die Verletzung der Muschel durch Anbohrung ins Spiel bringenden Sentenz: *Nichts beweget den Menschen mehr als der Anblick einer Versöhnung, unsere Schwächen werden nicht zu kostbar durch die Stunden ihrer Vergebung erkauft, und der Engel, der keinen Zorn empfände, müßte den Menschen beneiden, der ihn überwindet. – Wenn du vergibst, so ist der Mensch, der in dein Herz Wunden macht, der Seewurm, der die Muschelschale zerlöchert, welche die Öffnungen mit* Perlen *verschließet.*[27] Nicht unverwandt ist es im ›Siebenkäs‹-Roman. Der die Narben seines Geschicks von *tausend Hausplagen* tragende, von Unglücksszenen gebeutelte Siebenkäs, der *wundgedrückt vom Tage*[28] schlafen geht, dem Tag seiner Erniedrigung entgegen, der die Versteigerung ihm ans Herz gewachsener Sachen bringt, muß mit seinem eigenen Dasein, der in der Welt verlorenen Ehre, sich versöhnen und tut den unschuldig souveränen Schritt, den Versteigerer beim Ausrufen der eigenen Sachen abzulösen. Die sich selbst überfliegende Kühnheit seines Tuns erzählt Jean Paul, nachdem er *viele Philosophie* vorangestellt hat, um den Leser auf die ungewöhnliche Szene einzustellen. Es geschieht mit diesen sentenzartigen Überlegungen: *Nichts macht humoristischer und gegen die Ehre der Stände kälter, als wenn man die des seinigen vertauschen muß mit der Ehre der Person oder des Werts, und wenn man überhaupt sein Inneres immer mit Philosophie gleichsam wie ein Diogenesfaß gegen äußere Verletzungen überziehen, oder wenn man, in einer schönern Metapher, wie die Perlenmuschel, die Löcher, welche Würmer in unsere Perlenmutter bohren, mit Perlen der Maximen vollschwitzen muß. – Inzwischen sind Perlen besser als eine unversehrte Perlenmutter; ein Gedanke, den ich mit Golddinte schreiben sollte.*[29] Wo nicht ein Sandkorn in die Muschel geworfen, sondern diese durch einen Seewurm angebohrt wird – einen Menschen, *der in dein Herz Wunden*

---

27 Hesperus, 32. Hundsposttag; sw 1, S. 1014f.
28 Siebenkäs; sw 2, S. 214.
29 Ebd., S. 216f.

macht[30] –, ist das eine Lebensnot bannende Ausschwitzen der Perle noch stärker eine Abwehrhandlung gegen etwas, das die Existenz anrührt. Sie ist humoristisch im Sinne eines mit souverän duldender Milde das Endliche verlachenden Weltgeists, jenes Lachens, *worin noch ein Schmerz und eine Größe ist.*[31] Von nun an erkennen Dichter an dem der Muschel widerfahrenden Geschehen, dessen Krise widerstehend sie die Perle bildet, ihr Dichten als eine rettende Aufbietung des Innersten zum Abwehren und Überwinden beim Erleiden einer ans Leben gehenden Verletzung.

Im früheren 19. Jahrhundert muß das Wissen von der Krankheit als dem Ursprung der Perle so verbreitet gewesen sein, daß verschiedene Autoren anscheinend je selbständig die Muschel als Metapher für den Dichter gebrauchen und – nach Jean Paul, der die Kenntnis des Naturvorgangs bei seiner Einführung der Metapher erst noch zu vermitteln hatte –, mit ihrem Verständnis nunmehr rechnen konnten, so Grillparzer (1818), Grabbe (1827), Heine (ab 1835), Rückert (1836), Tieck (1840) und die Droste (ab 1841).

Hatte bei Jean Paul die Ausbildung der Perle eine äußere Verletzung der Muschel zu überwinden, bekennt sich bald danach schon der Glaube an eine Parthenogenese der Dichtung, an ihre Bedingung durch ein endogenes Leiden. Im Gedicht ›Abschied von Gastein‹ von 1818 vergleicht der junge Grillparzer das Dichtersein mit drei Leiden und Qualen aus der Natur. Der vom Blitz geschlagene Baum verklärt sich strahlend in den Flammen, die ihn fällen. Über dem Wasserfall steht der Regenbogen, da die Klippen, die sich ihm entgegensetzen, ihn verschönen, indem sie ihn verletzen: *Und Diamanten schütteln rings sich los.* Kein Eingriff aus der Höhe oder Widerstand der Tiefe bewirken das Werden der Perle in der Muschel:

Und wie die Perlen, die die Schönheit schmücken,
Des Wasserreiches wasserhelle Zier,

---

30 Hesperus; SW I, S. 1015 (wie Anm. 27).
31 Vorschule der Ästhetik, VII. Programm, § 33; SW 5, S. 129.

Den Finder, nicht die Geberin beglücken,
Das freudenlose, stille Muscheltier,
Denn Krankheit nur und lange Qual entrücken
Das heißgesuchte, traurge Kleinod ihr,
Und was euch so entzückt mit seinen Strahlen,
Es ward erzeugt in Todesnot und Qualen.

Die drei Vergleichsstrophen sind im klar gebauten Gedicht gefaßt von je einer Einführungs- und Schlußstrophe, welch letzte die Aussagen versammelt:

Der Dichter so, ob hoch vom Glück getragen,
Umjubelt von des Beifalls lautem Schall,
Er ist der welke Baum, vom Blitz geschlagen,
Das arme Muscheltier, der Wasserfall.
Was ihr für Lieder haltet; es sind Klagen,
Gesprochen in ein freudenloses All,
Und Flammen, Perlen, Schmuck, die euch umschweben,
Gelöste Teile sinds von seinem *Leben.*[32]

Mit der Perlenstrophe als Mitte des Gedichtes ist, während Blitz und Wasserfall noch klassische Möglichkeiten der Erfahrung eines vom Schicksal erwählten und zur Schau gestellten Dichtertums berufen, eine neue, hinfort nicht mehr zu überhörende Tonart angeschlagen. Der arme Dichter zahlt mit seiner Existenz in leidender Verborgenheit für den Gewinn, den andere aus seinen Qualen ziehen. In dem mit Goethes ›Tasso‹ aufgeklungenen Thema der leidenden Einsamkeit und Fremdheit des Dichters in der Gesellschaft lag das im Dramenschluß nachhallende Motiv des Dichtens als Klage aus Qualen schon eingebettet:

– *Nur* eines *bleibt:*
Die Träne hat uns die Natur verliehen,
Den Schrei des Schmerzens, wenn der Mann zuletzt

32 Franz Grillparzer, Sämtliche Werke, hg. v. Peter Frank und Karl Pörnbacher, Bd. 1, München 1960, S. 97f.

Es nicht mehr trägt – Und mir noch über alles –
Sie ließ im Schmerz mir Melodie und Rede,
Die tiefste Fülle meiner Not zu klagen:
Und wenn der Mensch in seiner Qual verstummt,
Gab mir ein Gott zu sagen, wie ich leide.[33]

Über diesem nun anders als in älteren Klagen mehr als privaten Los des Dichters liegt bei Goethe noch ein Hauch von Trost, wenn in extremis die Natur doch beisteht und *ein Gott* die Sprache gibt zum Sagen ohne Scheitern. Die Erinnerung an solch letztes Ruhen der Poesie in einer wie immer abgeschwächten Transzendenz kommt beim Gedanken an Muschel und Perle zum Erlöschen. Die Freude einer und sei es metaphysischen Resonanz verliert sich, wenn das All zur Fremde wird. Das Lied hat eine Aura von Resonanz. Grillparzers Klagen aber sind *gesprochen in ein freudenloses All*, ohne Erwarten einer hiesigen oder ferneren Resonanz. Ein Raum ohne Freude ist der dunkle Meeresboden, wo das Licht sich nicht mehr bricht, kein Reflex von Leben zeugt. Stehen Muschel und Perle für den Dichter, dann in einem freudenlosen All ohne Reflex und Resonanz.

Das Dunkel um die Muschel ist nicht absolut, wenn sie ein Wissen von der Welt im Licht hat und durch Sehnsucht an dieses Unerreichbare sich bindet, wie es bei Tieck sich im Gedanken an Tasso darstellt. Das Dichtertum ist in Ludwig Tiecks bedeutendstem, im Italien des späten 16. Jahrhunderts spielendem Roman ›Vittoria Accorombona‹ (1840) an der ins Geschehen einbezogenen Figur des Torquato Tasso derart als die Geschichte eines Leidens dargestellt, daß der ›arme, krankhafte‹, dank seines Werkes so erhobene wie gedemütigte, gekränkte und beleidigte Tasso als zu bemitleidender Gegenstand einer Tragödie denkbar dasteht. Er geht aus der Vollendung seines Werkes als ein Gebrochener hervor.[34] *Er ist ein untergegange-*

33 Tasso V 5, v. 3426-3433; HA 5, S. 166.
34 Ludwig Tieck, Werke, hg. v. Marianne Thalmann, Bd. 4, München 1966, S. 539-814, hier S. 648 f.

nes schönes und edles Menschenbild.[35] Die über die Linie der gewöhnlichen Menschen in ihrem Enthusiasmus hochgemut hinausgehende, die goldene Zeit des freien Geistes in der Frühe ihres Jahrhunderts bei seinem Niedergang noch hochhaltende Vittoria hat nach der ihr Leben wendenden Begegnung mit dem seinem Genius folgenden und ihr großes Herz gewinnenden Herzog Bracciano mit diesem und einem Kardinal der wieder erstarrten Kirche ein von ihr kühn geführtes Gespräch über den Abstieg ihres Säkulums beendet. Die Männer, der Kardinal besorgt, der Herzog in Erhobenheit, haben sie verlassen. *Als alles still und ruhig war, öffnete sie die Tür zum Garten und betrachtete das Licht des abnehmenden Mondes, das rätselhaft durch die Bäume schimmerte. Dann setzte sie sich und schrieb in wehmütiger Stimmung noch einige Gedichte nieder.*[36] Tieck bringt die vier Gedichte in Prosa.[37] Die beiden ersten über die Träne des Taus in der Rose – *die Träne des Elends* – und über die Träne des Leids in der Muschel sind Zeitklagen über die Epoche. Die beiden nächsten glauben an ihre persönliche Überwindung aus der Kraft einer bis in den Tod des *du ich und ich du*[38] sich übersteigenden Liebe. Das Perlengedicht Vittorias, die mit Gedichten ihr Leben in der Zeit akzentuiert,[39] besteht aus zwei Strophen in Prosa, deren erste die Muschel ihr unausweichli-

35 Ebd., S. 687; vgl. S. 598-601, 707, 758f.

36 Ebd., S. 703.

37 Die Vermutung, Tieck biete hier eine »Prosaauflösung« italienischer Kanzonen der Vittoria Accorombona oder der Vittoria Colonna (M. Thalmann, S. 848 zur Stelle), hat nichts für sich. Der Inhalt des Perlenliedes spricht ebenso gegen das 16. Jahrhundert wie Tiecks Worte: *Manche haben gefragt, warum ich die eingeschalteten Gedichte in Prosa aufgelöst habe. Es war schwer für diese Gedichte die rechte Form zu finden; die nächste würde die Canzone gewesen sein, aber diese ist nicht leicht zu handhaben. Auch wollte ich den gleichmäßigen Fluß der Darstellung durch den Vers nicht unterbrechen.* Rudolf Köpke, Ludwig Tieck. Erinnerungen aus dem Leben des Dichters nach dessen mündlichen und schriftlichen Mitteilungen, T. 2, Leipzig 1855 (Neudruck Darmstadt 1970), S. 176.

38 Tieck, sw 4, S. 705.

39 Ebd., S. 709, 713, 736f., 758, 777, 788, 791, 797.

ches Gebanntsein in eine fremde Lebenswelt als ihr Schicksal beklagen läßt:

> *Im weiten Meer, im dunkeln Grund bewegt sich die Muschel. ›Wie bin ich einsam!‹ klagt sie. ›Wie kann auf lieber Erde Pflanze und Tier im heitern Lichte sich ergehn. Welche wüste Nachbarschaft die meinige! Wohin ich blicke und denke, nur kalte, stumme Ungeheuer. Elend und Widerwart auf dunkelm Grunde: oben, an des Lichtes Grenze das traurige Geschlecht der ziehenden und schwimmenden Schuppentiere. Keiner weiß, keiner kennt meine Sehnsucht. Fremd mir alles, ich in mir selbst verschlossen muß mich verzehren in Angst nach ungekannter Freude‹.*

Die von der Muschel um ihr Leben im Licht beneidete Welt der Fische, Pflanzen und Tiere ist in ihrer Leidenslosigkeit unfähig, sich über ihre eigene Art hinaus zu übersteigen. Die von ihrer Gabe des Sichüberschreitens in einen neuen Wert nichts ahnende Muschel allein hat die Kraft, ein Leiden bis in den Tod in ein überlebend Kostbares zu verwandeln. Davon spricht die zweite Strophe:

> *Da bricht es, ein Seufzer, Klage, Jammer, oder tötendes Jauchzen aus der Ärmsten, und, einer stillen Träne gleich, setzt sich festgehalten das Leid an die schimmernde Umhüllung. Die zarte Krankheit wächst im stillen fort, so wie die Sehnsucht steigt. Schon wird ihr selbst das harte Haus zu enge. Da wird sie im Tode erlöst. Ein kluger Fischer zerbricht die Wände, sie stirbt, er nimmt die köstliche unschätzbare Perle und trägt sie zum König hin, in dessen Krone sie forthin glänzt, als der kostbarste Schmuck. – O armer Torquato Tasso! – Und darf ich sagen: o ärmste Vittoria? – Oder bin ich zu eitel?*[40]

Bei der Pathogenese des Werks als des Produktes einer endogenen Krankheit sprengt das ausgetragene Leiden am Fremdsein

---

40 Ebd., S. 704 (Buch 4, Kap. 1). Bei Vittorias erster Begegnung mit Tasso versagt sich ihm die Dichtkraft, da er glücklich ist, wo doch Schmerzen die Poesie bedingen (S. 584). Vittoria später: Es *fehlt uns Sterblichen der Ausdruck für das höchste Glück, die Freude ist mit dem Schmerze zu geschwisterlich verwandt; für Unglück und Leid sind tausend Fühlungen in uns* (S. 775).

des Lebens dies beim Sterben in eine neue Qualität auf, wenn das auf dem dunklen Grund Erlittene als Gewinn zum Licht der Krone aufsteigt. Tassos im Hervorbringen des Werkes untergehende Dichterexistenz steht für ein modernes Bild vom Dichter, der seinen Rang im Maß seiner Fähigkeit, das Werk einem Leiden abzuringen, anzeigt. Die Lyrikerin Vittoria folgt seiner Spur. Sie nimmt ihr Schicksal dichtend in die Hand, indem ihre Strophen – und so das Perlenlied – Standorte ihrer im Wachsen am Widerstand hoch geführten Bahn des Lebensmöglichen erhellend fixieren und so überdauern lassen, auch wenn die niedrigen Gegebenheiten des Jahrhunderts sie wieder in die Tiefe zwingen. Wie Tasso im Kerker sterben Bracciano und Vittoria durch Mörder.

Wie seit je die Fabel und das Märchen die Tiere menschlich reden und empfinden lassen, hat Tieck der Muschel reicher als Frühere das Wort zum Monolog gegeben. Wissend von einer anderen Welt und ihr Los der Ausgeschlossenheit erkennend, dann bis in einem ›tötenden Jauchzen‹ voll Verlangens die Grenzen des in ihr Angelegten bis ins äußerst Mögliche hinein sprengend, kann die Muschel eher, als in ihrer unbeseelten Natur betrachtet, für eine besondere Art des Dichters stehen. Das sonst aus welchen Sparten der Tradition immer gesammelte Spektrum von Eigenschaften der Perle, die sich zur metaphorischen Ausbreitung eines Fächers von Besonderheiten der Dichtung eigneten, wird nun, wo nicht Gestaltqualitäten des Werkes, sondern Autorselbstgefühle im Schaffensprozeß zur Rede stehen, entsprechend erweitert. Mit der Verschiebung des Interesses vom Werkobjekt zum Autorsubjekt rückt die Muschelpsyche stärker in den Blick. Die Muschel bekennt sich zur Geburt der Perle aus einem eigenen Leiden und aus einer eigenen Liebe, die auf ein Fernes, eine gesteigerte Erfüllung ihres Selbstverlangens derart mit Macht sich richten, daß nur das so auf die Welt gekommene Werk das Unerreichbare berührt und Licht aus seinem Licht nimmt. Hier ereignet sich das Wunder einer innerirdischen, vom Menschen bis ins Todesopfer auszutragenden Genese, die den Schmerz der Stunde in eine gestillte Dauer, die Tränen in Perlen, das Leiden in Licht verwandelt.

Die Krankheit und der Tod der Muschel am Wachsen der Perle auf dem Meeresgrund würden zum kostbar Überflüssigen der Natur gehören – in deren Erde ihr und sich selber unbewußt die Wertmetalle und Edelsteine entstehen und im Verborgenen ewig ruhen, in deren All beim Flug der Himmelskörper eine stupende Schönheit der gesetzhaften Bewegung sich ereignet, in deren organischem Leben ein Übermaß an mehr als notwendig Schönem sich verschwendet –, wäre nicht der Mensch, der ›kluge Fischer‹, der das für ein Menschenauge Vollkommene der Natur zum Eigentum seiner Kultur erhöbe. Gerade das vom Dichter in der verlorenen Einsamkeit des *Fremd mir alles* Geschaffene bedarf – und sei es, daß man ihn wie eine aufgebrochene Muschelschale wegwürfe: Tasso in den Kerker, andere ins Vergessen – einer Ahnung von seiner Leidensleistung, ihrer Aufspürung und ihrer Aufhebung ins Gedächtnis des Gedenkenswerten. Das von Persien bis in den Westen, von Ephraem dem Syrer bis in die Spätromantik festgehaltene Motiv der Erhebung der Perle des Worts zum Sitz ihrer Bestimmung in der Königskrone sagt auch etwas von der Pflicht der Geschichte, die in der Zeit ihr zugefallenen Vermächtnisse von himmlisch Empfangenem wie von irdisch bis zur Vollkommenheit Erlittenem in die Schätze des Menschenmöglichen einzubringen, sie in Reinheit zu erhalten und ihre Anschauung zu ermöglichen.

Unlange nach Tiecks Roman, im Winter 1841/42, schrieb Annette von Droste-Hülshoff ihr Gedicht ›Poesie‹,[41] das diese Kunst mit einem Türkis, mit einem Amethyst und dann mit einer Perle noch vergleicht. Türkis, Amethyst und Perle sind als Reines ausgesetzt der Trübung, wenn Berührung durch Unwürdiges sie kränkt. Der Droste Strophen über die drei Kleinode, die das eine Licht gebrochen in drei Farben zeigen, übergehen die Entstehung und den Dichter der mit Edelsteinen charakterisierten Poesie, um nur vom Umgang mit der fertigen Dichtung als einer verletzlichen Kostbarkeit zu sprechen.

41 Annette von Droste-Hülshoff, Sämtliche Werke, hg. v. Günther Weydt und Winfried Woesler, Bd. 1, München 1973, S. 118f.

Alten Traditionen über der Edelsteine empfindliches Anzeigen von Schaden oder Unwert in ihrer Nähe folgend, zeigen sie das Reagieren auch dieser Kleinode auf das ihnen Ungemäße:

Poesie gleicht dem Türkise,
Dessen frommes Auge bricht,
Wenn verborgner Säure Brodem
Nahte seinem reinen Licht;
[...]

Und sie gleicht dem Amethisten,
Der sein veilchenblau Gewand
Läßt zu schnödem Grau erblassen
An des Ungetreuen Hand;
[...]

Gleicht der Perle auch, der zarten,
Am Gesunden tauig klar,
Aber saugend, was da Krankes
In geheimsten Adern war;
Sahst du niemals ihre Schimmer
Grünlich wie ein modernd Tuch?
Eine Perle bleibt es immer,
Aber die ein Siecher trug.

Hier geht die Perle nicht hervor aus Krankheit. Die wie immer entstandene Perle bleibt, an einem gesunden Leib getragen, ohne Tadel, ist aber für die Krankheit anfällig, die in einem Körper, dem sie aufliegt, steckt. Ein Volksglaube an ihr Gefühl für eine auch tiefliegende Krankheit, die sie geradezu saugend an den Tag bringt, schreibt ihr ein Miterkranken mit der Trägerin zu, das ihren reinen Schimmer grünlich trübt. Der Poesie ist eine so empfindliche Verletzlichkeit zu eigen, daß ihr jeder falsche Umgang mit ihr schadet. Die Droste warnt vor ihrer Gefährdung durch eine unsorgsame Rezeption. Gerade als Edelstein ist die Poesie nicht intangibel. Sie ist angewiesen auf die ihr gemäße Atmosphäre, damit nicht das Auge des Türkises bricht. Sie bedarf des Sittlichen, das schon die Berührung durch Untreue den Amethyst zu schnödem Grau erblassen macht; *gemeinen Götzen frönend* (von ihnen in die Fron genommen) wird das Juwel ein niederer Stein. Es verweigert dem Mißbrauch seinen Dienst. Dank ihrem Sensorium für das hier kaum leiblich Kranke zeigt die Perle ihren Träger als Kranken an. Der poetischen Edelsteine spezifische Sensibilität für sie Gefährdendes signalisiert Symptome der Unangemessenheit ihrer Gesellschaft. Kraft des seismischen Gespürs der Dichtung für die Qualität des Umgangs mit ihr stellt sie ihrer Umwelt eine Diagnose.

Poesie gleicht dem Pokale
Aus venedischem Kristall;
Gift hinein – und schwirrend singt er
Schwanenliedes Melodie,
Dann in tausend Trümmer klirrend,
Und hin ist die Poesie!

Das bei Grillparzer, Tieck und der Droste mit einem Finger am Nerv der Zeit Gesagte faßte der virtuose Rückert in die harmlose Eleganz des Epigramms:

Daß sie die Perle trägt, das macht die Muschel krank;
Dem Himmel sag' für Schmerz, der dich veredelt, Dank.[42]

Die Ausbildung der Perle dient nicht der Gesundung nach einer Verwundung oder Krankheit aus einem Lebensimpuls zu ihrer Überwindung; sie macht krank, als gehe es um die Mühsal einer Schwangerschaft. Mit der seit Plinius in der Naturmythe von Tau und Perle angeregten Assoziation der Hochzeit des Himmels mit der Erde sieht Rückert der Muschel etwas Beschwerliches zugemutet, wenn er auch in ›Edelstein und Perle‹ die Muschel *Aufbietend ihre Kraft bis zum Erkranken*[43] den aus der Höhe empfangenen Tau zur Perle in sich verwandeln läßt. Das Alte von Tau und Perle war mit dem Neuen vom Muschelleiden als Grund der Perle nicht zu versöhnen. Auch der Alexandriner taugt hier nicht zur Brücke.[44]

---

42 Rückert, Gesammelte Gedichte (wie Kap. 8, Anm. 103), S. 26.
43 Ebd., S. 146.
44 In der weisen Vergnüglichkeit des Vers-Bestiariums von Eugen Roth in unseren Tagen läßt sich mit dem Dichter in den Hintergedanken behaglich-ironisch schon eher über das Leiden der Perlenmütter reimen:

Grabbe übertrug die Metapher als erster und anscheinend einziger explicite vom Einzelleiden des Dichters auf das allgemeine Zeitleiden eines Staatskörpers wie Preußens, dessen Jahre politischer Not von außen ihm im Inneren fruchtbar wurden. Er projiziert das Private ins Geschichtliche in einem Brief an den Freund Kettembeil vom 3. August 1827: *Selbstrecensionen sind auch ersprießlich. Preußen hat 7 Jahre gesiegt (1756-63) und 7 Jahre gelitten (1806-13). In dem 7jährigen Leiden hat es mehr gewonnen als im 7jährigen Siege. Künstlern und Helden (beides ist eins, denn der Krieg im Großen ist eine Kunst) geht's wie der Perlmuschel; aus Qual werden Perlen.*[45] Angeregt vom Stichwort Selbstrezension und anderseits auf das Leiden Preußens an Napoleon kommend, verbindet Grabbes skizzenhafte Überlegung das endogene Künstlerleiden flüchtig mit dem exogenen Leiden Preußens, ohne den auf der Schwelle liegenden Gedanken, daß eine politische Leidenszeit als eine Wiege der Künste sich erweisen könne, auszusprechen.

Heinrich Heine tut das Seine, die mit der Perle vor das Auge gestellte Lehre, daß Leiden Erkenntnis gestalte, verdrehend zum Stigma eines Zeitalters zu machen, das an der Perle kranke. E. Th. A. Hoffmann und Novalis dokumentieren ihm, daß ihre

---

Dort sitzen auf den Muschelbänken
Die Mütter, ohne viel zu denken;
Todsicher reden sie da bloß
Davon, wie schmerzhaft und wie groß
In ihren werten Eingeweiden
Die Perlen sind, daran sie leiden. –
Doch formen sie, als edle Seelen,
Den innern Kummer zu Juwelen.

Eugen Roths Tierleben für Jung und Alt. Mit einem Vorwort von K. Lorenz, München 1973, S. 428.

45 Christian Dietrich Grabbe, Werke und Briefe. Historisch-kritische Gesamtausgabe, hg. v. der Akademie der Wissenschaften in Göttingen, bearbeitet von Alfred Bergmann, Bd. 5, Emsdetten 1970, S. 175 f.; freundlicher Hinweis von Ludwig Völker. Die ›Selbstrezension‹, ein knapper Werbetext (Bd. 4, S. 113 f.), weiß freilich nichts von Skrupeln und empfiehlt den Autor selbstgewiß als *Genius*.

Dichtung *eigentlich eine Krankheit war*, ein Fieber bei jenem, eine Schwindsucht bei diesem. *Aber haben wir ein Recht zu solchen Bemerkungen, wir, die wir nicht allzusehr mit Gesundheit gesegnet sind? Und gar jetzt, wo die Literatur wie ein großes Lazarett aussieht? Oder ist die Poesie vielleicht eine Krankheit des Menschen, wie die Perle eigentlich nur der Krankheitsstoff ist, woran das arme Austertier leidet?*[46] Die Perle ist nicht eine vom Leiden provozierte Leistung, sondern das Leiden selbst. Die Poesie ist nicht das Produkt einer wunderbaren Anstrengung des Lebens, der Verletzung Herr zu werden, sie ist die Krankheit selbst, *der Krankheitsstoff*, der Leiden macht, nicht Leiden überwindet. Heines Umverstehen des Naturvorgangs stellt unversehens Jean Pauls Gedanken auf den Kopf; die Poesie ist ein Bazillus, keine Heilkraft.

Aufs Ganze gesehen, wirkte sich die neue Annahme einer Entstehung der Perle als Ergebnis einer Muschelkrankheit – welche die heutige Naturforschung schon wieder überholte[47] – zunächst nur bis in die Mitte des 19. Jahrhunderts aus, wie Erkenntnisse der Naturwissenschaften wohl auch sonst bei ihrem Aufkommen Epoche machen und danach von Traditionen noch einmal zugedeckt werden können. Der letzte Zeuge im 19. Jahrhundert ist anscheinend wieder Heinrich Heine, der in einer Strophe des ›Romanzero‹ (1851) einem die Illusion von einem höheren Perlenursprung nimmt:

Diese weltberühmten Perlen
Sie sind nur der bleiche Schleim
Eines armen Austertiers,
Das im Meergrund blöde kränkelt.[48]

Einer Vermutung, Heine könne dabei an seine ihn bei seinem Schaffen in der Pariser ›Matratzengruft‹ festhaltende schwere Krankheit denken, steht die nächste Strophe entgegen, die statt

46 Die Romantische Schule (1835) II 4; Heine, hg. Briegleb, Bd. 3, S. 441; freundlicher Hinweis von Ludwig Völker.

47 Unten Anm. 57.

48 Heine, hg. Briegleb, Bd. 6,1, S. 146.

von der Naturperle nun von den als Manuskript in einem Kästchen aufbewahrten Gedichtperlen des jüdischen Spaniers Jehuda al-Levi († 1141) spricht:

Doch die Perlen hier im Kästchen
Sind entquollen einer schönen
Menschenseele, die noch tiefer,
Abgrundtiefer als das Weltmeer.

Naturperle und Gedichtperle entsprechen sich nicht auf einer Ebene. Diese sticht jene aus durch Steigerung. Dort armes Tier, hier schöne Seele, dort Meergrund, hier ein Quellgrund *tiefer, / Abgrundtiefer als das Weltmeer*, keine Krankheit, sondern Trauer und Klage, ein Leiden an der Geschichte, aus deren Nöten das Gedicht als *Tränenperle* quillt.[49]

Für fast sechzig Jahre ist die Metapher von der Gedichtperle als Frucht des Leidens mir nicht begegnet; es mag an meiner Lektüre liegen. Dann kommt unerwartet im Januar 1909 ein klassisches Liebessonett des jungen Georg Heym, dessen je zwei Strophen zwei Überlieferungen, eine alte und eine neue über das Leiden der Muschel sich zum Aussagemedium wählen. Seit der Antike wird von der Muschel auf dem Meeresgrund immer wieder überliefert, daß sie, wenn der Perlentaucher ohne Vorsicht sie berühre, ihre offenen Schalen mit so schneller Kraft verschließe, daß des Fängers Finger abgekniffen werde. Was sich in der Tradition als natürliche Verteidigungsreaktion der Muschel darstellt und bisher, so weit ich sehe, nicht zum dichterischen Bild geworden war, deutet Heym als Leidensgebärde des erschreckten Herzens, das unter dem Schmerz einer nicht mehr erwarteten Berührung neu verletzt sich krümmt:

Die Muschel schließt die offnen Silberschalen,
Wenn Kinder grausam sie zerstören wollen,
In sich zurück die zarten Häute rollen,
Tief in sich krümmt das Tier sich vor den Qualen.

49 Vgl. oben S. 124-127.

Ich fühl es, wie mein Herz, aufs neu verwundet
Von deiner Hand, sich will der Welt verschließen.
In seine Kammern muß das Blut sich gießen,
Das kaum von bittrer Liebe war gesundet.

Die saubere Vergleichsform zwischen der ersten und der zweiten Strophe wiederholt sich in den beiden letzten über die Leidensverwandlung in die Perle des Gedichts:

Doch, wie die Muscheln, die Verletzung litten,
Im Schoße formen den verlornen Saft:
Aus Leiden ward der Perlen Glanz erstritten,

So wuchs dies Lied aus einer bittren Stunde.
Aus einer Träne ward dies Lied erschafft.
Und ich vergaß der kaum empfangnen Wunde.[50]

Warum nimmt sich das Gedicht in der Reihe der Zeugnisse seit Jean Paul so fremd aus? Die glatt, als wäre nichts geschehen, reimende Sonettform macht einem bewußt, daß außer den Stanzen Grillparzers von 1818 alle Äußerungen ungereimt waren: Prosa, ein Prosagedicht bei Tieck und reimlose Strophen in der Lyrik Heines und der Droste, als wäre mit dem neuen Wissen von der Perle auch der Reim verloren wie die himmlische Inspiration. Im Liebessonett ist das Thema privat, an einen Augenblick gebunden. Alle anderen Stimmen sprechen allgemeiner zeitgemäß von einer überpersönlichen Betroffenheit der Kunst. Das gilt auch noch, wenn in dem einen Jahrzehnt nach 1930 drei große Autoren – Brecht, Claudel und Musil –

50 Georg Heym, Dichtungen und Schriften. Gesamtausgabe, hg. v. Karl Ludwig Schneider, Bd. 1, Hamburg und München 1964, S. 671 f.; freundlicher Hinweis von Ludwig Völker. Gottfried Benn spricht von einem Widerstand, an dem der Geist sich prüfen, überholen und erneuern solle, *als tiefe Verwundung, die ihn überheilen und steigern solle*; Briefe an F. W. Oelze 1932-1945 (Gottfried Benn. Briefe, hg. von H. Steinhagen und J. Schröder, Bd. 1, Wiesbaden 1977, S. 81).

auf je ihre eigene Weise zu der Metapher noch einmal zurückgefunden haben.

Bei unverhoffter Gesprächsgelegenheit fällt der Gedanke in Robert Musils Roman ›Der Mann ohne Eigenschaften‹. Auf der Straße ist eine sich erregende Menge aufruhrbegierig im Aufmarsch zur Demonstration gegen die Parallelaktion begriffen. Das Kunstmittel der Fensterschau durch die geschlossenen Scheiben des Palais auf die treibende Kundgebung herab entlarvt das nach der unheimlich entordnenden Psychologie einer solchen Massenhandlung hinlaufende Geschehen – so als bewegtes Bild hinter dem Ton wegnehmenden Glas gesehen – als Komödie, da man die regiegerecht in Stichmomenten aufgerissenen Münder sieht, ohne zu hören, was immer Beliebiges sie schreien. Die Perspektive ändert sich nicht beim Standortwechsel, wenn Ulrich, der erst mit dem Grafen Leinsdorf aus dessen Palais hinabgeschaut hat, dann zusammen mit Arnheim aus dem Fenster in Diotimas Haus blickt.

> *und so schwiegen die beiden Männer bald nach den ersten Begrüßungsworten und traten schließlich gemeinsam ans Fenster, wo sie stumm auf die Erregung in der Tiefe hinabsahen.*
>
> *Nach einer Weile sagte Arnheim: ›Ich kann Sie nicht verstehen; ist es nicht tausendmal wichtiger, sich mit dem Leben abzugeben, als zu schreiben?!‹*
>
> *›Ich schreibe ja nichts‹ erwiderte Ulrich knapp.*
>
> *›Daran tun Sie recht!‹ – Arnheim paßte sich der Antwort an – ›Das Schreiben ist, so wie die Perle, eine Krankheit. Sehen Sie -:‹ Er wies mit zwei seiner gepflegten Finger auf die Straße, eine Bewegung, die trotz ihrer Schnelligkeit ein wenig vom päpstlichen Segen an sich hatte. ›Da kommen die Leute einzeln und in Rudeln, und von Zeit zu Zeit wird von innen ein Mund aufgerissen und schreit! Ein andermal würde der Mann schreiben; da haben Sie recht!‹*
>
> *›Aber Sie sind doch selbst ein berühmter Schriftsteller?!‹*
>
> *›Oh, das will nichts bedeuten!‹ – Aber nach dieser Antwort, die in liebenswürdiger Weise alles offen ließ, wandte sich Arnheim Ulrich zu.*[51]

So beginnt das Kapitel ›Die Aussprache‹. Geführt vor der De-

51 Robert Musil, Der Mann ohne Eigenschaften (wie Kap. 10, Anm. 4), S. 634.

monstrationskulisse, bringt sie Arnheims, des Magnaten, Einladung des Mannes ohne Eigenschaften, in seine Wirtschaftsunternehmungen einzutreten, ehe es mit der Frage nach dem Schreiben wieder endet.[52] Arnheims Gedanke an ein Schreiben Ulrichs heißt wie seine Einladung an ihn, mit in die Zeit zu greifen und in ihr Macht zu haben, ihn zu Schillers *Mann ohnegleichen*[53] zu versuchen. Schreiben steht in einem unheimlichen Reim auf Schreien: *und schreit! Ein andermal würde der Mann schreiben.* Arnheim betreibt seine Unternehmungen und schreibt. Seine Geste am Fenster hat etwas unwillkürlich Segnendes.[54] Im schillernden Gespräch am Fenster heißt Arnheims an Ulrich angepaßter Satz *Das Schreiben ist, so wie die Perle, eine Krankheit* ein Stück Selbsterkenntnis in der Anerkenntnis des Nichtschreibens Ulrichs. Liegt des Schreibens Krankheit in dem sich-dem-Tag-Verschreiben?[55] Wozu dann *so wie die Perle*? An des Dichters Erleiden des Ausschwitzens der Perle wie im frühen 19. Jahrhundert ist hier kaum zu denken. Eher an den Ruhm, den diese Krankheit einträgt. *Aber Sie sind doch selbst ein berühmter Schriftsteller?!* Trägt sich die Krankheit des Schreibens bei Arnheim wie ein Schmuck? *Oh, das will nichts bedeuten!*

Im Jahr 1938 wählt Bert Brecht im ›Leben des Galilei‹ die Entstehung der Perle als Exempel in einem neuen, Ästhetisches und Politisches zusammenführenden Argumentationskontext.

---

52 Ebd., S. 646: *Schreiben Sie? Nein, ich habe das bereits vorhin gefragt. Aber warum schreiben Sie nicht? Sie haben recht. Der künftige Dichter und Philosoph wird über das Laufbrett der Journalistik kommen! Ist Ihnen noch nicht aufgefallen, daß unsere Journalisten immer besser und unsere Dichter immer schlechter werden? Ohne Frage ist das eine gesetzmäßige Entwicklung; es ist etwas im Gange, und ich bin auch gar nicht im Zweifel, was das ist: das Zeitalter der großen Individualitäten geht zu Ende!*

53 Ebd.

54 Ebd., S. 629: Ulrich am Fenster des Grafen Leinsdorf: *er glaubte sogar einigemale unter abwechselndem ›Heil‹ auf Deutschland auch ein ›Hoch Arnheim!‹ vernommen zu haben, war da aber selbst seiner Sache nicht sicher, weil das kräftige Fensterglas den Schall undeutlich machte.*

55 Dem Journalismus, der die Dichtung ablöst? Oben Anm. 52.

Der Kampf der Kirche gegen die Durchsetzung der mit Galileis Entdeckungen heraufgeführten Wahrheit über das Welt-System gilt auch der Verteidigung der wie das geozentrische System überholten Sozialordnung, in der die Kirche die Welt befangen hält. Im Gespräch mit dem ›kleinen Mönch‹, dem Kind von alther unterdrückter Bauern, dem in ihrem Unglück noch eine gewisse Ordnung seines Ablaufs aufscheint, begehrt Galilei gegen die verklärende Beschönigung des sozialen Mißstands auf, in dem sich das falsche Weltbild spiegelt, wenn er den unter seiner Drangsal Leidenden die Tugend des sich zu Tode Quälens abzwingt.

Und kommen Sie mir nicht mit der Schönheit von Phänomenen, die das Alter vergoldet hat! Wissen Sie, wie die Auster Margaritifera ihre Perle produziert? Indem sie in lebensgefährlicher Krankheit einen unerträglichen Fremdkörper, z. B. ein Sandkorn, in eine Schleimkugel einschließt. Sie geht nahezu drauf bei dem Prozeß. Zum Teufel mit der Perle, ich ziehe die gesunde Auster vor. Tugenden sind nicht an Elend geknüpft, mein Lieber. Wären Ihre Leute wohlhabend und glücklich, könnten sie die Tugenden der Wohlhabenheit und des Glücks entwikkeln. Jetzt stammen diese Tugenden Erschöpfter von erschöpften Äkkern, und ich lehne sie ab. Herr, meine neuen Wasserpumpen können da mehr Wunder tun als ihre lächerliche übermenschliche Plackerei.[56]

Inwiefern der mit einer christlichen Leidensethik auch, weil auf sie gegründet, überholte Herrschaftsformeln aus den Angeln hebende Kernsatz *Tugenden sind nicht an Elend geknüpft* die in der Geschichte der Perlenmetapher angelegte poetologische Leidensästhetik mit in Frage stellen soll, bleibt etwas in der Schwebe. Die sozialkritische Negierung *der Schönheit von Phänomenen, die das Alter vergoldet hat*, mag die Künste mit im Auge haben, läuft dann aber auf das flache Postulat einer im Sozialen leidensfreien Wohlhabenheit als Nährboden dichterischer Tugend, das heißt Qualität hinaus.

Brecht läßt Galilei den im 18. Jahrhundert durchgesetzten Wissensstand über die Perlengenese divinatorisch vorwegneh-

56 Bertolt Brecht, Leben des Galilei, Bild 8; Versuche 19, Heft 14, Berlin 1958, S. 61.

men. Er dürfte, nachdem die Perle aus Krankheit seit Jean Paul für die Entstehung von Dichtung stehen konnte, dabei des Glaubens sein, er habe ihn auf der Erkenntnishöhe auch unserer Tage sprechen lassen, da doch auch die galileische Physik nicht überholt war. Dabei ließ sich Brecht kaum träumen, daß schon vier Jahrzehnte nach seinem ›Galilei‹ ein Biochemiker durch des Dichters Perlenentstehungsthese sich kritisch belustigt finden würde, da das heutige Wissen über die Biomineralisation sie überholte.[57] Wieder einmal scheint die Zeit gekommen, wo die Naturwissenschaften eine einst revolutionäre Erklärung der Perlengenese, welche die mit der Zeit gehenden Dichter sich zu eigen machten und zu einem Symbol ihres Selbstverständnisses erhoben, als eine romantische Vorstellung verwerfen und eine nüchterne Umstellung auf die neue Naturwahrheit verlangen. Ob, wenn die Geschichte der Stile wie mit der Geistes- und Sozialgeschichte auch mit der Geschichte der Naturerkenntnis in einem Einklang stehen sollte – und die naheliegende Frage danach liegt noch auf dem Wege –, im Zuge der stilgeschichtlichen Brüche in unserem Jahrhundert auch von der Perlenmetapher eine neue Metamorphose erwartet werden könne, dürfte davon abhängen, ob das neue Wissen von der Biomineralisation der Perle als ein zeitdiagnostisches Symbol geeignet ist.

57 Brechts vermeintlich naturwissenschaftliche Fundierung seiner Beschreibung der pathologischen Perlenbildung wird vom heutigen Erforscher der Biomineralisation schon wieder als irrig angeprangert. Heinrich Erben, Von Zähnen, Perlen und Gallensteinen. Organismus produziert Minerale und Kristalle, Deutsche Forschungsgemeinschaft. Mitteilungen 4 (1978), S. 6f., bringt das Zitat aus dem ›Galilei‹ und schließt an: »läßt Bertold Brecht seinen armen Galilei sagen. Der aber wäre mit biologischen Fakten wohl kaum so bedenkenlos umgegangen wie sein unbekümmerter Autor: Die Muschel Margaritifera ist nämlich gar keine Auster, ihr richtiger Name lautet Pinctada, sie verwendet zur Bildung einer Perle keine ›Schleimkugel‹ sondern ein Säckchen aus Epithelzellen und auch von Lebensgefahr kann keine Rede sein! Angesichts einer solchen Häufung von Phantasieprodukten wird man unwillkürlich wohl an ein zweites, pikanterweise aus dem selben Werk des selben Dichters stammendes Zitat den-

Der Gedanke, daß die eine Perle in die Welt gebende Muschel als Vergehendes ein Dauerndes hervorbringe, lag in der Natur der Sache, gehört aber zu denen, die Epochen nicht aussprechen, ehe die Stunde kommt, der sie etwas bedeuten. Die Ausbildung der Edelsteine geschieht in chemischen Prozessen, die Naturgegebenes in andere Zustände verwandeln. Als tierisches Produkt aus Vorgängen organischen Lebens kommend, hat die Perle eine ›Perlenmutter‹[58] (so die ältere Form des Wortes) von begrenzter Lebenszeit. Die von der Muschel hervorgebrachte Perle ist gleichwohl kein Kind mit eigenem Leben, die das Empfangene generierend weitergeben könnte. Die Muschel zeugt Muscheln, bildet aber unfruchtbare Perlen. Stirbt sie auf dem Meeresboden, verwest ihr Fleisch, während die Schale und die aus dem gleichen Stoff bestehende Perle erst in langer Zeit verrotten wie die menschlichen Gebeine. Für die gefischten Perlen aber wird die Muschel aufgeopfert: ihrem Meeresboden entrissen, in der Sonne gebraten, daß sie sich öffne, während ihr Fleisch darüber mit Gestank verfault, raubt man ihr die Perle und wirft sie auf den Abfall. Der Mensch verkürzt ihre natürliche Vergänglichkeit, um das Bleibende vom Vergehenden zu scheiden. Das im Ephemeren einer biologischen Sackgasse als

---

ken: ›keine Gnade mehr mit denen, die nicht geforscht haben und dennoch reden!‹ Hier nun, weiß Gott, möchte man zustimmen«.

58 Belege für Perlenmutter als ›die Perlenmuschel als Mutter, als Erzeugerin der Perlen gedacht‹ (nach mlat. mater perlarum, ital. madreperla, franz. mère-perle) im Deutschen Wörterbuch VII 1554f. Den Bestandteil Mutter im Wort Perlmutter aktiviert noch Jean Paul: *Der weibliche Leib ist die Perlenmutter; – diese sei nun glänzend und bunt, oder von Geburtsboden rauh und grau, so macht doch die helle weiße Perle darin allein den Wert. Ich meine damit dein Herz, du gutes Mädchen.* Levana oder Erziehlehre; SW 5, S. 719f. – Einmal nur kenne ich das Perlmutt für Dichtung. Ernst Jünger sagt in einer Aufzeichnung ›Bücher und Leser‹: *Tausend und eine Nacht: das Muster einer zugleich kollektiven und anonymen Autorschaft. Das Werk könnte von einem Dämon erfunden sein – über Nacht wie eines der Geisterschlösser erbaut. Man könnte auch an das Perlmutt einer Muschelschale denken – an eine Zerebralspur, die sich irisierend verhärtete.* Parerga zu ›Annäherungen‹; Sämtliche Werke, Abt. II, Bd. 11, Stuttgart 1978, S. 439.

an Gestaltvollkommenheit Endgültiges Entstandene hat hiermit zur Übernahme als Eigentum der Kulturwelt sich empfohlen, deren Kunst- und Schmuckverlangen im Gottes- und im Herrscherkult wie im Frauendienst eine übernatürliche Dauer ihm gewährte. Man fand sie in Gräbern des alten Ägypten. Auf die Dichtung wurden solche Überlegungen nur in dem Maße angewandt, als nicht wie in dem horazischen *Exegi monumentum aere perennius* (Carmen III 30) und dann vor allem wieder in den neueren, die mittelalterliche Anonymität wichtiger Kunstbereiche und Dichtungsgattungen aufgebenden Jahrhunderten die Verewigung des Namens der Künstler und Geistesgrößen im Schaffen schon angestrebt oder von der Mit- und Nachwelt intendiert war, sondern die Namenlosigkeit von Kunst in den Blick genommen wurde. An der Perlmuschel war sichtbar zu machen, wie das Kunstgebilde seinen Urheber überlebe. In einer Rezension von ›Des Knaben Wunderhorn‹ schrieb Joseph Görres im Gedanken an die aus Jahrhunderten in diese Sammlung eingegangenen Gedichte: *Hat die Muschel ihre Perle hervorgebracht, dann mag sie selbst verwesen, ihr Kleinod bleibt zurück im Perlmutterglanze liegend.*[59] Die Sprechart zeigt, daß Görres an die unpersönliche Volksseele als die Urheberin des in dieser Anthologie Gesammelten nicht glaubte.[60]

Die Kurzlebigkeit der Muschel bei der Dauerhaftigkeit der Perle zeigt keinen Widerspruch, sondern einen Sinn an, wenn Paul Claudels Essay ›Die Perle‹[61] in deren Einbildung eine kreatürliche Leistung wahrnimmt, die den Umsprung des Vorhandenen in eine höhere Qualität ermöglicht, so daß in einer wunderbaren Steigerung aus Vergänglichem Unsterbliches, aus der Zeit die Ewigkeit hervortritt. Claudel formuliert den Gedanken variierend: Die natürlichen Edelsteine[62] bedürfen der Mitwirkung des Menschen. »Er muß Hand anlegen, um dem

59 Görres, Gesammelte Schriften, Bd. 4 (wie Kap. 8, Anm. 139), S. 30.
60 S. oben S. 275 f.
61 Claudel, Kritische Schriften (wie Kap. 1, Anm. 67), S. 362-365.
62 Vorangegangen ist der Essay ›Die Mystik der Edelsteine‹, S. 350-362.

geheimen Verlangen des Minerals zur Vollendung zu verhelfen. Im Grunde sind sie etwas Verfertigtes. Die Perle aber auf dem Meeresgrunde wächst ganz von selbst aus dem lebendigen Fleisch hervor: rein und rund löst sich die Unsterbliche von dem Eintagswesen, das sie erzeugt hat«.[63] »Die verwundete und befruchtete Seele besitzt auf ihrem Grunde eine Vorrichtung, dank der sie die Zeit zur Ewigkeit zu verdichten vermag«. Er spricht von der »Perle, dieser Frucht des Meeres und Empfängnis der Dauer«.[64] »Sie hat etwas Liebenswürdiges, Mildes, Salbichtes, Zärtliches, fast hätte ich gesagt, etwas Menschliches; sie ist ein Anruf an unser Fleisch, der von einem göttlichen und unzerstörbaren Fleisch ausgeht! Es spricht daraus weniger Ewigkeit als Beharrlichkeit, etwas, was der Zeit zu verdanken ist und aus der Zeitdauer herauslöst. Der niedrige Mollusk ist tot, aber das, was er innerlich hervorgebracht hat, ohne es zu sehen: dieses Wesen ohnegleichen, das er gespendet hat, lebt weiter![65]« Mit dem in Claudels Schriften zur Kunst stehenden Essay hat es eine poetologische und theologische Bewandtnis. Es bedürfte nicht am Schluß des Worts über die schwarze Perle: »Es ist wie eine Stimme, die verstummt ist, aber es bleibt der Blick, der das Lied kundmacht. Rede, du Wort! Diese Perle ist wie ein ganz abgerundetes Wort in der Nacht«,[66] um die Gedanken auf das Gedicht zu richten. Die der Muschel eigene Kraft zur Verwandlung des Vergänglichen in Dauer ist nichts unbedingt Normales, vielmehr gebunden an eine Provokation zur Produktion des Außerordentlichen in Gestalt einer Art Befruchtung durch Verwundung. Die Perle in der Muschel steht für uns und unsere wie immer künstlerische Kraft, eine fremd bewirkte Krise durch innere Gestaltbildung zu überwinden

---

63 Ebd., S. 362. Ein Spruch schon des alten Indien sagt: *Was von Natur schön ist, bedarf nicht des Schmuckes: eine Perle auf einem Schleifstein abzureiben ist nicht von Nöthen.* Indische Sprüche (wie Kap. 1, Anm. 29), Bd. 3, Nr. 7297.

64 Claudel, Kritische Schriften, S. 363.

65 Ebd., S. 364.

66 Ebd., S. 365.

Erst »die verwundete und befruchtete Seele« gelangt zu ihrer Wesensverwirklichung in der Perle. »Sie ist das Sinnbild jener Verletzung, die den Wunsch nach Vollendung in uns hervorruft, und das langsam zu jenem unschätzbaren Kügelchen wird. Hier ist sie, in den verborgensten Falten unserer Substanz: die Perle, das metaphysische Samenkorn, [...] eine Verfestigung des Wertes, [...] eine Verdichtung des Bewußtseins, die bis zum Lichte gediehene Abstraktion aller Farben, eine unbefleckte Empfängnis«. Ihr »eignet kein anderer Wert als ihre Schönheit und die ihr innewohnende Vollkommenheit, die sich aus ihrer Schlichtheit, aus ihrer Reine und ihrem Glanze sowie aus dem Verlangen ergeben, das sie erweckt«.[67] Wie keiner sonst in unserem Jahrhundert hat Claudel die geistigen und denkenden Augen der Betrachtung auf der Perle ruhen lassen, um Natur und Geschichte ins Wunder des dem Menschen Erfahrbaren und Möglichen zu verdichten, wobei seine Sätze über die Perle den Gedanken an das Kunstwerk nur verschwiegen wecken. Theologie und Naturwissen, Altes und Neues, Transzendenz und Immanenz in einer die Tradition durch Hereinnahmen erneuernden, nicht kritisch auf ihre Überwindung angelegten Weise verbindend, hebt Claudel mit dem dichterisch Geistigen seiner Anschauung in diesem letzten großen Lobgesang auf die Perle vom Jahr 1938 das Mittelalterliche noch einmal in die Atmosphäre einer neuen Welt.

Des Dichters Muschellos, eine Gedichtperle in sich auszubilden, war in den früheren Epochen eine ihm zugefallene Gnade, ein Zeichen inspiratorischer Erwählung, eine Bevorzugung durch die Natur, ohne daß der Gedanke an ein Autorleiden je einem dabei hätte kommen können. Vom Himmel eingegeben, kamen Werke der Dichtung – wie die Perle Christus im Schoß Mariens – ohne Schmerzen auf die Welt. Überhaupt ist die Dichtmetaphorik bis zur neuzeitlichen Vorstellung von der Dichtung als Ergebnis einer produktiven Melancholie oder eines furorischen Enthusiasmus von pathologischen Zügen un-

67 Ebd., S. 362 f.

geprägt.[68] Die dem Mittelalter eigene Fähigkeit, Leiderfahrung in den Formen der Klage Kunstgestalt gewinnen zu lassen und zu meistern – im hohen Minnesang, der Trennungs- und der Totenklage, der Klage um die Gespaltenheit der Welt im Glauben, in den dramatischen Passionen – nahm sie als in der Weltordnung gegeben und ließ den Dichter, gerade auch wo er aus den Fugen Geratenes zu ordnen antrat, den Boden der Werte unter den Füßen nicht verlieren. Er kennt kein Erschrecken vor dem Angesicht der Welt, in dem er sich nicht faßte. Mit einem Grundbegriff der Dichtungstheorie wird er verstanden als ein ›Meister‹ in sehr weitem Sinne. Erst wo die Perle als die Frucht einer an den Tod gehenden Krankheit der Muschel angesehen wurde, kam auch der Dichter als durch sein Künstlertum in seiner Existenz Gefährdeter recht in den Blick der Zeit. Claudel gehört mit Brecht und Musil zu den letzten Zeugen eines solchen in der späteren Neuzeit aufgekommenen Dichterverständnisses, das mit einem neuen naturwissenschaftlichen Konzept konform geht.

Der Ursprung des Vollkommenen, das dauert, bleibt ein Geheimnis. Die Perle kann keine Kunst zu Höherem steigern. Die über Jahrtausende und Kontinente gehende Geschichte der Gedanken über der Perle Herkunft – die Mythe von Tau und Perle wie die Erklärung ihres Ursprungs aus der Krankheit – verlangte immer wieder nach der Entdeckung ihrer Transparenz auf einen Sinn hin. Sie – und Geschichte überhaupt – steht für Möglichkeiten des Menschen, die dank Konstanten des Humanen nie abgelebt sind im Guten wie im Argen, im Lichten wie im Dunklen.

68 Hans-Jürgen Schings, Melancholie und Aufklärung. Melancholiker und ihre Kritiker in Erfahrungsseelenkunde und Literatur des 18. Jahrhunderts, Stuttgart 1977; Völker, Muse Melancholie (wie Kap. 3, Anm. 254).

Verzeichnis der Siglen

Baki's Diwan
Baki's, des größten türkischen Lyrikers, Diwan. Zum ersten Mahle ganz verdeutscht von Joseph von Hammer, Wien 1825

CCL
Corpus Christianorum, Series Latina

CSEL
Corpus Scriptorum Ecclesiasticorum Latinorum

GCS
Die Griechischen Christlichen Schriftsteller

Goethe, HA
Goethes Werke, Hamburger Ausgabe, hg. v. Erich Trunz, Bd. 1-14, Hamburg 1948-1964 u. ö.

Hafis, Diwan
Der Diwan von Mohammed Schemsed-din Hafis. Aus dem Persischen zum erstenmal ganz übersetzt von Joseph von Hammer, T. I II, Tübingen 1812 und 1813 (Neudruck Hildesheim und New York 1973)

Hammer, Geschichte der schönen Redekünste
Joseph von Hammer, Geschichte der schönen Redekünste Persiens, mit einer Blüthenlese aus zweyhundert persischen Dichtern, Wien 1818

Hammer-Purgstall, Geschichte der Osmanischen Dichtkunst
Joseph Hammer-Purgstall, Geschichte der Osmanischen Dichtkunst bis auf unsere Zeit. Mit einer Blüthenlese aus zweytausend, zweyhundert Dichtern, Bd. 1-4, Pesth 1836-1838

Hammer-Purgstall, Literaturgeschichte der Araber
Joseph Hammer-Purgstall, Literaturgeschichte der Araber. Von ihrem Beginne bis zu Ende des zwölften Jahrhunderts der Hidschret, Bd. 1-7, Wien 1850-1856

Heine, hg. Briegleb
Heine, Heinrich, Sämtliche Schriften, Bd. 1-6, hg. v. Klaus Briegleb u. a., München 1968-1976

Herder, SW
Herder, Sämmtliche Werke, Bd. 1-33, hg. v. Bernhard Suphan, Berlin 1877-1913

Hoenerbach
Hoenerbach, Wilhelm, Dichterische Vergleiche der Andalus-Araber [Übersetzung der Anthologie ›Buch dichterischer Vergleiche der Andalus-Araber‹ des Ibn al-Kattani], Bonn 1973 (Bonner Orientalistische Studien NS 26)

Jean Paul, SW
Jean Paul, Sämtliche Werke, Bd. 1-6, hg. v. Norbert Miller, München 1960-1963

KLL
Kindlers Literatur Lexikon

PG
Patrologiae cursus completus, Series Graeca

PL
Patrologiae cursus completus, Series Latina

Vona
Costantino Vona, La ›margarita pretiosa‹ nella interpretazione di alcuni scrittori ecclesiastici, Divinitas 1 (1957), S. 118-160

Nachwort

Germanistikstudenten erlebten, wenn sie in Friedrich Ohlys Seminare kamen, einen heilsam-befreienden Schock, so, als ob einengende und verdunkelnde Eingrenzungen des erwarteten Kanons der ›älteren Abteilung‹ plötzlich verschwunden seien und eine weite Landschaft sich hell und farbig vor ihnen ausbreite. Sie konnten in ihren Arbeiten in Rede stehende Phänomene und Anschauungsformen auch in Werken anderer Epochen von der Antike bis in die Neuzeit untersuchen, sie sahen sich aufgefordert, den Blick über die Grenzen des Faches und der Nationalliteratur hinauszurichten, Kunstgeschichte, Theologie und die nichtdeutschsprachige Literatur des Mittelalters mit den dazugehörigen Forschungsergebnissen ins Auge zu fassen, und sie lernten, das Mittelalter als eine eigene Welt mit einem anderen Realitätsbegriff und anderen Anschauungsformen zu begreifen. Belebte und unbelebte Gegenstände dieser Welt, ihre Zustände und Eigenschaften, räumliche und zeitliche Verhältnisse wurden erkennbar als Träger von Bedeutung, die sich vornehmlich speiste aus dem wie Goldgrund die Anschauung prägenden Reservoir der durch die Bibel und die Fülle der patristischen Kommentare gegebenen theologischen Tradition.

In Ohlys eigenen Arbeiten und in denen seiner Schüler und Mitarbeiter sind diese Erkenntnisse beispielhaft verifiziert worden. Im Mittelpunkt stand und steht dabei immer der Wunsch, am einzelnen Text *den jeweiligen Zeitgeist mit ausprägenden Abwandlungen der Tradition zu dokumentieren.*[1]

Es ist nicht verwunderlich, daß ein Lieblingsinteresse Ohlys

1 Friedrich Ohly, Wirkungen von Dichtung, Deutsche Vierteljahrsschrift für Literaturwissenschaft und Geistesgeschichte 67 (1993), S. 26-76, wieder abgedruckt in: F. O., Ausgewählte und neue Schriften zur Literaturgeschichte und zur Bedeutungsforschung, hg. v. U. Ruberg und D. Peil, Stuttgart und Leipzig 1995, dort S. 904.

der zentralen Frage galt, wie Dichtung sich selbst versteht, in welchen Bildern sich ihre Poetik artikuliert. In seinem Nachlaß ist ein umfangreiches Konvolut von Materialien ›Metaphorik für die Dichtung‹ erhalten; Teilaspekte sind in den Aufsätzen ›Wirkungen von Dichtung‹[2] und ›Metaphern für die Inspiration‹[3] veröffentlicht. Als durchgehende Metapher für das (dichterische) Wort – von der Bibel über die frühesten Kirchenväter bis in die Gegenwart, von den orientalischen bis zu den abendländischen Literaturen – hat Ohly die Perle erkannt; über Jahrzehnte hin hat er dazu literarische Zeugnisse aus aller Welt und aus unterschiedlichen Epochen gesammelt, um sie, ohne Systemzwang, jedem sein eigenes Recht einräumend, zu ordnen und zu kommentieren. In einem Brief vom 3.2.96 bemerkte Ohly über seine *Arbeitsweise. Ich trete damit freilich in die Fußstapfen eines Heiligen, des Clemens von Alexandrien, der sein Werk stromateis genannt hat, einen ›Flickenteppich‹ oder vielleicht lieber einen Gobelin. Das sind die Folgen meiner im ›Geleitwort‹*[4] *beschriebenen Arbeitsweise des geduldigen Sammelns von Belegen, deren Unart es ist, sich in kein System ablegen zu lassen. Das ist viel mühseliger als ein schlichtes Interpretieren.*

Das hier in 14 Kapiteln Vorliegende ist kein ›Nachlaßwerk‹. Die Studien zu den verschiedenen Aspekten der Geschichte der Perle als Metapher für Dichtung in der europäischen und orientalischen Literatur liegen seit etwa zehn Jahren fertig vor. Erst wenige Monate vor seinem Tod hat der Autor sich entschlossen, diesen Schatz, Ergebnis jahrzehntelangen Sammelns und bedachtsamen Fassens und Komponierens, ans Licht zu bringen und dem Insel Verlag zur Veröffentlichung anzuvertrauen. Er war glücklich *mit dem Gedanken daran, daß meine Perlenmanuskripte [...] doch noch in die Welt gelangen [...]. Seit 25 Jahren wohl hab ich mich damit beschäftigt, immer wie-*

2 F. O., Ausgewählte und neue Schriften (wie Anm. 1), S. 889-929.

3 Euphorion 87 (1993), S. 119-171.

4 Friedrich Ohly, Geleitwort, in: F. O., Ausgewählte und neue Schriften (wie Anm. 1), S. VII-X.

der mal in Stücken, weil anderes sich darüber schob. Ein abgeschlossenes Buch kann es nicht mehr werden, doch etwas wie ein offener Aufsatzband, dessen Fragmentcharakter durch die Umstände wohl legitimiert wird. Damit das noch Ungedruckte nicht zu ungeschützt an den Flanken bleibt, müßte man die zwei gedruckten Perlenaufsätze[5] *wohl doch noch einmal hereinnehmen* (Brief vom 28.11.95).

Geordnet sind die Belege thematisch nach Kapiteln, die vielfach miteinander korrespondieren, innerhalb der Kapitel sind die Zeugnisse locker gereiht, auf thematisch Zusammengehöriges ist Rücksicht genommen, grundsätzlich ist die Abfolge historisch. Historisch kann auch das Ganze gelesen werden, von den frühesten Anfängen in der Bibel und bei den frühen Kirchenvätern (›Die Geburt der Perle aus dem Blitz‹, ›Die Perle des Wortes‹) bis in die Spätzeit (›Dichtung als notwendige Frucht eines Leidens‹). Ohly läßt sich auf die ausufernden Perlenmetaphern des orientalischen Mittelalters[6] ein, auf die Margaretenpanegyrik der Renaissance (›Dichtungen auf Margareten‹), er verfolgt die poetologischen Implikationen seines Themas in ›Perlen als Stilfiguren und Stilformen‹, ›Die durchbohrte Perle‹, ›Gereihte Perlen‹ und er macht, im Verlauf der einzelnen Kapitel, immer wieder aufmerksam auf den mentalitätsgeschichtlichen Bruch zu Beginn der Neuzeit, wo Trans-

5 Es handelt sich um: Tau und Perle. Ein Vortrag, in: Festschrift für Ingeborg Schröbler zum 65. Geburtstag, hg. v. D. Schmidtke und H. Schüppert, Tübingen 1973, S. 406-423, und Die Geburt der Perle aus dem Blitz, in: Strukturen und Interpretationen. Studien zur deutschen Literatur, gewidmet Blanca Horacek zum 60. Geburtstag, hg. v. A. Ebenbauer u. a., Wien und Stuttgart 1974, S. 263-278. – Der Aufsatz ›Dichtung als notwendige Frucht eines Leidens‹ ist bisher nur in italienischer Sprache veröffentlicht: La poesia come necessario frutto di una sofferenza, in: Geometria e memoria. Lettera e allegoria nel Medioevo, a cura di Lea Ritter Santini, Bologna 1985, S. 53-89.

6 *Könnte ich mein Buch über die Perle schreiben, begänne ich mit rauschenden Dichtungsmetaphernserien, mit denen orientalische Dichtungseingänge gerne prunken, ganzen Katarakten von Bildern für Dichten, mit denen ein Spiel getrieben wird* (Brief vom 29.4.95).

zendenz umschlägt in Immanenz, Inspirations- in Autonomieästhetik. Dies ist am eindrücklichsten abzulesen im 1. Teil des Kapitels ›Die Perle des Wortes‹. Das letzte Kapitel ›Dichtung als notwendige Frucht eines Leidens‹ behandelt die neuzeitliche Vorstellung der Perlenentstehung als einer Krankheit der Muschel, der Werkgenese aus dem Leiden. Aus den Materialien aufgenommen sind drei kleinere Exkurse zu einzelnen Mythen, wie dem der Tränen der Aurora oder der Muschelgeburt der Venus. Immer wieder geht Ohly auf die Interferenzen von Mythos und Metapher ein, so in dem kleinen Nachlaßkapitel mit dieser Überschrift oder in dem Margareten-Kapitel.

Für den Druck waren nur einige Belege aus den Materialien einzufügen und die einzelnen Kapitel, insbesondere in den Anmerkungen, redaktionell zu vereinheitlichen. Das bereits im Druck vorliegende Kapitel ›Tau und Perle‹ wurde um jene Passagen gekürzt, die ausführlicher in anderen, bislang unveröffentlichten Kapiteln vorkommen. Überschneidungen zwischen den Kapiteln ›Gereihte Perlen‹ und ›Die Perle als notwendige Frucht eines Leidens‹ wurden ausgeglichen; im letzten Kapitel wurden einige Abschnitte verschoben. Im übrigen wurde darauf verzichtet, das von Ohly versammelte historisch, interdisziplinär und interkulturell weit ausgreifende Material durch Einbeziehung von in elektronischen Medien leicht Zugänglichem anzureichern. Nicht eingegriffen wurde in Ohlys Gepflogenheit, manchmal die kostbarsten Schätze, wie das Origeneszitat Kap. 3, Anm. 24 im Integument der Anmerkungen zu verbergen.

Für Hilfen bei der Literaturrecherche und der Einrichtung des Textes danke ich Corinna Biesterfeldt, Irmgard Böttcher und Esther Schirrmacher. Mein besonderer Dank gilt Uwe Ruberg, der die Entstehung des Bandes stets großzügig und hilfsbereit mit Rat und Tat begleitet hat und last not least dem erfahrenen, freundlich zugewandten Lektor Wolfgang Kaußen.

R. Nicolai